Tatsachen über Deutschland

SOCIETÄTS**VERLAG**

Inhaltsverzeichnis

Herausgegeben vom Presse- und Informationsamt der Bundesregierung
© Societäts-Verlag, Frankfurt/Main
Alle Rechte an Text und Bild vorbehalten
Redaktionsschluss: Juli 2000
Projektleitung und Redaktion: Dr. Arno Kappler
Produktionsleitung: Stefan Reichart
Bildrecherche: Christin Schultz, Jürgen Dörr
Umschlag und Layout: Odeon Zwo GmbH, Hannover / Berlin
Grafiken: Peter Lenz, Wiesbaden
Satz und Reproduktionen: Societäts-Druck, Frankfurt/Main
Druck: Westermann, Braunschweig
Printed in Germany, 2000
Gedruckt auf chlorfrei gebleichtem Papier
ISBN 3-7973-0751-9

Das Buch erscheint in Deutsch, Englisch, Französisch, Spanisch, Portugiesisch, Italienisch, Türkisch, Russisch, Polnisch, Chinesisch, Japanisch, Arabisch und Farsi.
Der Inhalt dieses Buches ist abrufbar im Internet:
http://www.bundesregierung.de

Das Land

Landesnatur

Die Bundesrepublik Deutschland liegt im Herzen Europas. Sie ist umgeben von neun Nachbarstaaten: Dänemark im Norden, den Niederlanden, Belgien, Luxemburg und Frankreich im Westen, der Schweiz und Österreich im Süden und von der Tschechischen Republik und Polen im Osten. Diese Mittellage ist noch ausgeprägter seit der Wiedererlangung der staatlichen Einheit Deutschlands am 3. Oktober 1990. Mehr denn je ist die Bundesrepublik Drehscheibe zwischen Ost und West, aber auch für Skandinavien und den Mittelmeerraum. Eingebunden in die Europäische Union und die NATO, bildet Deutschland eine Brücke zu den mittel- und osteuropäischen Staaten.

Das Staatsgebiet der Bundesrepublik Deutschland ist rund 357 000 km^2 groß. Die längste Ausdehnung von Norden nach Süden beträgt in der Luftlinie 876 Kilometer, von Westen nach Osten 640 Kilometer. Die äußersten Grenzpunkte sind: List auf der Insel Sylt im Norden, das sächsische Deschka im Osten, das bayerische Oberstdorf im Süden und Selfkant (Nordrhein-Westfalen) im Westen. Die Grenzen der Bundesrepublik haben eine Länge von insgesamt 3758 Kilometern.

Deutschland zählt rund 82,1 Millionen Einwohner. Die Bundesrepublik ist nach der Russischen Föderation (rund 148 Millionen) der bevölkerungsreichste Staat Europas, vor Großbritannien und Nordirland mit 59, Frankreich mit 58,6 und Italien mit 57,5

◼ Über 1 000 000 Einwohner	
◾ Über 500 000 Einwohner	**Berlin** Bundeshauptstadt
▫ Über 100 000 Einwohner	<u>Bonn</u> Bundesstadt
◦ Unter 100 000 Einwohner	<u>Mainz</u> Landeshauptstadt

Im Norden:
Die Buntsand-
stein-Insel
Helgoland
mit der
„Langen
Anna"

Millionen Menschen. Flächenmäßig ist Deutschland allerdings kleiner als Frankreich mit 544 000 km^2 und Spanien mit 506 000 km^2.

Die Landschaften. Die deutschen Landschaften sind außerordentlich vielfältig und reizvoll. Niedrige und hohe Gebirgszüge wechseln mit Hochflächen, Stufenländern, Hügel-, Berg- und Seenlandschaften sowie weiten, offenen Ebenen. Von Norden nach Süden unterteilt sich Deutschland in fünf große Landschaften: das Norddeutsche Tiefland, die Mittelgebirgsschwelle, das Südwestdeutsche Mittelgebirgsstufenland, das Süddeutsche Alpenvorland und die Bayerischen Alpen.

Im Norden prägen seenreiche, hügelige Geest- und Lehmplatten das Tiefland, durchsetzt von Heiden und Mooren sowie den fruchtbaren Böden südwärts vor der Mittelgebirgsschwelle: Zu diesen Tieflandbuchten gehören die Niederrheinische, die Westfälische und die Sächsisch-Thüringische Bucht. Im Norden reichen die Marschen der Nordseeküste bis zum Geestrand. Charakteristisch für die Ostseeküste sind in Schleswig-Holstein die Förden, in Mecklenburg-Vorpommern dominiert die Strandsee- und Ausgleichsküste. Die wichtigsten Inseln in der Nordsee sind die Ostfriesischen Inseln, unter anderen Borkum und Norderney, die Nordfriesischen Inseln Amrum, Föhr, Sylt sowie Helgoland in der Helgoländer Bucht. Rügen, Hiddensee und Fehmarn liegen in der Ostsee. Die Ostseeküste ist teils sandige

Monschau,
ein gerne
besuchtes
idyllisches
Eifelstädtchen

Flachküste, teils felsige Steilküste. Zwischen Nord- und Ostsee liegt das niedrige Hügelland der „Holsteinischen Schweiz".

Die Mittelgebirgsschwelle trennt den Norden vom Süden Deutschlands; das Tal des Mittelrheins und die hessischen Senken dienen als natürliche Leitlinien des Nord-Süd-Verkehrs. Zu den Mittelgebirgen gehören u.a. das Rheinische Schiefergebirge mit Hunsrück, Eifel, Taunus, Westerwald, Bergischem Land und Sauerland, das Hessische Bergland, das Weser- und Leinebergland im Westen und der Mitte Deutschlands. Im Herzen Deutschlands findet sich die Gebirgsinsel des Harzes. Östlich gelegen sind die Rhön, der Bayerische Wald, der Oberpfälzer Wald, das Fichtelgebirge, der Frankenwald, der Thüringer Wald und das Erzgebirge.

Zum Südwestdeutschen Mittelgebirgsstufenland gehören die Oberrheinische Tiefebene mit ihren Randgebirgen Schwarzwald,

Berge, Gewässer, Inseln:

Berge:

Zugspitze (Nördliche Kalkalpen)	2962 m
Watzmann (Nördliche Kalkalpen)	2713 m
Feldberg (Schwarzwald)	1493 m
Großer Arber (Bayerischer Wald)	1456 m
Fichtelberg (Erzgebirge)	1215 m
Brocken (Harz)	1142 m

Flüsse in Deutschland:

Rhein	865 km
Elbe	700 km
Donau	686 km
Main	524 km
Weser	440 km
Spree	382 km
Mosel	242 km

Schifffahrtskanäle:

Mittellandkanal	321 km
Dortmund-Ems-Kanal	269 km
Main-Donau-Kanal	171 km
Nord-Ostsee-Kanal	99 km

Seen und Talsperren:

Bodensee (deutscher Anteil)	305,0 qkm
Müritz	110,3 qkm
Bleiloch	215 Mill. cbm
Schwammenauel	205 Mill. cbm
Edertalsperre (Edersee)	202 Mill. cbm

Inseln:

Rügen	930 qkm
Usedom (deutscher Anteil)	373 qkm
Fehmarn	185 qkm
Sylt	99 qkm

Der Krün-
Geroldsee
vor der
Kulisse des
Karwendel-
gebirges

Odenwald und Spessart, der Pfälzer Wald mit der Haardt und das Schwäbisch-Fränkische Stufenland mit der Alb.

In einem engen Tal zwischen Bingen und Bonn zwängt sich der Rhein, die wichtigste Verkehrsachse in Nord-Süd-Richtung, durch das Rheinische Schiefergebirge, dessen Hochflächen dünner besiedelt sind als die geschützten, durch Weinbau und starken Fremdenverkehr geprägten rechts- und linksrheinischen Tallandschaften.

Das Süddeutsche Alpenvorland umfasst die Schwäbisch-Bayerische Hochebene mit ihren Hügeln und großen Seen im Süden, dazu weite Schotterebenen, das Unterbayerische Hügelland und die Donauniederung. Charakteristisch für diese Landschaft sind Moorgebiete, kuppenförmige Hügelketten mit Seen (Chiemsee, Starnberger See) und kleine Dörfer.

Der deutsche Teil der Alpen zwischen dem Bodensee und Berchtesgaden umfasst nur einen schmalen Anteil dieses Gebirges: Er beschränkt sich auf die Allgäuer Alpen, die Bayerischen Alpen und die Berchtesgadener Alpen. Eingebettet in die Bergwelt der Alpen sind malerische Seen, wie zum Beispiel der Königssee bei Berchtesgaden, und beliebte Fremdenverkehrsorte, wie etwa Garmisch-Partenkirchen oder Mittenwald.

Das Klima. Klimatisch liegt Deutschland im Bereich der gemäßigtkühlen Westwindzone zwischen dem Atlantischen Ozean und dem Kontinentalklima im Osten. Große Temperaturschwankungen sind selten. Niederschlag fällt zu allen Jahreszeiten. Im Winter schwankt die Durchschnittstemperatur zwischen 1,5 Grad Celsius im Tiefland und minus sechs Grad im Gebirge. Die Mittelwerte im Juli liegen bei 18 Grad Celsius im Tiefland und bei 20 Grad in den geschützten Tälern des Südens. Ausnahmen bilden der obere Rheingraben mit seinem sehr milden Klima, Oberbayern mit dem zeitweilig auftretenden Föhn, einem warmen alpinen Südwind, und der Harz, der mit seinen rauhen Winden, kühlen Sommern und schneereichen Wintern eine eigene Klimazone bildet.

Die Menschen

Deutschland wird von rund 82,1 Millionen Menschen (darunter 7,3
Millionen Ausländern) bewohnt und gehört mit einer Bevölkerungsdichte von 230 Menschen pro Quadratkilometer zu den
am dichtesten besiedelten Ländern Europas. Nur in Belgien,
den Niederlanden und Großbritannien ist die Bevölkerungsdichte noch größer (siehe Grafik, S. 498).

Die Bevölkerung in Deutschland ist regional sehr unterschiedlich
verteilt. Der seit der deutschen Vereinigung schnell wachsende
Einzugsbereich von Berlin umfasst derzeit mehr als 4,3 Millionen Einwohner. Im Industriegebiet an Rhein und Ruhr, wo die
Städte ohne deutliche Abgrenzung ineinander übergehen, leben mehr als elf Millionen Menschen – etwa 1100 pro Quadratkilometer.

Weitere Ballungsgebiete sind das Rhein-Main-Gebiet mit den Städ-
ten Frankfurt, Wiesbaden und Mainz, die Industrieregion im
Rhein-Neckar-Raum mit Mannheim und Ludwigshafen, das
Wirtschaftsgebiet um Stuttgart sowie die Einzugsbereiche von
Bremen, Dresden, Hamburg, Köln, Leipzig, München und Nürn-
berg/Fürth.

Diesen dicht bevölkerten Regionen stehen sehr schwach besiedelte
Gebiete gegenüber, so zum Beispiel die Heide- und Moorland-
schaften der Norddeutschen Tiefebene, Gebiete der Eifel, des
Bayerischen Waldes, der Oberpfalz, der Mark Brandenburg und
weite Teile Mecklenburg-Vorpommerns.

Der Westen Deutschlands ist wesentlich dichter besiedelt als der Osten. Dort leben auf rund 30 Prozent der Fläche weniger als ein
Fünftel (15,3 Millionen) der Einwohner Deutschlands. Von den
20 Städten mit mehr als 300 000 Einwohnern liegen drei im östlichen Teil Deutschlands.

Fast jeder dritte Einwohner der Bundesrepublik lebt in einer der 82
Großstädte (über 100 000 Einwohner; siehe Grafik, S. 499).
Dies sind rund 25 Millionen Menschen. Die Mehrheit wohnt da-
gegen in Dörfern und Kleinstädten: Fast 6,4 Millionen sind in

Großer Spaß für kleine Leute auf dem Kinderkarussell

Ortschaften mit bis zu 2000 Einwohnern zu Hause. 50,5 Millionen leben in Gemeinden mit Einwohnerzahlen zwischen 2000 und 100 000.

Die Bevölkerungszahl in den westdeutschen und ostdeutschen Ländern ging in den Siebzigerjahren zurück, da die Geburtenrate rückläufig war. Mit 10,2 Geburten auf 1000 Einwohner pro Jahr (altes Bundesgebiet) zählte Deutschland 1998 zu den Ländern mit der niedrigsten Geburtenrate der Welt. Der Anstieg der Bevölkerungszahlen nach dem Zweiten Weltkrieg war im Wesentlichen durch Zuwanderung bedingt. Rund 13 Millionen deut-

Hochzeit – einer der besonderen Tage im Leben

sche Vertriebene und Flüchtlinge kamen aus den früheren deutschen Ostprovinzen und aus Osteuropa in das Gebiet des heutigen Deutschland.

Bis zum Bau der Berliner Mauer 1961 und der hermetischen Abriegelung der Grenze durch die damalige DDR hielt eine große Fluchtbewegung von Ost- nach Westdeutschland an. Seit Anfang der Sechzigerjahre kam eine erhebliche Anzahl von ausländischen Arbeitnehmern nach Westdeutschland, dessen expandierende Wirtschaft zusätzliche Arbeitskräfte benötigte.

Regionale Unterschiede. Das deutsche Volk ist im Wesentlichen aus verschiedenen deutschen Stämmen wie den Franken, Sachsen, Schwaben und Bayern zusammengewachsen. Heute sind diese alten Stämme in ihrer ursprünglichen Gestalt längst

Millenniums-
wechsel
(1. Januar
2000) vor
dem Branden-
burger Tor

nicht mehr vorhanden, doch leben ihre Traditionen und Dialekte in geschichtlich gewachsenen regionalen Gruppen fort.

Mit der Bevölkerung der einzelnen Länder sind die alten Stämme jedenfalls kaum noch identisch. Die Länder, so wie sie heute bestehen, sind zum großen Teil erst nach dem Zweiten Weltkrieg unter Mitwirkung der Besatzungsmächte geschaffen worden, wobei die Grenzziehung auf Traditionen oft keine Rücksicht nahm. Zudem haben die Flüchtlingsströme und großen Wanderungsbewegungen der Nachkriegszeit, aber auch die Mobilität der modernen Industriegesellschaft die Grenzen der verschiedenen Bevölkerungsgruppen mehr oder weniger verwischt.

Unterschiedliche charakteristische Eigenschaften werden den Volksgruppen von alters her zugeschrieben. So gelten die Mecklenburger als verschlossen, die Schwaben als sparsam, die Rheinländer als lebenslustig und die Sachsen als fleißig und pfiffig – traditionelle Erfahrungen, die heute noch immer im Sinn einer

**Sommerliche
Lesestunde
im Garten**

folkloristisch-heiteren Rivalität zwischen den Bevölkerungstei-
len willkommen sind.

Die deutsche Sprache. Deutsch gehört zur Großgruppe der
indogermanischen Sprachen, innerhalb dieser zu den germanischen Sprachen, und ist mit der dänischen, der norwegischen
und der schwedischen Sprache, mit dem Niederländischen und
Flämischen, aber auch mit dem Englischen verwandt. Die Ausbildung einer gemeinsamen Hochsprache geht auf die Bibel-
übersetzung durch Martin Luther zurück.

Deutschland ist reich an Mundarten. An Dialekt und Aussprache
kann man bei den meisten Deutschen erkennen, aus welcher
Gegend sie stammen. Die Mundarten weisen erhebliche Unterschiede auf: Wenn beispielsweise ein Mecklenburger und ein
Bayer sich in ihrer reinen Mundart unterhielten, hätten sie große Schwierigkeiten, einander zu verstehen.

Außerhalb Deutschlands wird Deutsch als Muttersprache in Österreich, in Liechtenstein, im größten Teil der Schweiz, in Südtirol
(Norditalien), in Nordschleswig (Dänemark) und in kleineren
Gebieten in Belgien, Frankreich (Elsass) und Luxemburg entlang
der deutschen Grenze gesprochen. Auch die deutschen Minderheiten in Polen, Rumänien und in den Ländern der ehemaligen
Sowjetunion haben die deutsche Sprache zum Teil bewahrt.
Deutsch ist die Muttersprache von mehr als 100 Millionen Menschen. Etwa jedes zehnte Buch, das weltweit erscheint, ist in

**Neugier und
Verständnis:
Jung und Alt
im Dialog**

deutscher Sprache geschrieben. Unter den Sprachen, aus denen übersetzt wird, steht Deutsch nach Englisch und Französisch an dritter Stelle, und ins Deutsche wird am meisten übersetzt.

Nationale Minderheiten. Für die vier seit jeher in Deutschland beheimateten nationalen Minderheiten, die Sorben, Friesen, Dänen und die deutschen Sinti und Roma, unterzeichnete Deutschland das „Rahmenübereinkommen des Europarates zum Schutz nationaler Minderheiten" und die „Europäische Charta für Regional- oder Minderheitssprachen".

Die Lausitzer Sorben sind Nachfahren slawischer Stämme. Sie besiedelten im Zug der Völkerwanderung im 6. Jahrhundert das Gebiet ostwärts von Elbe und Saale; ihre erste urkundliche Erwähnung stammt von 631. Im 16. Jahrhundert entstand unter dem Einfluss der Reformation eine sorbische Schriftsprache. Neben dem Institut für Sorabistik an der Universität Leipzig gibt es Schulen, Vereine und weitere Institutionen zur Pflege der sorbischen Sprache und Kultur.

**Die
Love Parade
an der
Siegessäule
in Berlin**

Buntes
Treiben beim
„Karneval
der Kulturen"
in Berlin

Die Friesen sind Nachfahren eines germanischen Stammes an der Nordseeküste (zwischen Niederrhein und Ems) und haben sich – neben ihrer eigenständigen Sprache – zahlreiche Traditionen bewahrt. Im Landesteil Schleswig von Schleswig-Holstein, besonders um Flensburg, lebt eine dänische Minderheit.

Die Zahl der Sinti und Roma mit deutscher Staatsbürgerschaft wird auf 70 000 geschätzt. Der von der Bundesregierung seit 1982 geförderte Zentralrat Deutscher Sinti und Roma setzt sich für Entschädigungen an Holocaust-Überlebende, für Minderheitenrechte und den Schutz der Sprache Romanes ein und wendet sich gegen Diskriminierungen und Vorurteile.

Ausländische Mitbürger. Von den rund 82,1 Millionen Bewohnern der Bundesrepublik 1998 sind 7,3 Millionen Ausländer (siehe Tabelle, S. 499). Der Kreis weitete sich von den Italienern, den ersten Gastarbeitern, über die Spanier und Portugiesen zu den Jugoslawen und Türken. Gelegentliche Spannungen im Alltag wurden durch Kollegialität, Nachbarschaften und Freundschaften bei weitem aufgewogen.

Das Zusammenwachsen der EU und des Westens, die Auflösung des Ostblocks sowie die Zuwanderung aus asiatischen und afrikanischen Ländern bedingte eine deutliche Zunahme von Ausländern verschiedener Herkunft in Deutschland.

Deutschland hat seine Offenheit gegenüber den Ausländern nicht nur durch die Aufnahme von Asylbewerbern und Kriegsflüchtlingen bewiesen, es gehörte auch stets zu den Vorreitern bei der Freizügigkeit sowie der Berufs- und Niederlassungsfreiheit in der Europäischen Union.

Rund 2,7 Millionen deutsche Aussiedler aus den Ländern des früheren Ostblocks, vor allem aus dem Gebiet der ehemaligen Sowjetunion, sind seit 1987 in die Bundesrepublik gekommen; im Jahr 1999 waren es mehr als 104 900.

Politisch Verfolgten öffnet sich Deutschland in einem international seltenen Maße. Ebenso wie der vormalige Artikel 16 gewährleitet auch die Neufassung des Artikels 16a des Grundgesetzes

Schutz vor politischer Verfolgung in der Form eines individuellen Grundrechtes. 1989 suchten bereits 121 318 Ausländer in Deutschland Asyl, 1991 kamen 256 112, und 1992 stieg die Zahl auf 438 191. Zugleich sank die Quote derer, die als tatsächlich politisch verfolgt anerkannt werden konnten, auf unter fünf Prozent ab. Im Jahr 1993 kamen rund 322 600 Asylbewerber nach Deutschland; ihre Zahl ging nach Inkrafttreten des neuen Asylrechts zum 1. Juli 1993 spürbar zurück: 1994 baten nur noch 127 210 Menschen um Asyl. 1995 waren es 127 937, 1996 116 367, 1997 104 353, 1998 98 644, 1999 95 113.

Mit einer von zwei Dritteln des Parlaments beschlossenen Verfassungsänderung („Asyl-Kompromiss"), die seit dem 1. Juli 1993 in Kraft ist und die vom Bundesverfassungsgericht im Mai 1996 als verfassungsgemäß bestätigt wurde, wird das Asylrecht – wie auch in anderen Ländern üblich – seitdem auf seine eigentliche Funktion zurückgeführt, nämlich den Schutz derjenigen, die aktuell politisch verfolgt sind und des Schutzes tatsächlich bedürfen.

Deswegen können sich Ausländer, die aus einem sicheren Drittstaat einreisen, in der Bundesrepublik Deutschland nicht mehr auf dieses Grundrecht berufen. Auch behält sich Deutschland unbeschadet der Genfer Flüchtlingskonvention vor, diejenigen Staaten aufzulisten, in denen es nach amtlichen Erkenntnissen keine politische Verfolgung gibt und daher auch in der Regel keine Asylgründe bestehen. Jedem Asylbewerber aber steht der Rechtsweg in Deutschland offen – bis hin zum Bundesverfassungsgericht.

Ausländerpolitik und Erwerb der deutschen Staatsangehörigkeit. Über die Hälfte der Ausländer lebt seit mindestens zehn Jahren in Deutschland, fast ein Drittel ist schon 20 Jahre und länger hier. Von den Ausländern, die sich seit min-

Disponent und Angestellte einer internationalen Spedition

destens zehn Jahren hier aufhalten, sind rund 870 000 jünger als 25 Jahre. Mehr als zwei Drittel der Kinder und Jugendlichen sind hier geboren.

Am 1. Januar 2000 sind wichtige Bestimmungen des neuen Gesetzes zur Reform des Staatsangehörigkeitsrechts in Kraft getreten. Die wesentlichen Elemente:

— In Deutschland geborene Kinder ausländischer Eltern erwerben nun kraft Gesetzes mit der Geburt die deutsche Staatsangehörigkeit. Voraussetzung ist, dass ein Elternteil seit acht Jahren rechtmäßig seinen gewöhnlichen Aufenthalt im Inland hat und eine Aufenthaltsberechtigung oder seit drei Jahren eine unbefristete Aufenthaltserlaubnis besitzt. Wenn sie kraft Abstammung zudem eine andere Staatsangehörigkeit erwerben, haben sie bei Volljährigkeit zwischen der deutschen und der ausländischen Staatsangehörigkeit zu wählen.

— Kindern, die am 1. Januar 2000 noch keine zehn Jahre alt sind, räumt das Gesetz einen befristeten besonderen Einbürgerungsanspruch zu den gleichen Bedingungen ein.

— Ausländer erhalten bereits nach acht (statt bisher 15) Jahren einen Anspruch auf Einbürgerung. Der Anspruch ist abhängig von ausreichenden Kenntnissen der deutschen Sprache und einem Bekenntnis zur Verfassung, dem Grundgesetz. Die Einbürgerung von politisch extremistischen Ausländern ist durch eine neue „Schutzklausel" ausgeschlossen. Grundsätzlich wird bei der Einbürgerung die Aufgabe der bisherigen Staatsangehörigkeit verlangt; die Ausnahmen sind im Gesetz geregelt.

— Beim Erwerb einer ausländischen Staatsangehörigkeit auf eigenen Antrag geht die deutsche Staatsangehörigkeit automatisch verloren, nun unabhängig davon, ob der Wohnsitz im Inland fortbesteht.

— Gleichzeitig wird die Möglichkeit erweitert, den Verlust durch eine Genehmigung zur Beibehaltung der deutschen Staatsangehörigkeit abzuwenden.

— Spätaussiedler erwerben die deutsche Staatsangehörigkeit automatisch mit der Ausstellung der Spätaussiedlerbescheinigung. Die bisherigen gesonderten Einbürgerungsverfahren sind weggefallen.

Die Belange ausländischer Mitbürger nimmt die Beauftragte der Bundesregierung für Ausländer wahr. Sie befasst sich mit Konzeption und Einzelfragen der Ausländerpolitik und führt dazu Gespräche mit deutschen und ausländischen Politikern, Vertretern der Sozialpartner und anderen gesellschaftlichen Gruppen; insbesondere ist sie der Ansprechpartner der in der Ausländerarbeit aktiven Organisationen. Die Ausländerbeauftragte unterstützt vor allem Initiativen zur Förderung der ausländischen Wohnbevölkerung. Zu diesem Zweck steht sie auch in ständigem Kontakt mit den Botschaften der ehemaligen Anwerbeländer, besucht diese Länder auch selbst und führt Gespräche mit Regierungsvertretern vor Ort.

Eine wichtige Aufgabe sieht die Beauftragte in der Vermittlung umfassender und sachlicher Informationen über die Geschichte der Ausländerbeschäftigung sowie deren wirtschaftliche Bedeutung, die Entstehung und Entwicklung der deutschen Ausländerpolitik, die menschlichen Aspekte der faktischen Einwanderungssituation für Ausländer wie Deutsche und schließlich über die politisch-rechtlichen Bindungen der Bundesrepublik Deutschland auf Grund internationaler Abkommen und Erklärungen.

Weitere Informationen:
- Bundesministerium des Innern
  Alt-Moabit 101d, 10559 Berlin
  Internet: http://www.bmi.bund.de
  E-Mail: posteingang@bmi.bund.de
- Statistisches Bundesamt
  Gustav-Stresemann-Ring 11, 65189 Wiesbaden
  Internet: http://www.statistik-bund.de
  E-Mail: pressestelle@statistik-bund.de

Die deutschen Länder

Die Bundesrepublik Deutschland besteht aus 16 Ländern (in Klammern die Hauptstädte): Baden-Württemberg (Stuttgart), Bayern (München), Berlin, Brandenburg (Potsdam), Bremen, Hamburg, Hessen (Wiesbaden), Mecklenburg-Vorpommern (Schwerin), Niedersachsen (Hannover), Nordrhein-Westfalen (Düsseldorf), Rheinland-Pfalz (Mainz), Saarland (Saarbrücken), Sachsen (Dresden), Sachsen-Anhalt (Magdeburg), Schleswig-Holstein (Kiel) und Thüringen (Erfurt). Berlin, Bremen und Hamburg sind Stadtstaaten.

Deutschland war immer in Länder gegliedert, aber die Landkarte änderte im Laufe der Jahrhunderte häufig ihre Gestalt. Die größten Veränderungen brachten in neuerer Zeit die Napoleonischen Kriege zu Beginn des 19. Jahrhunderts, der Preußisch-Österreichische Krieg von 1866, der Erste und der Zweite Weltkrieg. Dieser hatte die Teilung Deutschlands und die Auflösung Preußens, des größten deutschen Landes, zur Folge. Die Länder in ihrer heutigen Gestalt sind größtenteils nach 1945 gebildet worden; alte landsmannschaftliche Zusammengehörigkeiten und geschichtliche Grenzziehungen wurden dabei zum Teil berücksichtigt.

Bis zur Vereinigung Deutschlands im Jahre 1990 bestand die Bundesrepublik aus elf Ländern, die in den ehemals westlichen Besatzungszonen gegründet worden waren.

Auch in der sowjetischen Besatzungszone wurden auf dem Gebiet der späteren DDR fünf Länder gebildet, die aber bald einer zentralistischen Gebietsverwaltung weichen mussten. Nach der ersten freien Wahl am 18. März 1990 wurde beschlossen, fünf neue Länder zu bilden. Sie erhielten im Wesentlichen die Gestalt aus der Zeit vor 1952. Am 3. Oktober 1990 wurde der Beitritt der DDR und damit der Länder Brandenburg, Mecklenburg-Vorpommern, Sachsen, Sachsen-Anhalt und Thüringen zur Bundesrepublik vollzogen; Ost-Berlin wurde mit West-Berlin vereinigt.

Baden-Württemberg

Einwohner	10,4 Mio
Fläche	35 751 km²
Landeshauptstadt	Stuttgart

Landtagswahl 1996	
CDU	41,3%
SPD	25,1%
Bündnis 90/Die Grünen	12,1%
FDP/DVP	9,6%
Republikaner	9,1%

Vielfältige Landschaft – modernste Industrie. Baden-Württemberg gehört zu den landschaftlich reizvollsten Gegenden der Bundesrepublik. Der Schwarzwald ist eines der beliebtesten deutschen Erholungsgebiete. Der Bodensee, die abwechslungsreichen Flusstäler von Rhein, Donau und Neckar, die raue Schwäbische Alb, das sanfte Markgräflerland und das markante Bergland des Kaiserstuhls in der Oberrheinischen Tiefebene (berühmt für seinen Wein) sind vielbesuchte Urlaubsziele. Jedes Jahr kommen mehr Touristen nach Baden-Württemberg, als das Land Einwohner hat. Baden-Württemberg ist zugleich ein bedeutender Wirtschaftsstandort; hier sind Weltfirmen wie Daimler-Chrysler, Bosch, Porsche, SAP, IBM angesiedelt. Die wirtschaftliche Stärke des Landes zeigt sich zum Beispiel darin, dass Baden-Württemberg nahezu das Exportvolumen von Spanien, Schweden oder Singapur erreicht und Exportland Nr. 1 in Deutschland ist. Diese Tatsache rührt indessen nicht nur von der Produktivität der Großindustrie her: Hunderte kleiner und mittlerer Betriebe stellen weltweit benötigte Spezialprodukte her; die Baden-Württemberger sind geborene „Tüftler" – ihr Erfindungsgeist ist sprichwörtlich. Neben dem traditionellen Landbau ermöglicht das milde Klima auch den Anbau von Sonderkulturen wie Zierpflanzen, Hopfen und Tabak.

Zukunftsorientierte Interessen. Gemessen am Bruttoinlandsprodukt nimmt das Land mit seinen Aufwendungen für die Forschung weltweit einen Spitzenplatz ein; Schwerpunktvorhaben sind derzeit die Informationstechnologie und die Energie- und Umwelttechnik. Auch der Biotechnik und besonders der Gentechnik kommt heute eine Schlüsselstellung zu: Baden-

**Die Insel
Mainau im
Bodensee**

Württemberg verfügt auf diesem Gebiet über eine Forschungs-
infrastruktur, die qualitativ und quantitativ an der Spitze
Deutschlands und Europas steht. Die Biotechnik ist an zahlreichen Universitäten sowie industrienahen Forschungseinrichtungen etabliert. Mehrere hundert Firmen befassen sich mit der
Biotechnologie. Ein Hochgeschwindigkeitsdatennetz verbindet
die neun Universitäten, die 39 Fachhochschulen und die rund
130 Forschungseinrichtungen (darunter das Forschungszentrum Karlsruhe, das Deutsche Krebsforschungszentrum Heidelberg und mehrere Max-Planck- und Fraunhofer-Institute). In
Bruchsal und Stuttgart sind 1998 internationale Privatuniver-
sitäten eröffnet worden. Daneben gibt es mehrere Berufsakade-
mien sowie Kunst- und Musikhochschulen. Auf dem Gebiet der
Geisteswissenschaften ist besonders das Deutsche Literaturar-
chiv in Marbach am Neckar hervorzuheben, das unter anderem
den Nachlass der meisten deutschen Schriftsteller betreut. Wissenschaft und Forschung haben in Baden-Württemberg Tradition: Die 1386 gegründete Heidelberger Universität ist die älteste in Deutschland; in Karlsruhe wurde die erste deutsche Technische Hochschule errichtet.

Sehenswerte Städte. Die Lage der Landeshauptstadt Stuttgart
(582 000 Einwohner) in einem malerischen Talkessel bewunder-
te einst schon Alexander von Humboldt. Von dem Konzerthaus
„Liederhalle" bis zum Zoo „Wilhelma", vom Flughafen bis zum
Volksfest „Cannstatter Wasen", vom Messegelände auf dem Kil-
lesberg bis zur postmodernen Neuen Staatsgalerie bietet sie alle
Attribute einer modernen Metropole.

Bauliche Besonderheit von Mannheim (309 000 Einwohner) ist der
geometrische Grundriss des Stadtkerns; Kurfürst Friedrich von
der Pfalz ließ ihn 1607 als „Quadratestadt" anlegen. Statt Stra-
ßennamen weist er nur Buchstaben und Zahlen zur Bezeichnung der Häuser auf. Zusammen mit der rheinland-pfälzischen
Schwesterstadt Ludwigshafen auf der linken Rheinseite ist
Mannheim ein bedeutendes Industriezentrum und zugleich mit

seinen Kunstsammlungen in der Städtischen Kunsthalle und im Reiß-Museum, dem Landesmuseum für Technik und Arbeit sowie mit dem traditionsreichen Nationaltheater auch eine Stadt mit bemerkenswerter kultureller Ausstrahlung.

Karlsruhe (277 000 Einwohner), Sitz der höchsten deutschen Gerichte – des Bundesverfassungsgerichts und des Bundesgerichtshofes –, steht Mannheim in der Topografie nicht nach: 32 Straßen der ehemaligen barocken Fürstenstadt laufen fächerförmig auf das Schloss von 1715 zu. Die verkehrsgünstig gelegene Industriestadt besitzt einen umschlagstarken Rheinhafen.

Freiburg im Breisgau (201 000 Einwohner) mit seiner Universität von 1457, den alten Stadttoren und dem gotischen Münster mit dem filigranen Turm liegt malerisch zwischen dem Südhang des Schwarzwaldes und der Rheinebene. Heidelberg (139 000 Einwohner) ist wegen seines historischen Stadtzentrums mit der spätgotischen Heiliggeistkirche, der alten Brücke mit dem Neckartor, seines Schlosses und der originellen alten Studentenkneipen ein Touristenmagnet. Ulm (116 000 Einwohner) an der Donau hat als Wahrzeichen das Münster mit dem höchsten Kirchturm Deutschlands; am gotischen Rathaus zeigt eine berühmte astronomische Uhr die Zeit an. Weitere bedeutende Städte in Baden-Württemberg sind Heilbronn (120 000 Einwohner), Pforzheim (118 000), Reutlingen (110 000) und Tübingen (81 000).

Land der Philosophen und Künstler. Fast tausend Museen (darunter zum Beispiel das Uhrenmuseum in Furtwangen mit seiner einmaligen Sammlung Schwarzwälder Kuckucksuhren), zwei Staatstheater, 150 kommunale, freie und private Theater, Festspiele, Filmfestivals und die Akademie Schloss Solitude bei Stuttgart, die Kunst und Künstler in internationalem Rahmen fördert: Das kulturelle Leben findet in Baden-Württemberg viel-

Im Automobilwerk von Daimer-Chrysler in Stuttgart-Untertürkheim

Das gotische Freiburger Münster wurde 1513 vollendet

fältigen Ausdruck. Literaturgedenkstätten und -preise erinnern an die zahlreichen Persönlichkeiten der deutschen Geistesgeschichte, die hier ihre Heimat hatten – stellvertretend für viele seien nur Friedrich Schiller (1759-1805), Friedrich Hölderlin (1770-1843), Wilhelm Hauff (1802-1827) und die Philosophen Georg Wilhelm Friedrich Hegel (1770-1831), Friedrich Wilhelm Schelling (1775-1854) und Martin Heidegger (1889-1976) genannt.

Heute genießen das Stuttgarter Ballett, die Internationale Bach-Akademie und das Zentrum für Kunst- und Medientechnologie in Karlsruhe weltweiten Ruf. Allein die 6400 Musik- und Gesangvereine sowie 90 Laienorchester bezeugen die Freude vieler Menschen an der Musik.

Kompetenter Medienstandort. Baden-Württemberg ist auch ein wichtiges Medienzentrum und Standort großer Verlage; 33 Prozent der deutschen Zeitschriften und 22 Prozent der Bücher werden hier verlegt. In den Wachstumsbranchen Telekommunikation, Informationstechnologie, Entertainment und Multimedia erfolgt ein systematischer Ausbau. Die besondere Kompetenz spiegelt sich in einem vielfältigen Angebot mit 156 Studiengängen im Medienbereich wider.

Weitere Informationen:
— Baden-Württemberg, Staatsministerium
  Richard-Wagner-Str. 15, 70184 Stuttgart
  Internet: http://www.baden-wuerttemberg.de
  E-Mail: poststelle@stm.bwl.de

Freistaat Bayern

Einwohner	12,0 Mio
Fläche	70 552 km^2
Landeshauptstadt	München

Landtagswahl 1998	
CSU	52,9%
SPD	28,7%
Bündnis 90 / Die Grünen	5,7%

Tradition in urwüchsiger Natur. Die historische Bezeichnung „Freistaat" besagt, dass Bayern ein republikanischer, kein monarchischer Staat ist. Das flächengrößte Land und seine zwölf Millionen Einwohner sind stolz auf ihre Geschichte, die bis ins 6. Jahrhundert zurückreicht. Nirgendwo sonst in Deutschland wird das Brauchtum so selbstverständlich gepflegt wie hier; man trägt die Landestracht nicht nur während der großen Volksfeste wie zum Beispiel dem alljährlichen Münchner Oktoberfest. Dem reichen kulturhistorischen Erbe verdankt Bayern seine hohe touristische Attraktivität ebenso wie dem Reiz seiner beeindruckenden Naturschönheit. Die Alpen mit der Zugspitze, dem mit 2962 m höchsten Berg Deutschlands, das Alpenvorland mit seinen zauberhaften Seen, wie Chiemsee und Königssee, der Bayerische Wald mit seinem Nationalpark, die Fränkische Alb, das Fichtelgebirge, der Steigerwald, der Spessart und viele weitere Landstriche bieten dem Touristen unvergleichliche Anreize zum Naturerlebnis und zur Erholung. Die Berge sind Wanderparadiese, die Seen im Voralpenland und die neuen fränkischen Stauseen, die bei der Anlage des Main-Donau-Kanals entstanden, laden zum Wassersport ein. Das Land ist reich an ausgedehnten Parkanlagen, zum Beispiel dem Park Schönbusch bei Aschaffenburg, dem Hofgarten in Ansbach oder dem Englischen Garten in München, und an prächtigen Schlössern, an erster Stelle die Schlösser des „Märchenkönigs" Ludwig II., Linderhof, Neuschwanstein und Herrenchiemsee. Von beeindruckender Schönheit sind auch die Residenzen in Würzburg und Bamberg sowie die Veste Coburg mit ihrem Kupferstichkabinett.

Augsburg: Das
Renaissance-
Rathaus und
der Perlach-
turm, im
frühen 17.
Jahrhundert
von Elias Holl
erbaut

Landwirtschaft und Industrie. Bis 1950 überwog in Bayern
die Landwirtschaft als Haupterwerbszweig. Aus dem agrarisch
geprägten Land ist in den folgenden Jahrzehnten ein moderner
Industrie- und Dienstleistungsstaat geworden. Bayern ist heute
der Hightech-Standort Nummer eins in Deutschland. Der Freistaat verfügt über eine erstklassige wissenschaftlich-wirtschaft-
lich-technische Kompetenz auf allen großen Zukunftsfeldern,
angefangen von der Informations- und Kommunikationstechnologie über die Bio- und Gentechnologie bis zur Medizintechnik.
Große Teile, nicht nur das Alpenvorland, sind aber auch heute
noch von Land- und Forstwirtschaft geprägt. Das bayerische
Bier (gebraut nach dem Reinheitsgebot von 1516) ist weltbekannt – der Hopfen dafür wird in Bayern selbst angebaut; fränkischer Wein wird von den Kennern sehr geschätzt. Heute
stammen etwa 35 Prozent des Bruttoinlandsproduktes aus dem
produzierenden Gewerbe und weit über die Hälfte aus dem
Dienstleistungssektor. Die Zwillingsstädte Nürnberg (487 000

**Regensburg:
Steinerne
Brücke,
Brückentor
und Dom
Sankt Peter**

Der Schmalensee bei Mittenwald vor dem Karwendelgebirge

Einwohner) und Fürth (109 000 Einwohner), 1835 durch Deutschlands erste Eisenbahnstrecke verbunden, bilden ein Industriezentrum mit Elektrotechnik, Maschinen- und Fahrzeugbau, Druckereien, Kunststoff-, Spielwaren- und Nahrungsmittelindustrie. Nürnberger Lebkuchen schätzt man weltweit als Delikatesse; der Fürther Versandhandel „Quelle" ist eine europaweit bekannte Adresse. Regensburg (125 000 Einwohner) mit gut erhaltenem mittelalterlichem Stadtbild (Steinerne Brücke von 1146) lebt heute von Automobilbau, Textil-, Maschinen- und Holzindustrie. Es verfügt auch über einen leistungsfähigen Donauhafen. Ingolstadt (114 000 Einwohner) ist Standort für Automobilbau und Erdölraffinerien. Würzburg (126 000 Einwohner) weist neben Druckmaschinen-, Elektro- und Nahrungsmittelindustrie die drei größten Weingüter des Landes auf: den Staatlichen Hofkeller, das Julius- und das Bürgerspital. Handwerkliche Traditionen führen in Ostbayern die Glashütten (Zwiesel) und die Porzellanmanufakturen (Rosenthal, Hutschenreuther) fort. Internationale Messen wie „bauma" und „Systems" in München und die Spielzeugmesse in Nürnberg haben Weltruf.

Lebensart und Hightech. Die Landeshauptstadt München (1,19 Millionen Einwohner) lässt als Metropole nichts vermissen, und doch hat die Stadt eine eigene, unverwechselbare Atmosphäre. Neben der sprichwörtlichen Geselligkeit, zum Beispiel im Hofbräuhaus, weisen Stadt und Region ein dynamisches pulsierendes Wirtschaftsleben auf: Auto- und Flugzeugindustrie, Elektro- und Elektronikindustrie, Versicherungs- und Verlagswesen. Mit den renommierten Universitäten und anderen Hochschulen, der Bayerischen Staatsbibliothek – mit über sechs Millionen Bänden eine der größten in Europa –, dem Max-Planck-Institut für Plasmaphysik, dem Forschungsreaktor und vielen weiteren Einrichtungen ist die Stadt ein bedeutsames Zentrum für Wissenschaft und Forschung. München gilt heute als „Internet-Hauptstadt" Deutschlands. Auch der Medienstandort München braucht keinen Vergleich in Europa zu scheuen. Der Flug-

hafen, benannt nach dem langjährigen bayerischen Ministerpräsidenten Franz-Josef Strauß, ist wichtiger Stützpunkt des
internationalen Luftverkehrs. 1998 wurde das neue Messegelände auf dem ehemaligen Flughafen München-Riem eröffnet.

Kultur aller Epochen. Zur Pflege seines kulturellen Erbes wendet Bayern jährlich weit über 100 Millionen Mark auf. München
besitzt mit dem einzigartigen Deutschen Museum die weltgröß-
te Sammlung zur Geschichte der Naturwissenschaften und der
Technik, dazu zahlreiche historische Bauten und Kunstmuseen
wie die Alte und Neue Pinakothek, das Lenbach-Haus, die
Schack-Galerie. Nürnberg, die Stadt von Albrecht Dürer (1471-
1528) und Hans Sachs (1494-1576), bewahrt in ihren Kirchen
spätmittelalterliche Kunstschätze hohen Ranges. Allein schon
das Germanische Nationalmuseum ist eine Reise in die Stadt
wert. Juwelen des Barock und des Rokoko sind die Kirchen der
Klöster Banz und Ettal, die Basilika Vierzehnheiligen und die
Wieskirche bei Steingaden, die von der UNESCO in die Liste des
„Weltkulturerbes der Menschheit" aufgenommen wurden, wie
auch die ehemalige fürstbischöfliche Residenz in Würzburg. Ihr
Treppenhaus, geschaffen von Balthasar Neumann (1687-1753)
und ausgemalt von Giovanni Battista Tiepolo, gilt als eines der
schönsten der Welt. Die Städte Rothenburg ob der Tauber,
Nördlingen und Dinkelsbühl sind „begehbare Museen", mit anderen Sehenswürdigkeiten durch die „Romantische Straße" verbunden.

33 feste Bühnen und 34 Freilichtbühnen gibt es in Bayern. Alljährlich werden während der Bayreuther Festspiele die Opern
Richard Wagners aufgeführt, der 1872-1883 hier lebte. Darüber
hinaus gibt es zum Beispiel die Münchner Festspiele, die Europäischen Wochen in Passau, die Bachwoche in Ansbach, das
Würzburger Mozartfest. Auch die Volksmusik ist in Bayern
überall lebendig, besonders während der zahlreichen Feste,
zum Beispiel der Tölzer Leonhardi-Fahrt, dem Augsburger Frie-
densfest, dem Further Drachenstich, dem Würzburger Kilians-
fest, der Kiefersfeldener Ritterspiele. Tradition seit 1634 hat das
Oberammergauer Passionsspiel, das alle zehn Jahre aufgeführt
wird (zuletzt im Jahr 2000).

Weitere Informationen:
— Freistaat Bayern, Bayerische Staatsregierung
  Franz-Josef-Strauß-Ring 1, 80539 München
  Internet: http://www.bayern.de
  E-Mail: presse@stk.bayern.de

Berlin

Einwohner	3,4 Mio
Fläche	889 km²
Landeshauptstadt	Berlin

Landtagswahl 1999	
CDU	40,8%
SPD	22,4%
PDS	17,7%
Bündnis 90/Die Grünen	9,9%

Hauptstadt mit bewegter Vergangenheit. Berlin, die heutige deutsche Hauptstadt, entwickelte sich von einem Fischerdorf und einem Handelszentrum am Spreeübergang innerhalb von wenigen Jahrhunderten zur preußischen Residenzstadt. 1237 wurde Cölln erstmals urkundlich erwähnt. Die Stadt wuchs mit ihrer Schwesterstadt Berlin zusammen, profitierte vom Aufstieg Preußens zur Großmacht und wurde nach Gründung des Deutschen Reiches 1871 zum politischen, industriellen, wissenschaftlichen und kulturellen Zentrum Deutschlands. Im Jahre 1939 zählte die deutsche Hauptstadt über vier Millionen Einwohner. Der von den Nationalsozialisten entfesselte Zweite Weltkrieg hatte für Berlin verheerende Folgen und führte zu weit gehender Zerstörung der Innenstadt und der Industriebezirke. Die Stadt wurde von den Siegermächten in vier Sektoren aufgeteilt. Der Versuch der Sowjetunion im Jahre 1948/49, mit einer elfmonatigen Blockade der Landwege die West-Berliner Bevölkerung in die Knie und die westlichen Alliierten zum Abzug zu zwingen, schlug wegen der von den Westalliierten eingerichteten Luftbrücke fehl. Der massenhaften Flucht von Menschen aus der DDR und dem Ostteil Berlins begegnete die kommunistische Führung 1961 mit dem Bau der Mauer. Sie fiel 1989, als der kommunistische Machtblock zerbrach. Am 3. Oktober 1990 wurde mit einem Staatsakt die Vereinigung Deutschlands in Berlin vollzogen. Das vereinigte Berlin ist seitdem wieder Hauptstadt des geeinten Deutschlands.

Kulturmetropole im Herzen Europas. Berlins kulturelle Vielfalt hat eine lange Tradition. Dazu gehören die Museen und Sammlungen auf der Museumsinsel, die im März 2000 in die

Als Gegen-
stück zur
kaiserlichen
Giebelin-
schrift am
Reichstags-
portal „Dem
deutschen
Volke"
präsentiert
Hans Haacke
im Innenhof
den Holztrog
mit der
Leuchtschrift
„Der Bevölke-
rung", der
von den 669
Abgeordneten
des Bundes-
tages mit Erde
aus den Wahl-
kreisen gefüllt
werden soll.
Bundestags-
präsident
Wolfgang
Thierse:
„Ein Denk-
anstoß für die
Demokratie in
Deutschland!"

Liste des Kultur- und Naturerbes der UNESCO aufgenommen wurde, im Kulturforum oder im Stadtteil Dahlem; sie alle haben Weltrang und werden jährlich von rund sechs Millionen Menschen besucht. Drei Opernhäuser, die Philharmonie oder die vielen Theater, Konzertsäle und Bibliotheken sowie die Berliner Festwochen, die internationalen Filmfestspiele und das Theatertreffen bieten weitere Höhepunkte in der europäischen Kulturmetropole. Berlin hat sich aber nicht nur auf diesen klassischen künstlerischen Feldern einen Namen gemacht, sondern erfreut sich seit vielen Jahren auch großer Beliebtheit bei jungen Künstlern, die aus allen Teilen der Welt in die deutsche Hauptstadt kommen und die quicklebendige und progressive kulturelle Szene bereichern.

Testlauf eines Turbinenrotors im Siemens Gasturbinenwerk in Berlin-Wedding

Wirtschaft und Wissenschaft. Berlin hat einen wirtschaftlichen Umbruch erlebt, der mit schmerzhaften Einschnitten verbunden war. Aber die Zukunftsaussichten sind gut: Viele Milliarden fließen in die Verbesserung der Infrastruktur, den Verkehr und in den Wiederaufbau der Stadt. Als Sitz von Bundestag, Bundesrat und Bundesregierung, als Tor nach Osteuropa und ausgestattet mit einer erstklassigen Infrastruktur, brauchen Stadt und Region keinen Vergleich zu scheuen. Herausragender Standortvorteil ist die enge Verbindung von Forschung und Entwicklung, Produktion und Vermarktung. Drei Universitäten, vier künstlerische Hochschulen, die Europäische Wirtschaftshochschule, neun Fachhochschulen, rund 250 außeruniversitäre Forschungseinrichtungen und eine Fülle mittlerer und kleinerer Technologieunternehmen bilden ein entscheidendes Potenzial für zukünftiges Wirtschaftswachstum und neue Arbeitsplätze. Im Südosten entsteht mit dem Wissenschafts- und Wirt-

**Technologie-
park Berlin-
Adlershof:
Das Photonik-
Zentrum**

schaftsstandort Adlershof (WISTA) einer der größten integrierten Technologieparks Europas. Die steigende Zahl von Unternehmen im Kommunikationssektor, auch im Bereich neuer In-
formationstechnologien, machen Berlin zu einem leistungsfähigen und innovativen Medienstandort. Mit zehn Tages- und vier
Sonntagszeitungen, elf Stadt- und zwölf Anzeigenmagazinen
verfügt Berlin über die größte Pressevielfalt in Europa. Mit 210
Buchverlagen ist Berlin die zweitgrößte deutsche Verlagsstadt.
25 regionale Radioprogramme lassen von sich hören.

In Berlin entfaltet sich seit Jahren die größte Bautätigkeit in
Deutschland. Unternehmen wie debis, Sony und ABB waren die
Bauherren spektakulärer Vorhaben am Potsdamer Platz. Die
großen Neubauten des Bundes, wie das Bundeskanzleramt und
die Gebäude für die Verwaltung des Deutschen Bundestages,
gehen der Vollendung entgegen. Der vom Autoverkehr weitgehend befreite Tiergarten ist vom wieder erstehenden Botschafts-
viertel, von Parteizentralen, Vertretungen der Bundesländer,
Spitzenverbänden und Stiftungen geprägt. Die Konturen des
neuen Lehrter Bahnhofs, des künftigen zentralen Bahnknoten-
punkts in unmittelbarer Nähe des Regierungsviertels, sind
schon erkennbar. Die Friedrichstraße hat sich zu einer attraktiven Einkaufsmeile in der Stadtmitte entwickelt. Aber auch in
den äußeren Bezirken Berlins drehen sich Baukräne und werden Altbauten saniert.

**Das Bundes-
ministerium
des Innern
am Spreeufer**

Das Bode-Museum, seit 2000 auf der Liste des Weltkulturerbes der UNESCO

Berlin ist eine bedeutende Messe- und Kongressstadt. Veranstaltungen wie die Internationale Funkausstellung, die Grüne Woche Berlin oder die Internationale Tourismus-Börse machen die Stadt zu einem attraktiven Treffpunkt für jährlich über 4,2 Millionen Besucher.

Die Hauptstadt hat sich eingerichtet. Der Ausbau Berlins zur Hauptstadt der Bundesrepublik Deutschland ist fast vollendet. Den vorgeplanten zeitlichen Abläufen für den Umzug der Bundesregierung, des Bundestages und des Bundesrates von Bonn nach Berlin entsprechend, sind die Modernisierungs- und Erweiterungsarbeiten an den Gebäuden der Ministerien weitgehend abgeschlossen. Das Gebäude des Reichstages ist zum Sitz des Deutschen Bundestages umgebaut und im April 1999 offiziell eröffnet worden. Mit seiner Kuppel, die von jedermann besichtigt werden kann, hat Berlin ein neues Wahrzeichen erhalten. Im Reichstag fand im Mai 1999 die Wahl des Bundespräsidenten durch die Bundesversammlung statt. Der Bundestag nahm seine Arbeit im September 1999 auf. Seitdem wird Deutschland wieder von seiner alten Hauptstadt Berlin aus regiert.

Weitere Informationen:
— Berlin, Senatskanzlei
  Berliner Rathaus, Jüdenstraße, 10178 Berlin
  Internet: http://www.berlin.de
  E-Mail: berlin@t-online.de

Brandenburg

Einwohner	2,6 Mio
Fläche	29 479 km²
Landeshauptstadt	Potsdam

Landtagswahl 1999	
SPD	39,3%
CDU	26,6%
PDS	23,3%
DVU	5,3%

Preußisches Erbe. Das Land Brandenburg umschließt die deutsche Hauptstadt Berlin; die Landeshauptstadt Potsdam (130 000 Einwohner) liegt im Südwesten der Metropole. Im Sommer 1945 fassten im Schloss Cecilienhof während der Potsdamer Konferenz die politischen Führer der USA, Großbritanniens und der Sowjetunion weit reichende Beschlüsse über die Zukunft Deutschlands. Potsdam war mit der preußisch-deutschen Geschichte seit jeher verbunden. Vom Jahr 1157 an nannte sich Albrecht der Bär Markgraf von Brandenburg. 1640 übernahm der Hohenzoller Kurfürst Friedrich Wilhelm, später „Großer Kurfürst" genannt, die Regierung im größten Kurfürstentum Deutschlands. Er siedelte Hugenotten aus Frankreich, Holländer und Schweizer an und förderte auf diese Weise die Entwicklung von Handel und Gewerbe. Den Zuwanderern wurde 1685 mit dem Edikt von Potsdam Religionsfreiheit gewährt; das „Holländische Viertel" und die „Französische Kirche" in Potsdam erinnern noch heute an die freundlich aufgenommenen Ausländer. Kurfürst Friedrich III. begründete das preußische Königtum; die

Potsdam: Blick über die Weinberg-terrassen zum Schloss Sanssouci

Mark Brandenburg wurde Teil von Preußen. Unter Friedrich II., dem Großen (1740-1786), wuchs Preußen zu einer Großmacht von europäischer Bedeutung; er machte Potsdam zu seiner Residenz und ließ das Gesamtkunstwerk des Parkes von Sanssouci mit seinen Schlössern und weiteren Prunkgebäuden anlegen.

Naturreservate und Industriestandort. Im Vergleich zu anderen Ländern ist Brandenburg dünn besiedelt. Havel und Spree durchziehen das hügelige Land. Naturschutz wird in den zahlreichen Naturparks, Landschaftsschutzgebieten und Biosphärenreservaten praktiziert, etwa in der Uckermark, der Elbtalaue, der Schorfheide und im Spreewald. Im Nationalpark „Unteres Odertal" wird grenzüberschreitend mit dem Nachbarland Polen Naturschutz in die Tat umgesetzt. „Streusandbüchse des Heiligen Römischen Reiches Deutscher Nation" wurde das Land wegen seines kargen, sandigen Bodens vor Zeiten genannt. Heute verlagert sich die Wirtschaftsstruktur immer stärker von der Landwirtschaft mit traditionellem Roggen- und Öl-

Das Hauptportal der Europa-Universität „Viadrina" in Frankfurt/Oder

Schloß
Rheinsberg
am Grinerick-
see

früchteanbau zur Industrie mit ihren Sektoren Fahrzeug- und
Maschinenbau, Elektronik, Optik, Energiewirtschaft, Umwelttechnik, Lebensmittel- und chemische Industrie. Im Zuge des
Aufbaus Ost konnte Brandenburg bisher über 120 Großinvesto-
ren gewinnen, die jeweils mehr als 50 Millionen Mark bereit-
stellten.

Durch die Einführung des visumfreien Verkehrs zwischen Deutschland und Polen gewinnt Frankfurt/Oder (76 000 Einwohner),
Umschlagplatz für die osteuropäischen Länder, immer mehr an
Bedeutung. Eine Deutsch-Polnische Regierungskommission arbeitet seit 1991 im Interesse einer Förderung der gutnachbar-
lichen Kontakte.

„Viadrina" und Membranforschung. Die Frankfurter Universität Viadrina bestand bereits von 1506 bis 1811. Heinrich
von Kleist und die Brüder Humboldt haben dort studiert. 1991
wurde die Hochschule als Europa-Universität wieder ins Leben
gerufen; sie ist besonders auf eine polnisch-deutsche Zusammenarbeit bei der Forschung und Lehre ausgerichtet. Aber
auch die weiteren Universitäten von Brandenburg in Cottbus
und Potsdam, seine fünf Fachhochschulen und 15 Technologiezentren machen die Region zu einer gewichtigen deutschen
Forschungslandschaft.

Das Geo-Forschungszentrum in Potsdam betreibt seit 1992 Grundlagenforschung zu globalen geowissenschaftlichen Themen. Die
ebenso einzigartige Forschungsstelle für Membranforschung in
Teltow widmet sich der Entwicklung von Hochleistungsmem-
branen für Anwendungsgebiete wie Umwelttechnik, Wertstoff-
gewinnung, Recycling und Medizin. Das Potsdamer Institut für
Klimafolgenforschung beobachtet die heutigen Klimaverände-
rungen als Probleme eines gestörten Verhältnisses zwischen
Mensch und Natur.

Die Berlin-Brandenburgische Akademie der Wissenschaften, die im
März 1993 ihre Arbeit aufnahm, pflegt neben den Natur-, Bio-
und Sozialwissenschaften auch die Geisteswissenschaften. Eine

Der Techno-Park in Henningsdorf

Jean-Paul- und eine Leibniz-Edition sowie die Dokumentation der mittelalterlichen Glasfenstermalerei in den ostdeutschen Ländern stehen auf dem Programm. Die „Förderungsgesellschaft wissenschaftliche Neuvorhaben" hat die Europäische Aufklärung zum Thema eines interdisziplinären Forschungsschwerpunktes bestimmt.

Theodor Fontane und Marlene Dietrich. Theodor Fontane hat im vergangenen Jahrhundert in seinen „Wanderungen durch die Mark Brandenburg" die Schönheit und Ursprünglichkeit Brandenburgs beschrieben. Rund 350 Schlösser und Herrenhäuser gibt es hier, von denen neben Sanssouci in Potsdam vor allem Rheinsberg (von Kurt Tucholsky zum Gegenstand einer Novelle gemacht) und Branitz (mit Fürst-Pückler-Museum) Ziel zahlreicher Besucher sind. Aus den rund 150 Museen und Gedenkstätten soll hier nur die Heinrich-von-Kleist-Forschungsstätte in Frankfurt/Oder herausgehoben werden.

Das ganze Jahr über gibt es Kulturfeste. Über die Grenzen des Landes hinaus sind die Rheinsberger Musiktage, die Konzerte in den sehenswerten ehemaligen Klöstern Chorin und Lehnin und die Musikfestspiele Potsdam-Sanssouci bekannt. Eine technische Leistung besonderer Art ist das größte Schiffshebewerk der Welt in Niederfinow (Baujahr 1934), das Schiffe im Zuge des Oder-Havel-Kanals einen Höhenunterschied von 36 Metern überwinden lässt.

Die Filmstadt Potsdam-Babelsberg knüpft mit ihren Film- und Fernsehstudios, der Hochschule für Film und Fernsehen, dem Hightech Center und zahlreichen Unternehmen der Medienbranche an die Tradition der Ufa an, die Zeit, als Stars wie Marlene Dietrich und Regisseure wie Friedrich Wilhelm Murnau, Ernst Lubitsch oder Fritz Lang hier ihre berühmten Filme drehten.

Weitere Informationen:
— Brandenburg, Staatskanzlei
  Heinrich-Mann-Allee 107, 14473 Potsdam
  Internet: http://www.brandenburg.de

Freie Hansestadt Bremen

Einwohner	668 000
Fläche	404 km²
Landeshauptstadt	Bremen

Landtagswahl 1999	
SPD	42,6 %
CDU	37,1 %
Bündnis 90 / Die Grünen	8,9 %

Der Tradition verpflichtet. Die Freie Hansestadt Bremen gehört mit Bayern, Hamburg und Sachsen zu den schon vor 1945 gewachsenen Staatsgebilden und ist nach San Marino die zweitälteste noch bestehende Stadtrepublik der Welt. Die Freie Hansestadt besteht aus der Stadtgemeinde Bremen (543 000 Einwohner) und dem 65 Kilometer weserabwärts gelegenen Bremerhaven (125 000). Zwischen beiden Städten liegt niedersächsisches Gebiet.

Vor mehr als 1200 Jahren, im Jahr 782, erstmals erwähnt, seit 787 Bischofssitz und von Kaiser Friedrich I. „Barbarossa" 1186 mit städtischen Freiheitsrechten ausgestattet, tritt Bremen 1358 der Hanse bei. Mit dem Bau des Rathauses 1405 und der Errichtung der Roland-Statue ein Jahr zuvor demonstriert die Stadt ihren Selbstbestimmungsanspruch. 1646 wird Bremen zur unmittelbaren Freien Reichsstadt erhoben; seit 1806 nennt es sich Freie Hansestadt. Bremerhaven wird 1827 gegründet und 1851 zur Stadt erhoben. Das Landesparlament trägt die traditionelle Bezeichnung „Bremische Bürgerschaft"; die Landesregierung

Windjammerparade im Neuen Hafen von Bremerhaven

heißt „Senat", der Präsident des Senats ist der Ministerpräsident des Landes. Zur alljährlich am zweiten Freitag im Februar statt-findenden historischen „Schaffermahlzeit" der Schiffer und Ree-der werden bedeutende Persönlichkeiten des öffentlichen Le-bens in Deutschland in den Bremer Rathaussaal geladen.

Häfen und Hightech. Häfen und Schifffahrt, internationale Handelsverbindungen und Spitzenprodukte hochmoderner In-dustrien sind die Fundamente des bremischen Wirtschaftsle-bens. Der Containerterminal in Bremerhaven ist Europas größte zusammenhängende Containerumschlaganlage. Annähernd 10 000 Schiffe verbinden bremische Häfen jährlich mit rund 1000 Häfen in aller Welt. Bremerhaven ist mit einem Umschlag von weit über einer Million Fahrzeugen (1999) der bedeutend-ste Autoverladeplatz Europas. Die Werften sind Garanten für Qualität im Schiffbau. Bremen ist auch eines der Zentren der deutschen Nahrungs- und Genussmittelindustrie: Kaffee, Scho-kolade, Mehl, Milcherzeugnisse, Gewürze, Fischprodukte und Bier sind die bekanntesten Produkte. Im Luft- und Raumfahrt-zentrum Bremen werden wesentliche Komponenten für Rake-ten, Satelliten und den Airbus entwickelt und gebaut. Elektro- und Elektronikindustrie sowie Hightech-Industrien kommen hinzu. Symbol für Bremens Kompetenz im Hightech-Bereich ist der 148 Meter hohe Fallturm, in dem Experimente unter den Bedingungen der Schwerelosigkeit möglich sind. Die Bremer Wertpapierbörse – über 300 Jahre alt – und die Warenbörsen bestreiten den Handel für ganz Nordwestdeutschland.

Meeresforschung und bildende Künste. Die Bremer Uni-versität zählt rund 18 000 Studenten; ihre Schwerpunkte liegen auf ingenieur- und naturwissenschaftlichem Gebiet. Führend in der Grundlagenforschung sind das Institut für angewandte Strahlentechnik und das Institut für Seeverkehrswirtschaft und

Das Univer-sum Science Center in Bremen ähnelt einer geöffneten Muschel

Wesentliche Teile des Airbus werden in Bremen angefertigt

Logistik. Das Zentrum für Marine Tropenökologie und das Max-Planck-Institut für Marine Mikrobiologie entwickeln moderne Konzepte zur Meeresforschung. Darüber hinaus hat hier das Alfred-Wegener-Institut für Polar- und Meeresforschung seinen Sitz. Bundesweit anerkannt ist auch die Bremer Hochschule für Künste mit den Schwerpunkten Design, bildende Künste und Musik. Anfang 1997 wurde die renovierte „Glocke" wieder eröffnet, der Konzertsaal mit außerordentlicher Akustik.

Die Sehenswürdigkeiten ziehen alljährlich Millionen von Besuchern an: der Marktplatz mit dem Renaissance-Rathaus, der Roland-Statue und dem gotischen St.-Petri-Dom, die berühmte Böttcherstraße und das historische Schnoorviertel. Der Bremer Freimarkt auf der Bürgerweide – mehr als 960 Jahre alt – ist einer der größten Jahrmärkte Deutschlands.

Die Kunsthalle, das Neue Museum Weserburg, das Gerhard-Marcks-Haus und das Paula-Becker-Modersohn-Haus zeigen bedeutende Werke. Das Deutsche Schifffahrtsmuseum in Bremerhaven bietet beeindruckende Sammlungen aus allen Zeiten der Seefahrt und Schiffsveteranen in einem eigenen Museumshafen. Das Theater am Goetheplatz, die bremer shakespeare company, das jährliche Musikfest Bremen und die Internationale Herbstakademie sind für Musik- und Theaterliebhaber ein Begriff.

Weitere Informationen:
 – Freie Hansestadt Bremen, Senatskanzlei
   Rathaus, Am Markt 1, 28195 Bremen
   Internet: http://www.bremen.de
   E-Mail: webmaster@bremen.de

Freie und Hansestadt Hamburg

Einwohner	1,7 Mio
Fläche	755 km²
Landeshauptstadt	Hamburg

Landtagswahl 1997	
SPD	36,2%
CDU	30,7%
GRÜNE/GAL	13,9%

Deutschlands Tor zur Welt. Hamburg ist die zweitgrößte deutsche Stadt, der wichtigste Seehafen Deutschlands und ihr größter Außenhandelsplatz. „Hamburgs Feld ist die Welt." Hier haben sich zum Beispiel 220 Firmen aus China (einschließlich Hongkong), 130 aus Japan und 65 aus Taiwan angesiedelt; insgesamt gibt es über 3000 Firmen, die im Im- und Exportgeschäft tätig sind. Traditionelle hafenbezogene Industrien sind Werften, Raffinerien und Veredelungsbetriebe für ausländische Rohstoffe. Durch konsequenten Strukturwandel hat sich die Hansestadt zu einer nordeuropäischen Dienstleistungsmetropole entwickelt. Es sind die zukunftsorientierten Branchen wie die zivile Luftfahrtindustrie, die Mikroelektronik und die Kommunikationswirtschaft, die das moderne Fundament für die Zukunft des Wirtschaftsstandortes bilden.

Nach der Gründung zur Zeit Karls des Großen um 811 (als Hammaburg) begann der Aufstieg Hamburgs zur Handelsstadt 1189 mit Zoll- und Wirtschaftsprivilegien. Als eines der ersten Mitglieder des Handelsbundes der „Hanse" war es deren wichtigster Umschlagplatz an der Nordsee. Die Kaiser Sigismund und Maximilian bezeichneten sie 1410 bzw. 1510 als kaiserlich und frei. Das Reichskammergericht erklärte Hamburg 1618 zur Freien Reichsstadt. Seine Eigenstaatlichkeit hat Hamburg bis heute bewahrt. Könige und Fürsten haben Hamburg nie regiert: Immer waren es die Bürger selbst, die das Regiment in der Stadtrepublik ausübten. Der verheerende Brand von 1842, die Bereitschaft zu ständiger Modernisierung und der Zweite Weltkrieg haben wenig von der eng bebauten alten Handelsmetropole übrig gelassen. Als bedeutende Bauwerke gelten die spätbarocke Michaeliskirche, deren 132 Meter hoher Turm – von den Einheimischen liebevoll „Michel" genannt – das Wahrzeichen der Stadt ist, das über 100 Jahre alte Rathaus und das Chilehaus, ein expressionistischer Backsteinbau aus den Zwanzigerjahren des 20. Jahrhunderts. Ein Kulturdenkmal besonderer Art ist die alte Speicherstadt im Hafen, Ende des 19. Jahrhunderts in Backsteinbauweise errichtet. Den besonderen Reiz machen indessen nicht einzelne Gebäude aus, sondern das großzügige Gesamtpanorama an der Alster, die mitten in der Stadt zu zwei Seen aufgestaut ist, und das bunte Bild von Hafen und Häusern am breiten Strom der Elbe.

Grüne Industriestadt. Hamburg ist Deutschlands zweitgrößter Industriestandort und Zentrum einer Metropolregion von vier Millionen Menschen. Gleichwohl ist es eine der grünsten Städte Deutschlands. 40 Prozent der Gesamtfläche Hamburgs sind Acker- und Gartenland, Parks und öffentliche Grünanlagen, Wald, Moor und Heide. Landschafts- und Naturschutzgebiete

Das Hamburger Rathaus wurde 1886-97 erbaut

Hamburg:
Binnenalster,
Stadtzentrum
und Hafen
aus der Vogel-
perspektive

machen 28 Prozent der Stadtfläche aus. Zu den zahlreichen Parkanlagen kommen mehr als 240 000 Straßenbäume. Der größte Parkfriedhof der Welt ist der Ohlsdorfer Friedhof.

Nach der Vereinigung Deutschlands und der Öffnung Osteuropas hat der Hafen sein altes Hinterland zurückerhalten. So kann der Stadtstaat wieder an seine Tradition anknüpfen, Drehscheibe zwischen Ost und West und zugleich „die südlichste Metropole Skandinaviens" zu sein. Neue Perspektiven eröffnen sich auch südlich der Innenstadt. Auf ehemaligem Hafengelände entsteht die Hafen-City, ein urban gemischtes Stadtviertel mit 6000 Wohnungen und 20 000 Arbeitsplätzen – mit unmittelbarem Blick auf die Elbe.

Der Hafen, einer der größten der Welt, nimmt mit 75 Quadratkilometern Fläche ein Zehntel des Hamburger Stadtgebietes ein. Im Containerumschlag steht Hamburg nach Rotterdam auf Platz zwei in Europa. Über 200 Liniendienste, davon mehr als 100 Container- und Roll-on-roll-off- und Rund-um-die-Welt-Dienste, bieten vom Hamburger Hafen aus jährlich etwa 12 000 Abfahrten in alle Welt. Mehr als 250 000 Arbeitnehmer aus dem Umland kommen täglich in die Hansestadt. Hamburg ist Bankenzentrum für Norddeutschland und eine der größten Versicherungsstädte Deutschlands. Mit über 95 Generalkonsulaten und Konsulaten ist Hamburg die größte Konsularstadt der Welt. Das verkehrsgünstig im Stadtzentrum gelegene „Congress Centrum" gehört zu den modernsten und beliebtesten Tagungsstätten in Europa. Die unmittelbar anschließenden Messehallen steigern seine Attraktivität im Rahmen bedeutender Fachausstellungen zusätzlich.

Hamburg ist das Zentrum der deutschen Medienwirtschaft. Etwa 9000 Unternehmen dieser Branche beschäftigen rund 60 000 angestellte Mitarbeiter und darüber hinaus viele Freiberufler.

Auf dem traditionellen Fischmarkt von St. Pauli

Der jährliche Umsatz liegt bei mehr als 50 Milliarden Mark. Der Kommunikationssektor war in den letzten Jahren der expansivste Wirtschaftsbereich in Hamburg. In wachsendem Maße sind hieran die elektronischen Medien beteiligt: die bedeutenden Rundfunkanbieter der Stadt wie auch die zahlreichen Unternehmen im Bereich der Produktion von audiovisuellen und multimedialen Programmen. Auch die Hamburger Werbewirtschaft und ihre mit Auszeichnungen überhäuften Agenturen haben weiter an Boden gewonnen. Vier der zwölf größten deutschen Werbeagenturen haben hier ihren Sitz, und neun der 25 umsatzstärksten Multimediaagenturen sind in Hamburg vertreten. Sowohl auf dem deutschen Tonträger- als auch auf dem Zeitungs- und Zeitschriftenmarkt erreichen Unternehmen mit Sitz in der Elbmetropole einen Marktanteil in der Größenordnung bis zu 50 Prozent.

Bürgersinn und Passion für die Kunst. Die Kaufmannsstadt Hamburg war und ist als Ort der Freiheit und Toleranz zugleich eine Stadt der Kultur. 1678 wurde hier die erste ständige Oper Deutschlands gegründet: Georg Friedrich Händel (1685-1759) brachte in Hamburg seine erste Oper („Almira") auf die Bühne. Georg Philipp Telemann und Karl Philipp Emanuel Bach wirkten hier. Ein berühmter Sohn Hamburgs ist der Komponist Johannes Brahms (1833-1897); auch Felix Mendelssohn Bartholdy (1809 in Hamburg geboren) ist eng mit der Elbestadt verbunden.

Hamburg war, beeinflusst von England und Frankreich, ein Vorreiter der Aufklärung in Deutschland. 1767 wurde das mit Gotthold Ephraim Lessings Namen („Hamburgische Dramaturgie", 1767-69) verbundene Deutsche Nationaltheater gegründet, das vor allem durch seine Shakespeare-Aufführungen zu Ansehen gelangte. „Minna von Barnhelm" (Lessing) und „Don Carlos" (Schiller) wurden hier uraufgeführt. Friedrich Gottlieb Klopstock (1724-1803) und Matthias Claudius (1740-1815) waren damals Hamburgs literarische „Institutionen". In der Zeit der Reaktion im 19. Jahrhundert verlegte der Hamburger Julius Campe die Schriften Heinrich Heines und anderer „aufrührerischer" Schriftsteller des „Jungen Deutschland".

Die Intendanten Rolf Liebermann und Gustav Gründgens gaben der Oper und dem Schauspiel nach dem Zweiten Weltkrieg moderne Impulse mit internationaler Ausstrahlung. Unvergessen bleibt der gebürtige Hamburger Schauspieler Hans Albers

(1891-1960). Drei Staatstheater und rund 35 Privattheater tragen heute zum kulturellen Profil der Stadt bei. Die Hamburgische Staatsoper ist in den letzten Jahren mit Generalmusikdirektor Ingo Metzmacher zu einer renommierten Bühne für die Werke des 20. Jahrhunderts geworden. Thalia Theater und Deutsches Schauspielhaus avancierten unter Jürgen Flimm und Frank Baumbauer zu Spitzentheatern mit beinahe regelmäßigen Einladungen zum Berliner Theatertreffen und Auszeichnungen als „Theater des Jahres". Die neuen Theaterleiter Ulrich Khuon (Thalia) und Tom Stromberg (Schauspielhaus) setzen die anspruchsvollen Spielpläne ihrer Vorgänger fort. Verstärkung erhalten die drei Staatsbühnen von Kampnagel, der ehemaligen Kranfabrik in Barmbek, die mit ihrem Werkstattcharakter für experimentelle internationale Gastspiele gut geeignet ist. Besonders erfolgreich waren in den letzten Jahren die weit über Hamburgs Grenzen hinaus bekannten Musicals „Cats" und „Das Phantom der Oper" von Andrew Lloyd Webber. International renommiert ist das Hamburger Ballett unter John Neumeier. Horst Janssen, der 1995 gestorbene Zeichner und Maler, schuf in Hamburg sein reiches, keiner Schule verpflichtetes Werk. Anfang der Sechzigerjahre begannen die Beatles ihre internationale Karriere im Hamburger Vergnügungsviertel St. Pauli. Seit kurzem ist Hamburg deutsche HipHop-Hochburg: Bands wie „Fettes Brot", „Absolute Beginner" oder „Eins Komma Zwo" erobern die Spitzenplätze in den Hitlisten.

Weitere Informationen:
— Freie und Hansestadt Hamburg, Senatskanzlei
  Rathausmarkt 1, 20095 Hamburg
  Internet: http://www.hamburg.de
  E-Mail: Rainer.Scheppelmann@sk.hamburg.de (Pressestelle)

Hessen

Einwohner	6,0 Mio
Fläche	21 114 km²
Landeshauptstadt	Wiesbaden

Landtagswahl 1999	
CDU	43,4 %
SPD	39,4 %
Bündnis 90/Die Grünen	7,2 %
FDP	5,1 %

Zukunftsorientiertes Wirtschaftszentrum. Mit sechs
Millionen Einwohnern sowie rund 21 100 Quadratkilometern
Fläche ist Hessen das fünftgrößte deutsche Land. Es ist heute eines der großen Wirtschaftszentren Deutschlands und zählt zu
den dynamischsten Regionen Europas. Bekannter als die Landeshauptstadt Wiesbaden ist Frankfurt am Main als internationaler Finanzplatz. Wie bisher die Deutsche Bundesbank hat seit
dem 1. Januar 1999 auch die Europäische Zentralbank hier ihren Sitz; hinzu kommen über 400 Geschäftsbanken und die
größte deutsche Börse. Frankfurt ist zudem Standort bedeutender Industrie- und Technologiebranchen und ein führender
Messeplatz. Der Frankfurter Rhein-Main-Flughafen verzeichnet
das höchste Fracht- und zweithöchste Passagieraufkommen der
europäischen Flugplätze. Mit rund 62 500 Beschäftigten hat er
sich – bei weiterem Zuwachs – zur größten lokalen Arbeitsstätte
in Deutschland entwickelt.

Politische Einheit seit 1945. Die Region weist eine wechsel-
hafte Geschichte auf. Zur nationalen Gedenkstätte ist die Frank-

**Die Skyline
des Banken-
viertels von
Frankfurt am
Main**

Der barocke
Dom von
Fulda wurde
1704-1712
erbaut

furter Paulskirche geworden, in der 1848/49 die Nationalversammlung tagte, das erste demokratisch legitimierte deutsche
Parlament, das jedoch an der Macht der in Deutschland regie-
renden Fürsten scheiterte. Vor Bismarcks Einigungskriegen bot
Hessens territoriale Aufteilung mit vier Fürsten- und Herzogtü-
mern, einer Grafschaft und der freien Stadt Frankfurt das für
diese Zeit typische Bild eines Flickenteppichs. Nach dem Deutschen Krieg von 1866 verleibte sich Preußen das Land mit Ausnahme des Großherzogtums Hessen-Darmstadt ein. Mit der
„Proklamation Nr. 2" vom 19. September 1945, verkündet im
Frankfurter IG-Farben-Haus, legte die amerikanische Militärregierung Hessen-Darmstadt und den Großteil des bislang preußischen Gebietes zum Land Hessen zusammen.

Grüne Idyllen und lebendige Städte. Beschreiben die Historiker Hessen als „Einheit aus der Vielfalt", so wird das Land
zwischen Diemel und Weser im Norden und dem Neckar im Süden geografisch als „verwirrendes buntes Nebeneinander von
Gebirgs- und Senkenlandschaften" charakterisiert. Der Westen
gehört zum Rheinischen Schiefergebirge; die Eisenerzlagerstät-
ten an Lahn, Dill und Sieg wurden schon in vorchristlicher Zeit
genutzt. Osthessen ist geologisch jünger; der hier überwiegende mineralarme Buntsandsteinboden ist für die landwirtschaftliche Nutzung ungeeignet. Osthessen ist karg und dünner besiedelt. Typisch für die Region sind die Vulkanlandschaften: Alte
Massive finden sich im Westerwald, in der Rhön, auf dem Hohen Meißner, im Kaufunger Wald und im Knüll. Landschaftlich
reizvoll liegen die Universitätsstädte Marburg (77 400 Einwohner) und Gießen (72 400) sowie die Stadt Wetzlar (52 800), bekannt durch optische Industrie. Die Bergstraße und der Rheingau gehören zu den besten deutschen Obst- und Weinbaugebie-
ten. In Osthessen blickt die Barockstadt Fulda (62 300) auf eine
bedeutende Geschichte zurück. Die Landeshauptstadt Wiesbaden (267 000 Einwohner) ist nicht nur ein Verwaltungszentrum,
sondern auch ein elegantes Heilbad.

Moderne Industrie mit langer Tradition. Vier Industriebranchen – Chemie, Fahrzeug- und Maschinenbau sowie
Elektroindustrie – haben zusammen mit der Dienstleistungs-
und Bankenmetropole Frankfurt (644 000 Einwohner) dem
Land zu seiner ökonomischen Stärke verholfen – das Bruttoinlandsprodukt beträgt rund 128 000 Mark pro Einwohner. Firmen wie Aventis, Cassella, Degussa und Rütgers in Frankfurt
oder Merck in Darmstadt (138 000 Einwohner) sind mit ihren
Chemieprodukten, Pharmazeutika, Farben oder auch Ferti-
gungskomponenten für die Computerindustrie ebenso auf den
Weltmärkten präsent wie das Opel-Stammwerk in Rüsselsheim,
VW in Baunatal oder die Thyssen-Henschel-Werke (Maschinen
und Transporttechnik) in Kassel (201 000 Einwohner). Fahrzeug-
hersteller rund um den Globus nutzen die asbestfreien Brems-
beläge der Firma Teves in Frankfurt, VDO ist zweitgrößter Produzent der Welt von Autoarmaturen und elektronischen Regel-
und Kontrollinstrumenten für die Fahrzeugtechnik. Honeywell

**Die Russische
Kirche auf der
Mathilden-
höhe in
Darmstadt**

produziert in Offenbach (117 000 Einwohner) eletronische Mess-
und Regelungssysteme für die Klimatechnik.

Entscheidend zum wirtschaftlichen Erfolg trägt die zentrale Lage
Hessens mit ihren Knotenpunkten für die Verkehrsträger Luft,
Schiene und Wasser bei. Wirtschaft, Wissenschaft und Landes-
regierung arbeiten in der Hessischen Technologiestiftung im
Interesse der Innovation und Wettbewerbsfähigkeit zusammen.
Forscher und Erfinder aus heute hessischen Landen haben mit
bahnbrechenden Entdeckungen und Entwicklungen ganze Industriezweige und neue Technologien begründet. Der Darm-
städter Chemiker Justus Liebig entwickelte an der Universität
Gießen um 1840 die künstliche Düngung von Agrarpflanzen.
Den ersten Fernsprecher stellte der Gelnhäuser Physiker Johann
Philipp Reis 1861 vor. Fernsehen und moderne Kommunikationstechnik gehen auf die Erfindung der Elektronenröhre
durch den Nobelpreisträger Karl Ferdinand Braun aus Fulda zurück. Der lange Zeit in Bad Hersfeld lebende Konrad Zuse entwickelte den ersten Computer.

Internationale Buchmesse und Avantgardekunst.
Frankfurt, die Geburtsstadt Johann Wolfgang von Goethes,
zeigt sich dem Buch in besonderer Weise zugetan. Die Deutsche Bibliothek, Pflichtstelle für jedes deutschsprachige Druck-
erzeugnis seit 1945, ist „Deutschlands größter Bücherschrank".
International herausragende kulturelle Ereignisse in Hessen
sind die größte Buchmesse der Welt in Frankfurt und die Kunst-
schau „documenta" in Kassel. Bekannte Festspiele werden in
Bad Hersfeld, Wetzlar, Wiesbaden und im Rheingau ausgerichtet. Künstlerische Impulse gehen vom Jungen Literaturforum
Hessen aus. Hessen bietet eine Fülle interessanter Museen und
Ausstellungen: Abgesehen vom Frankfurter Museums-Ufer mit
einer Vielzahl von Häusern zu den verschiedensten Themen
und weiteren Museen in der Stadt kann man zum Beispiel das
Elfenbein-Museum in Erbach, das Brüder-Grimm-Museum in
Kassel, das Freilichtmuseum Hessenpark, wo hessische Häuser
aus vielen Jahrhunderten im Original wiedererrichtet worden
sind, besuchen. Eine Freilichtausstellung besonderer Art ist die
Jugendstilsiedlung Mathildenhöhe in Darmstadt.

Weitere Informationen:
— Hessen, Hessische Staatskanzlei
  Bierstadter Str. 1, 65189 Wiesbaden
  Internet: http://www.hessen.de
  E-Mail: poststelle@stk.hessen.de

Mecklenburg-Vorpommern

Einwohner	1,8 Mio
Fläche	23 170 km²
Landeshauptstadt	Schwerin

Landtagswahl 1998	
SPD	34,3%
CDU	30,2%
PDS	24,4%

Das „Land der tausend Seen". Mecklenburg-Vorpommern, im Nordosten Deutschlands gelegen, ist ein dünn besiedeltes Land (rund 80 Einwohner pro Quadratkilometer) mit vorwiegend landwirtschaftlichem Charakter. Zu den Vorzügen dieses Ostseeanrainers mit seinen vielen Binnenseen – der größte, die Müritz, hat eine Fläche von 117 Quadratkilometern – gehört seine ursprüngliche Natur, die zunehmend zur Erholungslandschaft wird. Weite Horizonte bietet seine vielgestaltige Küstenlandschaft ebenso wie sein abwechslungsreiches Hinterland mit sanftgewellten Hügeln, weitläufigen Acker- und Weideflächen sowie ausgedehnten Wäldern.

Die beiden Teile des Landes, Mecklenburg und Vorpommern, haben eine unterschiedliche Geschichte. Während Vorpommern lange Zeit vorwiegend unter schwedischer und später als Teil der Provinz Pommern unter preußischer Herrschaft stand, war Mecklenburg ein eigenständiger Teil des Deutschen Reiches. Seit 1701 war es in zwei Länder aufgespalten: Mecklenburg-Schwerin und Mecklenburg-Strelitz. Erst 1934 kamen die beiden

Klappbrücke über die Ryck in Wieck bei Greifswald

mecklenburgischen Länder wieder zusammen. Das Land Mecklenburg-Vorpommern entstand nach dem Zweiten Weltkrieg als Teil der DDR, wurde wenig später wieder aufgelöst und in drei Bezirke unterteilt, bis es 1990 als Land der Bundesrepublik Deutschland neu entstand. In Mecklenburg-Vorpommern leben heute rund 1,8 Millionen Einwohner. Das Niederdeutsche (Plattdeutsche) ist als Alltagssprache verbreitet.

Sehenswerte historische Städte. Markante gotische Backsteinarchitektur kennzeichnet die alten Hansestädte des Landes, wie Rostock, Wismar, Stralsund und Greifswald. Jahrhundertelang waren die Ostseehäfen Umschlagplätze für die Waren aus und nach Skandinavien. Rostock und Greifswald sind traditionsreiche Universitätsstädte. Die Landeshauptstadt von Mecklenburg-Vorpommern ist Schwerin (105200 Einwohner). Sehenwert ist vor allem das Schloss, die ehemalige Residenz der Großherzöge von Mecklenburg-Schwerin, heute Sitz des Landtages von Mecklenburg-Vorpommern. Von besonderem Interesse sind da-

Insel Rügen: Die Kreidesteilküste im Jasmund Nationalpark

Der Rostocker
Seehafen

rüber hinaus das Mecklenburgische Staatstheater, das Staatliche
Museum mit seiner großartigen Sammlung holländischer und
flämischer Malerei des 17. Jahrhunderts und der Dom, der zu
den herausragenden Bauten der Backsteingotik zählt.

Größte Stadt des Landes ist Rostock mit 207 400 Einwohnern. Die
Marienkirche weist eine astronomische Uhr aus dem 15. Jahrhundert auf. Bekannt ist die Stadt wegen ihres Seebades Warne-
münde und der „Hanseatischen Hafentage". Die mittelalterliche
Wehranlage von Neubrandenburg (75 900 Einwohner) mit ihren vier alten Stadttoren ist fast vollständig erhalten.

Die wirtschaftlichen Grundlagen. Der Umbau der Wirtschaft Mecklenburg-Vorpommerns ist zehn Jahre nach dem
Übergang von der Plan- zur Marktwirtschaft gut vorangekommen. Die wichtigsten Branchen sind der Schiffbau, die Nah-
rungs- und Genussmittelindustrie, die Bauwirtschaft, der Maschinenbau, die Baustoffindustrie und die Holzindustrie. Nach
wie vor von beträchtlicher wirtschaftlicher Bedeutung sind die
Seehäfen. Größter Hafen ist Rostock. Zunehmend an Bedeutung
gewinnt auch der Hafen Mukran auf Rügen, der eine schnelle
Verbindung ins Baltikum gewährleistet. Ein gut ausgebautes
Straßen- und Schienennetz verbindet Mecklenburg-Vorpommern mit seinen Nachbarn.

Ein größeres Gewicht als in anderen Ländern hat die Landwirtschaft in Mecklenburg-Vorpommern; produziert werden vor al-

Stralsund:
Alter Markt,
Rathaus und
Nikolaikirche

lem Getreide, Ölfrüchte (Raps) und Kartoffeln. 80 Prozent der landwirtschaftlichen Nutzfläche von insgesamt 1,3 Millionen Hektar werden von Betrieben mit mehr als 500 Hektar Größe bewirtschaftet.

Ein wichtiger Wirtschaftsfaktor für Mecklenburg-Vorpommern ist der Tourismus. Mehr als 2000 Unterkünfte mit über 130 000 Betten stehen den Besuchern zur Verfügung. 1999 kamen 3,8 Millionen Gäste nach Mecklenburg-Vorpommern. Der bekannteste Touristenmagnet ist Rügen, Deutschlands größte Insel (930 qkm). Eine besondere Faszination üben die weißen Kreidefelsen aus. Viele Besucher zieht es auch zum Jagdschloss Granitz oder zu den Störtebeker-Festspielen. Das Land achtet streng darauf, dass der immer stärker wachsende Tourismus möglichst geringe Umweltbelastungen mit sich bringt. 283 Naturschutzgebiete, 110 Landschaftsschutzgebiete, drei Nationalparks und zwei Biosphärenreservate zeugen von der Bedeutung, den der Natur- und Umweltschutz hier genießt.

Bekannte Persönlichkeiten. Zu den bekannten Persönlichkeiten aus dem Gebiet des heutigen Mecklenburg-Vorpommern zählt der Maler Caspar David Friedrich (1774-1840) aus Greifswald, der in vielen Bildern die Landschaft seiner Heimat romantisch verklärte. Realistisch beschrieb Fritz Reuter (1810-1874) in plattdeutscher Sprache Land und Leute. Der Flugpionier Otto Lilienthal (1848-1896) führte hier zahlreiche Gleitflüge durch. Der Bildhauer und Dichter Ernst Barlach (1870-1938) schuf sein Lebenswerk in Güstrow. Uwe Johnson (1934-1984) setzte in Romanen und Erzählungen seiner Heimat ein literarisches Denkmal.

Weitere Informationen:
 — Mecklenburg-Vorpommern, Staatskanzlei
   Schloßstr. 2-4, 19053 Schwerin
   Internet: http://www.mv-regierung.de
   E-Mail: stk-mv@t-online.de

Niedersachsen

Einwohner	7,8 Mio
Fläche	47 338 km²
Landeshauptstadt	Hannover

Landtagswahl 1998	
SPD	47,9%
CDU	35,9%
Bündnis 90 / Die Grünen	7,0%

Wattenmeer und Heidelandschaften. Niedersachsen ist
das zweitgrößte Land der Bundesrepublik (47 338 Quadratkilometer) und damit größer als die Schweiz. Es reicht von der
Nordseeinsel Borkum mit ihrem Hochseeklima bis zum Harzge-
birge mit seinen schneesicheren Wintersportgebieten. Dazwi-
schen liegen der Ballungsraum Hannover, einsame Heidegebie-
te und die Hildesheimer Börde mit den fruchtbarsten Ackerbö-
den der Bundesrepublik. Niedersachen hat rund 7,8 Millionen
Einwohner. Hinzu kommen jedes Jahr Millionen von Gästen, die
Erholung auf den sieben ostfriesischen Inseln Borkum, Juist,
Norderney, Baltrum, Langeoog, Spiekeroog und Wangerooge,
im Harz, im Weserbergland, im Teutoburger Wald oder in der
Lüneburger Heide (dem ältesten deutschen Naturpark) suchen
oder sich auf den beiden größten Messen der Welt in der Landeshauptstadt informieren wollen. Attraktiv für die Besucher ist
auch das Alte Land, das größte Obstanbaugebiet Europas vor
den Toren Hamburgs, besonders zur Zeit der Apfelblüte. Dort
beginnt das „nasse Dreieck": flaches Land zwischen Elb- und
Wesermündung mit dem Wattenmeer, dem größten Naturpark
Deutschlands, der Fischereistadt Cuxhaven und der Künstlerkolonie Worpswede. Radwanderern bietet Niedersachsen das
längste Radwegenetz in Deutschland.

**Heimat des „Käfers" – Zentrum alternativer Energie-
erzeugung.** Die Landeshauptstadt Hannover (516 000 Einwohner) ist Industrie- und Dienstleistungszentrum, Sitz eines
weltbekannten Schreibwarenherstellers und Europas größten
Reiseunternehmens TUI. Die größte Industriemesse der Welt
und die „CeBIT", die internationale Großschau der Kommunika-

**Produktions-
halle der
Meyer-Werft
in Papenburg**

tionstechnik, zeigen alljährlich die neuesten Entwicklungen. Die Weltausstellung „EXPO 2000" hat vom 1. Juni bis zum 31. Oktober 2000 unter dem Motto „Mensch – Natur – Technik" in Hannover stattgefunden.

Zwei Drittel der Landesfläche werden landwirtschaftlich genutzt; die Erzeugnisse der Ernährungsindustrie sind breit gefächert und reichen von Oldenburger Schinken bis Lüneburger Honig. Gleichwohl lässt sich Niedersachsen nicht als Agrarland klassifizieren: Neben die traditionellen Sparten Schiffbau (zum Beispiel Meyer in Papenburg, Produzent von Luxuslinern), Stahl- und Chemieindustrie treten heute vor allem die Elektronik- und Computerindustrie. Der VW-Käfer, made in Wolfsburg, ist das meistgebaute Auto der Welt; er wird heute noch in Mexiko produziert. Die Volkswagen AG ist das größte Unternehmen des Landes, sie hat bisher über 50 Millionen Automobile in Niedersachsen hergestellt. Die VW-Stiftung ist die größte nichtstaatliche deutsche Stiftung zur Förderung der Wissenschaft.

In Braunschweig (247 000 Einwohner) werden die weltbekannten Rollei-Kameras und die Schimmel-Pianos hergestellt. Die Stadt ist Sitz der Physikalisch-Technischen Bundesanstalt, einer Bundesbehörde für das Prüfungs-, Eich- und Zulassungswesen, die unter anderem per Funksignal die exakte mitteleuropäische Zeit (MEZ) festlegt. In Peine und Osterode werden Videorecorder und CD-Player gebaut. MAN in Salzgitter (114 000 Einwohner) produziert unter anderem Lastkraftwagen; Wilhelmshaven ist der einzige deutsche Tiefseehafen für Supertanker. Erdgas aus Niedersachsen deckt ein Fünftel des Verbrauchs der Bundesrepublik. Die Niedersächsische Energieagentur projektiert zwischen Ems und Elbe bereits die Alternativen für das nächste Jahrtausend: Strom aus Wind, aus Sonnenlicht, aus Deponiegas und aus Biomasse.

Die Kaiserpfalz von Goslar stammt aus dem 11./12. Jahrhundert

Das Rathaus
von Hannover
(1901-03) am
Maschteich

Entdecker und Erfinder, Geist und Politik. Diederik Pining aus Hildesheim landete in dänischen Diensten 19 Jahre vor Columbus in Amerika, und zwar auf dem Festland. Der Philosoph Gottfried Wilhelm Leibniz entwickelte in Hannover das binäre Zahlensystem und baute die erste funktionsfähige Rechenmaschine der Welt. Carl Friedrich Gauß aus Braunschweig erfand den Telegrafen, Robert Wilhelm Bunsen aus Göttingen die Zink-Kohle-Batterie, Werner von Siemens aus Lenthe die Stromerzeugung per Dynamo, Emil Berliner aus Hannover das Grammofon. Karl Jatho glückte auf der Vahrenwalder Heide in Hannover der erste Motorflug der Geschichte – drei Monate vor den Versuchen der amerikanischen Brüder Wright. Walter Bruch, ebenfalls aus Hannover, entwickelte das PAL-Color-System für das Farbfernsehen. 1961 erschien der letzte Band des „Deutschen Wörterbuches": 123 Jahre lang wurde daran gearbeitet. Begonnen hatten dieses Jahrhundertwerk die Brüder Grimm 1838 an der Göttinger Universität. Ein Jahr zuvor hatten sie und fünf weitere Professoren, die „Göttinger Sieben", gegen die Aufhebung der Landesverfassung durch den Landesherren protestiert. Die „Göttinger Achtzehn" warnten 1957 vor der atomaren Aufrüstung, unter ihnen die Nobelpreisträger Max Born, Otto Hahn, Werner Heisenberg und Max von Laue.

Steinerne Zeugen der Macht. Hildesheim (105 000 Einwohner) war um die Wende zum 10. Jahrhundert das Zentrum des

Knochen-haueramts-haus und Stadtschänke am Markt-platz von Hildesheim

ottonischen Reiches, Bardowick – heute fast unbekannt – im 12. Jahrhundert der wichtigste Handelsplatz zwischen Ost und West. Später wurde Braunschweig zu einer der vier bedeutendsten Metropolen des späten Mittelalters. Emden hatte Ende des 16. Jahrhunderts den schiffsreichsten Hafen Europas; im 18. Jahrhundert zählte Clausthal-Zellerfeld im Harz wegen der reichen Erzvorkommen zu den bedeutendsten Industriezentren der Welt. Allenthalben gibt es steinerne Zeugen der Vergangenheit: Die 900-jährige Kirche in Idesen gilt als bedeutendster Sakralbau ihrer Zeit in Deutschland. Die größte mittelalterliche Bibliothek der Welt steht in Wolfenbüttel; an ihr wirkten Gottfried Wilhelm Leibniz und Gotthold Ephraim Lessing. Goslar, eine der wenigen deutschen Städte, die den Zweiten Weltkrieg unversehrt überstanden, weist mit der Kaiserpfalz den größten deutschen Profanbau des Mittelalters auf. Beeindruckend ist die romanische Kirche St. Michael in Hildesheim.

Das Braunschweiger Herzog-Anton-Ulrich-Museum ist das älteste Kunstmuseum des europäischen Kontinents. Das älteste bespielte Theater in Deutschland steht in Celle. Bedeutende Sammlungen moderner Kunst beherbergen die Kunsthalle in Emden und das Sprengel Museum für moderne Kunst in Hannover, während Hildesheim mit dem Roemer- und Pelizaeus-Museum für altägyptische Kunst eine besondere Attraktion für archäologisch Interessierte aufweist. Die „Violinale" in Hannover ist einer der wichtigsten Violinwettbewerbe der Welt.

Weitere Informationen:
– Niedersachsen, Niedersächsische Staatskanzlei
  Planckstr. 2, 30169 Hannover
  Internet: http://www.niedersachsen.de

Nordrhein-Westfalen

Einwohner	18 Mio
Fläche	34 080 km^2
Landeshauptstadt	Düsseldorf

Landtagswahl 2000	
SPD	42,8 %
CDU	37,0 %
FDP	9,8 %
Bündnis 90 / Die Grünen	7,1 %

Ein europäisches Industrierevier. Industrielles Herz, modernes Technologiezentrum, Kultur- und Medienland: Nordrhein-Westfalen, das mit rund 18 Millionen Einwohnern bevölkerungsreichste Land, früher fast nur von Fabrikschloten, Fördertürmen und Hochöfen geprägt, hat in den letzten Jahrzehnten einen tief greifenden Strukturwandel vollzogen. Aus dem Land von Kohle und Stahl ist ein Land mit Kohle und Stahl und neuen, zukunftsträchtigen Branchen geworden, das nicht zuletzt wegen seiner hervorragenden Infrastruktur ein attraktiver Standort für einheimische und ausländische Investoren ist. Fast die Hälfte der Menschen sind in Großstädten mit mehr als 100 000 Einwohnern zu Hause; die Bevölkerungsdichte zählt mit 527 Einwohnern pro Quadratkilometer zu den höchsten in Europa. Eine Forderung aus den Sechzigerjahren: „Blauer Himmel über der Ruhr" ist seit langem erfüllt. Fast 52 Prozent der Fläche Nordrhein-Westfalens werden landwirtschaftlich genutzt, 25 Prozent sind Wälder. Gleichwohl ist das Ruhrgebiet Europas größtes Industriegebiet mit rund 4,8 Millionen Einwohnern. Zahlreiche Energieerzeuger und -versorger haben hier ihren Sitz. Außerdem ist das Land Standort der Großkraftwerksindustrie und der chemischen Industrie.

Die Entstehung des Landes Nordrhein-Westfalen geht auf die Zeit der britischen Besatzungsmacht nach dem Zweiten Weltkrieg zurück, die 1946 den größten Teil der ehemaligen preußischen Rheinprovinz und der Provinz Westfalen vereinigte – später ergänzt um Lippe-Detmold.

Bonn am Rhein (305 000 Einwohner) wurde 1949 zur vorläufigen Hauptstadt der Bundesrepublik gewählt. Nach der Vereinigung

Der Kölner
Dom und
die Eisen-
bahnbrücke

Deutschlands wurde Berlin zur endgültigen Hauptstadt. Die
„Bundesstadt" Bonn ist auf der Grundlage des Berlin-Bonn-Ge-
setzes von 1994 gegenwärtig auf dem Weg zu einem innovativen Dienstleistungszentrum und behält auch einen Großteil ihrer Bedeutung im politischen Leben Deutschlands: Sechs
Bundesministerien haben hier unverändert ihren ersten Dienstsitz. Mit drei UN-Organisationen, der traditionellen Rheinischen
Friedrich-Wilhelms-Universität, dem entstehenden Forschungszentrum CAESAR und anderer Großforschungseinrichtungen,
dem reichhaltigen kulturellen Angebot und als Sitz großer politischer Stiftungen hat die Stadt auch auf internationaler Ebene
eine große Zukunft.

Kohle, Stahl und Medien. Die Wirtschaft in Nordrhein-Westfalen steht heute auf einem breiteren Fundament als je zuvor.
Seit 1960 ist die Zahl der Beschäftigten im Montanbereich erheblich zurückgegangen; damals war noch jeder achte Arbeitnehmer hier beschäftigt, heute lediglich jeder 25. – im Ruhrgebiet arbeiten gegenwärtig nur noch 12 Kohlebergwerke, von
denen vier in den nächsten Jahren stillgelegt oder mit anderen
Bergwerken zusammengeführt werden. Viele neue Arbeitsplätze sind zum Beispiel auf dem Mediensektor entstanden, der inzwischen zur Branche mit den größten jährlichen Umsatzsteige-
rungen geworden ist. 1996 eröffnete der amerikanische Medienkonzern Time Warner in Bottrop-Kirchhellen einen Film-
park und Filmstudios für mehr als 360 Millionen Mark – die
größte Investition, die es auf diesem Sektor in Deutschland je
gab. Die Kunsthochschule für Medien in Köln, das Institut für
Medienpraxis und Medientransfer an der Essener Folkwang-
Hochschule, die Fortbildungsakademie Medien in Siegen sind
nur wenige Beispiele der Aktivitäten des Landes in diesem Bereich.

Rund 66 Prozent der Beschäftigten Nordrhein-Westfalens sind heute im Dienstleistungssektor tätig. Der Strukturwandel war hier
auch immer mit ökologischer Erneuerung verbunden: Mit sei-

nen innovativen Unternehmen im Bereich des Umweltschutzes ist das Land ein in Europa führendes Zentrum der Umwelttechnologie geworden.

Das rege Wirtschaftsleben stützt sich auf ein engmaschiges Netz aus Autobahnen, Schienen und Wasserstraßen, das die zahlreichen Großstädte wie Köln (963 000 Einwohner), Essen (603 000), Dortmund (592 000), Düsseldorf (568 000), Duisburg (523 000), Bochum (393 000), Wuppertal (372 000), Bielefeld (322 000), Gelsenkirchen (284 000), Mönchengladbach (265 000), Münster (264 000), Aachen (244 000) und Krefeld (243 000) miteinander verbindet. Hinzu kommen die Flughäfen Düsseldorf und Köln/Bonn; Duisburg am Rhein besitzt den größten Binnenhafen der Welt.

44 der 100 größten Firmen in Deutschland haben ihren Sitz in Nordrhein-Westfalen. Neben Industrieriesen wie Bayer Leverkusen, der E.ON AG oder dem Druck- und Verlagsunternehmen Bertelsmann produzieren rund 685 000 Mittel- und Kleinbetriebe. Düsseldorf ist einer der größten deutschen Bankenplätze. Bei den Versicherungsunternehmen nimmt Köln einen der vorderen Plätze in Deutschland ein. Mit Düsseldorf, Köln, Dortmund und Essen besitzt Nordrhein-Westfalen vier international konkurrenzfähige Messestandorte. Mehr als ein Fünftel aller deutschen Ausfuhren stammt aus Nordrhein-Westfalen, fast ein Viertel der Einfuhren in die Bundesrepublik nimmt es auf.

Wissen, Kultur und Freizeit. Seit den Siebzigerjahren ist in Nordrhein-Westfalen eine der dichtesten und vielfältigsten Hochschullandschaften entstanden: 52 Hoch- und Fachschulen bereiten an 70 Standorten rund 500 000 Studentinnen und Studenten auf ihre berufliche Zukunft vor. Ein Netz von Technologiezentren und Transferstellen – darunter zehn Institute der Max-Planck-Gesellschaft, fünf der Fraunhofer-Gesellschaft sowie

Das Bonner Kunstmuseum ist ein Bau von Axel Schultes (1993)

Energiegewinnung von morgen: Das Energie – Forum – Innovation in Bad Oeynhausen

das Zentrum für Innovation und Technik „Zenit" in Mülheim/ Ruhr – sorgt dafür, dass das Know-how der Hochschulen auch den mittleren und kleineren Betrieben zugute kommt.

Rund 13 Millionen Menschen besuchen jährlich die 602 Museen des Landes, so zum Beispiel die Bonner Museumsmeile, das Wallraf-Richartz-Museum und das Museum Ludwig in Köln, die Düsseldorfer Kunstsammlung des Landes, das Folkwang-Museum in Essen, die Kunsthalle Bielefeld oder das Westfälische Landesmuseum in Münster. Das Land trägt zur Erhaltung von mehr als 80 000 Bau- und Bodendenkmälern bei; nirgendwo sonst auf der Welt arbeiten so viele bedeutende Vertreter der modernen bildenden Kunst wie an den Kunstakademien in Düsseldorf und Münster. Die dichte Theaterlandschaft mit über 160 Bühnen sorgt für kulturelle Vielfalt und internationales Ansehen. Überregionale Ausstrahlung haben zum Beispiel die Ruhrfestspiele, das NRW-Theatertreffen, die Kurzfilmtage in Oberhausen, dazu das Europäische Übersetzer-Kollegium in Straelen und die Bochumer Schauspielschule. Pina Bausch ist mit ihrem Tanztheater in New York und Tokyo ebenso bekannt wie im heimischen Wuppertal. Bei einem so reichhaltigen Angebot wundert es nicht, dass Nordrhein-Westfalen im Jahr fast 13,5 Millionen Gäste mit 34,7 Millionen Übernachtungen verzeichnet, die zum Beispiel als Messebesucher kommen oder in der unverbrauchten Landschaft des Münsterlandes mit seinen märchenhaften Wasserschlössern, beim Skilaufen im Sauerland oder Surfen auf einer der zahlreichen Talsperren ihren Urlaub verbringen.

Weitere Informationen:
 — Nordrhein-Westfalen, Staatskanzlei
 Stadttor 1, 40219 Düsseldorf
 Internet: http://www.nrw.de
 E-Mail: poststelle@stk.nrw.de

Rheinland-Pfalz

Einwohner	4,0 Mio
Fläche	19 849 km²
Landeshauptstadt	Mainz

Landtagswahl 1996	
SPD	39,8 %
CDU	38,7 %
FDP	8,9 %
Bündnis 90 / Die Grünen	6,9 %

Mitten in Europa. Das Land Rheinland-Pfalz wurde nach dem Ende des Zweiten Weltkrieges am 30. August 1946 von der französischen Militärregierung geschaffen. Sie orientierte sich nicht an gewachsenen Strukturen. Es wurden vielmehr Teile zusammengefügt, die zuvor niemals verbunden waren: Teile der preußischen Rheinprovinz, die linksrheinischen Gebiete Hessens und die bayerisch geprägte Pfalz. Im Laufe der Zeit wuchs Rheinland-Pfalz jedoch zusammen und entwickelte eine eigene Identität.

Vorteile zieht Rheinland-Pfalz schon aus seiner geografischen Lage. Das großräumige, modern ausgebaute Netz von Autobahnen und Bundesstraßen, die schnellen Bahnverbindungen zwischen den Städten Mainz, Kaiserslautern, Trier, Ludwigshafen und Koblenz, die großen Wasserstraßen Rhein und Mosel sowie die Nachbarschaft zu drei ökonomisch starken Zentren – Rhein-Main, Rhein-Neckar und Rhein-Ruhr – bieten beste Voraussetzungen dafür, dass Rheinland-Pfalz heute zu den dynamischsten Regionen Deutschlands zählt.

Ein altes europäisches Kulturland. Am Rhein siedelten früher die Kelten, Römer, Burgunden und Franken. In Speyer, Worms und Mainz stehen die großen Kaiserdome aus dem Mittelalter. Der Mainzer Kurfürst war Erzkanzler des „Heiligen Römischen Reiches Deutscher Nation". Die älteste Synagoge Deutschlands wurde ab 1034 in romanischem Stil in Worms errichtet. In dieser Stadt lehnte der Reformator Martin Luther auf dem Reichstag von 1521 den Widerruf seiner Thesen ab. In Koblenz kämpfte 300 Jahre später die liberale Zeitung „Rheinischer Merkur" gegen die napoleonische Herrschaft und gegen

Wasserburg
Pfalzgrafen-
stein und
Burg Guten-
fels bei
Kaub am
Mittelrhein

die Pressezensur. Auf dem Hambacher Schloss fand 1832 die erste demokratisch-republikanische Massenversammlung statt. Das Weltmuseum der Druckkunst, das Gutenberg-Museum in Mainz, zeigt seine Schätze in der Geburtsstadt des Erfinders des Buchdrucks mit beweglichen Lettern, Johannes Gutenberg (1400-1468), der 1999 weltweit zum „Mann des Jahrtausends" gewählt wurde. In Trier wurde der Philosoph und Begründer des wissenschaftlichen Sozialismus Karl Marx (1818-1883) geboren.

Weinbau und Industrie. Mit einer Exportquote von 41,2 Prozent ist Rheinland-Pfalz deutscher Exportmeister. Die Wirtschaft ist hier außerordentlich vielseitig: Rheinland-Pfalz ist einerseits ein Zentrum des Weinbaus (zwei Drittel der deutschen Weinernte stammen von hier) und ein bedeutender Holzproduzent, andererseits einer der großen Chemiestandorte und Zulieferer für den Automobilbau. Spezialitäten sind die Edelsteinindustrie in Idar-Oberstein, die Keramik- und Glasprodukte aus dem Westerwald, die Lederindustrie aus Hunsrück und Pfalz mit dem Zentrum Pirmasens. Der Mittelstand ist Rückgrat der rheinland-pfälzischen Wirtschaft; bedeutendster industrieller Arbeitgeber ist die chemische und kunststoffverarbeitende Industrie: Die Badische Anilin- und Soda-Fabrik (BASF) in Ludwigshafen ist das größte Chemiewerk Europas und gleichzeitig größtes rheinland-pfälzisches Produktionsunternehmen. Anlieger am Rhein sind auch die vier nächstgrößten Unternehmen in Rheinland-Pfalz: Boehringer (Pharma) in Ingelheim, Joh.A. Benckiser (Chemie / Kosmetik) in Ludwigshafen, SGE Deutsche Holding (Bau) in Ludwigshafen, Schott Glaswerke, Mainz. Europas größte Fernsehanstalt, das Zweite Deutsche Fernsehen (ZDF), hat ihren Sitz in der rheinland-pfälzischen Landeshauptstadt Mainz, ebenso der Sender SAT.1.

Panorama der BASF in Ludwigshafen

Am Deutschen
Eck in Koblenz
mündet die
Mosel in
den Rhein

Malerische Landschaften. Rheinland-Pfalz liegt im Zentrum des Rheinischen Schiefergebirges. Zu den schönsten Landschaften Deutschlands, ja der Welt zählt das sagenumwobene, burgengeschmückte, von zahllosen Dichtern, Malern und Musikern verklärte Rheintal zwischen Bingen und Bonn. Hier wie im Tal der Mosel wächst ein von Kennern in aller Welt geschätzter Wein, und auch an den weiteren Nebenflüssen des Rheins, Nahe, Lahn und Ahr, liegen Weinbaugebiete von großem landschaftlichem Reiz. Am Fuß des Pfälzer Waldes verläuft die „Deutsche Weinstraße".

Von alters her bildet der Rhein die wirtschaftliche Schlagader der Region. Ludwigshafen (165 000 Einwohner), Mainz (186 000) und Koblenz (109 000) liegen am Strom. In Kaiserslautern (101 000) ließ Friedrich I. Barbarossa eine Pfalz errichten; 2000 Jahre alt ist die Römerstadt Trier (100 000). Ihre Römerbauten sind auf der UNESCO-Liste des „Weltkulturerbes der Menschheit" zu finden, ebenso die Dome von Speyer, Worms und Mainz, die Abteikirche Maria Laach in der Eifel, die Burg Eltz, Oberwesel am Rhein, die Katharinenkirche in Oppenheim, St. Paulin in Trier und die Festung Koblenz-Ehrenbreitstein.

Künstler von gestern und heute. Das unverwechselbare Licht über der anmutigen Hügellandschaft der Pfalz haben die Maler Max Slevogt (1868-1932) und Hans Purrmann (1880-1966) eingefangen. Bedeutende zeitgenössische Künstler sind zum Beispiel die Maler Heijo Hangen, Karl-Otto Götz und Otto Greis sowie die Bildhauer Franz Bernhard, Erwin Wortelkamp und Michael Croissant. Ein landesweites, attraktives Kulturangebot bietet der „Kultursommer Rheinland-Pfalz", der jedes Jahr vom 1. Mai bis zum 3. Oktober zu einem Forum der gesamten Kunstszene des Landes wird.

Weitere Informationen:
— Rheinland-Pfalz, Staatskanzlei
Peter-Altmeier-Allee 1, 55116 Mainz
Internet: http://www.stk.rlp.de
E-Mail: poststelle@stk.rlp.de

Saarland

Einwohner	1,1 Mio
Fläche	2 570 km²
Landeshauptstadt	Saarbrücken

Landtagswahl 1999	
CDU	45,5 %
SPD	44,4 %

Wechselvolle Geschichte. Die politische Entwicklung des kleinsten deutschen Flächenlandes spiegelt die Wechselfälle der deutschen Geschichte im 20. Jahrhundert wider. Das an Kohlegruben und Stahlwerken reiche Gebiet wurde mit dem Inkrafttreten des Versailler Vertrages nach dem Ersten Weltkrieg 1920 vom Deutschen Reich abgetrennt und unter die Verwaltung des Völkerbundes gestellt. 1935 entschied sich die Bevölkerung mit über 90 Prozent der Stimmen für die politische Rückgliederung nach Deutschland. Ähnliches geschah nach dem Zweiten Weltkrieg: Die Besatzungsmacht Frankreich schloss die Grenze des Saarlandes zum übrigen Deutschland. Die Saarländer entschieden sich in einer Volksabstimmung 1955 erneut mit großer Mehrheit für die Zugehörigkeit zur Bundesrepublik. Frankreichs Zustimmung zu diesem Wunsch setzte einen Meilenstein auf dem Weg zur deutsch-französischen Aussöhnung. Die Rückgliederung am 1. Januar 1957 erfolgte gemäß Artikel 23 des Grundgesetzes – ein Präzedenzfall für den deutschen Einigungsprozess des Jahres 1990.

Volksfest in Saarlouis

Das Welt-
kulturerbe
Völklinger
Hütte wurde
1999 von Hans
Peter Kuhn
illuminiert

Stadt, Land, Fluss. Die Saar, ein Nebenfluss der Mosel, hat dem
Land den Namen gegeben; sie ist auch Namensteil der größten
Städte. Die Saar fließt in landschaftlich reizvollen Mäandern –
ein beliebtes Ziel von Touristen und Wanderern ist die Saar-
schleife bei Orscholz. Am Unterlauf des Flusses wird ein von
Kennern hoch geschätzter Wein angebaut. Nicht nur ihn wissen die Saarländer zu genießen: Die einheimische Küche verbindet deutsche Tradition mit französischer Raffinesse – nur
ein Beispiel der im Saarland harmonisch vereinten Lebensart
der beiden Nachbarländer. Die Landeshauptstadt Saarbrücken
(185 000 Einwohner) ist zugleich Industriestandort und Kongressstadt, sie richtet die Internationale Saarmesse aus. Ein
schönes Bauwerk des Barock ist die Ludwigskirche, 1762-75 von
Friedrich Joachim Stengel errichtet. Die Universität des Saarlandes in Saarbrücken sowie Musik-, Kunst- und weitere Hoch- und
Fachhochschulen werden auch von vielen Studenten aus den
Nachbarländern besucht. Saarbrücken bietet ein vielfältiges
Kulturangebot mit Film- und Theaterfestspielen, Museen, Orchestern und Chören. Der in Saarbrücken geborene Regisseur
Max Ophüls (1902-1957) hat mit zauberhaften Komödien Film-
geschichte geschrieben.

Der Name der Stadt Saarlouis erinnert daran, dass hier vor rund
300 Jahren der französische König Ludwig XIV. von seinem Baumeister Vauban eine Festung zum Schutz seiner Eroberungen
im Westen Deutschlands anlegen ließ. Heute ist Saarlouis eine
wichtige Industriestadt (Automobil- und Stahlbau, Nahrungs-
mittel- und Elektroindustrie).

Völklingen ist von der 1873 gegründeten Eisenhütte geprägt, die
bereits um 1890 zu den wichtigsten Eisenproduzenten des Deutschen Reiches gehörte. 1986 wurde die auf dem Weltmarkt
nicht mehr konkurrenzfähige Hütte stillgelegt, zu großen Teilen aber erhalten. Heute ist sie Industriemuseum und wird zu
kulturellen Zwecken genutzt. 1995 wurde die Hütte von der
UNESCO in die Liste des Weltkulturerbes aufgenommen.

Eine europäische Kernlandschaft. „Die Saarländer leben uns vor, wie man gleichzeitig ein guter Saarländer, ein guter Deutscher, ein guter Europäer und ein guter Nachbar sein kann" – so charakterisierte der frühere Bundespräsident Richard von Weizsäcker die Menschen an der Saar. Der Raum Saarland, Lothringen und Luxemburg wächst unter dem Kürzel Saar-Lor-Lux – nicht zuletzt wegen umfangreicher neuer Verkehrsprojekte – immer weiter zusammen. Traditionelle Branchen mit überregionaler Bedeutung sind die Glas- und Keramikindustrie, hinzu kommen Maschinenbau, Metallverarbeitung und chemische Industrie. Darüber hinaus pflegt das Saarland Forschungsprojekte von großer Bedeutung. Die Bereiche Informations- und Kommunikationstechnologie, Materialforschung, Elektrotechnik, Produktionstechnologie und Medizintechnik sind zukunftsorientierte Schwerpunkte. Eine Vielzahl hochkarätiger universitärer oder universitätsnaher Institute bilden die Schnittstelle zwischen Forschung und Praxis: zum Beispiel das Max-Planck-Institut für Informatik, das Deutsche Forschungszentrum für künstliche Intelligenz, die Fraunhofer-Institute für zerstörungsfreie Prüfverfahren und Medizintechnik, das Institut für Wirtschaftsinformatik und das weltbekannte Institut für Neue Materialien.

Weitere Informationen:
— Saarland, Staatskanzlei
  Am Ludwigsplatz 14, 66117 Saarbrücken
  Internet: http://www.saarland.de
  E-Mail: presse@stk.saarland.de

Freistaat Sachsen

Einwohner	4,5 Mio
Fläche	18 413 km²
Landeshauptstadt	Dresden

Landtagswahl 1999	
CDU	56,9%
PDS	22,2%
SPD	10,7%

Industriezentrum Ost. Sachsen ist mit rund 244 Einwohnern pro Quadratkilometer das bevölkerungsreichste Land unter den ostdeutschen Ländern und weist eine lange industrielle Tradition auf. Das Städtedreieck Dresden – Leipzig – Chemnitz war vor dem Zweiten Weltkrieg das industrielle Herz Deutschlands. Leipzig (437 000 Einwohner) war einer der Brennpunkte des gewaltlosen Widerstandes gegen das Regime der DDR; die großen Montagsdemonstrationen gipfelten am 9. Oktober 1989 in dem Ruf: „Wir sind das Volk!" In der sächsischen Wirtschaft hat nach der Wende ein massiver sektoraler Strukturwandel eingesetzt. Heute arbeiten rund 60 Prozent aller Erwerbstätigen im Dienstleistungsbereich. Mit mehr als 125 000 Betrieben ist ein vielfältiger und leistungsstarker Mittelstand entstanden. Im Vergleich mit den anderen ostdeutschen Ländern spielt dennoch die Industrie eine überdurchschnittliche Rolle. Je 1000 Einwohner sind in Sachsen rund 76 Personen in der Industrie beschäftigt; rund 33 Prozent der gesamten Industrieproduktion der ostdeutschen Länder entfallen auf Sachsen.

Einer der größten Computerchiphersteller der Welt ist die Infineon AG in Dresden

An der Gesamtproduktion der Industrie (Verarbeitendes Gewerbe) haben neben dem Ernährungsgewerbe (15 Prozent) der traditionsreiche Maschinenbau (13 Prozent), die Metallerzeugung und -verarbeitung (12 Prozent) und die Herstellung von Datenverarbeitungsgeräten und -einrichtungen (10 Prozent) die höchsten Anteile; mit 21 Prozent zeigt vor allem der Fahrzeugbau eine besonders dynamische Steigerung. Zugleich entwickelt sich Dresden und sein Umland weiter als Zentrum der Mikroelektronik.

Ungebrochen ist seit 1710 die Kontinuität der Porzellanmanufaktur Meißen; das Markenzeichen, die gekreuzten blauen Schwerter, sind weltbekannt. Johann Friedrich Böttger (1682-1719) hatte 1708 in seinem Laboratorium unter der Brühlschen Terrasse in Dresden die Rezeptur des „Weißen Goldes" entdeckt.

Die erste Spiegelreflexkamera der Welt wurde in Dresden konstruiert, und heute so alltägliche Dinge wie Zahnpastatube, Filterzigarette, Mundwasser, Bierdeckel und Kaffeefilter wurden hier erfunden.

Vier Universitäten in Leipzig, Freiberg, Dresden und Chemnitz, zwölf Fachhochschulen sowie fünf Kunsthochschulen, das Internationale Hochschulinstitut Zittau, darunter die Akademie für Künstlerischen Tanz – die Palucca Schule Dresden –, bieten die vielfältigste Hochschulstruktur in den ostdeutschen Ländern. Die Qualität der Ausbildung gewährleisten kleine Seminare, modernste Forschungseinrichtungen und intensive Kooperationen mit der Wirtschaft. Die deutliche Ausrichtung der sächsischen Hochschulen auf die technischen und naturwissenschaftlichen Gebiete und die besondere Leistungsfähigkeit ihrer Absolventen stellen dabei einen besonderen Standortvorteil Sachsens bei der Entwicklung und Verbreitung technologischer Erzeugnisse und Systeme dar. Mit der Handelshochschule in

Die Gebäude der Neuen Messe Leipzig im Abendlicht

Leipzig verfügt Sachsen über die einzige private universitäre Hochschule in den ostdeutschen Ländern.

„Elb-Florenz" und „Klein-Paris". Dresden (453 000 Einwohner) baut wesentliche Teile seines historischen Stadtbildes, das am Ende des Zweiten Weltkrieges fast vollständig zerstört worden war, wieder auf und entwickelt sich gleichzeitig zu einem europäischen Hightech-Standort.

Zum 800-jährigen Stadtjubiläum im Jahre 2006 wird die barocke Frauenkirche (erbaut 1726-43 von George Bähr) aus den Trümmern des Krieges wieder erstanden sein. Fast 50 Jahre lang erinnerte die Ruine als Mahnmal an die Schrecken des Krieges. Beim Aufbau können rund ein Drittel der originalen Steine wieder an ihren ursprünglichen Platz gesetzt werden.

Mit der Neubebauung der alten Quartiere und der Wiederherstellung historischer Gebäude gewinnt Dresden sein traditionelles Zentrum zurück. Neben prächtigen alten Gebäuden wie dem Taschenberg- und dem Coselpalais entstand auch Avantgardistisches wie das St.-Benno-Gymnasium und der Ufa-Kristallpalast. Wegen ihrer architektonischen Eleganz einst liebevoll „Elb-Florenz" genannt, pflegt die Stadt ihre barocken Traditionen. Sie hat in Wissenschaft und Forschung allerdings die Zeichen des 21. Jahrhunderts erkannt und auf Hoch- und Zukunftstechnologien gesetzt: Firmen wie Infineon, Motorola, AMD, Volkswagen, Gruner + Jahr sowie Daimler-Chrysler investieren in der sächsischen Landeshauptstadt, um hier zu forschen, zu produzieren, zu handeln.

Dresden ist wieder ein Touristenmagnet und zählt jährlich rund sieben Millionen Besucher. Bereits 1985 wieder eröffnet wurde die Oper, von Gottfried Semper 1870-78 im Stil der italienischen Renaissance errichtet. Ein weiteres Wahrzeichen der Stadt ist das Residenzschloss. Sein Wiederaufbau – aus öffentlichen Mitteln

finanziert – steht vor der Vollendung. Das Schloss wird künftig als Museum der sächsischen Geschichte und Kultur genutzt.

Seit über 800 Jahren ist Leipzig, von Goethe im „Faust" als „klein Paris" bezeichnet, Messestadt. Die früheren Universalmessen haben in letzter Zeit einem ständig weiter ausgebauten Fachmessen-Konzept Platz gemacht. Mit einer Investition von rund 1,3 Milliarden DM ist 1996 auf dem ehemaligen Flughafen Mockau ein moderner Messeplatz entstanden. Von alters her ist Leipzig ein Zentrum des Verlagswesens; die jeweils im März stattfindende Buchmesse hat sich neben der in Frankfurt/Main als Kontaktmesse vor allem zu Osteuropa etabliert. Die Universität wurde bereits 1409 gegründet. Die Stadt wird immer mehr zum Medienstandort. So gibt es hier den ersten deutschen Lehrstuhl für Öffentlichkeitsarbeit / Publicrelations.

Tradition und Moderne. Sachsen hat viele Kapitel der deutschen Kulturgeschichte mitgeschrieben. Die Komponisten Heinrich Schütz, Johann Sebastian Bach, Carl Maria von Weber, Felix

Das Kongress-Zentrum in Chemnitz

Eine Perle des Dresdner Barock: Der Wallpavillon im Zwinger

Mendelssohn Bartholdy, Robert Schumann, Richard Wagner und Richard Strauss wirkten hier und führten bedeutende Werke erstmals auf. Die Sächsische Staatsoper („Semperoper") mit ihrer Staatskapelle und der Kreuzchor in Dresden, der Thomanerchor und das Gewandhausorchester in Leipzig haben Weltruf. Vielfältig sind die Museen im Land: Das „Grüne Gewölbe" präsentiert die kunsthandwerklichen Schätze, welche die sächsischen Kurfürsten, vor allem August der Starke (1670-1733), anhäuften. Wertvolle Sammlungen enthalten die Galerie Alte Meister (mit der „Sixtinischen Madonna" von Raffael) und die Galerie Neue Meister mit ihren herausragenden Kunstwerken der Romantik. Erwähnenswert sind auch das Spitzenmuseum in Plauen, das Automobilmuseum in Zwickau, das Industriemuseum in Chemnitz, die mineralologische Sammlung in Freiberg, das Lessing-Museum in Kamenz, das Sorbische Museum in Bautzen, Zentrum der Lausitzer Sorben, einer slawischen Minderheit.

Sachsen bietet eine Vielzahl prunkvoller Schlösser, kunstvoller Parks und Gärten. Neben dem Dresdener Zwinger laden zum Beispiel Schloss Moritzburg, Schloss Rammenau, Wasserschloss Klaffenbach, Schloss und Park Pillnitz und der Garten von Heidenau-Großsedlitz zur Besichtigung ein. Die „Silberstraße" im Erzgebirge und die „Sächsische Weinstraße" sind weitere touristische Attraktionen, wie auch der bunte Fächer an Festspielen, die im Lauf des Jahres stattfinden, so zum Beispiel die Dresdner Musikfestspiele, das Internationale Dixielandfestival und das Elbhang-Fest in Dresden, die Karl-May-Festtage in Radebeul, das Festival „Begegnungen" in Chemnitz, die Internationalen Gottfried-Silbermann-Tage in Freiberg und die euro-scene in Leipzig.

Weitere Informationen:
— Freistaat Sachsen, Sächsische Staatskanzlei
  Archivstr. 1, 01097 Dresden
  Internet: http://www.sachsen.de
  E-Mail: info@sk.sachsen.de

Sachsen-Anhalt

Einwohner	2,65 Mio
Fläche	20 455 km²
Landeshauptstadt	Magdeburg

Landtagswahl 1998	
SPD	35,9 %
CDU	22,0 %
PDS	19,6 %
DVU	12,9 %

Land im Herzen Deutschlands. Sachsen-Anhalt erstreckt sich von der Altmark, die im Norden an Niedersachsen grenzt, über die Magdeburger Börde und die Industriereviere um Halle und Bitterfeld bis zu den Rebhängen an Saale und Unstrut, dem nördlichsten Weinanbaugebiet Deutschlands. Die Elbe durchfließt auf einer Länge von rund 300 Kilometern das Land. Im Südwesten der Magdeburger Börde erhebt sich der Harz, sein höchster Berg ist der Brocken mit 1142 Metern Höhe. Ausgedehnte Landschaftsschutzgebiete von großem Reiz sind der Nationalpark Hochharz und das Elbereservat, wo es noch frei lebende Biber gibt. Sachsen-Anhalt als eigenständiges Land hat eine kurze Geschichte: Es bestand nur von 1947 bis 1952, bis es nach der Vereinigung Deutschlands am 3. Oktober 1990 wieder gegründet wurde. Im Norden stand die Altmark lange unter brandenburgischem Einfluss, im Süden und Osten dominierte Sachsen. Anhalt entstand im Jahr 1212 unter den askanischen Fürsten und erlebte seine kulturelle Blüte vor allem unter dem Fürsten Leopold III. von Anhalt-Dessau. Aus Anhalt-Zerbst stammte die russische Zarin Katharina die Große.

Städte wie aus dem Bilderbuch. Die Landeshauptstadt Magdeburg, 805 erstmals urkundlich erwähnt, ist mit 239 000 Einwohnern die zweitgrößte Stadt des eher dünn besiedelten Landes. Hier steht die erste auf deutschem Boden erbaute gotische Kathedrale: Sie wurde 1363 geweiht und beherbergt das Grab von Kaiser Otto I. Das Kloster Unser Lieben Frauen, 1160 fertig gestellt und nahezu unverändert erhalten, ist das älteste Gebäude der Stadt. Dom, Marktkirche und Roter Turm dominieren den historischen Marktplatz in Halle (261 000 Einwohner), das im Mittelalter durch Salzgewinnung zu Reichtum kam. In Dessau (86 700 Einwohner) setzte von 1925 an Walter Gropius mit dem „Bauhaus" weltweite architektonische Maßstäbe. Sehenswert sind die Harzstädte Halberstadt, Wernigerode und Quedlinburg mit ihren Fachwerkhäusern aus dem 16.-18. Jahrhundert. Die Altstadt von Quedlinburg wurde mit ihren mehr als 1200 Fachwerkhäusern, die heute Zug um Zug renoviert werden, in die Liste des Weltkulturerbes der UNESCO aufgenommen. In Naumburg ist der Dom Sankt Peter und Paul mit den Stifterfiguren Ekkehard und Uta aus dem 13. Jahrhundert sehenswert. Der 112 Hektar große Wörlitzer Park bei Dessau mit dem 1773 eingeweihten Schloss Leopolds III. zählt zu den schönsten Englischen Gärten Europas. Eine beliebte touristische Attraktion ist die „Straße der Romanik", die auf rund 1000 Kilometern Strecke Sachsen-Anhalt durchzieht und an mehr als 70 bedeutenden Baudenkmälern vorbeiführt.

Landwirtschaft und Groß-Industrie. Die Böden der Magdeburger Börde und des Harzvorlandes gehören zu den fruchtbarsten Ackerflächen Deutschlands. Hier werden vor allem Getreide, Zuckerrüben, Kartoffeln und Gemüse angebaut.

In wirtschaftlicher Hinsicht hat sich Sachsen-Anhalt zehn Jahre nach der deutschen Wiedervereinigung zu einem innovativen Standort entwickelt. Zahlreiche Firmen aus dem In- und Ausland haben sich hier angesiedelt. Die weltbekannten Aspirin-Tabletten von Bayer werden in Bitterfeld produziert. Das Glas für die Kuppel des Berliner Reichstages kam aus dem Werk des US-Flachglasherstellers Guardian Industries aus Wolfen.

Wachstumsträger in Sachsen-Anhalt sind vor allem die traditionsreiche Chemie, das Ernährungsgewerbe sowie zunehmend auch die Automobilzulieferer. Die Produktionsanlagen dieser Branchen gehören weltweit zu den modernsten ihrer Art. Ge-

Erdöl-Raffinerie in Leuna

meinsam mit dem Freistaat Sachsen wird die Region Halle-Leipzig zu einem Zentrum der Bio- und Gentechnologie entwickelt. Ebenso kommen in Sachsen-Anhalt die modernen Informations- und Kommunikationstechnologien, zum Beispiel in Call-Centern, immer mehr zum Einsatz. Unter den östlichen Bundesländern kann Sachsen-Anhalt die meisten ausländischen Direktinvestitionen aufweisen. Dies ist auch ein Ausdruck der guten wirtschaftlichen Rahmenbedingungen. Dazu zählen neben der zentralen Lage in Europa eine moderne Infrastruktur, qualifizierte Arbeitskräfte und schnelle Genehmigungsverfahren.

Sachsen-Anhalt kann an eine beeindruckende Industriegeschichte anknüpfen. So wurde in den Dreißigerjahren in den Dessauer Junkerswerken das erste Ganzmetallkabinen-Verkehrsflugzeug gebaut sowie mit der JU 52 Industriegeschichte geschrieben. Den ersten Farbfilm der Welt präsentierte 1936 Agfa Wolfen. Die moderne Verwirklichung beispielhafter ökologischer und ökonomischer Ideen war vor allem 1999 in der weltweit einzigen EXPO-Korrespondenzregion im Städtedreieck Wittenberg – Bitterfeld/Wolfen – Dessau zu besichtigen.

Musik, Kunst und Wissenschaft. Die alljährlichen Händel-Festspiele in Halle ziehen Musikfreunde von weit her an. Zu den bekanntesten der 140 Museen im Land zählt die Staatliche Galerie Moritzburg mit zahlreichen Gemälden des deutsch-amerikanischen Malers Lyonel Feininger. Der Domschatz der Stiftskirche Sankt Servatius in Quedlinburg, einer der wertvollsten in Deutschland, gelangte nach seinem Raub im Zweiten Weltkrieg auf abenteuerlichen Wegen zurück in die Stiftskirche. Im Kernland der Reformation erinnern noch heute vielfältige Zeugnisse an das Wirken Martin Luthers und Philipp Melanchthons, besonders in den Lutherstädten Wittenberg und Eisleben. Die Europarats-Ausstellung „Otto der Große, Magdeburg und Europa"

Der Magdeburger Dom wurde 1520 vollendet

**Die Stadt-
kirche „Sankt
Marien" in der
Lutherstadt
Wittenberg**

wird sich 2001 mit dem Wirken Kaiser Ottos I. als einem der großen Gestalter Europas im frühen Mittelalter beschäftigen.

Die Otto-von-Guericke-Universität in Magdeburg ist die jüngste Hochschule Deutschlands. Sie wurde im Oktober 1993 durch die Zusammenführung der Technischen Universität, der Pädagogischen Hochschule und der Medizinischen Akademie errichtet. An der über 300 Jahre alten Martin-Luther-Universität Halle-Wittenberg sind mehr als 13 000 Studierende immatrikuliert. Zunehmende Geltung erlangt die Hochschule für Kunst und Design in der Burg Giebichenstein in Halle.

Persönlichkeiten von Rang. Martin Luther (1483-1546) wurde in Eisleben geboren und ist auch dort gestorben. Die Schlosskirche zu Wittenberg, an deren Tür er 1517 seine 95 Thesen angeschlagen hat, wurde zu seiner letzten Ruhestätte. Auf der Burg Falkenstein schrieb Eike von Repgow im 13. Jahrhundert den „Sachsenspiegel", das bedeutendste Rechtsbuch des Mittelalters.

Georg Friedrich Händel wurde in Halle geboren, Georg Philipp Telemann stammt aus Magdeburg, und Johann Sebastian Bach komponierte am Fürstenhof in Köthen seine „Brandenburgischen Konzerte". Aus Dessau stammt Kurt Weill, einer der ausdrucksstärksten Komponisten des 20. Jahrhunderts.

Der Naturwissenschaftler Otto von Guericke, zeitweise Bürgermeister von Magdeburg, demonstrierte 1663 mit den Magdeburger Halbkugeln die Wirkung des Vakuums und entdeckte das Prinzip der Luftpumpe. Aus Quedlinburg stammte die erste deutsche Ärztin, Dorothea Christiana Erxleben, die 1754 an der Universität Halle promovierte. Otto von Bismarck, deutscher Reichskanzler von 1871 bis 1890, wurde 1815 in Schönhausen in der Altmark geboren. Anlässlich seines 100. Todestages wurde 1998 in seinem Geburtsort ein Bismarck-Museum eröffnet.

Weitere Informationen:
  — Sachsen-Anhalt, Staatskanzlei
    Domplatz 4, 39104 Magdeburg
    Internet: http://www.sachsen-anhalt.de
    E-Mail: staatskanzlei@stk.sachsen-anhalt.de

Schleswig-Holstein

Einwohner	2,7 Mio
Fläche	15 729 km^2
Landeshauptstadt	Kiel

Landtagswahl 2000	
SPD	43,1 %
CDU	35,2 %
FDP	7,6 %
Bündnis 90 / Die Grünen	6,2 %
SSW	4,1 %

Drehscheibe im Ostseeraum. Schleswig-Holstein liegt als einziges deutsches Land an zwei Meeren: an Nord- und Ostsee. Das mit 2,7 Millionen Einwohnern dünn besiedelte Land nutzt seine geografische Lage zwischen Skandinavien und Osteuropa. Es will Drehscheibe für die Länder rund um die Ostsee sein, die mit mehr als 50 Millionen Einwohnern zu den Zukunftsregionen Europas gehören. Damit die natürliche Schönheit Schleswig-Holsteins bewahrt werden kann, wird der Erhaltung der Umwelt große Bedeutung beigemessen. Anstrengungen zur Reinhaltung der Meere, aber auch Natur- und Bodenschutz sind deshalb wichtige Ziele der Landespolitik. Die technologische Entwicklung hat Schleswig-Holstein zu einem attraktiven Hightech-Standort im Ostseegebiet gemacht.

Bereits 1460 heißt es in einem Vertrag, die beiden Landesteile Schleswig und Holstein sollten „auf ewig ungeteilt" bleiben. In Schleswig-Holstein wird nicht nur Deutsch und Niederdeutsch, sondern auch Dänisch und Friesisch gesprochen. Die friesische Volksgruppe zählt 40 000 Menschen, die an der Westküste mit ihren Inseln und Halligen zu Hause sind. Die historischen Verflechtungen sind Grund dafür, dass 50 000 Dänen in Schleswig-Holstein leben. Diese Mischung der Nationalitäten bringt es mit sich, dass das Land Besuchern weltoffen gegenübersteht: Rund 13 Millionen Gäste kommen jedes Jahr ins Land.

Städte mit Tradition. Die Landeshauptstadt Kiel (237 000 Einwohner) wird alljährlich während der „Kieler Woche" im Sommer zum Treffpunkt für die internationale Segler-Elite, verbunden mit einem großen Volksfest. Schiffbau und Fährverkehr – vor allem nach Skandinavien – gehören zu Kiel ebenso wie das imposante Segelschulschiff „Gorch Fock", das die Verbundenheit der Stadt zur Marine dokumentiert. Die „Königin der Hanse", von der UNESCO wegen der sehenswerten mittelalterlichen Baukunst in die Liste des „Weltkulturerbes der Menschheit" aufgenommen, ist Lübeck (214 000 Einwohner). In die Weltliteratur gingen die Romane der Lübecker Brüder Heinrich und Thomas Mann ein. Lübeck-Travemünde ist einer der wichtigsten europäischen Fährhäfen. Flensburg (86 600 Einwohner) versammelt einmal im Jahr originalgetreu restaurierte oder nachgebaute Segelschiffe zur „Rum-Regatta".

Wirtschaft im Wandel. In den zurückliegenden Jahren hat sich in Schleswig-Holstein ein tief greifender Wandel vom Agrar- und Fischereiland zu einem modernen Wirtschafts- und Technologiestandort vollzogen. Die einst vor allem die Landeshauptstadt Kiel prägende Werftindustrie überstand die Strukturkrisen unter anderem durch den Bau von Spezialschiffen. Rund eine Million Hektar des Landes werden landwirtschaftlich genutzt; die Zukunft gehört indessen den modernen Technologien wie Meeres- und Medizintechnik, Software-Produktion sowie Energie- und Umwelttechnik. Schleswig-Holstein ist mit über 1500 Anlagen Windenergie-Land Nummer 1 in Deutschland, nimmt eine der Spitzenpositionen bei der Ausstattung mit Technologiezentren ein und zählt allein im Bereich der Informations- und Kommunikationsbranche weit über 1000 Unternehmen. Gleichzeitig wurde die erforderliche Infrastruktur geschaffen. Autobahnen bilden nicht nur die wichtige Nord-Süd-Achse, auch die Anbindung an die Westküste ist für Fremdenverkehr und Wirtschaft gleichermaßen wichtig. Um den wissenschaftlichen Nachwuchs im eigenen Land auszubilden, gibt es drei Universitäten und vier staatliche sowie zwei private Fachhochschulen. Alles dies trägt dazu bei, dass Schleswig-Holstein

Das Holstentor in Lübeck, von der Stadtseite her gesehen

Blick über die
Flensburger
Förde auf den
Stadtteil
St. Jürgen

national und international eine anerkannt gute Position als Wirtschaftsstandort genießt.

„Sanfter Tourismus". Die Nordseeinsel Helgoland mit dem berühmten roten Kliff bot dem Dichter Heinrich Hoffmann von Fallersleben 1841 die Kulisse, als er das Deutschlandlied verfasste. Urlaubsparadiese sind die Nordfriesischen Inseln, das weltoffene Sylt, das familiäre Föhr und das sympathische Amrum, ebenso wie die Ostseebäder – das moderne Damp nicht anders als das verträumte Hohwacht oder das mondäne Timmendorf. Naturfreunde lockt der Nationalpark Wattenmeer an der Nordsee. Erholung im Binnenland bietet die Holsteinische Schweiz mit ihren zahlreichen Seen. Besuchenswert sind Orte wie die Till-Eulenspiegel-Stadt Mölln oder die Domstadt Schleswig mit dem 1514-21 von Hans Brüggemann geschaffenen spätgotischen Bordesholmer Altar, einem Meisterwerk der Holzschnitzerei, und selbstverständlich Lübeck.

Museen und Musik. Ein Heimatmuseum ist in jedem größeren Ort vorhanden, doch Schloss Gottorf bei Schleswig genießt als Landesmuseum bundesweit einen besonderen Ruf. Anziehungspunkte sind auch das Freilichtmuseum Molfsee bei Kiel und das Museum auf dem Gelände der alten Wikingerstadt Haithabu. Das Buddenbrook-Haus in Lübeck wurde zur EXPO 2000 vollständig umgebaut: Entstanden sind originalgetreue Räume, wie die Leser sie aus dem weltberühmten Roman „Buddenbrooks" von Thomas Mann kennen. Acht Wochen im Sommer – 1999 bereits zum 14. Mal – verwandelt sich ganz Schleswig-Holstein in einen Konzertsaal. Das Schleswig-Holstein Musik Festival lockt Weltstars und Publikum in so ungewöhnliche Aufführungsorte wie Scheunen und Ställe, aber auch in Gutshöfe, Herrenhäuser und Schlösser.

Weitere Informationen:
– Schleswig-Holstein, Staatskanzlei
 Landeshaus, Düsternbrooker Weg 70, 24105 Kiel
 Internet: http://www.schleswig-holstein.de
 E-Mail: Klaus.Gärtner@stk.landh.de

Freistaat Thüringen

Einwohner	2,5 Mio
Fläche	16 171 km²
Landeshauptstadt	Erfurt

Landtagswahl 1999	
CDU	51,0%
PDS	21,3%
SPD	18,5%

Deutschlands Mitte. Thüringen liegt in der geografischen Mitte Deutschlands und umfasst als Kernlandschaft das schüsselförmige Thüringer Becken und den Thüringer Wald. Im Westen reicht das Land bis zur Werra, im Südosten über die Saale hinweg bis zur Weißen Elster. Im Südwesten liegt die Rhön, und im Süden grenzt der Frankenwald an. Thüringen ist Nachbar von fünf Ländern; der weitere Ausbau des Verkehrsnetzes ist deshalb eine der vordringlichsten Infrastrukturmaßnahmen. Die beiden Autobahnen A 4 und A 9, die Thüringen in West-Ost- und Nord-Süd-Richtung durchziehen, werden derzeit sechsspurig ausgebaut. Mit dem Bau einer neuen Verkehrsachse durch den Thüringer Wald (Autobahn und Bahntrasse für Hochgeschwindigkeitszüge) entsteht eine dringend notwendige Verbindung, die der zentralen Lage Thüringens gerecht wird und die ohne die Teilung Deutschlands schon sehr viel früher verwirklicht worden wäre. Landeshauptstadt ist das als „Blumenstadt" bezeichnete Erfurt (203 000 Einwohner) mit einer an Patrizierhäusern, Kirchen und Klöstern ungewöhnlich reichen Altstadt.

Kleinstaaterei und Kultur. In Thüringen war einst die territoriale Zersplitterung Deutschlands besonders stark ausgeprägt. Die Herrscher wetteiferten vor allem auf kulturellem Gebiet miteinander und ließen sich als Förderer der Schönen Künste feiern. Ihr bedeutendster war Herzog Carl August von Sachsen-Weimar-Eisenach (1757-1828). Er holte den Schriftsteller und Shakespeare-Übersetzer Christoph Martin Wieland (1733-1813), den Dichter und Sprachforscher Johann Gottfried Herder (1744-1803) und vor allem Johann Wolfgang Goethe (1749-1832) in seine Residenzstadt, die um 1800 zu einem Zentrum des deutschen und europäischen Geisteslebens wurde. In Weimar entstanden einige von Goethes berühmtesten Werken, so zum Beispiel die endgültige Fassung des „Faust". Von 1787 bis 1789 und von 1799 bis 1805 lebte auch Friedrich Schiller in Weimar und schrieb hier u.a. seinen „Wilhelm Tell". In der zweiten Hälfte des vorigen Jahrhunderts konzertierte und komponierte Franz Liszt (1811-1886) in der kunstsinnigen Stadt. 1919 wurde hier von Walter Gropius das „Bauhaus" gegründet, eine Unterrichtsstätte, in der die Trennung von Kunst, Handwerk und Technik überwunden werden sollte. Das „Bauhaus" siedelte 1925 nach Dessau über, einige Jahre später nach Berlin, wo es der im Jahr 1933 mit Hitlers Machtergreifung einsetzenden Barbarei zum Opfer fiel. Sie besiegelte den Untergang der ersten deutschen Republik, der „Weimarer Republik", deren Verfassung 1919 in Weimar ausgearbeitet und verabschiedet worden war.

Weimar (62 000 Einwohner) wurde zur Kulturstadt Europas für das Jahr 1999 erkoren, als sich Goethes Geburtstag zum 250. Mal jährte. In Eisenach wurde 1685 Johann Sebastian Bach als Sohn einer bekannten Musikerfamilie geboren. Auf der nahe gelegenen Wartburg übersetzte 1522 Martin Luther das Neue Testament ins Deutsche – ein wichtiger Schritt auf dem Weg zur neuzeitlichen deutschen Schriftsprache. Der 450. Todestag des Reformators war Anlass eines „Luther-Jahres 1996" in Thüringen.

Auf der Wartburg beschworen 1817 Vertreter der studentischen Burschenschaften ein einiges Deutschland.

Industrie und Handwerk. Im Schnittpunkt wichtiger Straßen fanden Handel und Handwerk in Thüringen einen guten Nährboden; die Grundlage des früheren Reichtums bildete der Waid, eine Pflanze, aus der blauer Farbstoff gewonnen wurde. Aus handwerklicher Tradition heraus entwickelte sich Suhl zur

Qualitätskontrolle an einem Generatorständer im Erfurter Siemens-Werk

Die 574 m lange und 78 m hohe Göltzschtalbrücke wurde 1851 fertiggestellt

„Waffenschmiede" für Jagd- und Sportwaffen. Die Industrialisierung in Deutschland im 19. Jahrhundert nahm ihren Anfang in Sachsen und in Thüringen; bedeutende Branchen waren Bergbau (Kali), Porzellan, Glas, Spielwaren, vor allem aber Werkzeugmaschinenbau und die optische Industrie, die mit den Namen Zeiss und Schott in Jena verbunden ist.

An diese Traditionen hat Thüringen angeknüpft. Nach dem Ende der DDR und dem Umbruch der Wirtschaft in Folge der Wende wurden neue, marktgerechte Strukturen entwickelt, die es ermöglichen, zukunftsweisende Technologien in den Freistaat zu holen. So hat die „Jenoptik" nach ihrer Sanierung den Aufstieg zum international handelnden Hightech-Konzern geschafft. Mit vier Universitäten (Jena, Weimar, Erfurt und Ilmenau), weiteren Fachhochschulen, rund 50 Forschungseinrichtungen und 20 Technologiezentren weist Thüringen eine dichte Wissenschaftslandschaft auf. In Jena (99 000 Einwohner) hat heute weiterhin die optische Industrie ihr Zentrum. Maschinen werden vor allem in Gera (116 000 Einwohner) und Erfurt gebaut. In der Landeshauptstadt hat auch die Mikroelektronik ihren Schwerpunkt. In Eisenach überwiegt traditionell die Automobilindustrie mit ihren Zulieferern; das neue Opelwerk ist das Automobilwerk mit der höchsten Produktivität in Europa. Als weitere Industriebranchen finden sich in Thüringen Elektrotechnik, Glashütten und Feinkeramik, Holzverarbeitung, Textil- und Bekleidungs- sowie chemische Industrie. Immer größere Bedeutung gewinnt auch in Thüringen der Mediensektor.

Die Fläche Thüringens wird zur Hälfte landwirtschaftlich genutzt, die Ackerflächen haben zum Teil höchste Bodenqualität. Angebaut werden Getreide, Raps, Kartoffeln und Zuckerrüben. Das Land genießt seit jeher auch einen ausgezeichneten Ruf in der Verarbeitung landwirtschaftlicher Produkte zu Lebensmitteln.

Deutschlands „Grünes Herz". Ausgedehnte Wälder und weite Wiesenflächen, romantische Täler und Schluchten machen den Thüringer Wald zu einem attraktiven Wander- und Winter-

Jenoptik:
Qualitäts-
kontrolle
optischer
Meßgeräte

sportgebiet. Der Rennsteig, auf 168 Kilometern Länge über die Kammlagen des Thüringer Waldes führend, ist neben dem Eselsweg im Spessart Deutschlands ältester und berühmtester Wanderweg. In der Nähe der reichen Vorkommen von Heil- und Mineralquellen haben sich viele Kurorte entwickelt. Rund 170 Talsperren bieten beste Bedingungen für Wassersportler. Natürlich kommen die Besucher auch wegen der reichen Kulturschätze nach Thüringen. Die 1992 eröffnete, 300 Kilometer lange „Klassikerstraße Thüringen" führt zu den schönsten Plätzen, zu Burgen und Schlössern, zu Museen und Gedenkstätten, immer in Erinnerung an die Zeit, als Thüringen das Zentrum des deutschen Geisteslebens war.

In Meiningen ist das Theater zu neuer Blüte erweckt worden, nachdem die Stadt durch das Ensemble ihres Hoftheaters, „Die Meininger", im 19. Jahrhundert in ganz Europa Berühmtheit erlangt hatte. Der spektakuläre Erfolg war Herzog Georg II. von Meiningen zu verdanken, der als Regent auch das künstlerische Zepter übernommen hatte. Heute steht das Theater mit an der Spitze der Publikumsgunst in Deutschland.

Weitere Informationen:
  — Freistaat Thüringen, Thüringer Staatskanzlei
    Regierungsstr. 73, 99084 Erfurt
    Internet: http://www.thueringen.de
    E-Mail: GnauckJ@TSK.thueringen.de

Geschichte

Grundlinien deutscher Geschichte bis 1945

Im 19. Jahrhundert glaubte man genau zu wissen, wann die deutsche Geschichte begonnen hat: im Jahre neun nach Christi Geburt. In jenem Jahr besiegte Arminius, ein Fürst des germanischen Stammes der Cherusker, im Teutoburger Wald drei römische Legionen. Arminius – von dem man nichts Näheres weiß – galt als erster deutscher Nationalheld. In den Jahren 1838-1875 wurde ihm bei Detmold ein riesiges Denkmal errichtet.

Heute sieht man die Dinge nicht mehr so einfach. Die Entstehung des deutschen Volkes war ein Prozess, der Jahrhunderte dauerte. Das Wort „deutsch" ist wohl erst im 8. Jahrhundert aufgekommen, und es bezeichnete zunächst nur die Sprache, die im östlichen Teil des Frankenreiches gesprochen wurde. Dieses Reich, das unter Karl dem Großen seine größte Machtentfaltung erlangte, umfasste Völkerschaften, die teils germanische, teils romanische Dialekte sprachen. Nach Karls Tod (814) brach es bald auseinander. Im Laufe verschiedener Erbteilungen entstanden ein West- und ein Ostreich, wobei die politische Grenze annähernd mit der Sprachgrenze zwischen Deutsch und Französisch identisch war. Erst nach und nach entwickelte sich bei den Bewohnern des Ostreichs ein Gefühl der Zusammengehörigkeit. Die Bezeichnung „deutsch" wurde von der Sprache auf die Sprecher und schließlich auf ihr Wohngebiet („Deutschland") übertragen.

Die deutsche Westgrenze wurde verhältnismäßig früh fixiert und blieb auch recht stabil. Die Ostgrenze hingegen war jahrhundertelang fließend. Um 900 verlief sie etwa an den Flüssen Elbe und Saale. In den folgenden Jahrhunderten wurde das deutsche Siedlungsgebiet weit nach Osten ausgedehnt. Diese Bewegung kam erst in der Mitte des 14. Jahrhunderts zum Stillstand. Die damals erreichte Volksgrenze zwischen Deutschen und Slawen hatte bis zum Zweiten Weltkrieg Bestand.

Hochmittelalter. Den Übergang vom ostfränkischen zum deutschen Reich setzt man gewöhnlich mit dem Jahre 911 an, in dem nach dem Aussterben der Karolinger der Frankenherzog Konrad I. zum König gewählt wurde. Er gilt als der erste deutsche König. (Der offizielle Titel war „fränkischer König", später „römischer König"; der Reichsname lautete seit dem 11. Jahrhundert „Römisches Reich", seit dem 13. Jahrhundert „Heiliges Römisches Reich"; im 15. Jahrhundert kam der Zusatz „Deutscher Nation" auf.) Das Reich war eine Wahlmonarchie; der Kö-

Kaiser Friedrich I. Barbarossa, römisch-deutscher Kaiser (1122-1190); Buchminiatur (um 1180)

nig wurde vom hohen Adel gewählt. Daneben galt das „Geblütsrecht": Der neue König sollte mit seinem Vorgänger verwandt sein. Dieser Grundsatz wurde mehrfach durchbrochen; wiederholt kam es auch zu Doppelwahlen. Eine Hauptstadt besaß das mittelalterliche Reich nicht; der König regierte im Umherziehen. Es gab keine Reichssteuern; seinen Unterhalt bezog der König vor allem aus „Reichsgütern", die er treuhänderisch verwaltete. Seine Autorität wurde nicht ohne weiteres anerkannt; nur wenn militärische Stärke und geschickte Bündnispolitik hinzukamen, konnte er sich bei den mächtigen Stammesherzögen Respekt verschaffen. Dies gelang erst Konrads Nachfolger, dem Sachsenherzog Heinrich I. (919-936), und in noch höherem Maße dessen Sohn Otto I. (936-973). Otto machte sich zum wirklichen Herrscher des Reiches. Seine Machtfülle fand Ausdruck darin, dass er sich 962 in Rom zum Kaiser krönen ließ.

Seither hatte der deutsche König Anwartschaft auf die Kaiserwürde. Das Kaisertum war der Idee nach universal und verlieh seinem Träger die Herrschaft über das gesamte Abendland. Volle politische Wirklichkeit wurde diese Idee freilich niemals. Zur Kaiserkrönung durch den Papst musste sich der König nach Rom begeben. Damit begann die Italienpolitik der deutschen Könige. 300 Jahre lang konnten sie ihre Herrschaft in Ober- und Mittelitalien behaupten, wurden jedoch dadurch von wichtigen Aufgaben in Deutschland abgelenkt. So kam es schon unter den Nachfolgern Ottos zu schweren Rückschlägen.

Ein neuer Aufschwung trat unter der folgenden Dynastie der Salier auf. Mit Heinrich III. (1039-1056) stand das deutsche König- und Kaisertum auf dem Höhepunkt der Macht; vor allem behauptete es entschieden seinen Vorrang gegenüber dem Papsttum. Heinrich IV. (1056-1106) konnte diese Stellung nicht halten. In der Auseinandersetzung um das Recht zur Bischofseinsetzung (Investiturstreit) siegte er zwar äußerlich über Papst Gregor VII.; sein Bußgang nach Canossa (1077) bedeutete aber für das Kaisertum eine nicht wiedergutzumachende Rangeinbuße. Kaiser und Papst standen sich seither als gleichrangige Mächte gegenüber.

1138 begann das Jahrhundert der Staufer-Dynastie. Friedrich I. Barbarossa (1152-1190) führte im Kampf mit dem Papst, den oberitalienischen Städten und seinem Hauptrivalen in Deutschland, dem Sachsenherzog Heinrich dem Löwen, das Kaisertum zu einer neuen Blüte. Jedoch begann unter ihm eine territoriale Zersplitterung, die letztlich die Zentralgewalt schwächte. Unter Barbarossas Nachfolgern Heinrich VI. (1190-1197) und Friedrich II. (1212-1250) setzte sich diese Entwicklung trotz großer kaiserlicher Machtfülle fort. Die geistlichen und weltlichen Fürsten wurden zu halbsouveränen „Landesherren".

Mit dem Untergang der Staufer (1268) endete faktisch das universale abendländische Kaisertum. Die auseinander strebenden Kräfte im Innern hinderten Deutschland daran, zum Nationalstaat zu werden – ein Prozess, der gerade damals in anderen Ländern Westeuropas einsetzte. Hier liegt eine der Wurzeln dafür, dass die Deutschen zur „verspäteten Nation" wurden.

Spätmittelalter und frühe Neuzeit. Mit Rudolf I. (1273-1291) kam erstmals ein Habsburger auf den Thron. Materielle Grundlage des Kaisertums waren jetzt nicht mehr die verloren gegangenen Reichsgüter, sondern die „Hausgüter" der jeweiligen Dynastie; Hausmachtpolitik wurde das Hauptinteresse eines jeden Kaisers.

Die „Goldene Bulle" Karls IV. von 1356, eine Art Reichsgrundgesetz, verlieh sieben herausgehobenen Fürsten, den Kurfürsten, das ausschließliche Recht zur Königswahl und gab ihnen noch weitere Vorrechte gegenüber den anderen Größen. Während die kleinen Grafen, Herren und Ritter allmählich an Bedeutung verloren, gewannen die Städte dank ihrer wirtschaftlichen Macht an Einfluss. Der Zusammenschluss zu Städtebünden brachte ihnen eine weitere Stärkung. Der wichtigste dieser Bünde, die Hanse, wurde im 14. Jahrhundert zur führenden Macht des Ostseeraums.

Seit 1438 war die Krone – obwohl das Reich formell eine Wahlmonarchie blieb – praktisch erblich im Hause Habsburg, das unterdessen zur stärksten Territorialmacht geworden war. Im 15. Jahrhundert erhoben sich zunehmend Forderungen nach einer Reichsreform. Maximilian I. (1493-1519), der als Erster den Kaisertitel ohne Krönung durch den Papst annahm, suchte eine solche Reform zu verwirklichen, aber ohne Erfolg. Die von ihm geschaffenen oder neu geordneten Einrichtungen – Reichstag, Reichskreise, Reichskammergericht – hatten zwar Bestand bis zum Ende des Reiches (1806), vermochten aber dessen fortschreitende Zersplitterung nicht aufzuhalten. Es entwickelte sich ein Dualismus von „Kaiser und Reich": Dem Reichsoberhaupt standen die Reichsstände – Kurfürsten, Fürsten und Städte – gegenüber. Die Macht der Kaiser wurde durch „Kapitulationen", die sie bei ihrer Wahl mit den Kurfürsten vereinbarten, begrenzt und zunehmend ausgehöhlt. Die Fürsten, insbesondere die großen unter ihnen, dehnten ihre Rechte auf Kosten der Reichsgewalt kräftig aus. Dennoch hielt das Reich weiter zusammen: Der Glanz der Kaiserkrone war noch nicht verblichen, die Reichsidee war lebendig geblieben, und den kleinen und mittleren Territorien bot der Reichsverband Schutz vor Übergriffen mächtiger Nachbarn.

Die Städte wurden zu Zentren wirtschaftlicher Macht; sie profitierten vor allem vom zunehmenden Handel. In Textilindustrie und Bergbau entstanden Wirtschaftsformen, die über das Zunftwesen der Handwerker hinausführten und wie der Fernhandel schon frühkapitalistische Züge trugen. Gleichzeitig vollzog sich ein geistiger Wandel, gekennzeichnet durch Renaissance und Humanismus. Der neuerwachte kritische Geist wandte sich vor allem gegen kirchliche Missstände.

Das Luther-Denkmal auf dem Markt der Luther-stadt Eisleben und der Turm der Andreas-kirche

Zeitalter der Glaubensspaltung. Die schwelende Unzufriedenheit mit der Kirche entlud sich, vor allem durch das Auftreten Martin Luthers seit 1517, in der Reformation, die sich rasch ausbreitete. Ihre Folgen reichten weit über das Religiöse hinaus. Das ganze soziale Gefüge geriet in Bewegung. 1522/23 kam es zum Aufstand der Reichsritter, 1525 zum Bauernkrieg, der ersten größeren revolutionären Bewegung der deutschen Geschichte, in der sich politische und soziale Bestrebungen vereinigten. Beide Erhebungen scheiterten oder wurden blutig niedergeschlagen. Hauptnutznießer der Reformation waren die Landesfürsten. Nach wechselvollen Kämpfen erhielten sie im Augsburger Religionsfrieden 1555 das Recht, die Religion ihrer Untertanen zu bestimmen. Die protestantische Konfession wurde als gleichberechtigt mit der katholischen anerkannt. Auf dem Kaiserthron saß zur Zeit der Reformation Karl V. (1519-1556), der durch Erbschaft Herr des größten Weltreichs seit der Zeit Karls des Großen geworden war. Durch seine weltpolitischen Interessen war er zu stark in Anspruch genommen, um sich in Deutschland durchsetzen zu können. Nach seiner Abdankung wurde das Weltreich geteilt; die deutschen Territorialstaaten und die westeuropäischen Nationalstaaten bildeten das neue europäische Staatensystem.

Zur Zeit des Augsburger Religionsfriedens war Deutschland zu vier Fünfteln protestantisch. Der Kampf zwischen den Konfessionen war damit jedoch nicht beendet. In den folgenden Jahrzehnten konnte die katholische Kirche viele Gebiete zurückgewinnen (Gegenreformation). Die konfessionellen Gegensätze verschärften sich; es kam zur Bildung von Religionsparteien, der protestantischen Union (1608) und der katholischen Liga (1609). Ein lokaler Konflikt in Böhmen löste den Dreißigjährigen Krieg aus, der sich im Laufe der Jahre zu einer europäischen Auseinandersetzung weitete, in der politische wie konfessionelle Gegensätze aufeinander prallten. Dabei wurden zwischen 1618 und 1648 weite Teile Deutschlands verwüstet und fast völlig entvölkert.

Der Westfälische Friede von 1648 brachte Gebietsabtretungen an Frankreich und Schweden; er bestätigte das Ausscheiden der Schweiz und der Niederlande aus dem Reichsverband. Den Reichsständen gewährte er alle wesentlichen Hoheitsrechte in geistlichen und weltlichen Angelegenheiten und erlaubte ihnen, Bündnisse mit ausländischen Partnern zu schließen.

Zeitalter des Absolutismus. Die nahezu souveränen Territorialstaaten übernahmen als Regierungsform nach französischem Vorbild den Absolutismus. Er verlieh dem Herrscher
schrankenlose Macht und ermöglichte den Aufbau einer straffen Verwaltung, die Einführung geordneter Finanzwirtschaft
und die Aufstellung stehender Heere. Viele Fürsten hatten den
Ehrgeiz, ihre Residenz zu einem kulturellen Mittelpunkt zu machen. Manche von ihnen – Vertreter des „aufgeklärten Absolutismus" – förderten Wissenschaft und kritisches Denken, freilich
in den Grenzen ihrer Machtinteressen. Die Wirtschaftspolitik
des Merkantilismus ließ die absolut regierten Staaten auch ökonomisch erstarken. So konnten Länder wie Bayern, Brandenburg (das spätere Preußen), Sachsen und Hannover zu eigenständigen Machtzentren werden. Österreich, das die angreifen-
den Türken abwehrte und Ungarn sowie Teile der bisher türkischen Balkanländer erwarb, stieg zur Großmacht auf. Ihm erwuchs im 18. Jahrhundert ein Rivale in Preußen, das unter

**Friedrich II.
(der Große),
König
von Preußen
(1712-1786);
Gemälde von
Johann Hein-
rich Christian
Franke
(1763)**

Römisch-deutsches Reich
(Mitte des 10. Jh.)

Heiliges Römisches Reich Deutscher Nation
nach dem Westfälischen Frieden (1648)

Schwedischer Besitz

**Deutsches Reich
(Kaiserreich) 1871-1918**

—— Grenze des
Deutschen Bundes
(1815-1866)

**Deutschland in den
Grenzen von 1937**

1:15 000 000

Friedrich dem Großen (1740-1786) zu einer Militärmacht ersten Ranges wurde. Beide Staaten gehörten mit Teilen ihres Territoriums nicht dem Reich an, und beide betrieben europäische Großmachtpolitik.

Zeitalter der Französischen Revolution. Der Stoß, der das Gebäude des Reiches zum Einsturz brachte, kam von Westen. 1789 brach in Frankreich die Revolution aus. Unter dem Druck des Bürgertums wurde die seit dem Frühmittelalter bestehende feudale Gesellschaftsordnung beseitigt. Gewaltenteilung und Menschenrechte sollten die Freiheit und Gleichheit aller Bürger sichern. Der Versuch Preußens und Österreichs, mit Waffengewalt in die Verhältnisse im Nachbarland einzugreifen, scheiterte kläglich und führte zum Gegenstoß der Revolutionsarmeen. Unter dem Ansturm der Heere Napoleons, der in Frankreich das Erbe der Revolution antrat, brach das Reich endgültig zusammen. Frankreich nahm sich das linke Rheinufer. Um die bisherigen Herren dieser Gebiete für ihren Verlust zu entschädigen, fand eine riesige „Flurbereinigung" auf Kosten der kleineren und besonders der geistlichen Fürstentümer statt: Durch den „Reichsdeputationshauptschluss" von 1803 wechselten rund vier Millionen Untertanen den Landesherrn. Die Mittelstaaten waren die Gewinner. Die meisten von ihnen schlossen sich 1806 unter französischem Protektorat zum „Rheinbund" zusammen. Im gleichen Jahr legte Kaiser Franz II. die Krone nieder; damit endete das Heilige Römische Reich Deutscher Nation.

Die Französische Revolution griff nicht auf Deutschland über. Zwar hatten auch hier schon in den vorangegangenen Jahren immer wieder einzelne Persönlichkeiten die Grenzen zwischen Adel und Bürgertum zu überwinden versucht, begrüßten auch bedeutende Köpfe den Umsturz im Westen als Beginn einer neuen Zeit, aber der Funke konnte schon deshalb schlecht überspringen, weil im Gegensatz zum zentralistisch orientierten Frankreich die föderalistische Struktur des Reiches eine Ausbreitung neuer Ideen behinderte. Hinzu kam, dass gerade das Mutterland der Revolution, Frankreich, den Deutschen als Gegner und Besatzungsmacht gegenübertrat. Aus dem Kampf gegen Napoleon erwuchs vielmehr eine neue nationale Bewegung, die schließlich in den Befreiungskriegen gipfelte. Deutschland blieb von den Kräften des gesellschaftlichen Wandels nicht unberührt. Zunächst wurden in den Rheinbundstaaten, dann in

Preußen (dort verbunden mit Namen wie Stein, Hardenberg, Scharnhorst, W. von Humboldt) Reformen eingeleitet, die feudale Schranken endlich abbauen und eine freie, verantwortungstragende bürgerliche Gesellschaft schaffen sollten: Aufhebung der Leibeigenschaft, Gewerbefreiheit, städtische Selbstverwaltung, Gleichheit vor dem Gesetz, allgemeine Wehrpflicht. Allerdings blieben viele Reformansätze auf halbem Wege stecken. Die Teilnahme an der Gesetzgebung blieb den Bürgern meist noch verwehrt; nur zögernd gewährten einige Fürsten, vor allem in Süddeutschland, ihren Staaten Verfassungen.

Der Deutsche Bund. Nach dem Sieg über Napoleon regelte der Wiener Kongress 1814/15 die Neuordnung Europas. Die Hoffnungen vieler Deutscher auf einen freien, einheitlichen Nationalstaat wurden nicht erfüllt. Der Deutsche Bund, der an die Stelle des alten Reiches trat, war ein loser Zusammenschluss der souveränen Einzelstaaten. Einziges Organ war der Bundestag in Frankfurt, kein gewähltes Parlament, sondern ein Gesandtenkongress. Handlungsfähig war der Bund nur, wenn die beiden Großmächte Preußen und Österreich übereinstimmten. Seine Hauptaufgabe sah er in den folgenden Jahrzehnten in der Niederhaltung aller auf Einheit und Freiheit gerichteten Bestrebungen. Presse und Publizistik unterlagen einer scharfen Zensur, die Universitäten wurden überwacht, eine politische Betätigung war so gut wie unmöglich.

Inzwischen hatte eine moderne wirtschaftliche Entwicklung eingesetzt, die diesen reaktionären Tendenzen entgegenwirkte. 1834 wurde der Deutsche Zollverein gegründet und damit ein einheitlicher Binnenmarkt geschaffen. 1835 wurde die erste deutsche Eisenbahnstrecke in Betrieb genommen. Die Industrialisierung nahm ihren Anfang. Mit den Fabriken entstand die neue Klasse der Fabrikarbeiter. Sie fanden in der Industrie zunächst

Karl Reichsfreiherr vom und zum Stein (1757-1831); Zeichnung von Julius Schnorr von Carolsfeld (1794-1872)

Rom, 18[?]22.

bessere Verdienstmöglichkeiten, aber das rapide Bevölkerungswachstum führte bald zu einem Überangebot an Arbeitskräften. Da zudem jegliche Sozialgesetzgebung fehlte, lebte die
Masse der Fabrikarbeiter in großem Elend. Spannungen entluden sich gewaltsam wie etwa 1844 beim Aufstand der schlesischen Weber, der von preußischem Militär niedergeschlagen
wurde. Nur zögernd konnten sich erste Ansätze einer Arbeiterbewegung formieren.

Die Revolution von 1848. Im Unterschied zur Revolution von
1789 fand die französische Februar-Revolution von 1848 in
Deutschland sofort ein Echo. Im März kam es in allen Bundesländern zu Volkserhebungen, die den erschrockenen Fürsten
mancherlei Konzessionen abrangen. Im Mai trat in der Frankfurter Paulskirche die Nationalversammlung zusammen. Sie
wählte den österreichischen Erzherzog Johann zum Reichsverweser und setzte ein Reichsministerium ein, das allerdings keine Machtmittel besaß und keine Autorität gewann. Bestimmend
war in der Nationalversammlung die liberale Mitte, die eine
konstitutionelle Monarchie mit beschränktem Wahlrecht anstrebte. Die Zersplitterung der Nationalversammlung von den
Konservativen bis zu den radikalen Demokraten, in der sich die
spätere Parteienlandschaft schon in Ansätzen abzeichnete, erschwerte eine Verfassungsgebung. Aber auch die liberale Mitte
konnte die quer durch alle Gruppierungen gehenden Gegensätze zwischen den Anhängern einer „großdeutschen" und einer
„kleindeutschen" Lösung, d.h. eines Deutschen Reiches mit
oder ohne Österreich, nicht überwinden. Nach zähem Ringen
wurde eine demokratische Verfassung fertig gestellt, die Altes
mit Neuem zu verbinden suchte und eine dem Parlament verantwortliche Regierung vorsah. Als dann jedoch Österreich darauf bestand, sein gesamtes, mehr als ein Dutzend Völkerschaften umfassendes Staatsgebiet in das künftige Reich einzubringen, siegte die kleindeutsche Auffassung, und die Nationalversammlung bot dem preußischen König Friedrich Wilhelm IV.
die erbliche deutsche Kaiserkrone an. Der König lehnte ab; er
wollte die Kaiserwürde nicht einer Revolution verdanken. Im
Mai 1849 scheiterten in Sachsen, der Pfalz und Baden Volksaufstände, die die Durchsetzung der Verfassung „von unten" erzwingen wollten. Damit war die Niederlage der deutschen Revolution besiegelt. Die meisten Errungenschaften wurden rückgängig gemacht, die Verfassungen der Einzelstaaten im reaktio-

nären Sinne revidiert. 1850 wurde der Deutsche Bund wieder hergestellt.

Der Aufstieg Preußens. Die Fünfzigerjahre waren eine Zeit großen wirtschaftlichen Aufschwungs. Deutschland wurde zum Industrieland. Es war zwar im Produktionsumfang noch weit hinter England zurück, überholte dieses aber im Wachstumstempo. Schrittmacher waren die Schwerindustrie und der Maschinenbau. Preußen wurde auch wirtschaftlich zur Vormacht Deutschlands. Die ökonomische Kraft stärkte das politische Selbstbewusstsein des liberalen Bürgertums. Die 1861 entstandene Deutsche Fortschrittspartei wurde in Preußen die stärkste Partei im Parlament und verweigerte der Regierung die Mittel, als diese die Heeresstruktur in reaktionärem Sinne verändern wollte. Der neuernannte Ministerpräsident Otto von Bismarck (1862) ging auf die Kraftprobe ein und regierte mehrere Jahre lang ohne die nach der Verfassung erforderliche Genehmigung des Haushalts durch das Parlament. Die Fortschrittspartei wagte keinen über parlamentarische Opposition hinausgehenden Widerstand.

Seine innenpolitisch prekäre Stellung konnte Bismarck durch außenpolitische Erfolge festigen. Im Deutsch-Dänischen Krieg (1864) zwangen Preußen und Österreich die Dänen zur Abtretung Schleswig-Holsteins, das sie zunächst gemeinsam verwalteten. Bismarck betrieb jedoch von Anfang an die Annexion der beiden Herzogtümer und steuerte den offenen Konflikt mit Österreich an. Im Deutschen Krieg (1866) wurde Österreich geschlagen und musste die deutsche Szene verlassen. Der Deutsche Bund wurde aufgelöst; an seine Stelle trat der alle deutschen Staaten nördlich des Mains umfassende Norddeutsche Bund mit Bismarck als Bundeskanzler.

Das Bismarckreich. Bismarck arbeitete nun auf die Vollendung der deutschen Einheit im kleindeutschen Sinne hin. Den Widerstand Frankreichs brach er im Deutsch-Französischen Krieg (1870/71), der durch einen diplomatischen Konflikt um die Thronfolge in Spanien ausgelöst wurde. Frankreich musste Elsass-Lothringen abtreten und eine hohe Reparationssumme zahlen. In der patriotischen Begeisterung schlossen sich die süddeutschen Staaten mit dem Norddeutschen Bund zum Deutschen Reich zusammen; in Versailles wurde am 18. Januar 1871 König Wilhelm I. von Preußen zum Deutschen Kaiser ausgerufen.

Die deutsche Einheit war nicht durch Volksbeschluss, „von unten",
sondern durch Fürstenvertrag, „von oben", zu Stande gekommen. Das Übergewicht Preußens war erdrückend; vielen erschien das neue Reich als ein „Groß-Preußen". Der Reichstag
wurde nach allgemeinem und gleichem Wahlrecht gewählt. Er
hatte zwar keinen Einfluss auf die Regierungsbildung, wohl
aber durch seine Beteiligung an der Reichsgesetzgebung und
durch das Budgetrecht auf die Ausübung der Regierungsge-
schäfte. Obgleich der Reichskanzler nur dem Kaiser und nicht
dem Parlament verantwortlich war, musste er sich doch um eine Mehrheit für seine Politik im Reichstag bemühen. Das Wahlrecht für die Volksvertretungen der einzelnen Länder war noch
uneinheitlich. Elf der deutschen Bundesstaaten hatten noch ein
vom Steueraufkommen abhängiges Klassenwahlrecht, bei vier
anderen bestand die alte ständische Gliederung der Volksvertretungen. Die süddeutschen Staaten mit ihrer größeren parlamentarischen Tradition reformierten nach der Jahrhundertwende ihr Wahlrecht, und Baden, Württemberg und Bayern
glichen es dem Reichstagswahlrecht an. Die Entwicklung
Deutschlands zu einem modernen Industrieland stärkte den
Einfluss des wirtschaftlich erfolgreichen Bürgertums. Trotzdem
blieben der Adel und vor allem das überwiegend aus Adligen
bestehende Offizierskorps in der Gesellschaft tonangebend.
Bismarck regierte neunzehn Jahre lang als Reichskanzler. Durch eine konsequente Friedens- und Bündnispolitik suchte er dem
Reich eine gesicherte Stellung in dem neuen europäischen Kräf-
teverhältnis zu schaffen. In Gegensatz zu dieser weitsichtigen
Außenpolitik stand seine Innenpolitik. Den demokratischen
Tendenzen der Zeit stand er verständnislos gegenüber; politische Opposition galt ihm als „reichsfeindlich". Erbittert, aber
letztlich erfolglos bekämpfte er den linken Flügel des liberalen

**Reichskanzler
Otto von
Bismarck
(1815-1898);
Foto vom
27. Dezem-
ber 1886,
koloriert**

Bürgertums, den politischen Katholizismus und besonders die organisierte Arbeiterbewegung, die durch das „Sozialistengesetz" zwölf Jahre lang (1878-1890) unter Ausnahmerecht gestellt war. Die mächtig anwachsende Arbeiterschaft wurde so, trotz fortschrittlicher Sozialgesetze, dem Staat entfremdet. Bismarck fiel schließlich dem eigenen System zum Opfer, als er 1890 von dem jungen Kaiser Wilhelm II. entlassen wurde.

Wilhelm II. wollte selbst regieren, doch fehlten ihm dazu Kenntnisse und Stetigkeit. Mehr durch Reden als durch Handlungen erweckte er den Eindruck eines friedensbedrohenden Gewaltherrschers. Unter ihm erfolgte der Übergang zur „Weltpolitik"; Deutschland suchte den Vorsprung der imperialistischen Großmächte aufzuholen und geriet dabei zunehmend in die Isolierung. Innenpolitisch schlug Wilhelm II. bald einen reaktionären Kurs ein, nachdem sein Versuch, die Arbeiterschaft für ein „soziales Kaisertum" zu gewinnen, nicht zu dem erhofften raschen Erfolg geführt hatte. Seine Kanzler stützten sich auf wechselnde Koalitionen aus dem konservativen und bürgerlichen Lager; die Sozialdemokratie, obwohl eine der stärksten Parteien mit einer Wählerschaft von Millionen, blieb weiterhin von jeder Mitwirkung ausgeschlossen.

Der Erste Weltkrieg. Die Ermordung des österreichischen Thronfolgers am 28. Juni 1914 führte zum Ausbruch des Ersten Weltkrieges. Die Frage nach der Schuld an diesem Krieg ist nach wie vor umstritten. Sicher haben ihn Deutschland und Österreich auf der einen, Frankreich, Russland und England auf der anderen Seite nicht bewusst gewollt, doch waren sie bereit, ein entsprechendes Risiko auf sich zu nehmen. Alle hatten von Anfang an fest umrissene Kriegsziele, für deren Verwirklichung eine militärische Auseinandersetzung zumindest nicht unwillkommen war. Die im deutschen Aufmarschplan vorgesehene rasche Niederwerfung Frankreichs gelang nicht. Vielmehr erstarrte der Kampf im Westen nach der deutschen Niederlage in der Marne-Schlacht bald in einem Stellungskrieg, der schließlich in militärisch sinnlosen Materialschlachten mit ungeheuren Verlusten auf beiden Seiten gipfelte. Der Kaiser trat seit Kriegsbeginn in den Hintergrund; die schwachen Reichskanzler mussten sich im Verlauf des Krieges immer stärker dem Druck der Obersten Heeresleitung mit Feldmarschall Paul von Hindenburg als nominellem Chef und General Erich Ludendorff als eigentlichem Kopf beugen.

Der Kriegseintritt der Vereinigten Staaten 1917 brachte schließlich die sich schon längst abzeichnende Entscheidung, an der auch die Revolution in Russland und der Friede im Osten nichts mehr zu ändern vermochten. Obwohl das Land völlig ausgeblutet war, bestand Ludendorff in Verkennung der Lage noch bis zum September 1918 auf einem „Siegfrieden", verlangte dann aber überraschend den sofortigen Waffenstillstand. Mit dem militärischen Zusammenbruch ging der politische einher. Widerstandslos räumten Kaiser und Fürsten im November 1918 ihre Throne; keine Hand rührte sich zur Verteidigung der unglaubwürdig gewordenen Monarchie. Deutschland wurde Republik.

Die Weimarer Republik. Die Macht fiel den Sozialdemokraten zu. Ihre Mehrheit hatte sich von revolutionären Vorstellungen früherer Jahre längst abgewandt und sah ihre Hauptaufgabe darin, den geordneten Übergang von der alten zur neuen Staatsform zu sichern. Das Privateigentum in Industrie und Landwirtschaft blieb unangetastet; die zumeist antirepublikanisch gesinnte Beamten- und Richterschaft wurde vollzählig übernommen; das kaiserliche Offizierskorps behielt die Befehlsgewalt über die Truppen. Gegen Versuche linksradikaler Kräfte, die Revolution in sozialistischer Richtung weiterzutreiben, wurde militärisch vorgegangen. In der im Januar 1919 gewählten Nationalversammlung, die in Weimar tagte und eine neue Reichsverfassung beschloss, hatten die drei uneingeschränkt republikanischen Parteien – Sozialdemokraten, Deutsche Demokratische Partei und Zentrum – die Mehrheit. Doch wurden im Laufe der Zwanzigerjahre im Volk und im Parlament diejenigen Kräfte immer stärker, die dem demokratischen Staat mit mehr oder weniger großen Vorbehalten gegenüberstanden. Die Weimarer Republik war eine „Republik ohne Republikaner", rabiat bekämpft von ihren Gegnern und nur halbherzig verteidigt von ihren Anhängern. Vor allem hatten die wirtschaftliche Not der Nachkriegszeit und die drückenden Bedingungen des Friedensvertrages von Versailles, den Deutschland 1919 unterschreiben musste, eine tiefe Skepsis gegenüber der Republik entstehen lassen. Eine wachsende innenpolitische Instabilität war die Folge. 1923 erreichten die Wirren der Nachkriegszeit ihren Höhepunkt (Inflation, Ruhrbesetzung, Hitlerputsch, kommunistische Umsturzversuche); danach trat mit der wirtschaftlichen Erholung eine gewisse politische Beruhigung ein. Die Außenpolitik Gus-

tav Stresemanns gewann dem besiegten Deutschland durch den
Locarno-Vertrag (1925) und den Beitritt zum Völkerbund (1926)
die politische Gleichberechtigung zurück. Kunst und Wissenschaft erlebten in den „goldenen Zwanzigerjahren" eine kurze,
intensive Blütezeit. Nach dem Tod des ersten Reichspräsidenten,
des Sozialdemokraten Friedrich Ebert, wurde 1925 der ehemalige Feldmarschall Hindenburg als Kandidat der Rechten zum
Staatsoberhaupt gewählt. Er hielt sich zwar strikt an die Verfassung, fand aber nie ein inneres Verhältnis zum republikanischen Staat. Der Niedergang der Weimarer Republik begann
mit der Weltwirtschaftskrise 1929. Linker und rechter Radikalismus machten sich Arbeitslosigkeit und allgemeine Not zu
Nutze. Im Reichstag fanden sich keine regierungsfähigen Mehrheiten mehr; die Kabinette waren abhängig von der Unterstützung des Reichspräsidenten. Die bisher bedeutungslose nationalsozialistische Bewegung Adolf Hitlers, die extrem antidemo-
kratische Tendenzen und einen wütenden Antisemitismus mit
scheinrevolutionärer Propaganda verband, gewann seit 1930
sprunghaft an Gewicht und wurde 1932 stärkste Partei. Am 30.
Januar 1933 wurde Hitler Reichskanzler. Außer Mitgliedern seiner Partei gehörten dem Kabinett auch einige Politiker des
rechten Lagers und parteipolitisch ungebundene Fachminister
an, sodass die Hoffnung bestand, eine Alleinherrschaft der Nationalsozialisten zu verhindern.

Die Diktatur des Nationalsozialismus. Hitler entledigte
sich rasch seiner Bundesgenossen, sicherte sich durch ein Er-
mächtigungsgesetz, dem alle bürgerlichen Parteien zustimm-
ten, nahezu unbegrenzte Befugnisse und verbot alle Parteien
außer der eigenen. Die Gewerkschaften wurden zerschlagen,
die Grundrechte praktisch außer Kraft gesetzt, die Pressefreiheit
aufgehoben. Gegen missliebige Personen ging das Regime mit
rücksichtslosem Terror vor; Tausende verschwanden ohne Ge-
richtsverfahren in eilig errichteten Konzentrationslagern. Parlamentarische Gremien auf allen Ebenen wurden abgeschafft
oder entmachtet. Als 1934 Hindenburg starb, vereinigte Hitler
in seiner Person das Kanzler- und das Präsidentenamt.

In den wenigen Jahren der Weimarer Republik hatte das Verständnis für die freiheitlich-demokratische Ordnung bei der Mehrheit der Deutschen noch keine tiefen Wurzeln geschlagen. Vor
allem hatten langjährige innenpolitische Wirren, gewalttätige
Auseinandersetzungen – bis hin zu blutigen Straßenschlachten

– zwischen den politischen Gegnern und die durch die Weltwirtschaftskrise ausgelöste Massenarbeitslosigkeit das Vertrauen in die Staatsgewalt schwer erschüttert. Hitler dagegen gelang es, mit Arbeitsbeschaffungs- und Rüstungsprogrammen die Wirtschaft wieder zu beleben und die Arbeitslosigkeit schnell abzubauen. Dabei wurde er durch das Ende der Weltwirtschaftskrise begünstigt.

Dass Hitler auch seine außenpolitischen Ziele zunächst fast widerstandslos durchsetzen konnte, stärkte seine Stellung zusätzlich: 1935 kehrte das Saargebiet, das bis dahin unter Völkerbundsverwaltung stand, zu Deutschland zurück, und im gleichen Jahr wurde die Wehrhoheit des Reiches wieder hergestellt; 1936 rückten deutsche Truppen in das seit 1919 entmilitarisierte Rheinland ein; 1938 wurde Österreich dem Reich einverleibt und gestatteten die Westmächte Hitler die Annexion des Sudetenlandes. Das alles erleichterte ihm die Verwirklichung seiner weiteren Ziele, auch wenn es in allen Bevölkerungsschichten Menschen gab, die dem Diktator mutig Widerstand leisteten.

Sofort nach der Machtergreifung hatte das Regime mit der Verwirklichung seines antisemitischen Programms begonnen. Nach und nach wurden die Juden aller Menschen- und Bürgerrechte beraubt. Wer es konnte, suchte der Drangsalierung durch Flucht ins Ausland zu entgehen.

Die Verfolgung politischer Gegner und die Unterdrückung der Meinungsfreiheit trieben gleichfalls Tausende aus dem Lande. Viele der besten deutschen Intellektuellen, Künstler und Wissenschaftler gingen in die Emigration.

Der Zweite Weltkrieg und seine Folgen. Doch Hitler wollte mehr. Er betrieb von Anfang an die Vorbereitung eines Krieges, den er zu führen bereit war, um die Herrschaft über ganz Europa zu erringen. Dies stellte er bereits im März 1939 unter Beweis, als er seine Truppen in die Tschechoslowakei einmarschieren ließ. Am 1. September 1939 entfesselte er mit dem Angriff auf Polen den Zweiten Weltkrieg, der fünfeinhalb Jahre dauerte, weite Teile Europas verwüstete und rund 55 Millionen Menschen das Leben kostete.

Zunächst besiegten die deutschen Armeen Polen, Dänemark, Norwegen, Holland, Belgien, Luxemburg, Frankreich, Jugoslawien und Griechenland; in der Sowjetunion drangen sie bis kurz vor Moskau vor, und in Nordafrika bedrohten sie den Suez-Kanal. In den eroberten Ländern wurde ein hartes Besatzungsregime errichtet; dagegen erhoben sich Widerstandsbewegungen. 1942 begann das Regime mit der „Endlösung der Judenfrage": Alle Juden, derer man habhaft werden konnte, wurden in Konzentrationslager gebracht und ermordet. Die Gesamtzahl der Opfer wird auf sechs Millionen geschätzt. Das Jahr, in dem dieses unfassbare Verbrechen seinen Anfang nahm, brachte die Wende des Krieges; von nun an gab es Rückschläge auf allen Kriegsschauplätzen.

Der Terror des Regimes und die militärischen Rückschläge stärkten den inneren Widerstand gegen Hitler. Seine Exponenten kamen aus allen Schichten des Volkes. Ein vornehmlich von Offizieren getragener Aufstand am 20. Juli 1944 scheiterte. Hitler überlebte ein Bombenattentat in seinem Hauptquartier und nahm blutige Rache. Über viertausend Menschen aller Gesellschaftsschichten, die am Widerstand beteiligt gewesen waren, wurden in den nächsten Monaten hingerichtet. Als herausragende Gestalten des Widerstandes, stellvertretend für alle Opfer, seien hier Generaloberst Ludwig Beck, Oberst Graf Stauffenberg, der ehemalige Leipziger Oberbürgermeister Carl Goerdeler und der Sozialdemokrat Julius Leber genannt.

Der Krieg ging weiter. Unter riesigen Opfern setzte Hitler den Kampf fort, bis das ganze Reichsgebiet von den Alliierten besetzt war; am 30. April 1945 beging der Diktator Selbstmord. Sein testamentarisch eingesetzter Nachfolger, Großadmiral Dönitz, vollzog acht Tage später die bedingungslose Kapitulation.

Von 1945 bis zur Gegenwart

Weichenstellungen nach 1945. Nach der bedingungslosen
Kapitulation der deutschen Truppen am 8./9. Mai 1945 blieb
die letzte Reichsregierung unter Großadmiral Dönitz noch zwei
Wochen im Amt. Dann wurde sie verhaftet. Ihre Mitglieder
stellten die Siegermächte später mit anderen hohen Amtsträ-
gern der nationalsozialistischen Diktatur bei den Nürnberger
Prozessen unter Anklage wegen Verbrechen gegen Frieden und
Menschlichkeit.

Im Reichsgebiet übernahmen die Siegermächte – die USA, Großbritannien, die Sowjetunion und Frankreich – am 5. Juni die oberste Gewalt. Ihr Kernziel war gemäß dem Londoner Protokoll
(12. September 1944) und darauf basierender Folgeabsprachen
die totale Verfügungsgewalt über Deutschland. Grundlage dieser Politik bildete die Aufteilung des Landes in drei Besatzungszonen mit einer dreigeteilten Hauptstadt Berlin und einem gemeinsamen Kontrollrat der drei Oberbefehlshaber.

Auf der Konferenz von Jalta (Krim) im Februar 1945 wurde Frankreich von den großen Drei in ihren Kreis als vierte Kontroll-
macht unter Zuweisung einer eigenen Besatzungszone aufgenommen. Für Polen wurde eine territoriale Entschädigung zu
Lasten Deutschlands vereinbart; über die genaue Grenzziehung
bestand zunächst noch Dissens. Die drei Mächte einigten sich
auf eine „Deklaration über das befreite Europa", in der für die

Churchill
(Großbri-
tannien),
Roosevelt
(USA) und
Stalin (Sowjet-
union; von
links) währnd
der Konferenz
von Jalta

Staaten Ostmitteleuropas die Bildung von Übergangsregierungen „auf breiter demokratischer Grundlage" und baldige freie Wahlen vorgesehen wurden; diese Absichtserklärung wurde aber von der Sowjetunion, die sich einen cordon sanitaire von sowjetfreundlichen Staaten schaffen wollte, in der Folgezeit nicht honoriert. Für Deutschland wurde das Programm einer Aufgliederung in mehrere Staaten, das 1941 von Stalin in die Diskussion gebracht worden war, nochmals grundsätzlich bestätigt, ohne dass über die praktische Umsetzung Einigkeit erzielt werden konnte. In den Folgemonaten rückten zuerst die Sowjetunion aus politischen und wirtschaftlichen Gründen, dann auch die Westalliierten, die mittelfristig an einem stabilen Deutschland als Kern eines stabilitätsbedürftigen Europa interessiert waren, von den Zerstückelungsplänen ab. Entsprechend schnell verwarf US-Präsident Roosevelt auch den zunächst gebilligten Morgenthau-Plan (September 1944), wonach die deutsche Nation vom Ackerbau leben und in einen nord- und einen süddeutschen Staat geteilt werden sollte.

Die Differenzen zwischen den Siegermächten vergrößerten sich immer mehr. Deshalb trat das ursprüngliche Ziel der Potsdamer Konferenz (17. Juli bis 2. August 1945) – die Schaffung einer europäischen Nachkriegsordnung – bald in den Hintergrund: Einig war man sich nur in der Frage der Entnazifizierung, Entmilitarisierung, ökonomischen Dezentralisierung sowie der Erziehung der Deutschen zur Demokratie, wobei jedoch die inhaltliche Füllung dieses Begriffes umstritten blieb. Ferner gaben die westlichen Siegermächte ihre folgenschwere Zustimmung zur Ausweisung Deutscher aus den unter polnische Verwaltung gestellten deutschen Ostgebieten, Nordostpreußen, Ungarn und der Tschechoslowakei. In krassem Widerspruch zu dem westlichen Vorbehalt einer „humanen Durchführung" dieser Ausweisung wurden rund 12 Millionen Deutsche in der Folgezeit brutal vertrieben. Sie bezahlten mit für deutsche Schuld, aber auch für die Verschiebung der polnischen Westgrenze als Folge der sowjetischen Okkupation Königsbergs und Ostpolens. Ein Minimalkonsens wurde immerhin mit der Vereinbarung erzielt, Deutschland als wirtschaftliche Einheit zu behandeln und mittelfristig gesamtdeutsche Zentralverwaltungen einzusetzen. Tatsächlich blieb dieser Beschluss ohne Folgen, weil die unterschiedlichen Entwicklungen in der sowjetisch besetzten und den westlichen besetzten Zonen Deutschlands sowie die Rege-

lung der Reparationsfrage eine einheitliche Behandlung praktisch ausschlossen.

Die Frage der Reparationen war besonders für die Sowjetunion, die
durch den deutschen Überfall schwere Opfer erlitten hatte, von
zentraler Bedeutung. Moskau forderte, dass Deutschland Ge-
samtreparationsleistungen – vor allem Demontagen und Ent-
nahmen aus laufender Produktion – von 20 Milliarden Dollar,
davon zehn für die UdSSR, erbringen sollte. Die schließlich ge-
fundene Lösung verwies jede Siegermacht auf Entnahme von
Reparationen aus der eigenen Besatzungszone, zusätzlich sollte
die UdSSR 25 Prozent der aus den Westzonen zu entnehmen-
den Ausrüstungen erhalten. Diese Regelung trug zur wirtschaftlichen Teilung Deutschlands bei. Tatsächlich hat die SBZ/DDR
an die Sowjetunion nach westlichen Berechnungen insgesamt
14 Milliarden Dollar Reparationen und Besatzungskosten geleistet, also mehr als die UdSSR ursprünglich aus dem gesamten
Deutschland gefordert hatte.

Mit der Handhabung der Reparationen sowie mit der Anbindung
der vier Zonen an unterschiedliche politische und wirtschaftliche Systeme wurde Deutschland zu dem Land, in dem sich wie
nirgends sonst in der Welt der Kalte Krieg manifestierte. Inzwischen war in den einzelnen Besatzungszonen mit dem Aufbau
deutscher Parteien und Verwaltungsorgane begonnen worden.
Sehr rasch und unter straffer Lenkung ging dies in der Sowjet-
zone vor sich; dort wurden bereits im Jahre 1945 Parteien im
Zonenmaßstab zugelassen und mehrere Zentralverwaltungen
gebildet. Gleichzeitig setzte die Besatzungsmacht mit Hilfe der
aus dem Moskauer Exil zurückgekehrten KPD-Führung eine politische und gesellschaftliche Umgestaltung durch, die unter
der Bezeichnung „antifaschistisch-demokratische Umwälzung"
die Kontrolle aller entscheidenden politischen und gesellschaft-

Potsdamer
Konferenz,
17. Juli bis 2.
August 1945:
von links
Attlee (Groß-
britannien),
Truman (USA)
und Stalin
(Sowjetunion)

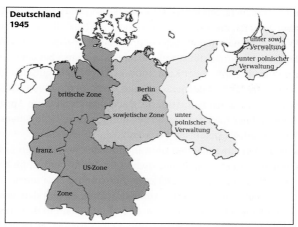

— Deutschland in den Grenzen von 1937

Westzonen und Westsektoren von Berlin
(ab 1949 Bundesrepublik Deutschland)

Sowjetische Zone und Ostsektor von Berlin
(ab 1949 Deutsche Demokratische Republik)

Deutsche Ostgebiete unter polnischer bzw. sowjetischer Verwaltung

lichen Funktionen bei den deutschen Kommunisten und ihren Vertrauenspersonen konzentrierte (Ulbricht: „Es muss demokratisch aussehen, aber wir müssen alles in der Hand haben.")

In den drei Westzonen vollzog sich die Entwicklung des politischen Lebens von unten nach oben. Politische Parteien waren anfangs nur auf örtlicher Ebene, nach Bildung der Länder dann auch auf Landesebene zugelassen; Zusammenschlüsse im Zonenmaßstab kamen erst später zu Stande. Verwaltungsorgane auf Zonenebene gab es nur in Ansätzen. Da aber die materielle Not des in Trümmern liegenden Landes nur mit einer großzügigen Planung über Länder- und Zonengrenzen hinweg zu überwinden war und die Viermächteverwaltung nicht funktionierte, beschlossen die USA und Großbritannien 1947, ihre Zonen in wirtschaftlicher Hinsicht zusammenzuschließen (Bizone).

Die Divergenzen der Herrschaftssysteme in Ost und West sowie die sehr unterschiedliche Handhabung der Reparationspolitik in den einzelnen Zonen führte zur Blockierung einer gesamtdeutschen Finanz-, Steuer-, Rohstoff- und Produktionspolitik mit der Folge einer tief greifenden Auseinanderentwicklung der Regionen. Frankreich war an einer übergreifenden Wirtschaftsverwaltung (Bizone/Trizone) zunächst nicht interessiert. Stalin mel-

dete Ansprüche auf Mitkontrolle des Ruhrgebiets an, schottete
aber zugleich die Sowjetisch Besetzte Zone (SBZ) ab. Gegen die
Willkürmaßnahmen im östlichen Teil des Vier-Zonen-Deutsch-
land blieb man westlicherseits machtlos wie etwa bei der
Zwangsvereinigung der Kommunistischen Partei Deutschlands
(KPD) und der Sozialdemokratischen Partei Deutschlands (SPD)
zur Sozialistischen Einheitspartei Deutschlands (SED) im April
1946 und der Gleichschaltung der übrigen Parteien in einem
kommunistisch geführten Parteienblock.

Angesichts der zunehmenden Umwandlung der Sowjetischen Besatzungszone in eine kommunistische Diktatur begannen die Bri-
ten und Amerikaner verstärkt, den Aufbau und Zusammenschluss ihrer eigenen Zonen voranzutreiben. Es ging den westlichen Besatzungsmächten darum, Not und Elend in den Westzonen zu lindern und die Errichtung eines freiheitlichen und
demokratischen Staatswesens einzuleiten.

Vom Feindstaat zur Partnerschaft. In Westdeutschland
hatte US-Außenminister Byrnes mit seiner Stuttgarter Rede am
6. September 1946 den Wandel sichtbar gemacht. Stalins Okkupation und Grenzziehungen Polens wurden als bloß vorläufig
bezeichnet. In Westdeutschland veränderte sich nach seinem
Konzept die militärische Präsenz der Westalliierten von der Be-
satzungs- und Kontroll- zur Schutzmacht. Auf Initiative Großbritanniens und der USA wurde schließlich nach Überwindung
des französischen Widerstandes die Trizone als einheitliches
westliches Wirtschaftsgebiet errichtet. Die Gefahr eines weiteren sowjetischen Vorrückens nach Westen im Anschluss an den
Staatsstreich in Prag am 25. Februar 1948 bewog Frankreich zuletzt dazu, auch die westliche Bündnisräson zu übernehmen.
Byrnes' Vorstellungen fanden in der Bildung des Brüsseler
Paktes (17. März 1948) und schließlich im Nordatlantik-Vertrag

**1948/49
wurde
West-Berlin
462 Tage
lang auf dem
Luftweg
versorgt
(„Luftbrücke")**

(4. April 1949) ihren sichtbaren Ausdruck. Für die Funktionsfähigkeit einer solchen Vertragsgemeinschaft war die einheitliche politische und wirtschaftliche Organisation Westdeutschlands unerlässlich. Entsprechend einigten sich auf der Londoner Sechs-Mächte-Konferenz (23. Februar bis 3. März; 20. April bis 1. Juni 1948) unter erstmaliger Beteiligung der Beneluxstaaten Frankreich, Großbritannien und die USA auf eine gemeinsame staatliche Ordnung der westlichen Besatzungszonen.

Am 20. März 1948 hatte auf der 82. Kontrollratssitzung der sowjetische Vertreter, Marschall Sokolowski, Auskunft über die Londoner Verhandlungen verlangt. Als seine westlichen Kollegen ausweichend antworteten, verließ Sokolowski den Kontrollrat und kehrte nicht zurück.

Während die Westmächte noch mit der Ausarbeitung ihrer Empfehlungen für die westdeutschen Ministerpräsidenten zur Einberufung einer verfassungsgebenden Versammlung beschäftigt waren, nahm Stalin die Einführung der DM im Westen (Währungsreform am 20. Juni 1948) zum Anlass, mit einer Blockade West-Berlins dessen Einverleibung in die Sowjetisch Besetzte Zone zu erzwingen. In der Nacht vom 23. auf den 24. Juni 1948 wurde jegliche Landverbindung zwischen den Westzonen und West-Berlin gesperrt. Die Versorgung der Stadt aus dem Ostsektor mit Energie beziehungsweise mit Lebensmitteln aus der SBZ hörte auf. Bis zum 12. Mai 1949 wurde West-Berlin über eine alliierte Luftbrücke versorgt. Diese sichtbare Verbundenheit mit Berlin als Vorposten westlicher Politik und Lebenskultur sowie Amerikas Demonstration der Stärke förderten in Westdeutschland die Bereitschaft zur Zusammenarbeit mit den Besatzungsmächten.

Die Gründung der Bundesrepublik Deutschland. Bereits seit 1946 hatte Westdeutschland amerikanische Auslandshilfe erhalten (GARIOA-Programm). Aber erst mit dem Kampfprogramm gegen „Hunger, Armut, Verzweiflung und Chaos" (Marshall-Plan) erhielt Westdeutschland die entscheidende Anschubhilfe (von 1948 bis 1952 1,4 Milliarden Dollar) für seinen Wiederaufbau. Während in der Sowjetisch Besetzten Zone die Sozialisierung der Industrie voranging, setzte sich in Westdeutschland mit der Währungsreform zunehmend das Modell der „Sozialen Marktwirtschaft" (Alfred Müller-Armack 1947) durch. Die neue wirtschaftliche Ausrichtung sollte auf der einen Seite eine „Versumpfung des Kapitalismus" (Walter Eucken), auf der anderen Seite einen planwirtschaftlichen Zentralismus als Hemmschuh für Kreativität und Initiative verhindern. Dieses Wirtschaftsziel wurde im Bonner Grundgesetz durch das Rechtsstaats- sowie Sozialstaatsprinzip und durch den föderativen Aufbau der Bundesrepublik ergänzt. Die ausgearbeitete Verfassung wurde bewusst als „Grundgesetz" bezeichnet, um den provisorischen Charakter zu unterstreichen. Eine endgültige Verfassung sollte erst nach der Wiederherstellung der Einheit Deutschlands verabschiedet werden (Artikel 146 des Grundgesetzes). Dem entsprach auch die Selbstverpflichtung auf das Ziel der deutschen Einheit (Präambel, Art.23 alter Fassung GG). Mit der feierlichen Verkündung durch den Parlamentarischen Rat in Bonn trat das Grundgesetz am 23. Mai 1949 in Kraft.

In dieses Grundgesetz flossen naturgemäß viele Vorstellungen der westlichen Besatzungsmächte ein, die am 1. Juli 1948 (Frankfurter Dokumente) die westdeutschen Ministerpräsidenten mit der Ausarbeitung einer Verfassung betraut hatten. Zugleich spiegeln sich in ihm aber auch die Erfahrungen mit der Weimarer Republik und dem nationalsozialistischen Unrechtsstaat. Der Verfassungskonvent von Herrenchiemsee (10. bis 23. August 1948) sowie der Parlamentarische Rat in Bonn (65 aus den Landtagen delegierte Mitglieder traten am 1. September 1948 zusammen) banden im Grundgesetz die künftigen Regierungen, Parteien und sonstigen politischen Kräfte an die Prinzipien eines vorverlagerten Rechtsschutzes. Alle Bestrebungen zur Abschaffung der freiheitlichen demokratischen Grundordnung, sämtliche Versuche, sie durch eine Rechts- oder Linksdiktatur abzulösen, sind seither straf- und verbotswürdig. Die Verpflichtungen auf eine in ihren grundlegenden Prinzipien unveränderbare freiheitliche, demokratische, rechtsstaatliche, sozialstaatliche und föderative Grundordnung (Artikel 1 ff., 20, 79 des Grundgesetzes) sowie auf das Ziel eines vereinten Europa (Präambel, Art. 24, Art. 23 neuer Fassung) erklären sich als eine unmittelbare Reaktion auf die Erfahrungen der NS-Diktatur. Sie hatte einst Not und Bedrängnis über die meisten der nun nach 1945 aktiven „Politiker der ersten Stunde" gebracht, die jetzt in den Neuaufbau Deutschlands demokratische Traditionen aus dem Geist von 1848/49 und 1919 sowie aus dem „Aufstand des Gewissens" am 20. Juli 1944 einbrachten. Sie alle verkörperten vor den Augen der Welt das „andere Deutschland" und gewan-

Konrad Adenauer, Präsident des Parlamentarischen Rates, unterzeichnet am 23. 5. 1949 das Grundgesetz

nen den Respekt der Besatzungsmächte. Männer wie der erste Bundespräsident Theodor Heuss (FDP), der erste Bundeskanzler Konrad Adenauer (CDU), Ludwig Erhard (CDU) als „Lokomotive" des „Wirtschaftswunders", aber auch die großen Oppositionsführer der SPD wie Kurt Schumacher oder Erich Ollenhauer sowie der Weltbürger Carlo Schmid gaben dem neuen Parteiwesen in Westdeutschland ein unverkennbares Profil. Zug um Zug erweiterten sie die deutschen Mitspracherechte und den politischen Einfluss (Besatzungsstatut, Petersberger Abkommen, GATT-Mitgliedschaft, Beitritt zur Europäischen Gemeinschaft für Kohle und Stahl).

Im Juli 1951 erklärten Großbritannien, Frankreich und die USA den Kriegszustand mit Deutschland für beendet; die UdSSR folgte damit im Januar 1955. In der Sowjetischen Besatzungszone war am 7. Oktober 1949 unter dem Namen „Deutsche Demokratische Republik" ein eigener Staat proklamiert worden. Formal eine Reaktion auf die Errichtung der Bundesrepublik, war diese Gründung tatsächlich durch die fundamentale Umgestaltung der SBZ und die Vorbereitung einer Verfassung schon längerfristig – zunächst mit gesamtdeutschem Anspruch – vorbereitet worden. Mit Einheitslisten-Wahlen und straffer Lenkung und Kontrolle von Staat und Gesellschaft durch die SED folgte dieser Staat dem Muster der unter sowjetischem Protektorat in den ostmittel- und südosteuropäischen Staaten errichteten „Volksdemokratien".

Seit 1952 begann – nun auch offiziell – die Errichtung des Sozialismus, parallel wurde die Grenze zur Bundesrepublik gesperrt.

Als Ergebnis des Ost-West-Konflikts waren zwei Staaten in Deutschland entstanden, die beide den Anspruch erhoben, Kern und Modell eines wiederherzustellenden Gesamtdeutschlands zu sein. Die sich steigernde Fluchtbewegung aus der SBZ/DDR und der Juniaufstand 1953 zeigten allerdings, dass der SED-Staat bei der großen Mehrheit seiner Bevölkerung keinen Rückhalt hatte und seine äußerliche Stabilität vor allem der Existenzgarantie

Volksaufstand in der DDR am 17. Juni 1953: Arbeiterdemonstration vor dem Brandenburger Tor

durch die sowjetische Vormacht verdankte. Diese Tatsache hat sich im Grundsatz bis 1989 nicht geändert.

Sicherheit durch Westintegration und europäische Verständigung. Für Bundeskanzler Adenauer, der bis 1963 die Außen- und die Innenpolitik Deutschlands sehr stark persönlich prägte („Kanzlerdemokratie"), bildete die Sicherung der Bundesrepublik gegen sowjetische Machtprojektion, die Einbindung in die Werte- und Verteidigungsgemeinschaft der westlichen Demokratien und die Wiedervereinigung Deutschlands in Frieden und Freiheit die obersten politischen Ziele („Freiheit – Frieden – Einheit").

Entsprechend erfolgte zugleich mit der Aufhebung des Besatzungsstatuts am 5. Mai 1955 der Eintritt der Bundesrepublik in die NATO. Parallel dazu betrieb man den gemeinsamen Ausbau der Europäischen Gemeinschaften (Römische Verträge, 1957). Beim NATO-Beitritt wurde zwischen der Bundesrepublik und den drei Westmächten der „Deutschland-Vertrag" geschlossen, in dessen Artikel 7 die Vertragspartner sich dazu verpflichteten, mit friedlichen Mitteln gemeinsam auf das Ziel eines freiheitlich verfassten und europäisch integrierten gesamtdeutschen Staates hinzuwirken.

Adenauers Misstrauen gegenüber Moskau wurzelte so tief, dass er 1952 die Westmächte in ihrer Ablehnung der Stalin'schen „Märznote" bestärkte. Stalin hatte darin angeboten, Deutschland bis zur Oder-Neiße-Grenze als „demokratischen und friedliebenden" Staat unter Neutralitätsstatus wieder zu vereinigen. Zu unklar erschien das Angebot, als dass die anstehende Westintegration der Bundesrepublik dafür aufs Spiel gesetzt werden sollte. Der Argwohn erschien nur zu berechtigt, als am 17. Juni 1953 der Volksaufstand in der DDR gegen Unfreiheit und „Normenschinderei" (Hans Mayer) von sowjetischen Panzern niedergewalzt wurde. Deutlich war aber auch, dass sich ohne Moskau substanziell keine Bewegung in die deutsche Frage bringen ließ. Die nüchterne Staatsräson empfahl deshalb die Aufnahme diplomatischer Beziehungen mit der UdSSR als der größten Macht in Europa.

Die Niederschlagung des Volksaufstandes in Ungarn durch sowjetische Truppen im November 1956 sowie der „Sputnik-Schock" (4. Oktober 1957) signalisierten einen beachtlichen Stärkezuwachs der UdSSR. Er äußerte sich in weiteren Zwangsmaßnahmen im Rahmen des sozialistischen Gesellschaftsaufbaus in der DDR, aber vor allem im Berlin-Ultimatum des Stalin-Nachfolgers Nikita Chruschtschow, der die Räumung West-Berlins durch die West-Alliierten innerhalb von sechs Monaten verlangte. Die Westmächte lehnten zwar das Ultimatum ab, deuteten aber unter Präsident Eisenhower (Chruschtschow-Besuch in den USA 1959) und seinem Nachfolger Kennedy zeitweise eine gewisse Bereitschaft an, den sowjetischen Forderungen ein Stück entgegenzukommen. Die Lösung der Krise war eine weitere Befestigung des status quo: Die UdSSR ließ zu, dass die DDR-Regierung den Westteil Berlins durch Sperranlagen, die bald durch eine Mauer ersetzt wurden, vom Ostteil der Stadt und dem Umland abgrenzte; parallel dazu wurde auch die innerdeutsche Grenze nunmehr hermetisch abgeriegelt (13. August 1961). Die sowjetische Führung respektierte damit die „drei Essentials" Kennedys (freier Zugang, Präsenz der Westmächte und die Sicherheit West-Berlins), aber zugleich wurde mit Sperranlagen, Todesstreifen und Pressionen die „Abstimmung mit den Füßen" gegen das DDR-Regime unterdrückt. Vor dem Mauerbau hatten fast drei Millionen Menschen die DDR verlassen; allein im Juli 1961 waren über 30 000 geflüchtet.

Trotz des Baus der Mauer und den von der Kuba-Krise 1962 ausgelösten Spannungen setzte sich der durch die atomare Pattsituation erzwungene Prozess der Verständigung zwischen den beiden Supermächten fort. Entsprechend musste Bonn stärker

Die Unterzeichnung der Römischen Verträge am 25. März 1957

nach eigenen Wegen suchen, die westliche Abwehrfront gegen
den sowjetischen Druck um Berlin zu festigen, sich selbst dem
Trend zu einer Entspannung des Ost-West-Konflikts anzupassen
und dabei ein endgültiges Festschreiben der deutschen Teilung
durch die Siegermächte des Zweiten Weltkrieges zu verhindern.

Mit dem Abschluss des Elysée-Vertrags im Januar 1963 erreichte die
deutsch-französische Aussöhnung ihren Höhepunkt. Der Vertrag bildete die Grundlage für eine Annäherung der beiden
Völker und eine intensive Zusammenarbeit in vielen Bereichen.

Mit der Verständigungspolitik nach Westen korrespondierte eine
atmosphärische Aufklärung im Verhältnis zu Osteuropa. Im Dezember 1963 hatte die NATO in Athen mit ihrer neuen Strategie der abgestuften Reaktion („flexible response") an Stelle der
massiven Vergeltung („massive retaliation") ein entsprechendes
Signal gesetzt.

Um mehr Bewegung in die starren Fronten zu bringen, suchte die
Bundesrepublik nach besseren Beziehungen zumindest zu den
Staaten im Vorfeld der UdSSR. Ohne offiziell die Hallstein-Dok-
trin als Bremse gegen die diplomatische Anerkennung der DDR
aufzugeben – ihr Grundsatz war es, keine diplomatischen Beziehungen zu Staaten aufzunehmen, die ihrerseits diplomatische
Beziehungen zur DDR unterhielten oder aufnahmen; damit sollte eine internationale Anerkennung der DDR und damit eine
Verfestigung der deutschen Teilung verhindert werden –, suchten Adenauer in seinen letzten Amtsjahren und seine Nachfolger Ludwig Erhard und Kurt Georg Kiesinger Anschluss an die
Ost-West-Entspannungstendenzen (Angebot eines Gewaltver-
zichts in der „Friedensnote" der Regierung Erhard 1966, Orientierung an einer „europäischen Friedensordnung" unter der Regierung der Großen Koalition 1966-1969). Dies geschah auch als
Antwort auf die neue außenpolitische Linie der SPD-Opposition,

US-Präsident
Kennedy, der
Regierende
Bürgermeister
Brandt und
Bundeskanz-
ler Adenauer
beim Berlin-
Besuch im
März 1963

Israels Ministerpräsident Ben Gurion und Bundeskanzler Adenauer am 14. März 1960 in New York

für die Egon Bahr am 15. Juli 1963 die Formel „Wandel durch Annäherung" geprägt hatte.

Im Westen intensivierte sich die Zusammenarbeit zur Bildung der Europäischen Gemeinschaft (EG, so bezeichnet seit 1967) aus der Europäischen Gemeinschaft für Kohle und Stahl (EGKS), der Europäischen Atomgemeinschaft (EURATOM) und der Europäischen Wirtschaftsgemeinschaft (EWG; beide begründet durch die „Römischen Verträge", 25.März 1957). Die Aufnahme diplomatischer Beziehungen zu Israel trotz panarabischen Protests war ein wichtiger Schritt deutscher Verständigungspolitik. Anfang 1967 nahm Bonn diplomatische Beziehungen zu Rumänien auf. Im Juni 1967 folgte die Errichtung von Handelsmissionen in Bonn und Prag.

Der Harmel-Bericht vom Dezember 1967 bereitete weitere Entspannungsschritte zumindest vor, indem er als Doppelziel der westlichen Allianz militärische Stärke bei gleichzeitiger Dialogbereitschaft gegenüber dem Ostblock festschrieb. Zugleich stellten die NATO-Partner darin fest, dass eine europäische Friedensordnung die vollständige Überwindung der Teilung Deutschlands voraussetzte.

Neben der Aussöhnung mit den europäischen Nachbarn und der Integration in die westliche Staatengemeinschaft hatte Adenauer ganz besonderes Gewicht auf die Wiedergutmachung gegenüber dem jüdischen Volk gelegt. Sechs Millionen Juden waren dem systematischen Ausrottungsfeldzug der Nationalsozialisten zum Opfer gefallen. Es war nicht zuletzt die intensive persönliche Beziehung zwischen dem ersten Bundeskanzler und dem israelischen Ministerpräsidenten Ben Gurion, die maßgeblichen Einfluss auf die beginnende Aussöhnung zwischen Juden und Deutschen hatte. Adenauer unterstrich 1961 vor dem Parlament, die Bundesrepublik könne nur dann den vollständigen Bruch der Deutschen mit der nationalsozialistischen Vergangenheit dokumentieren, wenn auch materielle Wiedergutmachung geleistet würde.

Bereits 1952 war in Luxemburg ein erstes Abkommen zur Zahlung von Eingliederungshilfe für jüdische Flüchtlinge in Israel unterzeichnet worden. Von den insgesamt rund 90 Milliarden Mark für die Wiedergutmachung gingen etwa ein Drittel an Israel und jüdische Organisationen, insbesondere an die Jewish Claims Conference, einen Härtefonds für jüdische Verfolgte in aller Welt. Die Aufnahme diplomatischer Beziehungen zwischen Israel und der Bundesrepublik folgte allerdings erst 1965.

Deutsch-deutscher Dialog trotz Abgrenzung der DDR. Trotz weiterer Abgrenzungsmaßnahmen der DDR (zum Beispiel Pass- und Visum-Pflicht für den Transitverkehr zwischen der Bundesrepublik und West-Berlin) und trotz des Schlags des Warschauer Pakts gegen die Prager Reformpolitik („Prager Frühling", 1968) hielten die Bemühungen um einen Entspannungsprozess auch in Deutschland an. Im April 1969 erklärte sich Bonn zu vertraglichen Vereinbarungen mit der DDR unterhalb der Schwelle ihrer völkerrechtlichen Anerkennung bereit.

Einen entscheidenden Schritt weiter – bis zur Anerkennung der DDR als zweiter Staat in Deutschland, allerdings nicht seiner völkerrechtlichen Anerkennung als Ausland – ging die am 21. Oktober 1969 gebildete Regierung der Sozialliberalen Koalition.

Wenige Monate zuvor (5. März 1969) war Gustav Heinemann, schon zur Zeit Adenauers ein entschiedener Befürworter der Ost-West-Verständigung, Bundespräsident geworden. Daneben stand mit Willy Brandt ein Mann des aktiven Widerstandes gegen die Hitler-Diktatur an der Spitze einer Bundesregierung, die ihre Energien auf den Aufbau einer gesamteuropäischen Friedensordnung richtete. Die weltpolitischen Rahmenbedingungen waren günstig. Moskau und Washington führten Gespräche über die Begrenzung der strategischen Rüstung (SALT), und die NATO schlug Verhandlungen über beiderseitige ausgewogene Truppenreduzierungen vor. Am 28. November 1969 trat die Bundesrepublik dem Atomwaffen-Sperrvertrag bei. Insgesamt setzte sich die neue Regierung nach den innenpolitischen Turbulenzen der großen Koalition (Vietnamkonflikt, Notstandsgesetze, Auschwitzprozesse, Außerparlamentarische Opposition [APO], Kulturrevolten der akademischen Jugend) unter einen starken Erfolgsdruck bei der Einleitung ihrer Verständigungspolitik, in deren Zentrum zunächst notwendigerweise eine Übereinkunft mit der Vormacht des Ostblocks stand.

Während die Gespräche über Gewaltverzicht in Moskau und Warschau anliefen, sondierten Bonn und Ost-Berlin ebenfalls Möglichkeiten einer besseren Verständigung. Am 19. März 1970 tra-
fen erstmals die Regierungschefs beider deutscher Staaten,
Brandt und Stoph, in Erfurt zusammen. Die Begegnung fand
am 21. Mai 1970 ihre Fortsetzung in Kassel. Im August 1970
konnte in Moskau der Vertrag über Gewaltverzicht und die Anerkennung des Status quo unterzeichnet werden. Beide Unter-
zeichner versicherten, keine Gebietsansprüche gegen „irgendje-
mand" zu haben. Teil des Vertragswerkes war der – später auch
dem innerdeutschen Grundlagenvertrag beigefügte – „Brief zur
deutschen Einheit", in dem die Bundesregierung erklärte, dass
der Vertrag nicht im Widerspruch zu ihrem politischen Ziel
stand, auf einen Zustand des Friedens in Europa hinzuwirken,
in dem das deutsche Volk in freier Selbstbestimmung seine Einheit wiedererlange.

Am 7. Dezember desselben Jahres folgte die Unterzeichnung des
Warschauer Vertrags, in dem die Unverletzlichkeit der bestehenden Grenze (Oder-Neiße-Linie) bekräftigt wurde. Warschau
und Bonn versicherten, keine Gebietsansprüche gegeneinander
zu haben, und bekundeten die Absicht, die Zusammenarbeit
zwischen beiden Ländern zu verbessern. In einer „Information"
über humanitäre Maßnahmen stimmte Warschau der Aussied-
lung Deutscher aus Polen und ihrer Familienzusammenführung
durch das Rote Kreuz zu.

Die Gegenleistung der sowjetischen Seite in dem Vertragspaket bestand in dem Abschluss des Vier-Mächte-Abkommens über Berlin, in dem der bestehende Zustand im Wesentlichen bestätigt
wurde: Danach waren die Westsektoren Berlins kein konstituti-
ver Teil der Bundesrepublik, gleichzeitig aber wurde die Möglichkeit der Vertretung Berlins durch die Bundesregierung in

**Ein histori-
sches Doku-
ment: Bundes-
kanzler
Brandt vor
dem Ehren-
mal des
Warschauer
Gettos (De-
zember 1970)**

internationalen Abkommen festgestellt. Ebenfalls sollten die „Bindungen" zwischen West-Berlin und der Bundesrepublik verbessert und die Beziehungen zwischen Ost-Berlin/DDR und West-Berlin ausgebaut werden.

Nach dem gescheiterten Misstrauensvotum gegen Brandt billigte der Bundestag am 17. Mai 1972 die Verträge mit der Sowjetunion und Polen. Die meisten Abgeordneten der CDU/ CSU enthielten sich der Stimme. Der Bundestag bekräftigte in einer „Interpretierenden Entschließung" zu den Verträgen, dass diese nicht im Widerspruch zur friedlichen Wiederherstellung der deutschen Einheit stünden.

Ergänzt und abgerundet wurden die Ostverträge schließlich mit dem deutsch-deutschen Grundlagenvertrag, dem Gespräche und Verhandlungen seit Juni 1972 vorausgegangen waren. Nach Willy Brandts Wiederwahl zum Bundeskanzler am 14. Dezember 1972 war der Weg frei zur Vertragsunterzeichnung im Dezember desselben Jahres. In dem Vertrag schrieben die Partner den Verzicht auf die beiderseitige Androhung und Anwendung von Gewalt fest, ebenso die Unverletzlichkeit der deutsch-deutschen Grenze sowie die Respektierung der Unabhängigkeit und Selbstständigkeit beider Staaten. Ferner bekräftigten sie die Bereitschaft zur Regelung praktischer und humanitärer Fragen. Auf Grund der besonderen Qualität ihrer Beziehungen wurde die Errichtung von „Vertretungen" statt der üblichen Botschaften vereinbart. Das Bundesverfassungsgericht, von der Bayerischen Staatsregierung angerufen, bestätigte die Verfassungskonformität des Vertrages bei sachgerechter Interpretation: Die Bundesrepublik sei rechtlich identisch, territorial teilidentisch mit dem rechtlich nicht untergegangenen „Deutschen Reich"; das Wiedervereinigungsgebot des Grundgesetzes und die Vorbehaltsrechte der Vier Mächte für Deutschland als Ganzes blieben durch den Vertrag unberührt. Die DDR könne nicht als Ausland, sondern nur als Inland gelten.

1973 wurde der Prager Vertrag zwischen der Tschechoslowakei und der Bundesrepublik unterzeichnet. Darin wurde das Münchener Abkommen von 1938 „nach Maßgabe dieses Vertrages" als nichtig erkannt. Die Unverletzlichkeit der Grenzen und der Gewaltverzicht gehörten ebenfalls zu den Vereinbarungen.

Während in Wien Verhandlungen über beiderseitige ausgewogene Truppenreduzierungen (MBFR) anliefen, ein sowjetisch-amerikanisches Abkommen über die Begrenzung der strategischen

Atomwaffen zustande kam und in Helsinki 35 Staaten die Konferenz über Sicherheit und Zusammenarbeit in Europa (KSZE) abhielten, wandelte sich das Verhältnis der DDR zur Bundesrepublik nicht wesentlich.

Gleichwohl bemühte sich auch Helmut Schmidt um die Fortführung einer Politik des Ausgleichs. Er hatte am 16. Mai 1974 den wegen eines Spionagefalls (Guillaume-Affäre) zurückgetretenen Willy Brandt im Amt des Bundeskanzlers abgelöst.

Die KSZE-Schlussakte von Helsinki (1975), die Freizügigkeit im grenzüberschreitenden Verkehr sowie mehr Achtung von Menschen- und Bürgerrechten verhieß, wurde zu einer der Berufungsgrundlagen für innere Widerstandsbewegungen gegen die erstarrten autoritären Regime Mittel- und Osteuropas. Die Bundesrepublik verfolgte um der Menschen in der DDR willen konsequent ihre Politik der Verständigung und des Zusammenhalts weiter.

So wurden 1978 mit Ost-Berlin der Bau der Autobahn Berlin-Hamburg sowie die Instandsetzung der Transit-Wasserstraßen nach West-Berlin unter erheblicher Kostenbeteiligung der Bundesrepublik vereinbart. Außerdem ging der Freikauf politischer Häftlinge aus der DDR weiter. Letztlich zahlte Bonn für die Entlassung von 33 755 Personen und für 250 000 Familienzusammenführungen rund 3,4 Milliarden DM an die DDR.

„Raketenstreit" contra Entspannungspolitik. Während in Westeuropa die Einigung weitere Fortschritte machte, überlagerten neue Konflikte in Osteuropa das Ende des Jahrzehnts der Entspannung und den Beginn der Achtzigerjahre. Der Einmarsch sowjetischer Truppen in Afghanistan und die Verhängung des Kriegsrechts in Polen führten ebenso zu einer Klimaverschlechterung in den Ost-West-Beziehungen wie die Aufstellung von neuen Mittelstreckenraketen (SS 20) in der UdSSR. Es drohte der Rückfall in eine scharfe Konfrontation.

Auf diese gefährliche Destabilisierung der Sicherheitsbalance reagierte die NATO mit dem Beschluss, ihrerseits ab 1983 mit einer Raketen-Nachrüstung zu antworten. Zugleich wurden der UdSSR Rüstungskontrollverhandlungen angeboten (NATO-Doppelbeschluss). Aus Protest gegen die Afghanistan-Invasion blieben die USA, Großbritannien, Kanada, Norwegen und die Bundesrepublik den Olympischen Spielen in Moskau 1980 fern. Für neue Bewegung sorgte die amerikanische Initiative einer so genannten „Null"-Lösung, die den Abbau der sowjetischen

Mittelstreckenraketen bei gleichzeitigem Verzicht der NATO auf Stationierungen der Pershing-II-Raketen sowie neuer Marschflugkörper vorsah.

Während Bundeskanzler Schmidt zur Vermeidung von Sicherheitslücken auf die Nachrüstungsalternative pochte, bemühte er sich gleichzeitig im deutsch-deutschen Verhältnis um möglichst umfangreiche Schadensbegrenzung. Trotz der Forderung von Staats- und Parteichef Erich Honecker nach Anerkennung einer eigenen Staatsbürgerschaft und Aufwertung der „Ständigen Vertretungen" zu Botschaften (also nach Beseitigung der Kennzeichen eines innerdeutschen Sonder-Verhältnisses) und auch trotz der drastischen Erhöhung der Mindestumtauschsätze für West-Besucher durch die DDR-Regierung reiste Bundeskanzler Schmidt in die DDR, ohne indessen von Honecker substanzielle Zugeständnisse erreichen zu können. Die zunehmende ideologische Verhärtung des Regimes war nicht zuletzt eine Reaktion auf die anwachsende Protesthaltung immer größerer Bevölkerungskreise im Nachbarstaat Polen, wo vor allem Wirtschaftsreformen, Freiheit und Abrüstung gefordert wurden.

Aber nicht nur im Osten gab es in der Raketendebatte Autoritätsverluste. Nachdem sich in Bonn die FDP zu einem wirtschaftspolitischen Kurswechsel entschlossen hatte und sich aus der Koalition zu lösen begann, kündigte die Basis der SPD, nicht zuletzt unter dem Druck der Friedensbewegung und von Teilen der Gewerkschaften, Bundeskanzler Schmidt die Gefolgschaft auf, weil er unbeirrt am NATO-Doppelbeschluss festhielt. Am 1. Oktober 1982 wurde Helmut Kohl durch ein konstruktives Misstrauensvotum neuer Regierungschef einer CDU/CSU-FDP-Koalition. Er wahrte die sicherheitspolitische Kontinuität der Bundesregierung und setzte die enge Zusammenarbeit mit Paris und Washington im Bemühen um den Ausbau und die Sicherung eines einigen Europas fort. Trotz umfangreicher Friedensdemonstrationen blieb die Regierung Helmut Kohls fest: Im November 1983 stimmte der Deutsche Bundestag der Nachrüstung zu. Damit wurde eine Krise der NATO abgewendet. Schon Mitte der Achtzigerjahre begann zwischen den Supermächten ein neuer Abrüstungsdialog. Die in der Bundesrepublik neu aufgestellten Raketen konnten bald danach wieder abgebaut werden.

Vom Niedergang der DDR zur deutschen Einheit. Die am 7. Oktober 1949 gegründete DDR war von Beginn an eine kommunistische Diktatur, deren Fundament die Herrschaft der Sozialistischen Einheitspartei Deutschlands und die Präsenz der Roten Armee waren. Kommandowirtschaft, Geheimpolizei, SED-Allmacht und strikte Zensur führten zu einer wachsenden Entfremdung zwischen Bevölkerung und Herrschaftsapparat. Eine – durch staatliche Preisfestlegung sowie Subventionierung – für den Einzelnen sehr preisgünstige materielle und soziale Grundversorgung gab dem geschlossenen System gleichwohl jene Elastizität, die eine vielfältige Lebensgestaltung in Nischenexistenzen ermöglichte. Große internationale DDR-Erfolge im Sport sorgten für Kompensation ebenso wie die Genugtuung der „Werktätigen", trotz extrem hoher Reparationsleistungen an die Sowjets innerhalb des Ostblocks bald die höchste Industrieproduktion und den höchsten Lebensstandard zu haben.

Trotz der Propaganda wuchs in der Bevölkerung zunehmend die Einsicht, dass die ursprünglich angestrebte wirtschaftliche Überrundung des Westens Fiktion bleiben würde. Erschöpfung der Ressourcen und Produktivitätsverluste infolge von Zentralismus und Planwirtschaft zwangen das SED-Regime, seine Versprechungen zu strecken. Immer häufiger mussten große finanzielle Anleihen im Westen aufgenommen werden. Im Konsumgüterbereich herrschte das Prinzip der Improvisation. Die Lebensqualität nahm ab, die Infrastruktur (Wohnungen, Verkehr, Umwelt) verrottete.

Eine umfassende Bespitzelung des gesamten Volkes, Dauerpropaganda und verlogene Solidaritätsappelle machten den Führungsanspruch „der Arbeiterklasse und ihrer marxistisch-leninistischen Partei" (Art. 1 der DDR-Verfassung) vor allem für die junge Generation zur hohlen Vertröstungsrhetorik. Dagegen forderte die Bevölkerung Rechte zur Selbst- und Mitbestimmung, vor allem aber mehr individuelle Freiheit sowie mehr und bessere Konsumgüter.

Während die Raketenstationierung, die Pläne der US-Regierung zum Bau eines weltraumgestützten Verteidigungssystems (SDI-Programm) und eine fortgesetzte Nadelstichpolitik der DDR (zum Beispiel Bau einer zweiten Mauer am Brandenburger Tor, Behinderungen in den Luftkorridoren nach Berlin) das diplomatische Großklima verschlechterten, brachten DDR-Bürger ihre eigene Führung in Bedrängnis. Dazu gehörte zum Beispiel die Weigerung ausreisewilliger DDR-Bürger, die Ständige Vertretung der Bundesrepublik in Ost-Berlin wieder zu verlassen, bevor ihnen die Ausreise in den Westen nicht definitiv zugesagt worden war. Um Erleichterungen zugunsten der Menschen zu erzielen, erwirkte die Bundesregierung mehrfach große Bankenkredite für die DDR.

Seit Anfang 1985 kamen immer mehr Menschen in die Ständige Vertretung der Bundesrepublik in Ost-Berlin sowie in die deutschen Botschaften in Prag und Warschau auf der Suche nach Ausreisemöglichkeiten in die Bundesrepublik.

Der neue Generalsekretärs der KPdSU, Michail Gorbatschow, Nachfolger des im März verstorbenen Konstantin Tschernenko, erklärte 1986 die Beseitigung der Kernwaffen bis zur Jahrhundertwende zur wichtigsten politischen Aufgabe. Persönliche Begegnungen des Generalsekretärs mit US-Präsident Reagan in Genf und Reykjavik, die Konferenz über Vertrauensbildung und Abrüstung (KVAE) in Stockholm sowie Verhandlungsvorbereitungen über die Reduzierung der konventionellen Streitkräfte in Europa (VKSE) waren Ausdruck einer neuen Dialogbereitschaft zwischen Ost und West. Sie förderte deutsch-deutsche Vereinbarungen auf den Gebieten der Kultur, Bildung und Wissenschaft. Doch vom neuen Schwung der Gorbatschow-Devisen „Perestroika" und „Glasnost" wollte sich die SED-Führung nicht anstecken lassen.

Wie sehr damit Erwartungen in der eigenen Bevölkerung von der DDR-Führung ignoriert wurden, bezeugten Protest-Demonstrationen in Ost-Berlin am 13. August, dem Tag des Mauerbaus. Gegen die Fortführung der deutschen Spaltung zielten Helmut Kohls Worte, die er bei Honeckers Arbeitsbesuch in Bonn (1987) an den Gast richtete: „Wir achten die bestehenden Grenzen, aber die Teilung wollen wir auf friedlichem Wege durch einen Prozess der Verständigung überwinden"... „Wir haben eine gemeinsame Verantwortung für die Erhaltung der Lebensgrundlagen unseres Volkes."

Ein Fortschritt auf dem Weg der Abrüstung war der Abschluss des INF-Vertrags zwischen Reagan und Gorbatschow. Danach mussten binnen drei Jahren alle in Europa stationierten amerikanischen und sowjetischen Raketen mit einer Reichweite von 500 bis 5000 Kilometern abgezogen und vernichtet werden. Die Bundesrepublik erklärte sich in diesem Zusammenhang zur Vernichtung ihrer 72 Pershing-IA-Raketen bereit.

Die allgemeine Entspannung verstärkte in der DDR die Forderung nach mehr Freiheit und Reformen. Anfang 1988 wurden bei

Demonstrationen in Ost-Berlin 120 Anhänger der Friedensbewegung „Kirche von unten" festgenommen. Für die Inhaftierten fand in der Gethsemane-Kirche ein Gottesdienst statt. Über 2000 Menschen nahmen daran teil; zwei Wochen später waren es 4000. In Dresden trieb die Polizei eine Demonstration für Menschenrechte, Meinungs- und Pressefreiheit auseinander.

Im September 1989 – nach vorbereitenden Schritten seit Mai – öffnete Ungarn seine Grenze für ausreisewillige DDR-Bürger, sodass Tausende von ihnen über Österreich in den Westen gelangen konnten. Dieser Einbruch in die Warschauer-Pakt-Disziplin ermutigte in der DDR immer mehr Menschen zu Protestaktionen. Sie konnten dabei an eine sich ausbreitende Oppositionsbewegung anknüpfen, die sich, zunächst in sehr bescheidenen Anfängen, seit Ende der Siebzigerjahre überwiegend im Schutzraum der Kirchen gebildet hatte und seit Mitte der Achtzigerjahre immer mutiger hervorgetreten war. Als die DDR-Führung Anfang Oktober 1989 mit großem Gepränge den 40. Jahrestag der Staatsgründung feierte, kam es vor allem in Leipzig zu Massenprotesten („Wir sind das Volk"). Es wurde deutlich, dass die DDR-Führung unter Honecker keine Unterstützung von der Sowjetunion bekam.

Als letztes Mittel, die Grundpfeiler des SED-Regimes doch noch zu retten, wurde Honecker am 18. Oktober 1989 zum Rücktritt von der Staats- und Parteispitze gezwungen. Nachfolger als SED-Generalsekretär und Staatschef der DDR wurde Egon Krenz, dessen „Wende"-Versprechungen im Misstrauen gegen seine Person erstickten. Unter dem Druck der Entwicklung traten Ministerrat und Politbüro der SED geschlossen zurück.

Die gewaltfreie „sanfte Revolution" bewirkte eine Art Lähmung der Staatsorgane. So wurde es möglich, dass die beiläufige und umständliche Ankündigung eines neuen freizügigen Reisegesetzes

Bundeskanzler Kohl und Außenminister Genscher mit Generalsekretär Gorbatschow im Kaukasus (Juli 1990)

durch das Berliner SED-Politbüromitglied Schabowski die Öffnung der Grenzübergangsstellen in Berlin am Abend des 9. November 1989 und eine unbeschreibliche Nacht voller Freude auslöste. Die Mauer war offen.

Der Umsturz in der DDR brachte die Chance zur jahrzehntelang erstrebten Wiedervereinigung Deutschlands. Bundeskanzler Kohl veröffentlichte deshalb am 28. November 1989 ein Zehn-Punkte-Programm, das in mehreren Stufen – aktuelle Wirtschaftshilfe unter Voraussetzung eines grundlegenden Wandels des politischen und ökonomischen Systems, Vertragsgemeinschaft, konföderative Strukturen – den Weg zu einem bundesstaatlich verfassten wiedervereinigten Deutschland skizzierte.

Am 15. Januar 1990 demonstrierten in Leipzig 150 000 Menschen mit der Parole „Deutschland einig Vaterland". Die Menschen in der DDR misstrauten ihrer neuen Regierung, die von Hans Modrow geführt wurde; der Sog des Westens verstärkte sich, die Destabilisierung der DDR nahm rapide zu. Noch ging Gorbatschow aber aus seiner Reserve nicht heraus, zumal sich Polen und Ungarn der Moskauer Führung weiter entzogen, Ceausescu im Dezember 1989 gestürzt worden war und das sicherheitspolitische Gleichgewicht mit einem Ausscheren der DDR aus dem Warschauer Pakt ins Wanken geraten musste. Auch von westlicher Seite kamen Mahnungen, bei der Schaffung der Einheit „den legitimen Sorgen der Nachbarländer Deutschlands Rechnung zu tragen" (US-Außenminister Baker in Berlin). Die USA- Regierung unterstützte dabei mit Nachdruck die Politik der Wiedervereinigung, sofern die deutschen Außengrenzen unverändert blieben und Deutschland Mitglied der atlantischen Allianz bleiben bzw. – für den östlichen Teil – werden würde.

Am 18. März 1990 fanden in der DDR erstmals nach 40 Jahren freie Wahlen statt. An die Spitze einer großen Koalition aus CDU, DSU, DA, SPD und FDP trat Lothar de Maizière als Ministerpräsident. Mit ihm vereinbarte Bonn den Fahrplan für eine Wirtschafts-, Währungs- und Sozialunion zum 1. Juli 1990, nachdem augenfällig geworden war, dass eine ökonomische Basis für die Fortsetzung einer staatlichen Eigenexistenz der DDR nicht mehr vorhanden war und sich die Mehrzahl der Bürger in der DDR für den Beitritt zur Bundesrepublik entschieden hatte. Im August 1990 sprach sich die Volkskammer für den schnellstmöglichen Beitritt der DDR zur Bundesrepublik aus. Am 31.

August konnte der entsprechende „Einigungsvertrag" von DDR-Staatssekretär Krause und Bundesinnenminister Schäuble unterzeichnet werden.

Der Beitritt der DDR zur Bundesrepublik gemäß Artikel 23 GG erfolgte am 3. Oktober 1990. Die – wieder neu geschaffenen – Länder der DDR, Brandenburg, Mecklenburg-Vorpommern, Sachsen, Sachsen-Anhalt und Thüringen, wurden Länder der Bundesrepublik Deutschland. Berlin wurde zur Hauptstadt bestimmt, und das Grundgesetz trat, mit gewissen Änderungen, für das Beitrittsgebiet in Kraft.

Die Einheit war möglich geworden, nachdem im Juli 1990 Gorbatschow bei seinen Gesprächen mit Bundeskanzler Kohl und Außenminister Genscher in Moskau und im Kaukasus seine Zustimmung zur Vereinigung beider deutscher Staaten gegeben hatte. Vorbedingung dafür waren der Verzicht der Bundesrepublik auf ABC-Waffen, die Reduzierung der Truppenstärke auf 370 000 Mann sowie der Verzicht auf die Ausdehnung von militärischen NATO-Strukturen auf DDR-Territorium, solange dort sowjetische Truppen stationiert sein würden. Deren Rückführung bis Ende 1994 wurde vereinbart. Mit Gorbatschows Zustimmung wurde damit der Weg auch frei zur Unterzeichnung des so genannten Zwei-plus-Vier-Vertrags im September 1990. Darin bestätigten die UdSSR, die USA, Frankreich und Großbritannien sowie die Vertreter der beiden deutschen Staaten die Bildung des vereinten Deutschlands, bestehend aus den Gebieten der DDR, der Bundesrepublik und Berlins. Deutschlands Außengrenzen wurden als endgültig anerkannt. Dem besonderen, historisch bedingten Sicherheitsbedürfnis Polens Rechnung tragend, versicherten sich Bonn und Warschau in einem ergänzenden Vertrag der wechselseitigen Respektierung ihrer territorialen Integrität und Souveränität.

Bundesinnen-minister Schäuble und DDR-Staats-sekretär Krause unter-zeichnen den Einigungs-vertrag am 31. 8. 1990

Mit der Ratifikation des Einigungs- sowie des Zwei-plus-Vier-Vertrags endeten die Rechte und Verantwortlichkeiten der vier Siegermächte „in Bezug auf Berlin und Deutschland als Ganzes".
Deutschland gewann damit die volle Souveränität über seine inneren wie äußeren Angelegenheiten zurück, die es 45 Jahre zuvor mit dem Untergang der NS-Diktatur verloren hatte.

Weichenstellungen für die Zukunft. Nach der Herstellung
der Einheit Deutschlands und den gewaltigen politischen Veränderungen, die der Zusammenbruch der kommunistischen
Staatenwelt im östlichen Europa bewirkte, standen die Bundesrepublik und ihre Partner vor unverändert großen Herausforderungen. Obwohl entscheidende Schritte auf diese Ziele hin bereits vollzogen sind, bleiben wichtige Aufgaben weiter bestehen.
— Der Aufbau in den ostdeutschen Ländern muss vollendet werden.
— Die Europäische Union muss weiter fortentwickelt, vertieft und
erweitert werden.

Im Dezember 1990 feiern tausende Menschen auf beiden Seiten des Brandenburger Tors die Deutsche Einheit

— Eine globale Friedens- und Sicherheitsarchitektur muss errichtet und erhalten werden.

Die nationale, die europäische und die globale Aufgabe sind untrennbar miteinander verbunden. Der Aufbau und die Konsolidierung in den ostdeutschen Ländern können nicht ohne eine strikte Einbindung in den Prozess der europäischen Integration erfolgen. Europa kann seine neue Gestalt nicht ohne seine Öffnung gegenüber den Reformländern in Mittel- und Osteuropa erhalten. Wirtschaftlich, aber auch politisch müssen die Staaten Ostmitteleuropas Schritt für Schritt an die gemeinsamen europäischen und atlantischen Organisationen herangeführt werden.

In diesem Sinne wurde am 24. Juni 1994 zwischen der Europäischen Union und Russland auf Korfu ein Partnerschafts- und Kooperationsabkommen unterzeichnet. Die umfangreiche Hilfe, welche die Bundesregierung Russland leistet, entspricht ihrem vitalen Interesse an einem Erfolg des demokratischen Umgestaltungsprozesses ebenso wie der neuen Gemeinsamkeit der politischen Werte. Die Ausgaben und bestehenden Verpflichtungen Deutschlands gegenüber der ehemaligen Sowjetunion und den heutigen GUS-Ländern belaufen sich seit 1989 auf über 90 Milliarden DM. Den größten Teil an den deutschen Unterstützungsmaßnahmen für den politischen und wirtschaftlichen Reformprozess in den GUS-Staaten bilden dabei die Kreditgarantien und Bürgschaften der Hermes-Exportkreditversicherung mit 47,1 Milliarden DM.

Trotz der Sparmaßnahmen bei den staatlichen Ausgaben hält die Bundesrepublik in den kommenden Jahren ihr finanzielles Engagement auch für die Entwicklungsländer aufrecht. Sie leistet Beiträge der Hilfe zur Selbsthilfe, um die wirtschaftlichen, sozialen und politischen Lebensverhältnisse der dort lebenden Menschen zu verbessern. Die Beachtung der Menschenrechte, Gewährleistung von Rechtsstaatlichkeit, Einführung einer marktwirtschaftlichen und sozialorientierten Wirtschaftsordnung und die Entwicklungsorientierung des staatlichen Handelns in den Empfängerländern sind wichtige Kriterien der Bundesregierung für die Vergabe von Entwicklungshilfemitteln.

Dass Deutschland an dritter Stelle der Beitragszahler der Vereinten Nationen steht (9,857 Prozent des VN-Haushalts) und 21,2 Prozent der NATO-Budgets und 16,75 Prozent des WEU-Haushaltes zahlt, unterstreicht den kontinuierlichen Willen aller Bundesre-

gierungen, im bi- und multilateralen Rahmen ihren Beitrag zu
Stabilität und Friedenssicherung zu leisten.

Auf Ersuchen des Generalsekretärs der Vereinten Nationen nahm
eine Transporteinheit der Bundeswehr im Sommer 1993 zum
ersten Mal an einem Einsatz der VN-Blauhelme in „befriedeten
Gebieten" in Somalia teil. Dieser Einsatz wurde in Deutschland
politisch kontrovers diskutiert; vom Bundesverfassungsgericht
erging indessen im Juli 1994 das Urteil, dass sich Deutschland
mit seinen Streitkräften an Einsätzen im Rahmen von Aktionen
der NATO und WEU zur Umsetzung von Beschlüssen des Sicher-
heitsrats der Vereinten Nationen beteiligen darf.

Gleiches gilt dem Spruch der Karlsruher Richter zufolge für eine
Beteiligung deutscher Streitkräfte an von den Vereinten Nationen aufgestellten Friedenstruppen. Am 6. Dezember 1995 billigte der Bundestag mit großer Mehrheit den Bosnien-Auftrag für
4000 Soldaten der Bundeswehr im Rahmen des Kriseneinsatzes
der VN. Anfang 1997 unterstellte der deutsche Verteidigungs-
minister 3000 Soldaten der Bundeswehr mit Zustimmung des
Deutschen Bundestages dem Kommando der „Stabilization
Force" (SFOR), der von der NATO geführten internationalen
Friedenstruppe für Bosnien und Herzegowina. Deutschland beteiligt sich mit dem zweitstärksten Polizeikontingent an der
Internationalen Polizeitruppe im ehemaligen Jugoslawien
(IPTF).

Die Gestaltung der Europäischen Union. Mit Beginn des
Jahres 1993 wurde der gemeinsame Binnenmarkt der damaligen zwölf EG-Länder eröffnet. Dieser Markt vereinte 345 Millionen Europäer zum kaufkräftigsten Wirtschaftsgebiet der Erde.
Bis auf die Schweiz schlossen sich die Staaten der Europäischen
Freihandelszone EFTA (Österreich, Schweden, Norwegen, Finnland, Island und Liechtenstein) mit der Europäischen Gemeinschaft zum Europäischen Wirtschaftsraum zusammen. Seit der
Mitte des Jahres 1990 befand sich die Währungsunion in ihrer
ersten Phase; mit ihr wurde der Kapitalverkehr zwischen den
EG-Staaten freigegeben und die Abstimmung der Wirtschaftspolitik der Partner und die Zusammenarbeit der Zentralbanken
intensiviert. In einer zweiten Phase, die 1994 begann, bereitete
das Europäische Währungsinstitut (EWI) die Errichtung einer
Europäischen Zentralbank mit Sitz in Frankfurt am Main vor.
Nachdem die Staats- und Regierungschefs am 2./3. Mai 1998
den Beginn der dritten Stufe der Wirtschafts- und Währungs-

Der EG-Gipfel in Maastricht (9./10.12.1991) stellte die Weichen für Europa als politische Einheit

union für zunächst elf Mitgliedstaaten beschlossen hatten, nahm die Europäische Zentralbank (EZB) am 1. Juni 1998 ihre Arbeit auf. Die Einhaltung der Konvergenzkriterien, vor allem ein hoher Grad an Geldwertstabilität und Haushaltsdisziplin, sind Voraussetzung für den Erfolg der dritten Stufe, die vertragsgemäß am 1. Januar 1999 begonnen hat. Die nationalen Währungseinheiten der Euro-Zone verlieren spätestens am 1. März 2002 ihre Eigenschaft als gesetzliches Zahlungsmittel.

Für die Bundesregierung war besonders wichtig, dass die Staats- und Regierungschefs 1991 in Maastricht nicht nur den Vertrag über die Wirtschafts- und Währungsunion ausgehandelt, sondern darüber hinaus die Europäische Union vereinbart haben, die ein Dach für die weiter zu vertiefende Europäische Gemeinschaft darstellt. Der Vertrag ist im November 1993 in Kraft getreten. Nach Ansicht der Bundesregierung muss die Vertiefung der Gemeinschaft mit ihrer Erweiterung einhergehen, nach dem Beitritt der früheren EFTA-Staaten Finnland, Österreich und Schweden zum 1. Januar 1995 auch durch die Heranführung der mittel-, ost- und südosteuropäischen Staaten.

Auf dem EU-Gipfel, der unter Beteiligung von 21 Staats- und Regierungschefs im Dezember 1994 in Essen stattfand, wurde deshalb ein Konzept verabschiedet, wie den mittel- und osteuropäischen Reformstaaten, die mit der EU durch Europa-Abkommen verbunden sind, der Weg zur Europäischen Union geebnet werden kann.

In den letzten Jahren wurden mit dem Vertrag von Amsterdam und den Europäischen Räten von Köln, Berlin, Tampere, Helsinki und Lissabon erhebliche Fortschritte in nahezu allen Bereichen erzielt (Justiz- und Innenpolitik, Beschäftigungspolitik, Sicherheits- und Verteidigungspolitik). 1997 fasste der Europäische Rat in Luxemburg den Beschluss, die EU um die Staaten Mittel- und Osteuropas sowie Zypern und Malta zu erweitern. Am 30. März 1998 wurde der Erweiterungsprozess mit elf Kandidaten eröffnet: Ungarn, Polen, Rumänien, Slowakei, Lettland, Estland,

Litauen, Bulgarien, Tschechien, Slowenien und Zypern. 1999 kam Malta als 12. Beitrittskandidat hinzu.

Seit dem 26. März 1995 ist das Schengener Abkommen in Kraft: An den Grenzen zwischen Deutschland, den Benelux-Ländern, Frankreich, Spanien, Portugal, Italien und Österreich gibt es keine Personenkontrollen mehr, dafür aber eine intensivierte Pass- und Zollkontrolle an den Außengrenzen. Durch den Vertrag von Amsterdam wird diese Zusammenarbeit künftig in den EU-Vertrag einbezogen. Auf diesen Vertrag einigten sich die Staats- und Regierungschefs am 16./17. Juni 1997. Der Vertrag von Amsterdam stärkt die Handlungsfähigkeit der Union in Fragen der äußeren und inneren Sicherheit.

Auf dem Berliner Sondergipfel der EU im März 1999 wurde die „Agenda 2000" verabschiedet, die mit einem Finanzrahmen von 1,3 Billionen DM die EU für die Aufnahme der Beitrittskandidaten vorbereitet. Auf dem Kölner Gipfel vom Juni 1999 wurde gemäß des neuen Konzeptes in der gemeinsamen Außen- und Sicherheitspolitik der vormalige NATO-Generalsekretär Javier Solana zum „Außenminister" der EU gewählt. Die Vorbereitungen zur Erweiterung der EU sollen bis 2003 abgeschlossen sein. Auf dem Gipfel von Helsinki im Dezember 1999 wurde der Türkei der Status eines Beitrittskandidaten zuerkannt. In Lissabon (März 2000) beschäftigte sich der Gipfel mit der europaweiten Arbeitslosigkeit und den modernen Kommunikationstechniken. Die im Februar 2000 eröffnete Regierungskonferenz zur institutionellen Reform der EU soll im Dezember 2000 auf dem Europäischen Rat in Nizza abgeschlossen werden. Damit wird die Voraussetzung geschaffen, dass die EU auch noch nach ihrer Erweiterung handlungsfähig ist.

Deutschland im Aufbruch: Zukunftssicherung und Erneuerung. Die fortschreitende Integration Europas, die zunehmende Verflechtung der Weltwirtschaft und die globalen Notwendigkeiten einer nachhaltigen Entwicklung, wie sie in der Agenda 21 beschrieben sind, bilden heute den äußeren Handlungsrahmen für die deutsche Politik. Eine große nationale Herausforderung ist die Überwindung der nach wie vor bestehenden ökonomischen wie sozialen Unterschiede der Lebensverhältnisse zwischen Ost- und Westdeutschland, oberstes Ziel der Abbau der Arbeitslosigkeit.

„Deutschland erneuern" lautete daher die Devise der Bundesregierung angesichts des Reformstaus, mit dem sie bei ihrem Amtsantritt im Oktober 1998 konfrontiert war. In weniger als einem Jahr hat sie mit ihrem Zukunftsprogramm zur Sicherung von Arbeit, Wachstum und sozialer Stabilität die Weichen für Innovationen in Staat, Wirtschaft und Gesellschaft gestellt.

Die Wende für die Zukunftssicherung brachte der Bundeshaushalt für das Jahr 2000, mit dem das größte Sparprogramm in der Geschichte der Bundesrepublik Deutschland aufgelegt wurde. Er sieht Einsparungen von 30 Milliarden DM vor, die mittelfristige Finanzplanung in den nächsten vier Jahren insgesamt mehr als 160 Milliarden DM.

Mit der im Juli 2000 verabschiedeten Steuerreform 2000 wurde der nächste Schritt des Zukunftsprogramms beschlossen. In mehreren Stufen wird das Steuerreformpaket bis zum Jahr 2005 die Steuerzahler gegenüber 1998 um 93 Milliarden DM entlasten, ohne die Konsolidierung der Staatsfinanzen zu gefährden.

Auf der Basis von Haushaltskonsolidierung und Steuerreform gewinnen die strategischen Ziele der nachhaltigen Förderung von Wachstum und Beschäftigung schon kurz- bis mittelfristig greifbare Realisierungschancen:

— Das Wirtschaftswachstum kommt immer mehr auf Touren, ein Erfolg, der von unabhängigen Experten auch der Finanzpolitik der Bundesregierung zugeschrieben wird. Massive Impulse für die Investitionstätigkeit werden von der Reform der Unternehmensbesteuerung erwartet.

— Die Arbeitslosigkeit, die 1997 im Jahresdurchschnitt bei 4,4 Millionen lag, ist seither kontinuierlich gesunken. 1998 lag sie bei 4,3 Millionen, 1999 bei 4,1 Millionen und 2000 schließlich bei (geschätzten) 3,5 Millionen. Für das Jahr 2002 wird ein Wert von drei Millionen prognostiziert. Das besondere Interesse der Regierung gilt der Verringerung der Jugendarbeitslosigkeit mit

Podiums-diskussion „50 Jahre Grundgesetz" im Mai 1999 in Berlin

einem Bündel von Qualifizierungsmaßnahmen (vergleiche hierzu den Abschnitt „Gesamtwirtschaftliche Entwicklung" im Kapitel „Wirtschaftsordnung und Wirtschaftspolitik").

— Aufbau Ost: Das wichtigste Ziel ist weiterhin, die Lebensverhältnisse in Ost- und Westdeutschland einander anzugleichen. Um dieses Kernstück der Politik zu sichern, bleiben die Leistungen des Bundes im Rahmen des Finanzausgleichs bestehen. „Zukunftsprogramm 2000", sowie „Bündnis für Arbeit, Ausbildung und Wettbewerbsfähigkeit" fördern den Aufbau zusätzlich. Die Bundesregierung unterstützt den Aufbau Ost durch die Förderung von Investitionen, Innovationen und Forschung. Wegen der in den ostdeutschen Ländern hohen Arbeitslosigkeit wird die aktive Arbeitsmarktpolitik auf hohem Niveau verstetigt. Im Bundeshaushalt 2000 stehen für den Aufbau Ost rund 38 Milliarden DM zur Verfügung.

Im Mai 2000 vereinbarten Bundeskanzler Schröder und die Ministerpräsidenten der ostdeutschen Bundesländer eine Fortführung der Solidarleistungen zum Aufbau Ost nach 2004, da ansonsten die bisherige Förderung zu diesem Zeitpunkt auslaufen würde.

Neben den Bemühungen, die Angleichung der Lebensverhältnisse in Ost und West zu unterstützen, ist ein politischer Schritt zur Vollendung der Deutschen Einheit bereits getan: Mit dem Inkrafttreten des SED-Unrechtsbereinigungsgesetzes am 1. Januar 2000 verbesserte die Bundesregierung die Entschädigung und Rehabilitierung von SED-Unrecht-Opfern.

Weitere vorrangige Modernisierungs- und Reformvorhaben, die bereits voll oder teilweise verwirklicht wurden, sind:

— Reform des Sozialversicherungswesens: Ziel ist eine ausgewogene Lastenverteilung zwischen den Generationen. Die Bundesregierung will deshalb die gesetzliche Rentenversicherung durch

Bundeskanzler Schröder besucht bei einer Reise durch Ostdeutschland den ehemaligen Braunkohletagebau Lichterfeld

eine kapitalgedeckte Altersvorsorge ergänzen; nur so können die Interessen künftiger Generationen berücksichtigt werden. Die Lösung eines anderen wichtigen Reformvorhabens, die ökologische Steuerreform, dient auch der Mitfinanzierung der Rentenversicherung, und zwar mit dem doppelten Effekt der Entlastung des Arbeitsmarktes und der Steigerung der internationalen Wettbewerbsfähigkeit wie zur Senkung der Sozialversicherungsbeiträge; diese sind Teil der Lohnnebenkosten, die den Faktor Arbeit verteuern. Durch die Einführung der Öko-Steuer wurde der Beitrag zur Rentenversicherung von 20,3 auf 19,3 Prozent ermäßigt, der zur Sozialversicherung von 42,3 auf 41,5 Prozent; Ziel ist eine weitere Senkung auf unter 40 Prozent.

— Der ökologischen Modernisierung der Gesellschaft mit dem Ziel, die natürlichen Lebens- und Wirtschaftsgrundlagen langfristig zu erhalten, dient das „Gesetz über den Vorrang Erneuerbarer Energien". Mit ihm soll der Anteil erneuerbarer Energien an der Elektrizitätserzeugung bis 2010 verdoppelt werden.

— Ausstieg aus der Atomenergie: Im Juni 2000 haben sich die Bundesregierung und die führenden Energieversorgungsunternehmen auf eine geordnete Beendigung der Nutzung der Kernenergie verständigt. Der erreichte Konsens gilt als historische Lösung eines lange währenden gesellschaftlichen Konflikts. Die Vereinbarung umfasst Absprachen über die Beendigung der Atomenergienutzung und aktuelle Entsorgungsfragen. Sie zeigt, dass ein entschädigungsfreier Ausstieg aus einer umstrittenen Technologie möglich ist. Auf dieser Grundlage wird die Bundesregierung das Atomgesetz novellieren (vergleiche das Kapitel „Der Umweltschutz").

— Neues Staatsangehörigkeitsrecht: Seit dem 1. Januar 2000 gilt ein neues modernes Staatsangehörigkeitsrecht in Deutschland, das mit seiner Aufgabe des Abstammungsprinzips zugunsten des Geburtsrechts an den westeuropäischen Standard anschließt (vergleiche das Kapitel „Die Menschen").

Ein Gesetz, das ganz aus dem Rahmen der bisherigen Darstellung heraustritt, soll hier dennoch wegen seines geschichtlichen Hintergrundes und seines zukunftsorientierten humanitären Charakters erwähnt werden: Das Gesetz zur Errichtung einer Stiftung „Erinnerung, Verantwortung und Zukunft", das der Bundestag am 6. Juli 2000 verabschiedete, und zwar als gemeinsame Gesetzesinitiative von Bundesregierung und allen im Bundestag vertretenen Fraktionen. Zusammen mit zwei Regie-

rungsabkommen, die am 17. Juli 2000 von den deutsch-amerikanischen Verhandlungsführern unterzeichnet wurden, regelt
dieses Gesetz die Modalitäten für die Zahlung von Entschädigungen an ehemalige Zwangsarbeiter. Für Bundeskanzler
Schröder, auf dessen Initiative die Errichtung der Stiftung zurückgeht, sind die erzielten Vereinbarungen 55 Jahre nach dem
Ende des Zweiten Weltkrieges „eine lange ausstehende humanitäre Geste". Die schätzungsweise noch lebenden 1,5 Millionen
Opfer können mit Zahlungen zwischen 5000 und 15 000 DM
rechnen. Ein Teil der Gelder kommt einem Fonds „Erinnerung
und Zukunft" zugute. Die dauerhafte Aufgabe des Fonds besteht darin, aus Stiftungsmitteln Projekte zu fördern, die der
Völkerverständigung, den Interessen von Überlebenden, dem
Jugendaustausch, der sozialen Gerechtigkeit, der Erinnerung an
die Bedrohung durch totalitäre und Gewaltherrschaft sowie der
internationalen Zusammenarbeit auf humanitärem Gebiet dienen.

Auf die Gründung einer solchen Stiftung hatten sich Bundeskanzler
Schröder und führende deutsche Wirtschaftsunternehmen in
einer gemeinsamen Erklärung am 19. Februar 1999 mit dem
Ziel verständigt, eine Antwort auf die moralische Verantwortung deutscher Unternehmen wegen der Beschäftigung von
Zwangsarbeitern, der Arisierung und anderen Unrechts während der NS-Herrschaft zu geben, humanitäre und zukunftsweisende Projekte zu fördern sowie den Belastungen zu begegnen,
die von gegen deutsche Unternehmen gerichteten Klagen in
den USA für die deutsch-amerikanischen Wirtschaftsbeziehungen und das bilaterale Verhältnis allgemein ausgehen.

Am 15. Dezember 1999 einigten sich Vertreter der deutschen Wirtschaft, der Bundesregierung und der Regierung der Vereinigten Staaten auf einen Betrag von zehn Milliarden DM als Ge-
samtentschädigungsangebot. Dieses Angebot wurde von jüdischen Organisationen und Anwälten der Opfer angenommen.
Zu dieser Entschädigungssumme werden der Bund sowie die
Stiftungsinitiative deutscher Unternehmen je fünf Milliarden
DM beisteuern.

Staatlicher Aufbau, Verfassung und Rechtsordnung

Das Grundgesetz

Im Jahr 1999 konnten die Deutschen auf ein halbes Jahrhundert Erfahrung mit ihrer Verfassung zurückblicken. Schon zum 20. Jubiläum der Bundesrepublik 1969 ist das Grundgesetz als die beste und freiheitlichste Verfassung gewürdigt worden, die es auf deutschem Boden je gegeben hat. Wie keine frühere Verfassung ist das Grundgesetz von den Bürgern akzeptiert worden. Mit dem Grundgesetz wurde ein Staat ins Leben gerufen, dem bis heute ernsthafte Verfassungskrisen erspart blieben. Das Grundgesetz für die Bundesrepublik Deutschland wurde 1949 geschaffen, um dem staatlichen Leben „für eine Übergangszeit" eine neue, freiheitlich-demokratische Ordnung zu geben. Gedacht war das Grundgesetz nicht als endgültige Verfassung, sondern als Provisorium. Das deutsche Volk blieb aufgefordert, „in freier Selbstbestimmung die Einheit und Freiheit Deutschlands zu vollenden".

Organe der Verfassungsgebung waren 1948 die Landtage der in den Westzonen gebildeten Länder und der Parlamentarische Rat, der von den Landtagen gewählt wurde. Dieser Rat beschloss unter dem Vorsitz von Konrad Adenauer das Grundgesetz, das nach der Annahme durch die Landtage am 23. Mai 1949 vom Parlamentarischen Rat verkündet wurde.

Inhaltlich ist das Grundgesetz geprägt von den unmittelbaren Erfahrungen der Verfassungsgeber mit dem totalitären Staat der

NS-Diktatur. An vielen Stellen der Verfassung wird das Bestreben sichtbar, Fehler zu vermeiden, die zum Untergang der demokratischen Weimarer Republik beigetragen hatten.

In der Folge erwies sich das Grundgesetz als tragfähiges Fundament eines stabilen demokratischen Gemeinwesens. Das Wiedervereinigungsgebot des Grundgesetzes wurde 1990 erfüllt. Auf der Grundlage des Einigungsvertrags, der den Beitritt der DDR zur Bundesrepublik regelte, wurden Präambel und Schlussartikel des Grundgesetzes neu gefasst. Der Verfassungstext dokumentiert nunmehr, dass das deutsche Volk mit dem Beitritt der DDR seine Einheit vollendet hat. Seit dem 3. Oktober 1990 gilt das Grundgesetz für das ganze Deutschland.

Die Grundrechte. An erster Stelle der Verfassung steht der Grundrechtekatalog mit der Verpflichtung des Staates, die Würde des Menschen zu achten und zu schützen. Ergänzt wird diese Garantie durch das Recht auf freie Entfaltung der Persönlichkeit. Es verleiht umfassenden Schutz gegen rechtswidrige Eingriffe des Staates. Auf die Achtung der Menschenwürde und das Recht auf die freie Entfaltung der Persönlichkeit können sich Deutsche wie Ausländer gleichermaßen berufen. Zu den klassischen Freiheitsrechten, die das Grundgesetz aufführt, gehören die Glaubens- und Gewissensfreiheit, die Freiheit der Meinungsäußerung, die Pressefreiheit und die Gewährleistung des Eigentums. Hinzu kommen die Freiheit von Kunst und Wissenschaft, die Vereinigungsfreiheit, das Koalitionsrecht, das Brief-, Post- und Fernmeldegeheimnis, das Recht auf Freizügigkeit, die Berufsfreiheit, der grundsätzliche Schutz vor Arbeitszwang und Zwangsarbeit, die Unverletzlichkeit der Wohnung sowie das Recht, den Kriegsdienst aus Gewissensgründen zu verweigern.

Die Bürgerrechte, die nur für deutsche Staatsangehörige gelten, betreffen vorwiegend die eigentlichen politischen Mitwirkungs-

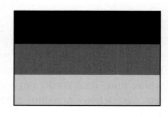

Bundeswappen   **Bundesflagge**

rechte und die freie berufliche Betätigung. Im Kern zählen hierzu die Versammlungsfreiheit, das Recht, Vereine und Gesellschaften zu gründen, die Freizügigkeit im Bundesgebiet (einschließlich der Einreise), die Freiheit der Berufswahl und Berufsausübung, das Verbot der Auslieferung sowie das Wahlrecht.

Neben die Freiheitsrechte treten die Gleichheitsrechte. Das Grundgesetz konkretisiert den allgemeinen Satz, dass alle Menschen vor dem Gesetz gleich sind, durch die Bestimmung, dass niemand wegen seines Geschlechts, seiner Abstammung, seiner Rasse, seiner Sprache, seiner Heimat und Herkunft, seines Glaubens, seiner religiösen oder seiner politischen Anschauungen benachteiligt oder bevorzugt werden darf. Wegen seiner Behinderung darf niemand benachteiligt werden. Ausdrücklich festgelegt ist die Gleichberechtigung von Mann und Frau. Die Verfassung garantiert schließlich allen Deutschen gleichen Zugang zu öffentlichen Ämtern.

Die Grundrechte befassen sich auch mit dem Schutz und der Garantie von sozialen Gemeinschaften wie Ehe, Familie, Kirche. Des Weiteren sind einige Grundrechte ausdrücklich als Leistungs- und Teilhaberecht formuliert, wie zum Beispiel der Anspruch der Mutter auf Schutz und Fürsorge der Gemeinschaft.

Ein Grundrecht, das schon von der Sache her nur Ausländern zusteht, ist das erstmals in einer deutschen Verfassung garantierte Asylrecht, das politisch verfolgten Ausländern ein Recht auf Zuflucht im Bundesgebiet gibt. Es wurde 1993 als Artikel 16a des Grundgesetzes neu gefasst.

Die meisten Grundrechte können nach der Verfassung unmittelbar durch Gesetz oder mittelbar auf Grund eines Gesetzes in gewissem Umfang eingeschränkt werden. Niemals aber darf ein Gesetz den Wesensgehalt eines Grundrechts antasten. Die Grundrechte sind unmittelbar geltendes Recht. Das ist eine der wichtigsten Neuerungen des Grundgesetzes gegenüber früheren Verfassungen, deren Grundrechtekataloge mehr den Charakter rechtlich nicht bindender Programmerklärungen hatten. Heute sind alle drei Staatsgewalten, Gesetzgebung, vollziehende Gewalt und Rechtsprechung, strikt an die Grundrechte gebunden. Jeder Bürger hat das Recht, vor dem Bundesverfassungsgericht nach Erschöpfung des Rechtsweges eine Verfassungsbeschwerde zu erheben, sofern er sich durch Entscheidungen oder Handlungen des Staates in einem seiner Grundrechte verletzt fühlt.

Durch den Beitritt zur Europäischen Konvention zum Schutz der Menschenrechte und Grundfreiheiten im Jahr 1952 ist die Bundesrepublik Deutschland seit 1953 der internationalen Kontrolle der Menschenrechte unterworfen. Das 11. Protokoll hat vom 11. November 1998 an einen ständigen europäischen Gerichtshof für Menschenrechte geschaffen, an den alle Beschwerden Einzelner wegen der Verletzung von Menschenrechten, die in der Konvention garantiert sind, zu richten sind. 1973 hat die Bundesrepublik zudem die Internationalen Menschenrechtspakte der VN ratifiziert.

Die Grundlagen der Staatsordnung. Fünf Prinzipien prägen die staatliche Ordnung des Grundgesetzes: Deutschland ist Republik und Demokratie, Bundesstaat, Rechtsstaat und Sozialstaat.

Die republikanische Staatsform findet ihren verfassungsmäßigen Ausdruck vor allem in der Bezeichnung „Bundesrepublik Deutschland". Äußerlich tritt sie dadurch in Erscheinung, dass der durch Wahl berufene Bundespräsident das Staatsoberhaupt ist. Grundlage der demokratischen Staatsform ist das Prinzip der Volkssouveränität. Die Verfassung sagt, dass alle Staatsgewalt vom Volke ausgeht. Dabei hat sich das Grundgesetz für die mittelbare, die repräsentative Demokratie entschieden. Das heißt: Die Staatsgewalt muss durch das Volk demokratisch legitimiert sein, sie wird aber außer bei Wahlen nicht unmittelbar durch Entscheidungen des Volkes ausgeübt. Dies ist „besonderen Organen" der Gesetzgebung, der vollziehenden Gewalt und der Rechtsprechung anvertraut. Das Volk selbst übt die ihm zustehende Staatsgewalt vornehmlich in der periodisch wiederkehrenden Wahl des Parlaments aus. Formen unmittelbarer Demokratie wie Volksentscheid oder Volksbegehren sieht das Grundgesetz anders als manche Landesverfassung nur ausnahmsweise vor, nämlich nur für den Fall der Neugliederung des Bundesgebietes.

Das Grundgesetz hat sich für das Konzept einer „streitbaren Demokratie" entschieden. Dies rührt aus den Erfahrungen der Weimarer Republik her, die von radikalen verfassungsfeindlichen Parteien untergraben wurde. Grundgedanke der streitbaren Demokratie ist es, dass das freie Spiel der politischen Kräfte dort eine Grenze finden muss, wo die Demokratie mit Mitteln der Demokratie beseitigt werden soll. Daher eröffnet das Grundgesetz die Möglichkeit, politische Parteien, die die demokratische

Die Nationalhymne der Bundesrepublik Deutschland ist die dritte Strophe des „Liedes der Deutschen".

Der Text dieses Liedes wurde von August Heinrich Hoffmann von Fallersleben (1798-1874) gedichtet; die Melodie stammt von Joseph Haydn (1732-1809).

Nationalfeiertag ist der 3. Oktober, der Tag der Deutschen Einheit.

Staatsordnung beeinträchtigen oder beseitigen wollen, durch das Bundesverfassungsgericht zu verbieten.

Die Verfassungsentscheidung für den Bundesstaat bedeutet, dass nicht nur dem Bund, sondern auch den 16 einzelnen Ländern die Qualität von Staaten zukommt. Sie haben eine eigene, auf gewisse Bereiche beschränkte Hoheitsgewalt, die sie durch eigene Gesetzgebung, Verwaltung und Rechtsprechung wahrnehmen. Nach der Verteilung der staatlichen Aufgaben und Zuständigkeiten auf Bund und Länder liegt das Schwergewicht der Gesetzgebung tatsächlich beim Zentralstaat, dem Bund, während die Länder vor allem für die Verwaltung, das heißt die Ausführung der Gesetze, zuständig sind. Diese Aufgabenteilung ist ein wesentliches Element im grundgesetzlichen System der Gewaltenteilung und Machtbalance.

Kernstück des Rechtsstaatsprinzips, wie es sich im Grundgesetz verwirklicht, ist der Gedanke der Herrschaft des Rechtes. Ein wesentliches Element seiner Verwirklichung ist die Gewaltenteilung. Die Funktionen der Staatsgewalt sind voneinander unabhängigen Organen der Gesetzgebung, der vollziehenden Gewalt und der Rechtsprechung anvertraut. Die Bedeutung der Gewaltenteilung liegt in der Mäßigung der Staatsgewalt durch wechselseitige Kontrolle und Begrenzung. Sie dient damit dem Schutz der Freiheit des Einzelnen. Zweites wesentliches Element des Rechtsstaatsprinzips ist die unverbrüchliche Geltung des Rechts für alles staatliche Handeln. Dieser Grundsatz der Gesetzmäßigkeit der Verwaltung besagt, dass die vollziehende Gewalt nicht gegen geltendes Recht, insbesondere gegen Verfassung und Gesetze, verstoßen darf (Vorrang des Gesetzes); ferner, dass Eingriffe in die Recht- und Freiheitsphäre des Einzelnen der Grundlage in einem förmlichen Gesetz bedürfen (Vorbehalt des Gesetzes). Grundsätzlich können alle Akte staatlicher Gewalt von unabhängigen Richtern auf ihre Rechtmäßigkeit geprüft werden, wenn ein Betroffener Klage erhebt.

Das Prinzip des Sozialstaates ist eine moderne Ergänzung zum überlieferten Rechtsstaatsgedanken. Es verpflichtet den Staat zum Schutz der sozial Schwächeren und zum ständigen Bemühen um soziale Gerechtigkeit. Zahlreiche Gesetze und Gerichtsurteile haben dieses Prinzip mit Leben erfüllt. Der Sozialstaat zeigt sich in der Sozialversicherung mit ihren Leistungen für Alter, Invalidität, Krankheit und Arbeitslosigkeit, in der Sozialhilfe für Bedürftige, in Wohnungsbeihilfen, familienbezogenen Leistungen wie Kindergeld, im Arbeitsschutz- und Arbeitszeitrecht, um nur einige Beispiele zu nennen.

Änderungen des Grundgesetzes. Das Grundgesetz kann nur mit der Zustimmung von zwei Dritteln der Mitglieder des Bundestages (Parlament) und zwei Dritteln der Stimmen des Bundesrates (Länderkammer) geändert werden. Da eine Partei oder eine Parteienkoalition nur ganz selten sowohl im Bundestag als auch im Bundesrat über solche Mehrheiten verfügt, benötigt eine Änderung des Grundgesetzes einen sehr breiten Konsens. Sie ist nur möglich, wenn auch ein Teil der Opposition zustimmt.

Einige Bestimmungen des Grundgesetzes dürfen nicht geändert werden. Zu diesen Verfassungsgrundsätzen gehören die bundesstaatliche Ordnung, die Gewaltenteilung, die Prinzipien der Demokratie, des Rechts- und Sozialstaates. Unantastbar sind auch das Bekenntnis zur Würde des Menschen sowie der Kern der grundrechtlichen Gleichheits- und Freiheitsrechte.

Grundgesetzänderungen mit weit reichenden praktischen Auswirkungen im Hinblick auf die Öffnung der Märkte und die europäische Harmonisierung wurden für die Privatisierung der Deutschen Bundesbahn (Artikel 87e, 20. Dezember 1993) und der Deutschen Bundespost (Artikel 87f, 30. August 1994) vorgenommen.

Am 15. November 1994 traten Grundgesetzänderungen in Kraft, die zum einen Staatsziele zum Umweltschutz, zur tatsächlichen Durchsetzung der Gleichberechtigung von Frauen und Männern sowie zum Schutz der Behinderten enthalten. Zum anderen wurden Änderungen zur Verteilung der Gesetzgebungskompetenz zwischen Bund und Ländern eingefügt.

Eine weitere Verfassungsänderung wurde im Umfeld des Maastricht-Vertrages vorgenommen. Der neue Europaartikel 23 des Grundgesetzes stellt klar, dass die Bundesrepublik Deutschland ein vereintes Europa mit demokratischer, rechtsstaatlicher, sozialer und föderativer Struktur anstrebt. Hierbei spielt das Subsidiaritätsprinzip eine besondere Rolle. Der neue Artikel 23 regelt auch, welche Rolle der Bundestag und die Länder bei der Fortentwicklung der europäischen Integration spielen werden.

Die Verfassungsorgane

Der Bundespräsident. Staatsoberhaupt der Bundesrepublik Deutschland ist der Bundespräsident. Er wird von der Bundesversammlung gewählt, einem Verfassungsorgan, das nur zu diesem Zweck zusammentritt. Es besteht aus den Bundestagsabgeordneten sowie einer gleich großen Zahl von Delegierten, die von den Länderparlamenten gewählt werden. Bisweilen werden auch angesehene und verdiente Persönlichkeiten für die Bundesversammlung nominiert, die nicht einem Länderparlament angehören. Gewählt wird der Bundespräsident mit der Mehrheit der Stimmen der Bundesversammlung für eine Amtszeit von fünf Jahren. Eine einmalige Wiederwahl ist zulässig.

Der Bundespräsident vertritt die Bundesrepublik Deutschland völkerrechtlich. Er schließt im Namen des Bundes Verträge mit ausländischen Staaten ab; er beglaubigt und empfängt die Botschafter. Die Außenpolitik selbst ist Sache der Bundesregierung.

Der Bundespräsident ernennt und entlässt die Bundesrichter, die Bundesbeamten, die Offiziere und Unteroffiziere. Er kann Straftäter begnadigen. Er prüft das verfassungsmäßige Zustandekommen von Gesetzen, bevor sie im Bundesgesetzblatt verkündet werden.

Er schlägt dem Bundestag (unter Berücksichtigung der Mehrheitsverhältnisse) einen Kandidaten für das Amt des Bundeskanzlers vor und ernennt und entlässt auf Vorschlag des Kanzlers die Bundesminister und Bundesministerinnen. Findet ein Antrag des Bundeskanzlers, ihm das Vertrauen auszusprechen, nicht die Zustimmung des Bundestags, kann der Bundespräsident auf Vorschlag des Kanzlers den Bundestag auflösen. Der Bundespräsident verkörpert die Einheit des politischen Gemeinwesens in besonderer Weise. Er steht für das über alle Parteigrenzen hinweg Verbindende in Staat und Verfassungsordnung.

Trotz seiner vorwiegend repräsentativen Aufgaben kann der Bundespräsident als ausgleichende, neutrale Kraft über den politischen Tageskampf hinaus eine große persönliche Autorität gewinnen. Mit grundlegenden Stellungnahmen zu Themen der Zeit vermag er über das politische Tagesgeschäft hinaus Maßstäbe für die politische und moralische Orientierung der Bürger zu setzen.

Der Bundestag. Der Deutsche Bundestag ist die Volksvertretung der Bundesrepublik Deutschland. Er wird vom Volk auf vier Jahre gewählt. Eine (vorzeitige) Auflösung ist nur ausnahmsweise möglich und liegt in der Hand des Bundespräsidenten. Die wichtigsten Aufgaben des Bundestages sind die Gesetzgebung, die Wahl des Bundeskanzlers und die Kontrolle der Regierung.

Das Plenum des Bundestages ist das Forum der großen parlamentarischen Auseinandersetzungen, vor allem, wenn dort entscheidende Fragen der Außen- und Innenpolitik diskutiert werden. In den zumeist nicht öffentlichen Sitzungen der Parlamentsausschüsse wird die entscheidende Vorarbeit für jedes Gesetz geleistet, dort muss der politische Gestaltungswille mit der Sachkenntnis der jeweiligen Experten in Einklang gebracht werden.

In den Ausschüssen liegt auch der Schwerpunkt der parlamentarischen Kontrolle der Regierungstätigkeit. Die Vielfalt der Sachfragen wäre auch anders nicht zu bewältigen. Seine Ausschüsse hat der Bundestag in Anlehnung an die Ressorteinteilung der Bundesregierung eingerichtet. Das reicht vom Auswärtigen Ausschuss bis zum Haushaltsausschuss, der eine besondere Bedeutung hat, da er die Budgethoheit des Parlaments verkörpert. An den Petitionsausschuss des Deutschen Bundestages kann sich jeder Bürger unmittelbar mit Bitten und Beschwerden wenden.

Von 1949 bis zum Ende der letzten Legislaturperiode 1998 sind im Parlament mehr als 8400 Gesetzesvorlagen eingebracht und mehr als 5150 verabschiedet worden. Dabei handelt es sich überwiegend um Änderungen bestehender Gesetze. Die meisten Gesetzentwürfe stammen von der Bundesregierung, der kleinere Teil wird aus der Mitte des Parlaments oder auch vom Bundesrat eingebracht. Die Gesetzentwürfe durchlaufen im Bundestag drei Lesungen und werden in der Regel einmal dem zuständigen Ausschuss zugeleitet. In der dritten Lesung wird endgültig abgestimmt. Ein Gesetz (mit Ausnahme der Verfassungsänderungen) ist angenommen, wenn es die Mehrheit der abgegebenen Stimmen erhält. Soweit das Grundgesetz dies vorsieht, muss noch der Bundesrat zustimmen.

Die Abgeordneten des Deutschen Bundestages werden in allgemeiner, unmittelbarer, freier, gleicher und geheimer Wahl gewählt.

Die deutschen Bundespräsidenten

1: Theodor Heuss (FDP) 1949-1959
2: Heinrich Lübke (CDU) 1959-1969

3: Gustav Heinemann (SPD) 1969-1974
4: Walter Scheel (FDP) 1974-1979

5: Karl Carstens (CDU) 1979-1984
6: Richard v. Weizsäcker (CDU) 1984-1994

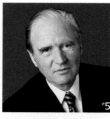

7: Roman Herzog (CDU) 1994-1999
8: Johannes Rau (SPD) seit 1999

Die deutschen Bundeskanzler

1: Konrad
Adenauer
(CDU)
1949-1963
2: Ludwig
Erhard (CDU)
1963-1966

3: Kurt Georg
Kiesinger
(CDU)
1966-1969
4: Willy Brandt
(SPD)
1969-1974

5: Helmut
Schmidt (SPD)
1974-1982
6: Helmut Kohl
(CDU)
1982-1998

7: Gerhard
Schröder (SPD)
seit 1998

Der Bundesrat
Die 69 Stimmen der Bundesländer im Bundesrat

Land	Stimmen	Land	Stimmen
Nordrhein-Westfalen	○○○○○○	Sachsen-Anhalt	○○○○
Bayern	○○○○○○	Thüringen	○○○○
Baden-Württemberg	○○○○○○	Brandenburg	○○○○
Niedersachsen	○○○○○○	Schleswig Holstein	○○○○
Hessen	○○○○○	Mecklenburg-Vorpommern	○○○
Sachsen	○○○○	Hamburg	○○○
Rheinland-Pfalz	○○○○	Saarland	○○○
Berlin	○○○○	Bremen	○○○

Sie sind Vertreter des ganzen Volkes, an Aufträge und Weisungen nicht gebunden und nur ihrem Gewissen verantwortlich. Sie haben also ein freies Mandat. Entsprechend ihrer Parteizugehörigkeit schließen sie sich zu Fraktionen oder Gruppen zusammen. Unabhängigkeit und politische Solidarität zur eigenen Partei können gelegentlich miteinander kollidieren. Doch selbst, wenn ein Abgeordneter seine Partei verlässt, behält er sein Bundestagsmandat. Hier zeigt sich die Unabhängigkeit der Abgeordneten in aller Deutlichkeit.

Die Stärke der Fraktionen und Gruppen bestimmt die zahlenmäßige Zusammensetzung der Ausschüsse. Der Präsident des Bundestages wird nach altem deutschen Verfassungsbrauch aus den Reihen der stärksten Fraktion gewählt.

Die finanzielle Unabhängigkeit der Abgeordneten wird durch eine Entschädigung ("Diäten") gewährleistet, die der Bedeutung des Abgeordnetenamts entspricht. Wer mindestens acht Jahre lang dem Parlament angehört hat, erhält nach Erreichen der Altersgrenze eine Pension.

Der Bundesrat. Der Bundesrat, die Vertretung der 16 Länder, wirkt bei der Gesetzgebung und Verwaltung des Bundes mit. Im Gegensatz zum Senatssystem von Bundesstaaten wie den USA oder der Schweiz besteht der Bundesrat nicht aus gewählten Volksvertretern. Den Bundesrat bilden Mitglieder der Landesregierungen oder deren Bevollmächtigte. Je nach Einwohnerzahl haben die Länder drei, vier, fünf oder sechs Stimmen; sie können nur einheitlich abgegeben werden. Mehr als die Hälfte aller Gesetze benötigt die Zustimmung des Bundesrates,

d.h. sie können nicht ohne oder gegen den Willen des Bundesrates zu Stande kommen. Zustimmungsbedürftig sind Gesetze
vor allem dann, wenn wesentliche Interessen der Länder berührt werden, etwa wenn sie in die Finanzen oder in die Ver-
waltungshoheit der Länder eingreifen. In jedem Fall erfordern
Verfassungsänderungen die Zustimmung des Bundesrates mit
zwei Dritteln der Stimmen. In den übrigen Fällen hat der
Bundesrat lediglich ein Recht zum Einspruch, den der Bundestag überstimmen kann. Können sich Bundestag und Bundesrat
nicht einigen, muss der aus Mitgliedern beider Häuser zu-
sammengesetzte Vermittlungsausschuss tätig werden.

Im Bundesrat tritt das Landesinteresse immer wieder vor Parteiin-
teressen; die Abstimmungen können dann zu anderen Ergeb-
nissen führen, als es die Mehrheitsverhältnisse der politischen
Parteien erwarten lassen. Das spricht für einen lebendigen Föderalismus. Die Bundesregierung kann sich nicht immer darauf
verlassen, dass eine Landesregierung, die von derselben Partei
getragen wird, ihr in allem folgt. Jedes Land vertritt dort eben
auch seine besonderen Interessen und sucht bisweilen Bündnisse mit anderen Ländern, die das gleiche Ziel anstreben, unabhängig davon, welche Partei dort die Regierung stellt. Das
führt zu wechselnden Mehrheiten. Kompromisse müssen immer
dann gefunden werden, wenn die Parteien, die die Bundesregierung tragen, im Bundesrat keine Mehrheit haben.

Aus dem Kreis der Länder wählt der Bundesrat nach einem festste-
henden Turnus für jeweils ein Jahr seinen Präsidenten. Der Präsident des Bundesrates nimmt die Befugnisse des Bundespräsidenten wahr, wenn dieser verhindert ist.

Die Bundesregierung. Die Bundesregierung, das „Kabinett",
besteht aus dem Bundeskanzler und den Bundesministern. Der
Bundeskanzler nimmt innerhalb der Bundesregierung und
gegenüber den Bundesministern eine selbstständige, hervorge-
hobene Stellung ein. Er führt im Bundeskabinett den Vorsitz.
Ihm allein steht das Recht zur Kabinettsbildung zu: Er wählt die
Minister aus und macht den für den Bundespräsidenten verbindlichen Vorschlag ihrer Ernennung oder Entlassung. Der
Kanzler entscheidet außerdem über die Zahl der Minister und
legt ihre Geschäftsbereiche fest. Einzelne Ministerien sind im
Grundgesetz erwähnt: das Auswärtige Amt, die Bundesministerien des Inneren, der Justiz, der Finanzen und der Verteidigung. Die drei letztgenannten Ressorts sind von Verfassung

wegen einzurichten. Die starke Stellung des Kanzlers beruht vor allem auf seiner Richtlinienkompetenz: Er bestimmt die Richtlinien der Regierungspolitik. Die Bundesminister leiten im Rahmen dieser Richtlinien ihren Geschäftsbereich selbstständig und in eigener Verantwortung. In der politischen Praxis muss der Kanzler innerhalb von Regierungskoalitionen auch auf Absprachen mit dem Koalitionspartner Rücksicht nehmen.

Nicht zu Unrecht wird das deutsche Regierungssystem auch als „Kanzlerdemokratie" bezeichnet. Der Bundeskanzler ist das einzige vom Parlament gewählte Kabinettsmitglied, und er allein ist ihm verantwortlich. Diese Verantwortlichkeit kann sich im „Konstruktiven Misstrauensvotum" äußern. Dieses ist vom Grundgesetz in bewusster Abkehr von der Weimarer Verfassung eingeführt worden. Es soll verhindern, dass Oppositionsgruppen, die sich nur in der Ablehnung der Regierung, nicht aber in einem Alternativprogramm einig sind, die Regierung stürzen können. Vielmehr muss der Bundestag, der dem Kanzler das Misstrauen aussprechen will, zugleich mit der Mehrheit seiner Stimmen einen Nachfolger wählen. Ein Kanzlersturz mit Hilfe des konstruktiven Misstrauensvotums ist bisher zweimal versucht worden, aber nur einmal gelungen: Durch das im Oktober 1982 dem damaligen Bundeskanzler Helmut Schmidt ausgesprochene Misstrauen wurde Helmut Kohl zum Bundeskanzler gewählt. Misstrauensvoten gegen einzelne Bundesminister kennt das Grundgesetz nicht.

Das Bundesverfassungsgericht. Das Bundesverfassungsgericht in Karlsruhe wacht über die Einhaltung des Grundgesetzes. Es wird nur auf Antrag tätig. Ein Katalog von Verfahrensarten schreibt vor, wann das Gericht angerufen werden kann.

Jeder Bürger hat das Recht, eine Verfassungsbeschwerde einzulegen, wenn er sich durch den Staat in seinen Grundrechten verletzt fühlt. Zuvor muss er allerdings in der Regel die zuständigen Gerichte erfolglos angerufen haben.

Das Gericht entscheidet darüber hinaus in Streitigkeiten zwischen Bund und Ländern oder zwischen einzelnen Bundesorganen. Nur dieses Gericht darf feststellen, ob eine Partei die freiheitlich-demokratische Grundordnung gefährdet und deshalb verfassungswidrig ist; in diesem Fall ordnet es die Auflösung der Partei an. Es prüft Bundes- und Landesgesetze auf ihre Vereinbarkeit mit dem Grundgesetz; erklärt es ein Gesetz für nichtig, darf dieses nicht mehr angewendet werden. In Fällen dieser Art

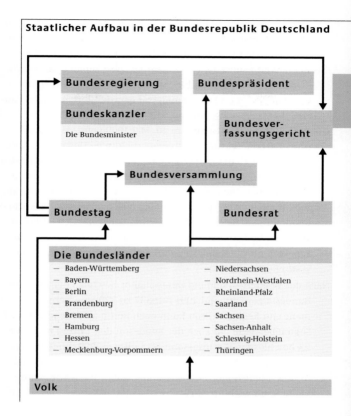

Staatlicher Aufbau in der Bundesrepublik Deutschland

kann das Verfassungsgericht unter anderem tätig werden, wenn es von bestimmten Organen wie der Bundesregierung, den Landesregierungen, mindestens einem Drittel der Parlamentsmitglieder oder von Gerichten angerufen wird.

Das Bundesverfassungsgericht hat bisher in über 127 000 Verfahren entschieden. Rund 122 000 davon betrafen Verfassungsbeschwerden, von denen aber nur rund 3100 erfolgreich waren (Stand: 31. Dezember 1999). Immer wieder wurden Fälle von hoher innen- und außenpolitischer Tragweite verhandelt, die in der Öffentlichkeit größtes Interesse fanden, zum Beispiel, ob es mit dem Grundgesetz vereinbar ist, dass deutsche Soldaten an den Missionen der VN-Truppen teilnehmen. Bundesregierungen aller politischen Richtungen mussten sich dem Richterspruch aus Karlsruhe beugen. Gleichwohl hat das Gericht immer wieder betont, dass seine Arbeit zwar politische Wirkung habe, es aber kein politisches Organ sei. Sein Maßstab sei allein das Grundgesetz, nach dem der verfassungsrechtliche Rahmen des politischen Entscheidungsspielraumes bestimmt wurde.

Das Bundesverfassungsgericht besteht aus zwei Senaten mit je acht Richtern. Die Richter und Richterinnen werden je zur Hälfte vom Bundestag und vom Bundesrat gewählt. Ihre Amtszeit dauert zwölf Jahre; eine Wiederwahl ist nicht zulässig.

Die Bundeshauptstadt. Am 10. Mai 1949 wurde die damals rund 100 000 Einwohner zählende rheinische Universitätsstadt Bonn vom Parlamentarischen Rat (gegen starke Konkurrenz, besonders von Frankfurt am Main) zur vorläufigen Bundeshauptstadt gewählt. Diese Entscheidung bestätigte der Bundestag am 3. November 1949, sprach sich aber gleichzeitig dafür aus, die Bundesorgane nach freien Wahlen in der DDR nach Berlin zu verlegen. Im Lauf der Zeit wurde Bonn indessen weltweit zum Synonym für die Bundesrepublik Deutschland und ihre demokratische Politik.

Nach der Wiedervereinigung Deutschlands beschloss der Deutsche Bundestag am 20. Juni 1991 mit 337 zu 320 Stimmen, Parlament und Regierung von Bonn nach Berlin zu verlegen. Am 27. September 1996 hat auch der Bundesrat den Umzug nach Berlin beschlossen, der insgesamt im Sommer 1999 durchgeführt wurde. Bonn erhielt den Titel „Bundesstadt"; sechs Bundesministerien haben hier weiterhin ihren ersten Dienstsitz. Somit bleibt Bonn wichtige Verwaltungsstadt des Bundes und Sitz supranationaler und internationaler Institutionen. Mit Hilfe erheblicher Ausgleichszahlungen wird es darüber hinaus zu einem Zentrum für Wissenschaft und Kultur ausgebaut.

Weitere Informationen:
— Bundespräsidialamt
  Spreeweg 1, 10577 Berlin
  Internet: http://www.bundespraesident.de
  E-Mail: posteingang@bundespraesident.de
— Bundeskanzleramt
  Schloßplatz 1, 11012 Berlin
  Internet: http://www.bundesregierung.de
  E-Mail: InternetPost@bundesregierung.de
— Deutscher Bundestag
  Platz der Republik 1, 11011 Berlin
  Internet: http://www.bundestag.de
  E-Mail: mail@bundestag.de
— Deutscher Bundesrat
  Leipziger Str. 3-4, 10117 Berlin
  Internet: http://www.bundesrat.de
  E-Mail: pressestelle@bundesrat.de

Föderalismus und Selbstverwaltung

Schon im Staatsnamen „Bundesrepublik Deutschland" kommt ihre föderative Struktur zum Ausdruck. Die Bundesrepublik besteht aus 16 Ländern. Die Länder sind keine Provinzen, sondern Staaten mit eigener Staatsgewalt. Sie haben eine eigene Landesverfassung, die den Grundsätzen des republikanischen, demokratischen und sozialen Rechtsstaats im Sinne des Grundgesetzes entsprechen muss. Im Übrigen haben die Länder weitgehend freie Hand bei der Gestaltung ihrer jeweiligen Verfassung.

Das Bundesstaatsprinzip gehört zu den unantastbaren Verfassungsgrundsätzen. Der Bestand der heutigen Länder ist aber nicht unveränderbar. Für eine Neugliederung des Bundesgebiets enthält das Grundgesetz entsprechende Regelungen.

Die bundesstaatliche Ordnung steht in einer langen Verfassungstradition, die nur durch den Einheitsstaat der Nationalsozialisten 1933-1945 unterbrochen wurde. Deutschland zählt zu den klassischen Ländern der föderalistischen Staatlichkeit. Der Föderalismus hat sich bewährt: Er ermöglicht es, regionalen Eigenheiten und Problemen weitaus besser gerecht zu werden, als dies eine zentrale Regierungsgewalt leisten könnte.

Vorteile des Föderalismus. Der deutsche Föderalismus verbindet ähnlich wie beispielsweise in den USA oder der Schweiz die Einheit nach außen mit der Vielfalt nach innen. Die Bewahrung der regionalen Vielfalt ist die traditionelle Aufgabe des Föderalismus. Diese Funktion gewinnt heute neue Substanz durch regionale Erfordernisse wie den Denkmalschutz, die Bewahrung städtebaulicher Traditionen und die Förderung der regionalen Kulturen.

Der Bundesstaat soll vor allem die Freiheit sichern. Die Verteilung der Aufgaben zwischen Bund und Ländern ist ein wesentliches Element im System der Gewaltenteilung und -balance. Dazu gehört auch die Beteiligung der Länder an der politischen Willensbildung auf Bundesebene, wo sie über den Bundesrat mitwirken.

Der Bundesstaat stärkt auch das demokratische Prinzip. Er ermöglicht das politische Engagement des Bürgers in seinem Umkreis. Demokratie wird lebendiger, wenn der Bürger gerade im vertrauten Bereich seines Landes durch Wahlen und Abstimmungen am politischen Prozess teilnimmt.

Das föderative System bietet weitere Vorzüge, so zum Beispiel die Chance des Experiments im kleineren Bereich und des Wettbewerbs unter den Ländern. So kann ein einzelnes Land – etwa im Bildungswesen – Neues erproben und Modelle für bundesweite Reformen liefern.

Der bundesstaatliche Aufbau erlaubt es außerdem, regional unterschiedlichen Mehrheitsverhältnissen besser gerecht zu werden. Die Oppositionsparteien im Bund können in den Ländern die Mehrheit besitzen und damit dort Regierungsverantwortung übernehmen.

Zuständigkeiten der Länder. Im Grundgesetz wurden die Zuständigkeiten des Bundes für die Gesetzgebung danach festgelegt, ob Regelungen für alle Länder einheitlich sein müssen oder ob ein eigener Gestaltungsbereich für die Länder erwünscht ist. Dies wird deutlich bei der Unterteilung der Zuständigkeit des Bundes in ausschließliche, konkurrierende und Rahmen-Gesetzgebung. Zur ausschließlich dem Bund zustehenden Gesetzgebung gehören zum Beispiel die auswärtigen Angelegenheiten, die Verteidigung, das Währungs-, Geld- und Münzwesen, Luftverkehr und ein Teil des Steuerrechts.

Bei der konkurrierenden Gesetzgebung haben die Länder das Recht zur Gesetzgebung nur, solange der Bund nicht die gleichen Gegenstände durch Gesetz regelt. Das darf dieser nur, wenn ein besonderes Bedürfnis für eine bundeseinheitliche Regelung besteht. Zu den Bereichen der konkurrierenden Gesetzgebung gehören u.a. Zivil- und Strafrecht, Wirtschafts- und Atomrecht, Arbeits- und Bodenrecht; ferner Ausländerrecht, Wohnungswesen, Schifffahrt und Straßenverkehr, Abfallbeseitigung, Luftreinhaltung und Lärmbekämpfung. Die Verfassungswirklichkeit hat gezeigt, dass diese Themen einheitlich geregelt werden müssen. So besteht hier praktisch keine Zuständigkeit der Länder mehr.

Einzelne Gesetzgebungsbereiche sind innerhalb der Rahmenvorschriften des Bundes den Ländern überlassen. Dazu zählen beispielsweise das Hochschulwesen, Natur- und Landschaftspflege, Raumordnung und Wasserhaushalt. Auch eine Reihe weiterer überregionaler, zukunftsgerichteter Aufgaben, die das Grundgesetz nicht anführte, werden heute von Bund und Ländern gemeinsam geplant, gesetzlich geregelt und finanziert. Sie wurden 1969 als „Gemeinschaftsaufgaben" in das Grundgesetz eingeführt und betreffen den Aus- und Neubau von Hochschulen, die Verbesserung der regionalen Wirtschaftsstruktur sowie der Agrarstruktur und des Küstenschutzes.

Eine bundeseigene Verwaltung gibt es im Wesentlichen nur im Auswärtigen Dienst, bei der Arbeitsvermittlung, bei Zoll, Bundesgrenzschutz und Bundeswehr. Der Großteil der Verwaltungsarbeit wird von den Ländern selbstständig durchgeführt. Die Gerichtsbarkeit des Bundes ist im Wesentlichen beschränkt auf das Bundesverfassungsgericht und die Obersten Gerichte. Diese Gerichte sorgen für eine einheitliche Auslegung des Rechts. Die übrigen Gerichte sind Landesgerichte.

Den Ländern stehen in der Gesetzgebung die Bereiche zu, die der Bund nicht ausfüllt oder die im Grundgesetz nicht dem Bund zugewiesen sind. Damit bleibt den Ländern heute als Gegen-

Das Düsseldorfer Stadttor ist Sitz des Ministerpräsidenten von Nordrhein-Westfalen

stand der Gesetzgebung der ganz überwiegende Teil des Bildungswesens und der Kulturpolitik als Ausdruck der „Kulturhoheit". Hinzu kommen das Gemeinderecht und das Polizeiwesen.

Die eigentliche Stärke der Länder liegt in der Verwaltung und in der Mitwirkung bei der Gesetzgebung des Bundes auf dem Weg über den Bundesrat. Die Länder sind für die gesamte innere Verwaltung zuständig. Zugleich ist ihr Behördenapparat für die Ausführung der meisten Bundesgesetze und -verordnungen verantwortlich. Die Aufgaben der Landesverwaltung sind dreigeteilt: Sie nimmt Aufgaben wahr, für die das Land ausschließlich zuständig ist (z.B. Schulen, Polizei, Landesplanung). Sie führt sodann Bundesrecht als eigene Angelegenheit und in eigener Verantwortung aus (z.B. Bauplanungsrecht, Gewerberecht, Umweltschutz). Und schließlich führt sie Bundesrecht im Auftrag des Bundes aus (z.B. Bau von Bundesstraßen, Ausbildungsförderung).

Die Entwicklung der Bundesrepublik hat somit in der Verfassungswirklichkeit zu einem überwiegend zentralen Gesetzgebungsstaat und zu einem überwiegend föderativen Verwaltungsstaat geführt.

Die kommunale Selbstverwaltung. Die kommunale Selbstverwaltung als Ausdruck der Bürgerfreiheit hat in Deutschland Tradition. Sie lässt sich auf die Privilegien der freien Städte im Mittelalter zurückführen, als das Stadtbürgerrecht die Menschen von den Fesseln der feudalen Leibeigenschaft befreite („Stadtluft macht frei", hieß es damals). In der neueren Zeit verbindet sich die kommunale Selbstverwaltung in erster Linie mit den Reformen des Freiherrn vom Stein, insbesondere der preußischen Städteordnung von 1808.

Das Grundgesetz greift diese Tradition auf. Ausdrücklich garantiert es die kommunale Selbstverwaltung in den Städten, Gemeinden und Kreisen. Danach haben diese das Recht, alle Angelegenheiten der örtlichen Gemeinschaft im Rahmen der Gesetze in eigener Verantwortung zu regeln. Alle Städte, Gemeinden und Kreise müssen demokratisch organisiert sein. Das Gemeinderecht ist Sache der Länder; die Kommunalverfassungen sind aus historischen Gründen von Land zu Land unterschiedlich. Die kommunale Verwaltungspraxis ist jedoch in allen Ländern gleichartig.

Das Selbstverwaltungsrecht umfasst vor allem den öffentlichen Nahverkehr im kommunalen Bereich, den örtlichen Straßenbau, die

Versorgung mit Strom, Wasser und Gas, die Abwasserentsorgung, die städtebauliche Planung. Hinzu kommen der Bau und die Unterhaltung von Schulen, Theatern und Museen, Krankenhäusern, Sportstätten und Bädern. Die Gemeinden sind auch für die Erwachsenenbildung und die Jugendpflege zuständig. Die Aufgabenwahrnehmung erfolgt weitgehend eigenständig und eigenverantwortlich. Die Kommunalaufsicht der Länder ist in der Regel auf die Prüfung der Rechtmäßigkeit beschränkt.

Viele der örtlichen Aufgaben übersteigen die Kraft der Gemeinden und kleineren Städte; diese können vom Kreis, der nächsthöheren Gebietseinheit, übernommen werden. Auch der Kreis mit seinen demokratisch gewählten Organen ist Teil der kommunalen Selbstverwaltung. Die größeren Städte gehören keinem Kreis an, sie sind „kreisfrei".

Kommunale Selbstverwaltung und Selbstständigkeit muss verkümmern, wenn den Gemeinden das Geld zur Erfüllung ihrer Aufgaben fehlt. Die angemessene finanzielle Ausstattung der Gemeinden wird immer wieder diskutiert. Die Gemeinden haben das Recht, eigene Steuern und Abgaben zu erheben. Dazu gehören die Grund- und die Gewerbesteuer. Außerdem steht den Gemeinden das Aufkommen der örtlichen Verbrauchs- und Aufwandsteuern zu. Das reicht zur Deckung des Finanzbedarfs aber nicht aus. Daher erhalten die Gemeinden vom Bund und den Ländern zum Beispiel Anteile aus der Lohn- und Einkommensteuer sowie der Umsatzsteuer. Hinzu kommen Zuweisungen aus einem Finanzausgleich, der innerhalb jedes Landes geregelt wird. Darüber hinaus nehmen die Gemeinden Gebühren für Dienstleistungen ein.

Die kommunale Selbstverwaltung eröffnet dem Bürger die Chance der Mitwirkung und Kontrolle. Er kann mit seinen gewählten Gemeindevertretern auf Bürgerversammlungen sprechen, den Haushaltsplan einsehen oder über neue Bauvorhaben diskutieren. Die Städte und Gemeinden sind die kleinsten Zellen des politischen Gemeinwesens. Sie müssen sich lebendig weiterentwickeln, damit Freiheit und Demokratie in Staat und Gesellschaft Bestand haben.

Die Rechtsordnung

Das Recht der Bundesrepublik Deutschland ist überwiegend geschriebenes Recht. Es erstreckt sich auf nahezu alle Bereiche des Lebens, sodass sich heute Gesetzgebung als Anpassung und Änderung des bestehenden Rechts darstellt. Die Rechtsordnung ist geprägt vom Verfassungsrecht. Aber auch das Recht der Europäischen Gemeinschaften greift ebenso ein wie internationales Recht. Das Bundesrecht umfasst etwa 1900 Gesetze und 3000 Rechtsverordnungen. Das Landesrecht betrifft neben dem Polizeiwesen und dem Gemeinderecht vor allem die Bereiche Schulen und Universitäten sowie Presse und Rundfunk.

Der Rechtsstaat. Historisch gesehen, geht das Recht in der Bundesrepublik auf das teilweise übernommene Römische Recht und zahlreiche andere Rechtsquellen aus den einzelnen Gebieten zurück. Im 19. Jahrhundert wurde zum ersten Mal ein einheitliches Privatrecht für das gesamte Deutsche Reich geschaffen. Das Bürgerliche Gesetzbuch und das Handelsgesetzbuch bewahren bis heute den liberalen Geist ihrer Entstehungszeit. Sie sind vor allem beherrscht vom Grundsatz der Vertragsfreiheit.

Die Garantien des Rechtsstaats werden besonders im materiellen Recht und im Verfahrensrecht deutlich. Im Strafrecht gilt der vom Grundgesetz in Verfassungsrang erhobene Satz, dass eine Tat nur dann bestraft werden darf, wenn die Strafbarkeit gesetzlich bestimmt war, bevor die Tat begangen wurde. Dem Strafrichter ist es daher verboten, Strafbarkeitslücken durch Anwendung von Rechtsvorschriften für ähnlich gelagerte Fälle zu schließen oder Strafgesetze rückwirkend anzuwenden. Verfassungsrang hat auch der Satz, dass niemand wegen derselben Tat mehrmals bestraft werden darf. Beschränkungen der Freiheit der Person sind nur auf der Grundlage eines förmlichen Gesetzes möglich. Über die Zulässigkeit und Dauer eines Freiheitsentzugs hat nur der Richter zu entscheiden. Bei jeder nicht auf richterlicher Anordnung beruhenden Freiheitsbeschränkung ist unverzüglich eine richterliche Entscheidung herbeizuführen.

Der Polizei ist zwar eine vorläufige Festnahme erlaubt, doch darf sie aus eigener Machtvollkommenheit niemanden länger als bis zum Ende des Tages nach dem Ergreifen in Gewahrsam halten. Vor Gericht hat jedermann Anspruch auf rechtliches Gehör – auch das ist ein in der Verfassung verankerter, wesentlicher Bestandteil des Rechtsstaatsprinzips. Die Rechtsprechung ist unabhängigen und nur dem Gesetz unterworfenen Richtern anvertraut. Diese dürfen grundsätzlich nicht ihres Amtes enthoben und nicht gegen ihren Willen versetzt werden. Ausnahmegerichte sind verboten.

Die rechtsstaatlichen Fundamente des Rechtswesens wurden in Deutschland fast vollständig schon durch Justizgesetze aus dem 19. Jahrhundert gelegt. Es sind vor allem das Gerichtsverfassungsgesetz, das Aufbau, Organisation und Zuständigkeit der Gerichte regelt, die Zivilprozessordnung und die Strafprozessordnung. Das Bürgerliche Gesetzbuch, das 1900 in Kraft trat, und die Zivil- und Strafprozessordnung wurden im letzten Drittel des 19. Jahrhunderts der kaiserlichen Regierung durch die liberalen und demokratischen Kräfte in zäher parlamentarischer Auseinandersetzung abgerungen.

Deutsche Gesetzbücher wurden Vorbild auch für ausländische Rechtsordnungen: So hat das Bürgerliche Gesetzbuch bei der Entstehung der Zivilgesetzbücher in Japan und Griechenland Pate gestanden.

Bürger und öffentliche Verwaltung. Nach einer über 100 Jahre dauernden rechtspolitischen Fortentwicklung vollendete das Grundgesetz einen umfassenden Rechtsschutz gegen Akte der öffentlichen Gewalt. Der Bürger erhielt die Möglichkeit, jede ihn betreffende Maßnahme mit der Behauptung anzufechten, diese verletze ihn in seinen Rechten. Dies gilt für alle Maßnahmen der Verwaltung, sei es der Steuerbescheid oder die Entscheidung über die Versetzung in der Schule oder die Versagung einer Baugenehmigung.

Die DDR kannte keine Verwaltungsgerichte; nunmehr ist auch in den ostdeutschen Ländern eine umfassende Kontrolle der Verwaltung durch die Gerichte gewährleistet. Der Rechtsschutz durch die sachlich zuständigen Gerichte wird ergänzt durch die Möglichkeit eines jeden Bürgers, sich mit einer Verfassungsbeschwerde an das Bundesverfassungsgericht zu wenden.

Vereinfachte Übersicht über den Gerichtsaufbau in Deutschland

	Bundesverfassungsgericht (2 Senate)					Verfassungsgerichte der Bundesländer
	Zivilgerichtsbarkeit	**Strafgerichtsbarkeit**	**Verwaltungsgerichtsbarkeit**	**Finanzgerichtsbarkeit**	**Arbeitsgerichtsbarkeit**	**Sozialgerichtsbarkeit**
	Ordentliche Gerichtsbarkeit					
	Gemeinsamer Senat der obersten Gerichtshöfe					
Bundesgerichtshof / Bundesverwaltungsgericht / Bundesfinanzhof / Bundesarbeitsgericht / Bundessozialgericht	Großer Senat für Zivilsachen / Zivilsenate	Großer Senat für Strafsachen / Strafsenate	Bundesverwaltungsgericht — Großer Senat / Senate	Bundesfinanzhof — Großer Senat / Senate	Bundesarbeitsgericht — Großer Senat / Senate	Bundessozialgericht — Großer Senat / Senate
Oberlandesgericht	Zivilsenate / Senate für Familiensachen	Strafsenate Rechtsmittelinstanz / 1. Instanz für schwere Straftaten gegen die staatliche Ordnung	Oberverwaltungsgericht oder Verwaltungsgerichtshof — Senate	Finanzgericht — Senate	Landesarbeitsgericht — Senate	Landessozialgericht — Senate
Landgericht	Zivilkammern / Kammern für Handelssachen	Kleine Strafkammern (1. und 2. Instanz) / Große Strafkammern (1. und 2. Instanz) / Jugendkammern (1. und 2. Instanz)	Verwaltungsgericht — Kammern		Arbeitsgericht — Kammern	Sozialgericht — Kammern
Amtsgericht	Einzelrichter / Familiengericht	Strafrichter / Schöffengericht / Jugendrichter / Jugendschöffengericht				

Die Verfassungsbeschwerde ist ein außerordentlicher Rechtsbehelf gegen Grundrechtsverletzungen durch die öffentliche Gewalt. Der Kläger muss geltend machen, durch eine Maßnahme der öffentlichen Gewalt, zum Beispiel durch eine gerichtliche Entscheidung oder einen Verwaltungsakt, aber auch durch ein Gesetz, in einem seiner Grundrechte verletzt zu sein. Die Verfassungsbeschwerde kann in der Regel erst dann erhoben werden, wenn alle zulässigen Rechtsmittel vor den sachlich zuständigen Gerichten ausgeschöpft worden sind.

Recht im Sozialstaat. Das Grundgesetz gebietet, die sozialstaatliche Ordnung auszubauen. Sozialen Bedürfnissen wird deshalb in der Gesetzgebung viel stärker als früher Rechnung getragen. In diesem Sinne wurde seit Gründung der Bundesrepublik eine Fülle von Gesetzen, insbesondere auf dem Gebiet des Arbeits- und Sozialrechts, beschlossen. Sie sichern dem Einzelnen zum Beispiel bei Krankheit, Unfall, Invalidität und Arbeitslosigkeit sowie nach Eintritt in den Ruhestand unterschiedliche finanzielle Leistungen.

Ein eindrucksvolles Beispiel für die rechtliche Ausfüllung des Sozialstaats-Prinzips ist das Arbeitsrecht. Ursprünglich war es im Bürgerlichen Gesetzbuch nur kurz in dem Titel über den „Dienstvertrag" geregelt. Heute umfasst das Arbeitsrecht eine Vielzahl von Gesetzen und Tarifverträgen, stützt sich aber auch auf Richterrecht. Von besonderer Bedeutung sind das Tarifvertrags-, das Kündigungsschutz-, das Betriebsverfassungsgesetz sowie die Mitbestimmungsgesetze und das Arbeitsgerichtsgesetz.

Die Organisation der Rechtspflege. Die Gerichtsbarkeit der Bundesrepublik ist durch einen umfassenden Rechtsschutz und weit gehende Spezialisierung gekennzeichnet. Sie besteht aus fünf Zweigen:

- Die „ordentlichen" Gerichte sind zuständig für Strafsachen, Zivilsachen (z.B. bei Streitigkeiten über privatrechtliche Verträge wie Kauf oder Miete), Ehe- und Familiensachen und das Gebiet der Freiwilligen Gerichtsbarkeit (dazu gehören z.B. Grundbuch-, Nachlass- und Vormundschaftssachen). Es gibt vier Ebenen: Amtsgericht – Landgericht – Oberlandesgericht – Bundesgerichtshof. In Strafsachen kann je nach Art des Falles jedes der drei zuerst genannten Gerichte, in Zivilsachen entweder das Amts- oder das Landgericht als Eingangsinstanz in Betracht kommen. Bis zu zwei weitere Instanzen sind für Berufung und/oder Revision vorgesehen.

— Die Arbeitsgerichte (mit den drei Instanzen Arbeitsgericht – Landesarbeitsgericht – Bundesarbeitsgericht) sind zuständig für privatrechtliche Streitigkeiten aus dem Arbeitsverhältnis sowie für Streitsachen der Tarifparteien untereinander und Streitigkeiten aus der Betriebsverfassung nach dem Betriebsverfassungsgesetz. Vor den Arbeitsgerichten geht es beispielsweise um die Rechtmäßigkeit einer Kündigung.

— Die Verwaltungsgerichte (Verwaltungsgericht – Oberverwaltungsgericht beziehungsweise Verwaltungsgerichtshof – Bundesverwaltungsgericht) sind zuständig für alle öffentlich-rechtlichen Prozesse im Verwaltungsrecht, wenn sie nicht unter die Kompetenz der Sozial- und Finanzgerichte oder – ausnahmsweise – der ordentlichen Gerichte fallen oder wenn nicht eine verfassungsrechtliche Streitigkeit vorliegt.

— Die Sozialgerichte (Sozialgericht – Landessozialgericht – Bundessozialgericht) entscheiden in Streitigkeiten aus dem Gesamtbereich der Sozialversicherung.

— Die Finanzgerichte (Finanzgericht – Bundesfinanzhof) befassen sich mit Steuer- und Abgabesachen.

Außerhalb dieser oben dargestellten fünf Zweige steht das Bundesverfassungsgericht, das nicht nur das höchste Gericht des Bundes ist, sondern zugleich ein Verfassungsorgan. Es entscheidet in Verfassungsstreitigkeiten.

Das System der Rechtsmittel ist vielfältig und eröffnet zahlreiche Möglichkeiten der Überprüfung gerichtlicher Entscheidungen. Die Berufung eröffnet eine zweite Instanz in rechtlicher und tatsächlicher Hinsicht. Vor der Berufungsinstanz können also auch neue Tatsachen vorgebracht werden. Die Revision führt dagegen nur zu einer rechtlichen Überprüfung dahin, ob das materielle Recht richtig angewandt und die wesentlichen Verfahrensvorschriften beachtet wurden.

Der zweite Senat des Bundesverfassungsgerichts in Karlsruhe

Die Rechtsprechung wird in der Bundesrepublik Deutschland von etwa 21000 Berufsrichtern wahrgenommen, von denen mehr als drei Viertel in der ordentlichen Gerichtsbarkeit tätig sind. Die meisten Richter sind auf Lebenszeit bestellt und in ihrer Rechtsprechung nur an Recht und Gesetz gebunden. Bei den Amtsgerichten werden die Aufgaben der Freiwilligen Gerichtsbarkeit überwiegend von Rechtspflegern wahrgenommen. Das sind Justizbeamte des gehobenen Dienstes, keine Richter. In mehreren Gerichtszweigen wirken Laienrichter mit. Als Kenner der jeweiligen Lebensverhältnisse – etwa in Sachen der Arbeits- und Sozialgerichtsbarkeit – tragen sie zur Lebensnähe der Entscheidung bei. Zudem verkörpern sie ein Stück unmittelbare Verantwortung jedes einzelnen Bürgers für die Rechtspflege.

Die Staatsanwälte, von denen es rund 5000 gibt, sind im Wesentlichen im Strafverfahren und in der Strafvollstreckung tätig. Ihnen obliegt bei Vorliegen eines Verdachts einer Straftat die Leitung der Ermittlungen unter Mithilfe der Polizei, die insoweit der Sachleitung und Aufsicht der Staatsanwaltschaft untersteht; nach Abschluss der Ermittlungen entscheidet die Staatsanwaltschaft darüber, ob das Verfahren einzustellen oder Anklage zu erheben ist; im gerichtlichen Verfahren haben sie die Anklage zu vertreten.

Mehr als 100 000 Rechtsanwälte üben als unabhängige Berater und Vertreter in allen Rechtsangelegenheiten einen Freien Beruf aus. Durch die Vertretung ihrer Mandanten vor Gericht wirken sie wesentlich an der Rechtspflege mit. Sie haben besondere Berufspflichten, deren Einhaltung von den Rechtsanwaltskammern und Anwaltsgerichten überwacht wird. Berufsrichter, Staatsanwälte und grundsätzlich auch Rechtsanwälte müssen die „Befähigung zum Richteramt" besitzen. Das bedeutet: Sie müssen ein juristisches Studium und eine anschließende praktische Ausbildung absolviert und mit je einer staatlichen Prüfung abgeschlossen haben.

Der Datenschutz. Die modernen Kommunikationstechniken haben die Arbeit vieler Unternehmen und Behörden enorm erleichtert und sind dabei, unsere Gesellschaft in eine weltweite Informationsgesellschaft zu verändern. Die moderne Informationstechnik birgt aber auch Risiken. Die gespeicherten Daten können missbräuchlich verwendet werden und in die Hände von Unbefugten gelangen. Wer im Besitz hinreichender Datenmengen ist, gewinnt Einblick in die Privatsphäre der Bürger, die unantastbar bleiben muss. Um dem vorzubeugen, hat man in Deutschland den Schutz des Persönlichkeitsrechts in zahlreichen Bundes- und Landesgesetzen geregelt.

Die Mitarbeiter von Stellen, die Daten verarbeiten, sind zur Geheimhaltung verpflichtet. Der Bürger hat – mit wenigen Ausnahmen – einen Anspruch darauf, von jeder Daten verarbeitenden Stelle Auskunft über die zu seiner Person gespeicherten Daten zu erhalten. Er kann die Berichtigung falscher, die Sperrung strittiger und die Löschung unzulässig erhobener Daten verlangen.

Auf Vorschlag der Bundesregierung wählt der Deutsche Bundestag mit absoluter Mehrheit den Bundesbeauftragten für den Datenschutz. Er wird vom Bundespräsidenten ernannt. Seine Aufgabe ist es, Regierung und Parlament in Gesetzgebungsverfahren datenschutzrechtlich zu beraten, den Umgang der Behörden des Bundes und der Anbieter von Telekommunikations- und Postdiensten mit personenbezogenen Daten zu kontrollieren und diesen Stellen Empfehlungen zur Verbesserung des Datenschutzes zu geben. Jeder Bürger, der sich durch öffentliche Stellen des Bundes und durch Unternehmen, die Telekommunikations- und Postdienste anbieten, in seinen Datenschutzinteressen verletzt fühlt, kann sich an den Bundesbeauftragten wenden. Alle zwei Jahre erstattet er dem Bundestag einen Tätigkeitsbericht.

Die deutsche Datenschutzgesetzgebung hat weltweit eine Vorreiterrolle. Sie hat dazu beigetragen, das öffentliche Bewusstsein für die Notwendigkeit des Schutzes des Persönlichkeitsrechts zu schärfen.

1995 wurde eine EU-Richtlinie zum Datenschutz geschaffen, die maßgeblich vom deutschen Recht beeinflusst wurde. Sie soll bis Ende 2000 in nationales Recht umgesetzt werden. Die Richtlinie wird die Rechtspositionen des Einzelnen vor allem gegenüber privaten Unternehmen verbessern. Die Entwicklung vor allem der großen Industrienationen hin zu einer Informationsgesellschaft hat es notwendig gemacht, den Bürgern auch hier einen speziellen Schutzrahmen für sein Persönlichkeitsrecht zu geben. Seit 1997 gibt es das Informations- und Kommunikationsdienstegesetz und seitens der Bundesländer einen Mediendienstestaatsvertrag. Damit ist Deutschland auch bezogen auf den Schutz des Persönlichkeitsrecht im Internet weltweit Vorreiter.

Parteien und Wahlen

In der modernen Demokratie haben miteinander konkurrierende politische Parteien konstitutive Bedeutung. Für eine bestimmte Zeit gewählt, erfüllen sie politische Führungsaufgaben und Kontrollfunktionen. Die Parteien spielen eine maßgebliche Rolle bei der Gestaltung der Politik.

Dem trägt das Grundgesetz Rechnung, das den Parteien einen eigenen Artikel (Art. 21) widmet. Er bestimmt: „Die Parteien wirken bei der politischen Willensbildung des Volkes mit. Ihre Gründung ist frei. Ihre innere Ordnung muss demokratischen Grundsätzen entsprechen. Sie müssen über die Herkunft ihrer Mittel öffentlich Rechenschaft geben."

Parteien im Bundestag. Seit den ersten gesamtdeutschen Wahlen 1990 sind im Deutschen Bundestag sechs Parteien vertreten. Es sind dies: die Christlich Demokratische Union Deutschlands (CDU), die Sozialdemokratische Partei Deutschlands (SPD), die Freie Demokratische Partei (FDP), die Christlich Soziale Union (CSU), die Partei des Demokratischen Sozialismus (PDS) und die Listenverbindung Bündnis 90/Die Grünen. Die CDU hat keinen bayerischen Landesverband, während die CSU nur in Bayern auftritt. Im Bundestag bilden CDU und CSU jedoch eine gemeinsame Fraktion. SPD, CDU, CSU und FDP entstanden zwischen 1945 und 1947 in den westlichen Ländern. Die SPD war eine Wiedergründung der gleichnamigen, früher

Gerhard Schröder ist der Vorsitzende der SPD

Die **neue** Mitte.

hauptsächlich von Arbeitnehmern gewählten Partei, die 1933 verboten worden war. Die anderen Parteien waren Neugründungen. Die Parteien CDU und CSU sprachen – im Unterschied zur alten katholischen Zentrumspartei der Weimarer Republik – Wähler aus beiden christlichen Konfessionen an. Die FDP knüpfte an die Tradition des deutschen Liberalismus an (siehe Grafiken, Seite 500).

Diese vier Parteien haben in den über fünf Jahrzehnten seit ihrer Gründung bedeutende Wandlungen durchgemacht. Auf Bundesebene haben sie im Lauf der Jahre alle einmal miteinander koaliert oder als Opposition gedient. Sie haben unterschiedliche Flügel, welche die vielfältigen Positionen in einer Volkspartei widerspiegeln.

Angela Merkel, die Vorsitzende der CDU

Von 1983 bis 1990 war die Partei „Die Grünen" im Bundestag vertreten. Sie war 1979 auf Bundesebene gegründet worden und zog im Lauf der Zeit auch in mehrere Landesparlamente ein. Die Partei, die zunächst Atomkraftgegner und Protestgruppen mit pazifistischen Tendenzen vereinigte, ist aus einer Umweltschutzbewegung hervorgegangen. Bei den Bundestagswahlen 1990 scheiterten die Grünen an der Fünfprozentklausel. Den Einzug in den Bundestag schaffte aber das mit ihnen auf einer Liste vereinigte „Bündnis 90", das in den ostdeutschen Ländern antrat.

Die Parteien „Bündnis 90" und „Die Grünen" haben sich im Mai 1993 unter dem Namen „Bündnis 90/Die Grünen" vereint und wurden 1994 in den Bundestag gewählt. 1998 wurde Bündnis90/Die Grünen viertstärkste Partei und bildete mit der SPD die Regierungskoalition; mit dem Außenminister stellt die Partei seither den Vize-Kanzler.

Edmund Stoiber, der Vorsitzende der bayerischen CSU

Die PDS ist die Nachfolgerin der früheren DDR-Staatspartei Sozialistische Einheitspartei Deutschlands (SED). Sie konnte sich im vereinten Deutschland nicht als größere politische Kraft etablieren. Die PDS kam 1990 – wie die Listenvereinigung Bündnis 90/Die Grünen – nur auf Grund einer Sonderregelung für die Parteien in den ostdeutschen Ländern – getrennte Anwendung der Fünfprozentklausel auf die ostdeutschen und die westdeutschen Länder – in den Deutschen Bundestag. Bei der Bundestagswahl von 1994 gelang der PDS der Einzug in den Deutschen Bundestag auf Grund von vier Direktmandaten in Berlin. Die gleiche Anzahl von Direktmandaten erreichte sie auch 1998, schaffte jedoch zugleich den Sprung über die Fünf-Prozent-Hürde und erwarb so den Status einer Fraktion.

Die Fünfprozentklausel. Von den 36 Parteien, die bei der ersten Bundestagswahl 1949 angetreten waren, sind heute nur noch vier übrig geblieben. Diese Konzentration geht in erster Linie auf eine 1953 eingeführte und 1957 verschärfte Sperrklausel zurück. Danach kommen nur diejenigen Parteien, die mindestens fünf Prozent der abgegebenen gültigen Zweitstimmen oder drei Direktmandate erreichen, ins Parlament. Das Bundesverfassungsgericht hat diese Klausel akzeptiert. Ziel dieser Regelung war, eine Zersplitterung der politischen Landschaft nach den Weimarer Erfahrungen zu vermeiden und regierungsfähige Mehrheiten zu ermöglichen.

Die Bundesvorsitzenden von Bündnis 90/Die Grünen, Renate Künast und Fritz Kuhn

Wolfgang Gerhardt ist der Vorsitzende der FDP

Bei der Vertretung von nationalen Minderheiten wird auf Landesebene auf die Sperrklausel verzichtet. So hat beispielsweise der Südschleswigsche Wählerverband, der die dänische Minderheit vertritt, drei Abgeordnete im Landtag von Schleswig-Holstein, obwohl er weniger als fünf Prozent der Stimmen erzielt. Ein von den Bundes- und Landtagswahlen abweichendes Bild bieten mitunter die Kommunalwahlen auf Kreis- und Gemeindeebene. Hier spielen die „Rathausparteien" als freie Wählergemeinschaften oder Einzelpersonen häufig eine wichtige Rolle.

Das Wahlsystem. Die Wahlen zu allen Volksvertretungen sind allgemein, unmittelbar, frei, gleich und geheim. Wahlberechtigt ist jeder Deutsche, der das 18. Lebensjahr vollendet hat, sich seit mindestens drei Monaten in Deutschland aufhält und nicht vom Wahlrecht ausgeschlossen ist; bei Vorliegen gewisser Voraussetzungen können auch im Ausland lebende Deutsche an der Wahl teilnehmen („aktives Wahlrecht"). Wählbar ist

Bundestagswahl 1998

Wahlberechtigte: 60 762 751

Partei	Gültige Zweitstimmen	Prozent	Abgeordnete
SPD	20 181 269	40,9	298
CDU	14 004 908	28,4	198
CSU	3 324 480	6,7	47
Bündnis 90/ Die Grünen	3 301 624	6,7	47
F.D.P.	3 080 955	6,2	43
PDS	2 515 454	5,1	36
Sonstige	2 899 822	5,9	–
Insgesamt	49 308 512		669
Ungültige Zweitstimmen	638 575	(1,3%)	

Die Wahlbeteiligung betrug 82,2%.

grundsätzlich jeder, der seit mindestens einem Jahr die deutsche Staatsbürgerschaft besitzt und am Wahltag das 18. Lebensjahr vollendet hat, nicht vom aktiven Wahlrecht ausgeschlossen ist oder infolge Richterspruchs die Wählbarkeit oder Amtsfähigkeit verloren hat („passives Wahlrecht"). Vorwahlen gibt es nicht. Die Kandidaten für die Wahlen werden in der Regel von den Parteien aufgestellt, Kandidaturen parteiloser Einzelbewerber sind jedoch möglich.

Das Wahlsystem zum Deutschen Bundestag ist ein „personalisiertes Verhältniswahlrecht". Jeder Wähler hat zwei Stimmen. Mit der ersten Stimme wählt er den Kandidaten seines Wahlkreises, und zwar nach relativem Mehrheitswahlrecht: Wer die meisten Stimmen erhält, ist gewählt (Erststimmen). Mit der zweiten Stimme entscheidet er über die Abgeordneten, die über die so genannten Landeslisten der Parteien in den Bundestag gelangen (Zweitstimmen). Die Stimmen aus den einzelnen Wahlkreisen und für die Landeslisten werden so verrechnet, dass der Bundestag nahezu im Verhältnis zur Stimmenverteilung für die einzelnen Parteien zusammengesetzt ist. Hat eine Partei in den Wahlkreisen mehr direkte Mandate errungen, als ihr nach ihrem Stimmenanteil zustehen würden, so darf sie diese „Überhangmandate" behalten, ohne dass ein Ausgleich für die anderen Parteien vorgenommen wird. In solchen Fällen hat der Bundestag mehr als die gesetzlich vorgesehene Anzahl von 656 Mitgliedern; deshalb gibt es derzeit 669 Abgeordnete.

Das Wahlrecht verfolgt mit den Landeslisten das Ziel, alle Parteien gemäß ihrem Stimmenanteil im Parlament vertreten zu sehen. Zum anderen gibt die Direktwahl im Wahlkreis dem Bürger die Chance, sich für bestimmte Politiker zu entscheiden. In der Regel beweist die Bevölkerung bei den Wahlen ein starkes Interesse. Bei der Bundestagswahl 1998 betrug die Wahlbeteiligung

Die Parteivorsitzende der PDS, Gabi Zimmer

**Wählerin an
der Wahlurne**

82,2 Prozent. Bei Landtags- und Kommunalwahlen gibt es jedoch starke Schwankungen in der Wahlbeteiligung.

Mitglieder und Finanzen. Nach dem Stand vom 31. Dezember 1999 hatten die im Bundestag vertretenen Parteien folgende Mitgliederzahlen: SPD 755 000, CDU 638 000, CSU 184 800, FDP 64 400, Bündnis 90/Die Grünen 50 300, PDS 94 000. Alle Parteien erheben von ihren Mitgliedern Beiträge. Damit können sie ihren Finanzbedarf aber nur zu einem Teil decken. Auch Spenden, die den Parteien von politischen Sympathisanten zufließen, reichen nicht aus. Sie bergen zudem die Gefahr in sich, dass insbesondere Großspender die Willensbildung der Partei beeinflussen könnten. Nach der Neuregelung der Parteienfinanzierung im Parteiengesetz, die am 1. Januar 1994 in Kraft getreten ist, erhalten die Parteien deshalb bei Bundestags-, Europa- und Landtagswahlen jährlich vom Staat für bis zu fünf Millionen gültige Stimmen 1,30 DM je Stimme. Für jede weitere Stimme gibt es eine DM. Außerdem werden fünfzig Pfennige für jede Mark gezahlt, die eine Partei über Mitgliedsbeiträge oder Spenden bekommt; dabei werden aber nur Zuwendungen bis zu 6000 DM je natürliche Person pro Jahr berücksichtigt. Diese Beträge dürfen die Einnahmen, die eine Partei pro Jahr erwirtschaftet, nicht übersteigen. Die jährlichen Zuwendungen dürfen für alle Parteien zusammen nicht höher als 245 Millionen DM sein (absolute Obergrenze). Die Höhe der staatlichen Teilfinanzierung darf bei einer Partei die Summe der jährlich selbst erwirtschafteten Einnahmen nicht überschreiten (relative Obergrenze).

Staat und Bürger

Innere Sicherheit

Die Aufrechterhaltung der öffentlichen Sicherheit und Ordnung ist eine zentrale Aufgabe des Staates. In der Bundesrepublik Deutschland wird diese Aufgabe sowohl von den Ländern als auch vom Bund wahrgenommen. Polizeiwesen und Polizeirecht sind im Wesentlichen Sache der Länder; nur in bestimmten Bereichen weist das Grundgesetz dem Bund eigene polizeiliche Kompetenzen zu.

Die Polizei der Länder. Die Polizeihoheit der Länder umfasst alle organisatorischen und personellen Angelegenheiten ihrer Landespolizeien. Zur Polizei gehören die Dienstzweige der Schutzpolizei, der Kriminalpolizei, der Bereitschaftspolizei und der Wasserschutzpolizei. Grundsätzlich ist die Schutzpolizei für die Gewährleistung der öffentlichen Sicherheit und Ordnung zuständig. Die Aufgaben reichen von der Gefahrenabwehr bis zur Strafverfolgung.

Aufgabe der Kriminalpolizei ist ebenfalls die Verhütung und Aufklärung von Straftaten. Während sich die Schutzpolizei in erster Linie um Fälle der leichteren und mittleren Kriminalität kümmert, gilt die Arbeit der Kriminalpolizei gefährlichen Verbrechen und Straftaten. Dabei handelt es sich in erster Linie um Tötungsdelikte, schwere Eigentumsdelikte sowie in zunehmendem Maße um Delikte organisierter Kriminalität. Bei der Strafverfolgung unterstützt die Polizei die Staatsanwaltschaft, die das Verfahren leitet. Die Kriminalpolizei verfügt – zum Teil mit der Schutzpolizei – über Spezialeinheiten. Sie werden vor allem zur Terroristenbekämpfung, bei Geiselnahmen, für Schutzmaßnahmen bei besonderen Ereignissen sowie für Observationen und Fahndungen eingesetzt.

Die Bereitschaftspolizeien der Länder, die in geschlossenen Einheiten eingesetzt werden, wurden per Verwaltungsabkommen zwischen Bund und Ländern eingerichtet, um in Fällen des inneren Notstands, bei Katastrophen- und Unglücksfällen sowie im Spannungs- und Verteidigungsfall verfügbar zu sein. Zudem sind in einigen Ländern die Bereitschaftspolizeien Ausbildungsstelle des Polizeinachwuchses. Darüber hinaus unterstützen sie den Polizeieinzeldienst bei Demonstrationen aller Art, Sport- und sonstigen Großveranstaltungen, bei der Verkehrsüberwachung, bei Razzien und Großfahndungen. Auch bei der Bekämpfung der organisierten Kriminalität kommen sie zum Einsatz. Der Bund stattet nach den Verwaltungsabkommen mit den Ländern die rund 16 500 Polizeivollzugsbeamtinnen und -beamten der Bereitschaftspolizeien insbesondere auch mit für länderübergreifende Einsätze geeigneten Führungs- und Einsatzmitteln aus.

Der Bundesgrenzschutz. Der Bundesgrenzschutz (BGS) ist eine Polizei des Bundes. Er nimmt im Sicherheitssystem der Bundesrepublik Deutschland bestimmte polizeiliche Aufgaben wahr und untersteht dem Bundesministerium des Innern. Das Gesetz über den Bundesgrenzschutz (BGSG) vom 19. Oktober 1994, geändert 1998, umschreibt zusammenfassend die Aufgaben des Bundesgrenzschutzes. Ferner sind in zahlreichen anderen Rechtsvorschriften Aufgaben des Bundesgrenzschutzes geregelt, zum Beispiel im Ausländergesetz. Zu den originären Aufgaben des Bundesgrenzschutzes gehören seine Tätigkeit als

Zollkontrolle in einem Warenlager

Grenzpolizei und seit 1992 auch die Aufgaben der Bahnpolizei sowie des Schutzes vor Angriffen auf die Sicherheit des Luftverkehrs auf den meisten Großflughäfen der Bundesrepublik Deutschland. Die grenzpolizeilichen Aufgaben des Bundesgrenzschutzes gewinnen zunehmend an Bedeutung vor dem Hintergrund der Öffnung besonders der östlichen Landesgrenzen, die nicht nur mehr Freizügigkeit für die Menschen in Europa mit stetiger Zunahme des grenzüberschreitenden Verkehrs bewirkt, sondern auch der grenzüberschreitenden Kriminalität neue Operationsfelder eröffnet hat (Beispiele hierfür sind neben der illegalen Zuwanderung vor allem die Schleuserkriminalität, die internationale Kfz-Verschiebung und die Rauschgiftkriminalität). Außerdem verlangt das am 26. März 1995 in Kraft getretene Schengener Durchführungsübereinkommen ein wirksames Grenzsicherheitssystem an der Schengen-Binnengrenze durch konsequente Kontrollen. Seit dem 1. September 1998 hat der Bundesgrenzschutz erweiterte Kontrollbefugnisse. Hiernach kann er nunmehr auch außerhalb des Dreißig-Kilometer-Grenzbereichs, auf dem Gebiet der Bahnanlagen und auf Verkehrsflughäfen lageabhängige Personenkontrollen zur Verhinderung oder Unterbindung der unerlaubten Einreise durchführen.

Daneben verfügt der Bundesgrenzschutz über Einsatzabteilungen (Verbände) als bereitschaftspolizeiliche Komponente zur Unterstützung eigener einzeldienstlicher Aufgaben und der Polizeien der Länder in besonderen Einsatzlagen wie zum Beispiel bei Großeinsätzen, Katastrophen und Unglücksfällen. Außerdem obliegen dem Bundesgrenzschutz der Schutz von Verfassungsorganen des Bundes und von Bundesministerien, Aufgaben auf der Nord- und Ostsee einschließlich des Umweltschutzes und schifffahrtpolizeiliche Tätigkeiten sowie zunehmend die Mitwirkung an internationalen polizeilichen Friedens-Missionen im Ausland unter der Verantwortung der Vereinten Nationen, der Westeuropäischen Union und anderer internationaler Organisationen.

Am 1. Januar 1998 wurde eine umfassende Neuorganisation des Bundesgrenzschutzes in Kraft gesetzt, die den veränderten polizeilichen und sicherheitspolitischen Rahmenbedingungen und den neuen Aufgabenfeldern des BGS Rechnung trägt.

Der Bundesgrenzschutz hat derzeit rund 30 000 voll ausgebildete Polizeivollzugsbeamte und -beamtinnen, 1800 polizeiliche Unterstützungskräfte für die grenzpolizeilichen Aufgaben und die Fluggastkontrolle und rund 6800 Zivilbeschäftigte für die umfangreichen Service- und Verwaltungsaufgaben.

Das Bundeskriminalamt. Das Bundeskriminalamt (BKA) hat seinen Sitz in Wiesbaden sowie Dienstorte in Meckenheim bei Bonn und Berlin. Durch die Bereitstellung von zentralen Einrichtungen, Sammlungen und Dienstleistungen unterstützt das BKA die Polizeien der Länder bei der Verhütung und Verfolgung von Straftaten insbesondere dann, wenn Straftäter über Länder- oder Staatsgrenzen hinweg agieren oder wenn es um Straftaten von erheblicher Bedeutung geht.

Das BKA sammelt Informationen und wertet sie für die polizeiliche Kriminalitätsbekämpfung sowie die strategische Analyse der Kriminalitätsentwicklung aus. Es ist zudem eine wichtige Institution für die Umsetzung von Methoden des Informationsmanagements in der polizeilichen Praxis sowie für kriminalistisch-kriminologische Forschung und kriminaltechnische und kriminalwissenschaftliche Forschung, Entwicklung und Erprobung.

In der internationalen polizeilichen Zusammenarbeit nimmt das BKA eine Schlüsselfunktion insbesondere als nationales Zentralbüro sowohl für die Internationale Kriminalpolizeiliche Organisation Interpol als auch für das Schengener Informationssystem und für Europol ein.

Hinsichtlich bestimmter, gesetzlich festgelegter Straftaten nimmt das BKA die polizeilichen Aufgaben auf dem Gebiet der Strafverfolgung wahr. Dies gilt zum Beispiel für international organisierten Waffen- und Rauschgifthandel, bei schweren Straftaten gegen Mitglieder von Verfassungsorganen oder deren Gäste sowie bei internationalen terroristischen Vereinigungen. In besonders gelagerten Einzelfällen übernimmt das Bundeskriminalamt Verfahren von den Bundesländern oder wird vom Generalbundesanwalt mit den Ermittlungen beauftragt. Das BKA ist auch – soweit erforderlich – für den Schutz seiner Zeugen zuständig. Mit der in Berlin ansässigen Sicherungsgruppe gewährleistet das Bundeskriminalamt den Schutz der Mitglieder der Verfassungsorgane des Bundes und deren Gäste.

Das BKA beschäftigt zur Erfüllung seiner Aufgaben rund 4600 Mitarbeiterinnen und Mitarbeiter, davon ungefähr die Hälfte im kriminalpolizeilichen Vollzugsdienst. Das BKA untersteht dem Bundesministerium des Innern.

Die Verfassungsschutzbehörden. Der Schutz der freiheitlichen demokratischen Grundordnung wird vom Grundgesetz

**In der Kölner
Verkehrsleit-
zentrale**

als Verfassungsschutz definiert. Um ihn wirksam gewährleisten zu können, sammeln die Verfassungsschutzbehörden des Bundes und der Länder Informationen über extremistische und sicherheitsgefährdende Bestrebungen und werten sie für die Bundes- und Landesregierungen, für Exekutivbehörden und für Gerichte aus. Ein weiteres Betätigungsfeld der Verfassungsschutzbehörden ist die Spionageabwehr, die Bekämpfung geheimdienstlicher Aktivitäten fremder Mächte auf dem Hoheitsgebiet der Bundesrepublik Deutschland. Verfassungsschutzbehörde des Bundes und gleichzeitig Zentralstelle zur Sammlung von Unterlagen für Zwecke des Verfassungsschutzes ist das Bundesamt für Verfassungsschutz (BfV) in Köln. Das BfV untersteht dem Bundesministerium des Innern. Es arbeitet mit den Landesbehörden für Verfassungsschutz zusammen. Der Verfassungsschutz hat keine polizeilichen Exekutivbefugnisse, darf also niemanden verhören oder verhaften. Ein Gesetz aus dem Jahr 1990 hat die Rechtsgrundlagen des Bundesverfassungsschutzes präzisiert und den Schutz der Persönlichkeitsrechte der Bürger gesichert.

Die Tätigkeit der Verfassungsschutzbehörden des Bundes und der Länder unterliegt einer genauen Kontrolle auf mehreren Ebenen: der Kontrolle durch die verantwortlichen Minister, durch die Parlamente und durch die Beauftragten für Datenschutz. Ergänzt werden diese Kontrollen durch die Möglichkeit, den Bürger belastende Einzelmaßnahmen gerichtlich überprüfen zu lassen. Eine faktische, wenn auch nicht rechtlich institutionalisierte Kontrollfunktion üben die Massenmedien Presse, Rundfunk und Fernsehen aus.

Die öffentlichen Finanzen

Zentrale Aufgabe der Finanzpolitik bleibt weiterhin die nachhaltige Sicherung der finanziellen Handlungsfähigkeit des Staates. Nur durch die Fortsetzung des konsequenten Konsolidierungskurses der Bundesregierung können ein Ausufern der Staatsverschuldung verhindert und Handlungsspielräume zurückgewonnen werden. Gleichzeitig können Bürger und Unternehmen bei Steuern und Abgaben entlastet werden. Damit werden die Nachfrage- und Angebotsbedingungen für eine dynamische Wirtschaftsentwicklung und einen lang anhaltenden Aufschwung weiter verbessert.

Außerdem ist der Abbau der Arbeitslosigkeit das erklärte oberste Ziel der Bundesregierung, auf das die Gesamtheit der finanzpolitischen Maßnahmen ausgerichtet ist. Die Steuerreform dient der Schaffung neuer Arbeitsplätze sowie der Entlastung kleiner und mittlerer Einkommen.

Die notwendige Haushaltskonsolidierung ist zudem ein Gebot der internationalen Solidarität im Rahmen der Europäischen Wirtschafts- und Währungsunion. Die Länder der Eurozone haben sich im Rahmen des Stabilitäts- und Wachstumspakts verpflichtet, mittelfristig ihre Haushalte nahe zum Ausgleich oder sogar zu Überschüssen zu bringen. Durch gemeinsame Anstrengungen für eine langfristig tragfähige Finanzlage in der Eurozone wird zudem die Basis für eine dauerhafte Geldwertstabilität und günstige gesamtwirtschaftliche Bedingungen geschaffen.

Die Haushaltspolitik des Bundes erschöpft sich jedoch nicht im Sparen. Zukunftsorientierte Aufgaben werden insbesondere im Bereich von Forschung, Bildung und Wissenschaft gestärkt.

Die Verteilung der Aufgaben. Die Bundesrepublik Deutschland gliedert sich in Bund, Länder und Gemeinden. Diesen Gebietskörperschaften sind nach dem Grundgesetz ganz bestimmte, auf ihren Bereich abgestellte Aufgaben zugewiesen. Für diese müssen sie grundsätzlich die Ausgaben tragen. Deshalb fließen die Mittel, die vom Staatsbürger für die öffentlichen Aufgaben aufgebracht werden, nicht in eine gemeinsame Kasse, sondern sie werden auf Bund, Länder und Gemeinden aufgeteilt. Die unterste und zugleich kleinste Verwaltungseinheit, in der öffentliche Leistungen erbracht werden, ist die Gemeinde. Die Zuweisung der Aufgaben an die Kommunen bleibt landesinternen Regelungen vorbehalten. Zu ihren Selbstverwaltungsaufgaben gehört grundsätzlich alles, was unmittelbar die örtliche Gemeinschaft und die einzelnen Gemeindemitglieder angeht, insbesondere die Wasserver- und -entsorgung oder die Abfallbeseitigung, die Unterhaltung der Gemeindestraßen, die örtliche Wohlfahrtspflege und Gesundheitsdienste sowie Bau und Unterhaltung von Grund- und Hauptschulen.

Den Ländern ist die Erfüllung aller staatlichen Aufgaben übertragen, es sei denn, das Grundgesetz trifft ausdrücklich eine andere Regelung oder lässt eine solche zu. Die wichtigsten Aufgaben der Länder erstrecken sich auf das Gebiet der Kultur, in erster Linie auf das Schul- und Bildungswesen. In ihren Verantwortungsbereich fallen außerdem die Rechtspflege, die Polizei und das öffentliche Gesundheitswesen.

Bedeutende Aufgaben- und damit Finanzierungslasten trägt der Bund (siehe Grafik, S. 501). Ihm sind nach dem Grundgesetz all jene Aufgaben zugewiesen, die den Bestand des Gesamtstaates unmittelbar sichern. So obliegt ihm die Verantwortung für die soziale Sicherheit, die Landesverteidigung, die auswärtigen Angelegenheiten, die innere Sicherheit, den Bau von Bundesautobahnen und Bundesfernstraßen, das Nachrichtenwesen, die Großforschung und die Förderung der Wissenschaft. Zuständigkeiten besitzt der Bund auch in den Bereichen Energie und Wirtschaftsförderung, Landwirtschaft, Wohnungs- und Städtebau, Umweltschutz sowie wirtschaftliche Zusammenarbeit mit den Entwicklungsländern. Darüber hinaus gibt es noch die Ge-

In jahrelanger Arbeit wurde das Frankfurter Kreuz den modernen Verkehrserfordernissen angepasst

meinschaftsaufgaben, die vom Bund und den Ländern gemeinsam geplant und finanziert werden. Dazu gehören der Aus- und Neubau von Hochschulen, die Verbesserung der regionalen Wirtschaftsstruktur, der Agrarstruktur und des Küstenschutzes sowie die Zusammenarbeit bei der Bildungsplanung und Wissenschaftsförderung. Eine vierte Ebene gewinnt neben den drei nationalen Verwaltungsebenen immer mehr an Bedeutung: die Europäische Union.

Die Finanzplanung. Nach dem Gesetz zur Förderung der Stabilität und des Wachstums der Wirtschaft aus dem Jahre 1967 sind der Bund und die Länder verpflichtet, ihre Haushaltspolitik an den wirtschaftspolitischen Hauptzielen zu orientieren. Diese Ziele sind: Stabilität des Preisniveaus, hoher Beschäftigungsgrad, außenwirtschaftliches Gleichgewicht und stetiges, angemessenes Wirtschaftswachstum („Magisches Viereck"). Der Bund und die Länder müssen für ihre Bereiche eine Finanzplanung aufstellen, in der die Einnahmen und Ausgaben dieser Haushalte für einen Zeitraum von fünf Jahren einander gegenübergestellt werden.

Diese mehrjährige Finanzplanung dient dem Zweck, die öffentlichen Einnahmen und Ausgaben mit den volkswirtschaftlichen Möglichkeiten und Erfordernissen abzustimmen. Die Ausgaben der öffentlichen Hand sollen in einer nach Dringlichkeit geordneten Rangfolge mit den gesamtwirtschaftlich vertretbaren Finanzierungsmöglichkeiten in Einklang gebracht werden. Auch die Gemeinden müssen eine mittelfristige Finanzplanung erstellen.

Die große Bedeutung der öffentlichen Haushalte erfordert eine enge Abstimmung der Haushaltsgestaltung aller Verwaltungsebenen. Das wichtigste Organ der freiwilligen Zusammenarbeit ist der 1968 geschaffene Finanzplanungsrat. An ihm sind Bund,

Finanzminister Hans Eichel und Bundeskanzler Gerhard Schröder

Länder, Gemeinden und die Deutsche Bundesbank beteiligt.
Vor dem Hintergrund der haushaltspolitischen Vorgaben des
Vertrages von Maastricht, der die Teilnehmerstaaten verpflichtet, die Staatsschulden und das Staatsdefizit zu begrenzen, gewinnt die Koordinierungsfunktion des Finanzplanungsrates zusätzliche Bedeutung. Auch der Konjunkturrat für die öffentliche
Hand hat koordinierende und beratende Funktionen.

Die Verteilung der Einnahmen. Damit der Bund, die Länder
und Gemeinden ihre Aufgaben erfüllen können, müssen sie
über entsprechende finanzielle Mittel verfügen. So breit gefächert die staatlichen Aufgaben sind, so vielfältig sind auch die
Quellen, aus denen die Mittel dafür fließen. Die wichtigste Einnahmequelle sind die Steuern. Die Steuereinnahmen der Gebietskörperschaften beliefen sich 1999 auf 886,1 Milliarden DM.
Davon entfielen auf die EU 4,5 Prozent, den Bund 42,5, auf die
Länder 40,6 und auf die Gemeinden 12,4 Prozent.

Die Verteilung der Steuereinnahmen muss der Zuordnung der
Aufgaben auf die drei Ebenen der öffentlichen Verwaltung gerecht werden. Die Steuern vom Einkommen und vom Umsatz
sind „Gemeinschaftsteuern"; sie werden nach festgelegten (und
bei der Umsatzsteuer in Abständen neu auszuhandelnden)
Schlüsseln zwischen Bund und Ländern aufgeteilt. Einen Teil
der Einkommensteuer erhalten die Gemeinden. Sie müssen
dafür einen Teil der Gewerbesteuer, die früher eine reine Kom-
munalsteuer war, an Bund und Länder abführen. Außerdem
sind die Gemeinden seit der Abschaffung der Gewerbekapital-
steuer zum 1. Januar 1998 am Umsatzsteueraufkommen beteiligt.

Aus dem Steueraufkommen des Bundes werden die deutschen Ab-
führungen an den Haushalt der Europäischen Union geleistet.
Zölle und Agrarabschöpfungen werden entsprechend ihrem
Aufkommen nach Brüssel überwiesen. Darüber hinaus erhält
die Europäische Union Mehrwertsteuer-Eigenmittel auf der Basis einer für alle Mitgliedstaaten gleichermaßen definierten Be-
messungsgrundlage. Der durch diese Einnahmen nicht gedeck-
te Teil der Ausgaben der EU wird durch Eigenmittel ausgeglichen, bei denen die Beiträge der Mitgliedstaaten entsprechend ihrem Anteil am Gesamtbruttosozialprodukt der EU zu
Marktpreisen berechnet werden.

Andere Steuern stehen jeweils einer einzigen Verwaltungsebene zu.
Bundessteuern sind die Versicherungsteuer und sämtliche Ver-

brauchsteuern mit Ausnahme der Biersteuer (zum Beispiel die Mineralölsteuer und die Tabaksteuer).

Die Länder verfügen über das Aufkommen aus der Kraftfahrzeugsteuer, der Erbschaftsteuer, der Biersteuer, der Grunderwerbsteuer, der Rennwett- und Lotteriesteuer sowie der Feuerschutzsteuer.

Die Gemeinden erhalten die Mittel aus der Gewerbesteuer abzüglich des Anteils von Bund und Ländern, der Grundsteuer und den örtlichen Verbrauch- und Aufwandsteuern.

Der größte Anteil am gesamten Steueraufkommen entfällt mit knapp 45 Prozent auf die Steuern vom Einkommen einschließlich Körperschaftsteuer. Für den Durchschnittsbürger ist die Lohnsteuer besonders wichtig. Bei den Arbeitnehmern, also den Arbeitern, Angestellten und Beamten, wird die Lohnsteuer bereits bei den laufenden Lohn- und Gehaltszahlungen vom Arbeitgeber einbehalten und an das Finanzamt abgeführt. Der Steuersatz steigt mit dem Einkommen; er beträgt nach dem Einkommensteuertarif 2000 mindestens 22,9 und höchstens 51 Prozent des zu versteuernden Einkommens. Einkünfte bis rund 13 500 DM bei Alleinstehenden beziehungsweise rund 27 000 DM bei Verheirateten im Jahr bleiben steuerfrei. Die Steuerreform führt bis zum Jahr 2005 zu weiteren spürbaren Entlastungen für alle Arbeitnehmer. Der steuerfreie Grundfreibetrag wird auf rund 15 000 DM für Alleinstehende und rund 30 000 DM für Verheiratete steigen. Die Steuersätze werden auf mindestens 15 und höchstens 45 Prozent gesenkt.

Zweitgrößter Einnahmeposten des Fiskus ist die Umsatzsteuer (Mehrwertsteuer und Einfuhrumsatzsteuer). Auf sie entfällt fast ein Drittel des gesamten Steueraufkommens. Mineralöl- und Gewerbesteuer machen rund acht beziehungsweise sechs Prozent der Steuereinnahmen aus.

Der Finanzausgleich. Die Finanzkraft der einzelnen Länder ist sehr unterschiedlich, weil diese sich in ihren natürlichen Bedingungen und ihrer Wirtschaftsstruktur stark unterscheiden. So stehen finanzstarken Ländern wie Baden-Württemberg, Bayern, Hamburg, Hessen oder Nordrhein-Westfalen finanzschwache Ländern insbesondere im Osten Deutschlands gegenüber. Die Unterschiede in der Finanzkraft werden durch einen gesamtdeutschen Finanzausgleich gemildert. Dieser mehrstufige Ausgleich erfolgt über eine differenzierte Verteilung des Länderanteils an der Umsatzsteuer unter den Ländern, durch Ausgleichs-

zahlungen der finanzstarken an die finanzschwachen Länder
sowie anschließende Ergänzungszuweisungen des Bundes.

Ein „vertikaler Finanzausgleich" findet zwischen Ländern und Kommunen statt. Die Steuereinnahmen und sonstigen Einnahmen
reichen den Kommunen nicht zur Erfüllung ihrer Aufgaben.
Die Kommunen sind deshalb auf Zuweisungen der Länder angewiesen. Diese Zuweisungen sind zum Teil zweckgebunden,
zum Teil können die Kommunen frei über sie verfügen. Dieser
kommunale Finanzausgleich ist so angelegt, dass er in jedem
Land die Unterschiede zwischen steuerstarken und steuerschwachen Kommunen abmildert.

Verschuldung und Kontrolle der staatlichen Finanzen.
Neben den Steuereinnahmen ist die Kreditaufnahme eine weitere Möglichkeit zur Finanzierung der öffentlichen Ausgaben.
Vor allem in den Siebzigerjahren und seit der deutschen Vereinigung mussten die Finanzminister des Bundes und der Länder
sich trotz äußerster Sparsamkeit immer stärker an den Kapitalmärkten bedienen. Die öffentlichen Haushalte der Bundesrepublik waren 1999 mit der Rekordsumme von insgesamt 2,291 Billionen DM verschuldet: Das waren pro Einwohner 27 907 DM.
Die Neuverschuldung des Bundes betrug 1999 insgesamt 51,3
Milliarden DM. Längerfristiges Ziel der Finanzpolitik des Bundes ist es, bis zum Jahr 2006 einen ausgeglichenen Haushalt ohne Neuverschuldung aufzustellen (siehe Grafik, S. 501). Nach
2006 muss die Verschuldung des Bundes schrittweise abgebaut
werden. Dies ist der wichtigste Beitrag der Finanzpolitik zur Solidarität unter den Generationen.

Die Kontrolle der Haushalts- und Wirtschaftsführung von Bund und
Ländern ist in Deutschland dem Bundesrechnungshof und den
Rechnungshöfen der 16 Länder übertragen. Dies entspricht
dem föderalen Aufbau Deutschlands und dem Verfassungsgrundsatz der Selbstständigkeit und Unabhängigkeit der Haushaltswirtschaft von Bund und Ländern.

Der Bundesrechnungshof als unabhängiges Organ der staatlichen
Finanzkontrolle prüft die Haushalts- und Wirtschaftsführung
des Bundes. Dabei achtet er darauf, dass öffentliche Mittel wirtschaftlich und ordnungsgemäß eingesetzt werden. Der Bundesrechnungshof berichtet über das Ergebnis seiner Prüfungen
jährlich dem Bundestag, dem Bundesrat sowie der Bundesregierung. Dieser Bericht dient auch zur Entlastung der Regierung
durch das Parlament.

Gemeinwohl und Einzelinteresse

Der öffentliche Dienst umfasst die bei Bund, Ländern und Kommunen sowie bei anderen Körperschaften, Anstalten und Stiftungen des öffentlichen Rechts Beschäftigten. Am 30. Juni 1999 waren insgesamt knapp 5,0 Millionen Mitarbeiter im öffentlichen Dienst beschäftigt. Hiervon waren 1,88 Millionen (37,9%) Beamte, Richter und Soldaten, 2,37 Millionen (47,8%) Angestellte und 0,71 Millionen (14,3%) Arbeiter. Auf den Bund entfielen 10,3 Prozent aller Beschäftigten, auf die Länder 46,5 Prozent, auf die Kommunen 32,4 Prozent, auf den mittelbaren öffentlichen Dienst 9,2 Prozent und auf das Bundeseisenbahnvermögen 1,6 Prozent. Mit einer Teilzeitquote von 24,3 Prozent (Stand: Gebietskörperschaften 1999) nimmt der öffentliche Dienst eine Vorreiterrolle gegenüber der Privatwirtschaft ein. Auch bei der Beschäftigung von Frauen hebt sich der öffentliche Dienst mit einer Quote von 52,3 Prozent deutlich gegenüber der Privatwirtschaft ab.

Wie die Modernisierung der Verwaltung insgesamt ist auch die Modernisierung des öffentlichen Dienstrechts zu einem innenpolischen Schwerpunkt vor allem durch folgende, im Laufe der Jahre und Jahrzehnte immer wieder veränderte Rahmenbedingungen geworden:

— angespannte Lage der öffentlichen Haushalte

— Ausweitung der Staatstätigkeit, insbesondere im Bereich der Leistungsverwaltung

— Auswirkungen der veränderten demographischen Entwicklung auf die ausschließlich vom Staat zu tragende Versorgung der Beamten, Richter und Soldaten.

Die für die Haushaltskonsolidierung notwendigen Einsparungen – insbesondere der erforderliche Stellenabbau – verlangen einen öffentlichen Dienst, der mehr leistet und weniger kostet.

Das Leistungspotential des einzelnen Mitarbeiters bestmöglich auszuschöpfen, ist daher das vorrangige Ziel der Modernisierung des öffentlichen Dienstrechts.

Mit der Verabschiedung der Gesetze zur Dienstrechts- und zur Versorgungsreform in den Jahren 1997 und 1998 sind erste Schritte zur erforderlichen Modernisierung und Weiterentwicklung des öffentlichen Dienstes unternommen sowie Maßnahmen zur Minderung künftiger Versorgungslasten getroffen worden. Sie sind allerdings nicht ausreichend. Deshalb werden derzeit Erfahrungsberichte in Zusammenarbeit mit den Ländern und Kommunen unter Beteiligung der Gewerkschaften und Berufsverbände erstellt, um die Effizienz der erfolgten Neuregelungen besser bewerten und anschließend präziser den weiteren gesetzgeberischen Handlungsbedarf feststellen zu können.

Im Bereich der Versorgung hängt die weitere Entwicklung zudem von den Maßnahmen ab, die zur Reform der gesetzlichen Rentenversicherung vorgesehen werden, da die Bundesregierung bestrebt ist, die Altersicherungssysteme im Gleichklang zu reformieren.

Unabhängig vom noch ausstehenden Ergebnis der Erfahrungsberichte soll zur Umsetzung der Vorgaben des Leitbildes „aktivierender Staat" und des Programms „Moderner Staat - moderne Verwaltung" das Besoldungsrecht zugunsten aller Dienstherren flexibilisiert werden. Durch ein Besoldungsstrukturgesetz sollen die bundeseinheitlichen Vorgaben in der Beamtenbesoldung vermindert und größere Gestaltungsspielräume für die Dienstherren eröffnet werden, um im Personalbereich differenzierter handeln zu können. Darüber hinaus werden den Mitarbeitern neue Perspektiven eröffnet und ihr Leistungswille gefördert.

Verbände. Handfeste materielle Interessen ihrer Mitglieder gegenüber dem Staat und seinen Institutionen vertreten die Verbände. Dazu zählen vor allem die großen Verbände der Arbeitnehmer und Arbeitgeber, aber auch viele andere Organisationen, die berufliche, wirtschaftliche oder soziale Interessen vertreten. So haben sich beispielsweise Hauseigentümer, Mieter, Frauengruppen, Kriegsopfer oder Autofahrer in Verbänden zusammengeschlossen. Auch Minderheiten haben sich organisiert. Die Verbände stützen sich auf sachkundige Mitarbeiter, betreiben Öffentlichkeitsarbeit, um die Bürger für ihre Anliegen günstig zu stimmen.

Der Sachverstand vieler Verbände kann auch bei der Vorbereitung neuer Gesetze nutzbar gemacht werden. Ihr Einfluss ist bedeutend, doch wäre es übertrieben, von einer „Herrschaft der Verbände" in der Bundesrepublik Deutschland zu sprechen.

„Fluglärm macht krank": Demonstration gegen den Ausbau des Frankfurter Flughafens

Bürgerinitiativen. Eine recht neue Form von Zusammenschlüssen sind die Bürgerinitiativen, die seit Beginn der Siebzigerjahre in Deutschland aktiv geworden sind. Meist schließen sich dabei Bürger zusammen, um auf die Beseitigung eines Missstandes hinzuwirken, weil sie sich von Behörden und Parlamenten nicht hinreichend unterrichtet und beachtet fühlen. Die meisten Bürgerinitiativen entstehen spontan; häufig verfolgen sie ein im persönlichen Lebensbereich ihrer Mitglieder angesiedeltes Ziel. Dabei kann es um die Rettung alter Bäume gehen, die einer neuen Straße weichen sollen, um fehlende Kinderspielplätze oder um die Verhinderung eines Flughafenausbaus. Oft kommt es vor, dass Bürgerinitiativen einander widersprechende Ziele verfolgen. So werden die einen für den Bau einer Umgehungstraße zur Verkehrsberuhigung aktiv, während die anderen dasselbe Projekt aus Gründen des Naturschutzes ablehnen.

Die Bundesregierung begrüßt und unterstützt Aktivitäten, die sich mit Missständen und Problemen in der Gesellschaft auseinander setzen und konstruktiv an einer Problemlösung mitarbeiten. Das Grundrecht der Versammlungsfreiheit gewährt allen Deutschen das Recht, friedliche Demonstrationen zu veranstalten und an solchen teilzunehmen. Die letzte Entscheidung über umstrittene Projekte liegt jedoch bei den demokratisch legitimierten Regierungen und Parlamenten. Diese sind verpflichtet, bei ihren Entscheidungen das Allgemeinwohl zu beachten. Deshalb ist es wichtig, dass sich Bürger und Bürgerinitiativen möglichst frühzeitig aktiv an der Vorbereitung staatlicher Entscheidungen, vor allem im Bereich der Planung, beteiligen. In einer Reihe von Gesetzen, wie dem Bundesbaugesetz, ist eine solche Beteiligung vorgesehen.

Deutschland in der Welt

Grundzüge deutscher Außenpolitik

Die Rahmenbedingungen für die deutsche Außenpolitik haben sich an der Schwelle zum 21. Jahrhundert grundlegend verändert. Deutschland ist wieder vereinigt und außenpolitisch souverän. Seine sicherheitspolitische Lage hat sich entscheidend verbessert. Deutsche Außenpolitik ist und bleibt Friedenspolitik, bleibt dem Ziel der globalen Zukunftssicherung verpflichtet.

Das Ende der Ost-West-Konfrontation hat eine neue Freiheit für alle Staaten geschaffen, die einst im ideologischen Spannungsfeld standen. Früher undenkbare Formen der Zusammenarbeit sind jetzt möglich, in Gesamteuropa und in der Welt.

Das vereinte Deutschland inmitten Europas, als Exportnation in die Weltwirtschaft integriert, profitiert in besonderem Maße von diesen neuen Chancen. In einer immer stärker verflochtenen Welt ist eine nationale Abschottung nicht mehr möglich. Wichtigster Ausdruck dieses Wandels ist die Globalisierung, die durch Internationalisierung der Kommunikation und des Wirtschaftens die nationalen Grenzen hinter sich lässt.

In ganz Europa haben Demokratie, Rechtstaatlichkeit und Marktwirtschaft entscheidende Fortschritte gemacht. Gleichzeitig haben Europa und andere Weltregionen in den letzten Jahren aber auch den Ausbruch offener kriegerischer Auseinandersetzungen innerhalb ihrer eigenen Grenzen erleben müssen. Die Schaffung einer stabilen und dauerhaften Friedensordnung in ganz Europa, die weitere Zivilisierung und Verrechtlichung der internationalen Beziehungen, insbesondere die Entwicklung und der Ausbau wirksamer Strategien der Konfliktprävention und friedlicher Konfliktregelung gehören daher zu den bleibenden prioritären Aufgaben deutscher Politik. Ihre Grundlagen sind das Eintreten für die Menschenrechte, Dialogbereitschaft, Gewaltverzicht und Vertrauensbildung.

Die Erfahrungen aus der eigenen Geschichte haben Deutschland in besonderer Weise dem freiheitlichen Rechtsstaat und den Menschenrechten verpflichtet. Die deutsche Politik richtet sich daher weltweit an den Prinzipien der Menschenrechte und der Menschenwürde aus, sie will damit der Stabilität, dem Frieden und der Entwicklung dienen. Globale Problemstellungen wie eine nachhaltige Entwicklung in den Partnerländern im Süden und Osten, die Erhaltung einer lebenswerten Welt, die Eindämmung ungeregelter Migration, grenzüberschreitender Kriminalität und der Verbreitung von Massenvernichtungswaffen sind die Schlüsselthemen des 21. Jahrhunderts, die einzelne Staaten allein nicht mehr lösen können.

Deutschland ist bereit, in dieser sich wandelnden Welt größere Verantwortung zu übernehmen. Der Handlungsrahmen für die deutsche Außenpolitik bleibt dabei der enge Verbund mit den Partnern in der Europäischen Union und im Atlantischen Bündnis sowie die Mitwirkung in internationalen Organisationen, insbesondere den Vereinten Nationen und der Organisation für Zusammenarbeit in Europa (OSZE).

Daraus ergeben sich folgende Schwerpunkte für das außenpolitische Handeln Deutschlands:

— der weitere Ausbau der Europäischen Union, die sich zu einem in allen Bereichen handlungsfähigen Partner im globalen Umfeld entwickeln muss,

— die Sicherung des Friedens, der Demokratie und des Wohlstands in ganz Europa, unter anderem durch Vertiefung und Erweiterung der Europäischen Union,

— die Stärkung der gesamteuropäischen Zusammenarbeit in der OSZE,

— die stetige Weiterentwicklung der Atlantischen Allianz und der transatlantischen Zusammenarbeit, in deren Rahmen Europa immer mehr eigene Verantwortung übernehmen muss,

— die Stärkung der internationalen Organisationen, allen voran der Vereinten Nationen, und eine aktive Rolle Deutschlands in diesen Organisationen,

Der französische Ministerpräsident Jospin und Bundeskanzler Schröder in Berlin (Juni 2000)

— die Förderung und weltweite Achtung der Menschenrechte,
— die Erhaltung einer bewohnbaren und lebenswerten Welt für künftige Generationen,
— der Ausbau der partnerschaftlichen Zusammenarbeit mit den an die EU angrenzenden Regionen, insbesondere des Mittelmeerraums und des Nahen Ostens im Interesse von Entwicklung und Stabilität,
— die intensive Zusammenarbeit mit den Staaten Subsahara-Afrikas als einer Schwerpunktregion der deutschen Entwicklungspolitik.

Maßgebliche Grundlage des außenpolitischen Gewichts und der Handlungsfähigkeit Deutschlands bleibt die Leistungskraft seiner Wirtschaft.

Die Rolle Deutschlands als eine der führenden Exportnationen und als Standort zukunftsfähiger Industrien muss gesichert werden. Als einer der großen Industrie- und Handelsstaaten mit weltweiten Verflechtungen ist Deutschland auf ein gut funktionierendes Weltwirtschaftssystem angewiesen, das den ökologischen und sozialen Interessenausgleich dabei nicht aus dem Auge verliert. Wiederholte Krisen der internationalen Finanzmärkte haben die Interdependenz der Volkswirtschaften mit ihrem beträchtlichen sozialen Destabilisierungspotenzial deutlich werden lassen.

Die Stärkung der internationalen Institutionen im Bereich des Handels und der Finanzen und die Schaffung eines verbindlichen, an marktwirtschaftlichen Prinzipien orientierten Rechtsrahmens für die globale Wirtschaft liegt im deutschen Interesse.

Die Bundesrepublik Deutschland will ihren Beitrag zum friedlichen Fortschritt in der Welt und zu einem fairen Interessenausgleich zwischen Nord und Süd leisten. Deutsche Außenpolitik bleibt dem Ziel einer globalen nachhaltigen Entwicklung verpflichtet. Gegenwärtig unterhält Deutschland diplomatische Beziehungen mit nahezu allen Staaten der Welt. Es verfügt über mehr als 200 Auslandsvertretungen, darunter 12 Vertretungen bei zwischen- und überstaatlichen Organisationen.

Das Atlantische Bündnis und die Bündnispartner. Das Atlantische Bündnis (NATO) war und bleibt die unentbehrliche Grundlage für die Sicherheit seiner Mitglieder in Europa und Nordamerika. Die Bundesrepublik Deutschland wurde 1955 Mitglied der NATO. Die Veteidigungsbereitschaft und -fähigkeit aller NATO-Mitgliedstaaten hat über die Jahrzehnte hinweg die Existenz der freiheitlichen Demokratien gewährleistet. Dabei verfolgte die NATO das im Harmel-Bericht 1967 verabschiedete Doppelkonzept von gesicherter Verteidigung und Dialogbereitschaft gegenüber den Staaten des ehemaligen Warschauer Paktes. Es war nicht zuletzt das Bündnis, das den Wandel in Europa und in Deutschland entscheidend mitherbeigeführt hat.

Inzwischen hat der politische Wandel in Europa zur Überwindung der Konfrontation zwischen Ost und West geführt. Die grundlegend veränderte sicherheitspolitische Landschaft hat auch die NATO vor neue Herausforderungen gestellt und neue Chancen eröffnet. Insbesondere hat die gesamteuropäische Sicherheitskooperation für das Bündnis einen hohen Stellenwert erlangt. Diese europaweite Zusammenarbeit hat in den Jahren seit 1990 eine zunehmend differenzierte und vielfältige Gestalt gewonnen.

Dem Euro-Atlantischen Partnerschaftsrat (entstanden aus dem auf deutsch-amerikanische Anregung gegründeten Nordatlantischen Kooperationsrat) gehören neben den NATO-Staaten 27 Partnerstaaten an, darunter alle Länder des ehemaligen Warschauer Paktes und die Nachfolgestaaten der Sowjetunion. Dieser Rat tritt regelmäßig zusammen und demonstriert die Bereitschaft des Bündnisses zu einer umfassenden Sicherheitspartnerschaft in Europa. In der 1994 gegründeten Partnerschaft für

Der britische Premierminister Tony Blair und Bundeskanzler Schröder in London

den Frieden (PfP) pflegt das Bündnis die enge politische und militärische Zusammenarbeit mit 27 Partnerstaaten, unter anderem für den Bereich internationaler Friedensmissionen. PfP ermöglicht den Partnerstaaten auch die Entsendung von Personal in Dienststellen der NATO und die Teilhabe an einen der NATO-Streitkräfteplanung angelehnten Planungs- und Überprüfungsprozess.

Im Mai 1997 wurde mit der Unterzeichnung der NATO-Russland-Grundakte das Fundament für eine vertiefte Sicherheitspartnerschaft der Allianz mit Russland gelegt. Es wurde der Ständige Gemeinsame NATO-Russland-Rat ins Leben gerufen, der nach einer Unterbrechung der Zusammenarbeit aufgrund von Meinungsverschiedenheiten in der Kosovo-Krise 1999 seine Funktion als Mechanismus für Konsultation und Koordination Anfang 2000 wieder aufgenommen hat.

Auch mit der Ukraine baut das Bündnis seine Zusammenarbeit weiter aus. Im Juli 1997 wurde in Madrid die Charta über eine ausgeprägte Partnerschaft zwischen der NATO und der Ukraine unterzeichnet, auf deren Grundlage die NATO-Ukraine-Kommission ihre Arbeit aufgenommen hat.

Teil dieses kooperativen Gesamtansatzes ist auch die Öffnung des Atlantischen Bündnisses für neue Mitglieder. So wurden Polen, Tschechien und Ungarn beim NATO-Gipfel im April 1999 in Washington feierlich als neue Mitglieder begrüßt. Gleichzeitig bekräftigten die Staats- und Regierungschefs der Allianz die Offenheit des Bündnisses für weitere neue Mitglieder („Die neuen Mitglieder werden nicht die letzten sein") und beschlossen einen Aktionsplan für Mitgliedschaft (MAP) für die Länder, die ausdrücklich einen Beitrittswunsch geäußert hatten (Rumänien, Bulgarien, Slowenien, Slowakische Republik, Estland, Lettland, Litauen, Albanien, Mazedonien).

Bei ihrem Gipfeltreffen in Washington im April 1999 – 50 Jahre nach Gründung der NATO – nahm die Allianz eine grundlegende Neubestimmung ihrer Rolle, der Aufgaben und ihres Selbstverständnisses im gewandelten Sicherheitsumfeld in Europa vor. Im neuen Strategischen Konzept wurde als grundlegende Sicherheitsaufgabe die Stärkung von Sicherheit und Stabilität des gesamten euro-atlantischen Gebietes durch Partnerschaft und Kooperation sowie Konfliktverhütung und Krisenbewältigung verankert. Zugleich wurde die Schlüsselbedeutung der kollektiven Verteidigung und des Erhalts einer starken transatlantischen Bindung für das Bündnis bestätigt. Durch die Stationierung von Friedenstruppen im Kosovo (KFOR), der NATO-Luftoperationen vorangegangen waren, trägt die NATO entscheidend zum Ziel der internationalen Gemeinschaft bei, die Grundlage für dauerhaften Frieden und Stabilität im Kosovo zu schaffen. Auch in Bosnien-Herzegowina setzt die NATO mit dem Einsatz der NATO-geführten internationalen Friedenstruppe SFOR (Stabilisation Force) ihre Bemühungen zur Implementierung der Friedensvereinbarung von Dayton erfolgreich fort.

Zentrale Aufgaben der deutschen Außen- und Sicherheitspolitik bleiben darüber hinaus Abrüstung, Rüstungskontrolle und Nichtverbreitung. Sie dienen dazu, Waffenpotenziale zu begrenzen und, wo möglich, zu reduzieren und durch Zusammenarbeit und Transparenz in militärischen und sicherheitspolitischen Fragen Vertrauen zwischen den Staaten zu schaffen.

Auf konventionellem Gebiet zählen zu den wichtigsten Instrumenten der kooperativen Rüstungskontrolle:

— der „Vertrag über die konventionellen Streitkräfte in Europa" (KSE), in dessen Rahmen bereits über 50 000 schwere Waffen in Europa beseitigt wurden und der am 19.11.1999 am Rande des OSZE-Gipfels in Istanbul durch ein von den Staats- und Regierungschefs der 30 Mitgliedstaaten unterzeichnetes Übereinkommen an die neuen sicherheitspolitischen Gegebenheiten in Europa angepasst wurde

— das Folgeabkommen über Personalbegrenzungen (KSE Ia) von 1992

— das „Wiener Dokument" über vertrauens- und sicherheitsbildende Maßnahmen zwischen den OSZE-Mitgliedstaaten, das 1999 ebenfalls weiterentwickelt und verbessert wurde

— der OSZE-Verhaltenskodex über politisch-militärische Aspekte der Sicherheit

— der „Vertrag über den Offenen Himmel" von 1992, der den Luftraum der Vertragspartner für die Beobachtung mit Flugzeugen öffnet.

Deutschland hat wesentlich dazu beigetragen, dass auch Rüstungskontrollvereinbarungen in das Vertragswerk von Dayton, das den Frieden und die Sicherheit im früheren Jugoslawien gewährleisten soll, aufgenommen wurden. Über 7000 Waffensysteme wurden seit 1996 abgebaut; vertrauens- und sicherheitsbildende Maßnahmen wurden zwischen den Konfliktparteien etabliert. Der in Dayton ebenfalls vereinbarte Prozess der regionalen Stabilisierung in und um das ehemalige Jugoslawien herum hat Anfang 1998 mit aktiver deutscher Unterstützung begonnen.

Deutschland hat Mitte 1998 die Initiative zu einer Gemeinsamen Aktion der EU zur Begrenzung und Kontrolle von kleinen und leichten Kriegswaffen ergriffen, die am 17.12.1998 vom Rat der EU beschlossen wurde. Ziel der Gemeinsamen Aktion ist es, die exzessive und unkontrollierte Anhäufung und Verbreitung von Kleinwaffen zu bekämpfen und die Probleme im Zusammenhang mit bereits bestehenden exzessiven Ansammlungen zu lösen.

Zur Förderung der weltweiten Ächtung von Antipersonenminen hat Deutschland bereits im April 1996 vollständig auf ihren Einsatz und Export verzichtet und die Bestände der Bundeswehr bis Ende 1997 vernichtet. Anfang Dezember 1997 hat Deutschland zusammen mit 120 weiteren Staaten das „Übereinkommen über das Verbot des Einsatzes, der Lagerung, der Herstellung und der Weitergabe von Antipersonenminen und über deren Vernichtung" in Ottawa unterzeichnet. Die strengen Verifikationsbestimmungen des Ottawa-Übereinkommens gehen weitgehend auf deutsche Vorschläge zurück. Nach Erreichen der vorgesehenen Mindestzahl von 40 Ratifikationen – Deutschland ratifizierte am 23. Juli 1998 – trat das Ottawa-Übereinkommen am 1. März 1999 in Kraft.

Auf dem Gebiet der Abrüstung, Rüstungskontrolle und Nichtverbreitung von Massenvernichtungswaffen einigten sich die 187 Vertragsstaaten des 1995 unbefristet verlängerten Vertrags über die Nichtverbreitung von Kernwaffen im Mai 2000 auf praktische Schritte zur Stärkung der nuklearen Abrüstung und Nichtverbreitung. Die fünf Kernwaffenstaaten bekräftigten zugleich ihre Verpflichtung zur vollständigen Abschaffung aller Atomwaffen. Das Abkommen über das umfassende Verbot von Nuklearversuchen von September 1996 haben bereits über 150 Staaten, darunter alle fünf Kernwaffenstaaten, unterzeichnet. Die bislang 56 Ratifikationen reichen aber noch nicht aus, damit der Vertrag in Kraft treten kann. Die Ratifikation einiger im Vertrag namentlich aufgeführter Staaten, deren Ratifikation für das Inkrafttreten erforderlich ist, steht noch aus.

Das Übereinkommen über das weltweite Verbot von Chemiewaffen, auf dessen Zustandekommen Deutschland maßgeblichen Einfluss hatte, ist seit April 1997 in Kraft. Die Ausarbeitung eines effektiven, rechtlich bindenden Verifikationsregimes zum Übereinkommen über das Verbot bakteriologischer und von Toxin-Waffen von 1972 ist Gegenstand intensiver Verhandlungen auf Expertenebene. Zu einer rüstungskontrollpolitischen Aufgabe völlig neuer Art ist daneben die Zusammenarbeit bei der Vernichtung von Atom- und chemischen Waffen geworden, an der sich auch Deutschland mit Projekten in Russland und in der Ukraine beteiligt.

Die Beziehungen zu den westlichen Nachbarn. Die transatlantische Partnerschaft ist für Deutschland und die Vereinigten Staaten von Amerika das Hauptinstrument „westlicher" Politik und von zentraler Bedeutung für die deutsche Außenpolitik. Die USA sind außerhalb der Europäischen Union Deutschlands engster Verbündeter und Partner.

Die Gipfel von NATO, EU-USA, G8 und OSZE machten 1999 zum Jahr der transatlantischen Beziehungen. Deutschland arbeitet mit den USA an einem umfassenden Konzept mit dem Ziel des Umbaus und der Stärkung der euro-atlantischen Partnerschaft für das 21. Jahrhundert, um den globalen politischen und wirtschaftlichen Herausforderungen nach der Jahrhundertwende begegnen zu können.

Deutschland und Europa bleiben den Vereinigten Staaten von Amerika und Kanada auf das Engste verbunden. Die transatlantische Partnerschaft gründet sich auf gemeinsame vitale Interessen und Werte. Es gibt vielfältige historisch gewachsene, menschliche, kulturelle und politische Bindungen zwischen Europa und den USA sowie Kanada. Die Rolle und Verantwortung der USA und Kanadas in und für Europa bleiben daher auch künftig für den Frieden und die Sicherheit des Kontinents und damit auch Deutschlands von existenzieller Bedeutung. Die

Die Staats- und Regierungschefs der G8 beim Weltwirtschaftsgipfel im Juli 2000 auf Okinawa

NATO bleibt ein unverzichtbarer Sicherheitsverbund zwischen Europa und Nordamerika.

Die G8-Außenminister spielen zunehmend eine wichtige Rolle bei der Erhaltung von Frieden und Stabilität, komplementär zu den Vereinten Nationen und dem VN-Generalsekretär. Sie haben 1999 unter deutscher G8-Präsidentschaft entscheidende Beiträge zur Beilegung des Kosovo-Konflikts und zum Zustandekommen des Stabilitätspaktes geleistet, unter vollständiger Einbindung Russlands als Partner im Kreise der G8-Außenminister. Die Entwicklung von wirksamen Strategien der verschiedenen Akteure (u.a. G8, VN, EU, OSZE) zur rechtzeitigen und dauerhaften Eindämmung von Gefahren für den internationalen Frieden ist eines der Schlüsselthemen auf der außen- und sicherheitspolitischen Agenda der G8 zu Beginn des 21. Jahrhunderts. Die G8-Außenminister hatten unter Vorsitz von Außenminister Fischer auf ihrer Berliner Sonderkonferenz zur Konfliktprävention im Dezember 1999 beschlossen, gemeinsam und konkret die Förderung einer „Kultur der Prävention" in Angriff zu nehmen und ein erstes Programm außen- und sicherheitspolitischer Maßnahmen der materiellen und regionalen Konfliktprävention angekündigt, das unter der japanischen G8-Präsidentschaft 2000 weiter vorangebracht wurde. Weitere zentrale Themen des G8-Außenministerprogramms sind der Komplex Abrüstung, Nichtverbreitung und Rüstungskontrolle sowie regionale Themen und Konflikte.

Dem G8-Prozess kommt im Hinblick auf die Lösung globaler außen-, finanz- und währungspolitischer Themen am Beginn des neuen Jahrtausends große Bedeutung zu. Deutschland hatte 1999 den G8-Vorsitz inne. Gemeinsam mit seinen Partnern wirkt es an der politischen Gestaltung der Globalisierung und der Reform des Weltwährungs- und Finanzsystems zur Bewältigung akuter Wirtschaftskrisen mit. Deutschland trägt auch im G8-Rahmen zur politischen Stabilisierung von Krisenregionen bei und arbeitet an Lösungen für weltweite Herausforderungen, die sich durch die Informationstechnologie, in der Entwicklungs-, Umwelt- und Klimapolitik oder etwa aufgrund grenzüberschreitender Kriminalität stellen.

Halbjährliche Gipfelbegegnungen und zahlreiche bilaterale Konsultationen geben dem von Bundeskanzler Konrad Adenauer und Präsident de Gaulle begründeten deutsch-französischen Sonderverhältnis (Elysée-Vertrag von 1963) ständig neue Impulse. In den letzten Jahren stehen dabei Fragen des europäischen Einigungsprozesses im Vordergrund, den beide Regierungen durch gemeinsame Initiativen entscheidend mitgestalteten. Zunehmend engere Parlamentarier-Beziehungen zeigen ebenfalls die besondere Qualität der deutsch-französischen Zusammenarbeit in allen Bereichen. Garant für die Stabilität der deutsch-französischen Freundschaft sind die Beziehungen zwischen den Bürgern (über 2000 Städtepartnerschaften, 3000 Schulpartnerschaften, regionale Zusammenarbeit) sowie die enge wirtschaftliche Verflechtung beider Länder, die gegenseitig jeweils wichtigster Wirtschaftspartner sind.

Auch die Zusammenarbeit mit anderen westlichen Staaten ist ständig vertieft worden. Mit Großbritannien werden jährlich Gipfelgespräche geführt. In ähnlicher Weise steht Deutschland mit seinen übrigen westlichen Partnern durch ein dichtes Geflecht von Verträgen, Konsultationen und gegenseitigen Besuchen in ständigem Kontakt.

Auch wenn man wegen der Belastung durch den Holocaust nicht von einer Normalisierung der deutsch-israelischen Beziehungen sprechen kann, hat sich in den vergangenen Jahren ein enges, vertrauensvolles Verhältnis zwischen Israel und Deutschland gebildet. Die bilateralen Kontakte sind auf allen Ebenen und in den meisten Bereichen intensiv und gut; sie haben sich seit dem ersten Botschafteraustausch 1965 in vielerlei Hinsicht zu einer echten Freundschaft entwickelt. Im Sinne ihrer ausgewogenen Nahost-Politik baut die Bundesregierung gleichzeitig die freundschaftlichen Beziehungen zu den arabischen Ländern weiter aus und unterstützt nach Kräften den Nahost-Friedensprozess.

Beziehung zu den östlichen Nachbarn. Zusammenarbeit und Partnerschaft zwischen Deutschland und seinen östlichen Nachbarn erreichten seit dem Ende der kommunistischen Herrschaft in Mittel- und Osteuropa eine neue Qualität. Nach dem Beitritt Polens, Ungarns und der Tschechischen Republik zur NATO am 12. März 1999 sind auch die sicherheitspolitischen Beziehungen zu diesen drei neuen Partnern im westlichen Bündnis noch intensiver geworden. Das gesamte Spektrum der Kooperation zwischen den Staaten Südost- und Ostmitteleuropas sowie der baltischen Staaten hat sich erweitert. Mit den demokratischen Ländern dieser Region unterhält Deutschland enge und freundschaftliche Beziehungen. Sie führen mit der Euro-

päischen Union Beitrittsverhandlungen, die neue Perspektiven
für Wachstum, Beschäftigung, Rechtsstaatlichkeit und für mehr
Stabilität in ganz Europa eröffnen. Mit Polen, seinem größten
unmittelbaren Nachbarn in Ostmitteleuropa, verbindet
Deutschland ein vertrauensvolles und dichtes Geflecht wirtschaftlicher, kultureller und politischer Kontakte und gemeinsamer Vorhaben, die die besondere Bedeutung der deutsch-polnischen Nachbarschaft im europäischen Interesse verkörpern.

Engagement in Südosteuropa. Zusammen mit den EU- und
NATO-Partnerstaaten engagiert sich die Bundesregierung für eine nachhaltige Stabilisierung in Südosteuropa. Insbesondere gehört dazu der Aufbau eines friedlichen, demokratischen und
multi-ethnischen Kosovo auf der Grundlage der Resolution 1244
des Sicherheitsrates der Vereinten Nationen vom 10.6.1999, die
eine internationale Verwaltung und die Schaffung von weitrei-
chenden Autonomie-Strukturen vorsieht. Die Bundesregierung
unterstützt personell und finanziell die VN-Verwaltung im Kosovo (UNMIK) sowie die militärische Sicherheitspräsenz (KFOR).
Vertriebene und Flüchtlinge sollen wieder in ihre Heimatorte
zurückkehren können. Internationale Anstrengungen im
Wiederaufbaubereich zielen darauf ab, der Bevölkerung wirtschaftliche Zukunftsperspektiven zu eröffnen. Mit der Durchführung von Wahlen, Förderung von Medien, dem Aufbau demokratischer Institutionen und weiteren Maßnahmen soll der
Demokratisierungsprozess gestärkt werden.

In Bosnien und Herzegowina sind auch im fünften Jahr nach der
Unterzeichnung des Friedensabkommens von Dayton/Paris
noch nicht alle Wunden des Krieges verheilt, jedoch hat sich
die Situation spürbar normalisiert. Die Internationale Gemeinschaft hat den Wiederaufbau in Bosnien und Herzegowina, die
Rückkehr der Flüchtlinge und die Schaffung demokratischer
und rechtsstaatlicher Strukturen mit großem Engagement
unterstützt. Als Mitglied des Lenkungsausschusses des Friedens-
implementierungsrates leistet Deutschland einen aktiven Beitrag zu diesem Prozess. Deutsche Experten sind in führenden
Positionen im Stab des Hohen Repräsentanten der Internationalen Gemeinschaft sowie in allen Missionen großer internationaler Organisationen wie der OSZE und der EU tätig. Die Bundeswehr stellt ein großes Kontingent der SFOR-Friedenstruppe und
leistet einen wichtigen Beitrag für die Sicherheit im Land. Zudem ist Deutschland einer der Staaten, die größten Anteil an

Bundeskanzler Schröder und der Ministerpräsident der VR China, Zhu Rongji, in Berlin, Juni/Juli 2000

der Internationalen Polizeimission der Vereinten Nationen stellen.

Eine dauerhafte Stabilisierung der Region kann nur gelingen, wenn auch die Bundesrepublik Jugoslawien sich dem demokratischen Wandel anschließt. Der Reformkurs, den Präsident Djukanovic in Montenegro eingeschlagen hat und den die Bundesregierung unterstützt, zeigt hierfür den Weg. Entscheidend ist nun, auch in Serbien den demokratischen Wandel einzuleiten. Die Bundesregierung unterstützt daher gemeinsam mit ihren Partnern mit allem Nachdruck die demokratischen Kräfte in Politik und Gesellschaft. Ein wichtiges Element dieser Hilfe ist die Förderung von Hilfsaktionen deutscher Städte gegenüber demokratisch geführten serbischen Städten im Rahmen des Szeged-Prozesses, den der Stabilitätspakt mitinitiiert hat.

Die weitere Entwicklung konstruktiver Beziehungen zwischen Deutschland und der Russischen Föderation, der Ukraine sowie den anderen neuen unabhängigen Staaten auf dem Gebiet der früheren Sowjetunion bleibt ein zentales Anliegen der deutschen Außenpolitik. Deutschland wird den Weg guter Zusammenarbeit mit diesen Staaten weiter verfolgen. Die Politik der Bundesrepublik Deutschland ist darauf gerichtet, die Transformation in diesen Ländern zu unterstützen, die Voraussetzungen für die Einheit Europas zu schaffen und die Grundwerte der Demokratie und der Rechtsstaatlichkeit zu stärken.

Die Staaten Mittel- und Osteuropas. Die Staaten Mittel- und Osteuropas, einschließlich Russlands sowie der neuen unabhängigen Staaten auf dem Gebiet der ehemaligen Sowjetunion, entwickeln als Wirtschaftspartner Deutschlands zunehmendes Gewicht. Der Handelsverkehr mit der Region insgesamt stieg – von bestimmten Sonderentwicklungen und Rückschlägen (Russlandkrise 1998) abgesehen – im Vergleich zum deutschen Gesamtaußenhandel überproportional. Die fortgeschritteneren Reformstaaten Mittel- und Osteuropas sind verstärkt Zielland deutscher Auslandsinvestitionen. Insgesamt schreitet die

Integration der Wirtschaftsräume weiter voran. Die zukünftige Entwicklung wird sehr stark davon abhängen, dass in den einzelnen Ländern durch eine weitere konsequente Reformpolitik effiziente marktwirtschaftliche Strukturen und damit die Grundlage für eine stabile und auch im internationalen Maßstab wettbewerbsfähige Wirtschaft geschaffen wird.

Deutschland hat den Aufbau von Demokratie und Marktwirtschaft in den Reformstaaten von Anfang an gemeinsam mit den internationalen Wirtschafts- und Finanzinstitutionen und anderen bilateralen Gebern unterstützt. Die deutschen Leistungen beliefen sich von Ende 1989 bis Ende 1999 auf rund 77 Milliarden DM für Ostmitteleuropa und 150 Milliarden DM für Russland und die Nachfolgestaaten der ehemaligen UdSSR. Deutschland hat damit rund ein Drittel der gesamten Unterstützungsleistungen erbracht.

Deutschland setzt seine Unterstützung und Förderung des Reformprozesses in den Transformationsländern insbesondere im Rahmen des TRANSFORM-Programms mit Maßnahmen der Beratung sowie Aus- und Weiterbildung in den Bereichen Staat, Wirtschaft und Gesellschaft intensiv fort. Das deutsche Konzept für Hilfe zur Selbsthilfe, für das die Bundesregierung von 1994–1999 rund 1,3 Milliarden DM bereitstellte, wird wegen seiner Flexibilität, Effektivität und Orientierung an der Nachfrage besonders geschätzt. 1999 standen hierfür 130 Millionen DM zur Verfügung.

Zusätzlich stellt die Bundesregierung den Staaten Albanien, Mazedonien, Bulgarien, Rumänien, Bosnien und Herzegowina, Kroatien und der jugoslawischen Teilrepublik Montenegro im Rahmen des „Stabilitätspaktes für Südosteuropa" rund 1,2 Milliarden DM über die nächsten Jahre bereit. Dieses Programm dient dem Wiederaufbau und der nachhaltigen Befriedung der Re-

Der russische Präsident Putin und Bundeskanzler Schröder (Juni 2000 in Berlin)

gion nach den kriegerischen Auseinandersetzungen 1998/99
um das Kosovo. Von den für das Jahr 2000 vorgesehenen 300
Millionen DM entfallen rund 184 Millionen DM auf die Maßnahmen des Bundesministers für wirtschaftliche Zusammenarbeit und Entwicklung, die größtenteils im Kosovo eingesetzt
werden.

Deutschland und die Entwicklungsländer. Die Beziehungen zu den Entwicklungsländern sind wesentlicher Bestandteil
der deutschen auswärtigen Beziehungen. Der Abbau der Wohl-
standskluft zwischen den Industrieländern und den Entwicklungsländern, der Schutz der natürlichen Lebensgrundlagen,
die Abwehr globaler Risiken und die Vermeidung von bewaff-
neten Konflikten werden immer mehr zu zentralen Friedensauf-
gaben der nächsten Jahre, die nur in gemeinsamer Verantwortung zu bewältigen sind. Das Ende des Ost-West Konflikts hat
die Beziehungen Deutschlands zu den Entwicklungsländern
von ideologischem Ballast befreit. Die Einsicht, dass Demokratie, die Achtung der Menschenrechte und eine am Markt orientierte Wirtschaftsordnung die besten Voraussetzungen für eine
nachhaltige Entwicklung sind, hat sich weitgehend durchgesetzt und ist die Grundlage des partnerschaftlichen Verhältnisses zu den Entwicklungsländern.

Die Entwicklungsländer erwarten vom vereinten Deutschland die
Übernahme größerer Verantwortung in der Weltpolitik. Zugleich befürchten sie allerdings, dass Deutschland wegen der
wirtschaftlichen Belastungen auf Grund des Vereinigungspro-
zesses und der Hilfen für die mittel- und osteuropäischen Reformstaaten „den Süden" zu Gunsten „des Ostens" vernachlässi-
gen könnte. Die Bundesregierung hat deshalb seit dem Verei-
nigungsjahr 1990 wiederholt bekräftigt, dass sie zu ihren Verpflichtungen gegenüber den Entwicklungsländern steht und
die engen und freundschaftlichen Beziehungen zu ihnen weiter
pflegen und vertiefen wird.

Für die Industrieländer heißt es, ihrer besonderen Verantwortung
für weltwirtschaftliche Rahmenbedingungen gerecht zu werden. Das setzt voraus, dass sie die Auswirkungen ihrer nationalen Politiken auf die Entwicklungsländer stärker beachten und
gleichzeitig ihre einzelnen Politikbereiche so koordinieren, dass
eine kohärente Politik zu den Entwicklungsländern gewährleistet wird. Vorrangig geht es darum, den Entwicklungsländern eine faire Chance zu geben. Dies gilt insbesondere für die Öff-

Die Teilneh-
mer der
Konferenz
„Modernes
Regieren im
21. Jahrhun-
dert" in Berlin
(Juni 2000)

nung der Märkte und die Integration der Entwicklungsländer
in die Weltwirtschaft. Deutschland hat sich deshalb international und besonders im Rahmen der EU stets dafür eingesetzt,
dass die Industrieländer ihre Märkte gegenüber den Ländern
Afrikas, Asiens und Lateinamerikas weiter öffnen. Deutschland
unterstützt den wirtschaftlichen Wachstums- und Entwicklungs-
prozess in den Entwicklungsländern durch seine im internationalen Vergleich hohen und weiter zunehmenden Importe (1996
betrug der Wert der Importe aus Entwicklungsländern 95 Milliarden US-Dollar oder 1153 US-Dollar pro Kopf der deutschen Bevölkerung) und durch beachtliche Entwicklungshilfeleistungen
und private Kapitaltransfers (1996 im Wert von 21,5 Milliarden
US-Dollar oder 258 US-Dollar pro Kopf). Mit anderen Industrieländern ist sich Deutschland einig, die solidarische Hilfe für die
ärmeren Entwicklungsländer qualitativ und quantitativ zu verstärken.

So kommt den Beziehungen zu den Entwicklungsländern im Rahmen der deutschen Außen- und Sicherheitspolitik wie auch in
den Außenbeziehungen der EU eine wichtige Rolle zu.

Deutsche humanitäre Hilfe ist Ausdruck der Solidarität in akuten
Notlagen und damit zugleich ein wichtiger Teilbereich der Pflege der freundschaftlichen Beziehungen zu anderen Staaten und
Völkern. Im Mittelpunkt dieser Hilfe steht der Not leidende
Mensch, dessen Leben es zu retten und dessen Leiden es zu lindern gilt, und zwar ohne Berücksichtigung von Rasse, Ge-
schlecht, Religion, Staatsangehörigkeit oder politischer Überzeugung. Die in den letzten Jahren gewährte humanitäre Hilfe
der Bundesregierung übertrifft die Leistungen früherer Jahre
erheblich. Allein durch das Auswärtige Amt wurden von 1991
bis 1999 für humanitäre Hilfsmaßnahmen über deutsche und
internationale Hilfsorganisationen 1,239 Milliarden DM zur Verfügung gestellt. Die gesamten deutschen Leistungen für humanitäre Hilfe, die auch die Nahrungsmittel-, Not- und Flüchtlingshilfe des Bundesministeriums für wirtschaftliche Zusammenar-

Bundeskanzler Schröder als Redner auf dem Millenniumsgipfel in New York (6. September 2000)

beit und Entwicklung, Hilfsaktionen der Bundeswehr, den deutschen Anteil an den Hilfsmaßnahmen der Europäischen Union und der Vereinten Nationen sowie Maßnahmen der privaten deutschen Hilfsorganisationen umfassen, erreichten ein Vielfaches dieses Betrages. Schwerpunkte waren die Kurdenhilfe im Irak, die Versorgung der Opfer der kriegerischen Auseinandersetzungen im ehemaligen Jugoslawien und in Tschetschenien und die Flüchtlingshilfe weltweit.

Humanitäre Hilfe ist aber auch nach großen Naturkatastrophen erforderlich, die Leben gefährden und die Lebensgrundlagen vieler Menschen zerstören. Erinnert sei an den Wirbelsturm „Mitch" in Zentralamerika, die jüngsten Erdbeben in der Türkei, an Überschwemmungen in Venezuela und Mosambik und an Dürre und Hunger in Afrika.

Mitgliedschaft in den Vereinten Nationen. Ein wichtiges Ziel deutscher Außenpolitik ist es, die Rolle der Vereinten Nationen als zentrales Handlungsforum der Staatengemeinschaft weiter zu stärken. Nur so wird die Weltorganisation in der Lage sein, auf die globalen Herausforderungen wie Konfliktverhütung, Bevölkerungswachstum und Umweltschutz eine angemessene Antwort zu geben. Das betrifft vor allem den VN-Generalsekretär, der durch Stärkung seiner Stellung in die Lage versetzt werden sollte, seine wichtige Rolle in der Konfliktprävention noch wirkungsvoller auszuüben.

Die multilaterale Orientierung der Bundesrepublik Deutschland ist eine Konstante ihrer Außenpolitik seit 1945. Bereits in den frühen Fünfzigerjahren ist Deutschland Unterorganisationen der Vereinten Nationen beigetreten; 1973 folgte die volle Mitgliedschaft, die über Jahrzehnte wesentlicher Eckpfeiler der Friedens-, Sicherheits- und Menschenrechtspolitik der Bundesrepublik Deutschland war.

Nicht zuletzt wegen der überragenden Bedeutung der Menschenrechte für die Achtung der Menschenwürde, für die Bewahrung des Friedens und für die Bekämpfung von Willkür und Not setzt Deutschland in den Vereinten Nationen bei der Menschenrechtspolitik einen Schwerpunkt (u.a. maßgebliche Rolle bei der Einrichtung des Amts eines Hochkommissars für Menschenrechte 1993, Initiative zur 1989 erfolgten Annahme eines internationalen Abkommens zur Abschaffung der Todesstrafe, seit 1973 nahezu ununterbrochene Mitgliedschaft in der VN-Menschenrechtskommission).

Gleiches gilt für den Bereich der Abrüstung und Rüstungskontrolle, wo das deutsche Engagement unter anderem zur Schaffung des VN-Waffenregisters führte, das Aufschluss über die Ströme konventioneller Waffen liefert.

Das große Ansehen, das sich Deutschland dank seines aktiven VN-Engagements bei der allgemeinen Mitgliedschaft erwerben konnte, hat seinen Ausdruck unter anderem in der dreimaligen Mitgliedschaft im Sicherheitsrat gefunden (1977/78; 1987/88; 1995/96). Deutschland hat seine Bereitschaft erklärt, nach der von einer großen Mehrheit der VN-Mitgliedstaaten geforderten Reform des Sicherheitsrates auch als ständiges Mitglied mehr Verantwortung, besonders bei der friedenssichernden Aufgabe der Vereinten Nationen, zu übernehmen. Es wird die Möglichkeit, ständiges Mitglied im Sicherheitsrat zu werden, wahrnehmen, sofern ein gemeinsamer europäischer Sitz nicht erreichbar ist.

Deutschland hat seine Bereitschaft zur globalen Friedenspolitik durch eine vielgestaltige Beteiligung an den Friedensoperationen der VN in den vergangenen Jahren (u.a. in Kambodscha, Somalia, Georgien, im ehemaligen Jugoslawien und Guatemala) bewiesen. Es hat im Wege einer offiziellen Vereinbarung zivile Komponenten zur Unterstützung eines schnellen Einsatzbeginns von Friedensmissionen bereitgestellt. Deutschland wird den VN eigenständige Einheiten für friedenserhaltende Maßnahmen anbieten.

Deutschland ist drittgrößter Beitragszahler der VN und seit dem 1. Juli 1996 auch VN-Sitzstaat. Bonn beheimatet das VN-Freiwilligenprogramm und das VN-Wüstensekretariat. Hamburg ist Sitz des Internationalen Seegerichtshofs (ISGH).

Die Auswärtige Kulturpolitik. Die Auswärtige Kulturpolitik ist eine der tragenden Säulen der deutschen Außenpolitik. Zu ihren Aufgaben gehört es,

— Kultur aus Deutschland als Teil der europäischen Kultur ins Ausland zu vermitteln,

— die Kenntnis und die Verbreitung der deutschen Sprache als Schlüssel zur deutschen Kultur,

— die Zusammenarbeit in Bildung und Wissenschaft zu fördern, insbesondere durch Schul-, Hochschul- und Wissenschaftleraustausch,

— dem Ausland ein umfassendes und selbstkritisches, die demokratische Meinungsvielfalt widerspiegelndes Bild der Bundesrepublik Deutschland zu vermitteln,

— den internationalen Kulturdialog und den Kunst-, Kultur- und Personenaustausch zu pflegen,

— internationale Begegnungen durch Jugend- und Sportaustausch zu fördern,

— die Nutzung und Entwicklung der Medien in der internationalen Zusammenarbeit zu unterstützen.

Auswärtige Kulturpolitik ist nicht allein Information über deutsche Kultur und allgemeine Landeskunde, sondern Dialog, Austausch und Zusammenarbeit von Menschen und Kulturen. Sie dient der zwischenstaatlichen und zwischenmenschlichen Verständigung, fördert Weltoffenheit und Weltläufigkeit und schafft langfristig Glaubwürdigkeit, Verlässlichkeit und unverzichtbare Netzwerke für die politische und wirtschaftliche Zusammenarbeit. Gleichberechtigt neben die Beteiligung Deutschlands am Kulturdialog im Ausland tritt die Förderung des Kulturdialogs im Inland. Auswärtige Kulturpolitik gewinnt Partner und Freunde für Deutschland und fördert so unmittelbar die vitalen Interessen des eigenen Landes.

Deutschland hat mit über 100 Staaten Kulturabkommen geschlossen, die den Rahmen für die kulturelle Zusammenarbeit abstecken. Auch mit den meisten anderen Staaten besteht ein enger kultureller Austausch. Die praktische Umsetzung der Auswärtigen Kulturpolitik liegt weitgehend in den Händen von Mitt-

Bundespräsident Rau begrüßt den iranischen Präsidenten Chatami beim Staatsbesuch im Juli 2000 in Berlin

lerorganisationen, die im Rahmen der außenpolitischen Vorgaben der Bundesregierung eigenverantwortlich tätig sind. Wichtige Organisationen in diesem Bereich sind (vergleiche das Kapitel „Kulturelle Vielfalt"):

— das Goethe-Institut: Es unterhält 128 Kulturinstitute in 76 Ländern sowie im palästinensischen Autonomiegebiet und 15 Zweigstellen im Inland (Stand: Juni 2000). Seine Hauptaufgaben sind die Pflege der deutschen Sprache im Ausland und die Förderung der internationalen kulturellen Zusammenarbeit;

— der Deutsche Akademische Austauschdienst (DAAD): Er fördert den Austausch von Wissenschaftlern, Graduierten und Studierenden und unterhält 13 Außenstellen im Ausland;

— die Alexander von Humboldt-Stiftung: Sie fördert ausländische, hoch qualifizierte Wissenschaftler durch Forschungsaufenthalte in Deutschland;

— INTER NATIONES: Diese Organisation betreut ausländische Regierungsgäste und informiert durch audiovisuelle Medien, Bücher und Druckschriften sowie die Neuen Medien umfassend über die Bundesrepublik Deutschland;

— das Institut für Auslandsbeziehungen: Es organisiert unter anderem deutsche Ausstellungen im Ausland und ausländische Ausstellungen in Deutschland;

— die deutsch-amerikanische Fulbright-Kommission: Sie fördert den wechselseitigen Austausch von besonders qualifizierten Wissenschaftlern, Studenten, Lehrern und Multiplikatoren zwischen Deutschland und den USA.

Das Auswärtige Amt steuert und koordiniert das deutsche Auslandsschulwesen. Dabei wird es administrativ und konzeptionell von der Zentralstelle für das Auslandsschulwesen des Bundesverwaltungsamts und der Kultusministerkonferenz der Länder unterstützt. Aktuell werden 119 Schulen gefördert. Diese stehen deutschen und in der Regel einheimischen Kindern offen und sind der Begegnung mit Kultur und Gesellschaft des Gastlands verpflichtet. Abhängig von den örtlichen Bedingungen können neben deutschen lokale Abschlüsse erworben werden.

Weitere Informationen:
— Bundesministerium des Auswärtigen
Werderscher Markt 1, 10117 Berlin
Internet: http://www.auswaertiges-amt.de
E-Mail: poststelle@auswaertiges-amt.de

Deutschland und Europa

Die europäische Einigung. Die Bundesrepublik Deutschland ist seit ihrer Gründung im Jahr 1949 eine treibende Kraft der europäischen Einigung. Die Gründer der Bundesrepublik Deutschland hatten klar erkannt: Die Europäische Einigung stärkt die Stellung Europas in der Welt und dient Frieden, Freiheit und Wohlstand auf dem Kontinent. Durch den europäischen Integrationsprozess wurde ein transparentes System der engen gegenseitigen Abstimmung und Zusammenarbeit mit dem Ziel des friedlichen Interessenausgleichs aller geschaffen.

Dieses höchst erfolgreiche System ist nicht von heute auf morgen entstanden. Zusammen mit Belgien, Frankreich, Italien, Luxemburg und den Niederlanden schuf die Bundesrepublik Deutschland 1952 erst die Europäische Gemeinschaft für Kohle und Stahl (EGKS oder Montanunion) und gründete dann 1957 die Europäische Wirtschaftsgemeinschaft (EWG) sowie die Europäische Atomgemeinschaft (EURATOM). Durch den Fusionsvertrag von 1965 wurden einheitliche Organe von EGKS, EWG und EURATOM mit dem Ziel geschaffen, das politische Gewicht von Rat und Kommission zu stärken und die Arbeit dieser Gemeinschaftsinstitutionen zu straffen. Mit der Einheitlichen Europäischen Akte von 1986, dem „Vertrag über die Europäische Union", unterzeichnet in Maastricht am 7. Februar 1992, und mit dem neuen Vertrag von Amsterdam, unterzeichnet am 2. Oktober 1997, sind weitere wichtige Etappen auf dem Wege der Einigung Europas zurückgelegt worden.

Mit dem Vertrag von Maastricht wurde die Wirtschafts- und Währungsunion begründet, deren dritte und letzte Stufe mit der Einführung einer gemeinsamen Währung, dem Euro, am 1. Januar 1999 begonnen hat. Damit entsteht in Europa der zweitgrößte Währungsraum der Welt. Außerdem hat die EU seit Inkrafttreten des Maastrichter Vertrages eine Gemeinsame Außen- und Sicherheitspolitik (GASP) und eine gemeinsame Politik im Bereich Justiz und Inneres. Damit sind die Voraussetzungen zur

Entwicklung in eine echte umfassende politische Union geschaffen worden.

Der neue EU-Vertrag (EUV). Ein weiterer Schritt zur Vertiefung der Europäischen Integration ist der neue Vertrag von Amsterdam, der gleichzeitig die Voraussetzungen für künftige Erweiterungen der Union schafft. Deutschland hat den Vertrag als erster Mitgliedstaat ratifiziert. Der Vertrag ist am 1.Mai 1999 in Kraft getreten und enthält vor allem folgende Neuerungen:

— Insgesamt soll die Union bürgernäher werden. Dazu dienen die Stärkung des Subsidaritätsprinzips, bessere Grundlagen für den Umweltschutz und ein verbesserter Grundrechtsschutz (zum Beispiel allgemeines Diskriminierungsverbot, Gleichstellung von Männern und Frauen). Anliegen wie öffentlich-rechtlicher Rundfunk, Sparkassen, Kirchen und Sport werden im neuen Vertrag berücksichtigt.

— Die Effizienz und Sichtbarkeit der Gemeinsamen Außen- und Sicherheitspolitik (GASP) sollen gesteigert werden. Die „Sichtbarmachung" der gemeinsamen Außenpolitik wird durch die Beauftragung des Generalsekretärs des Rates mit der zusätzlichen Funktion eines Hohen Vertreters für die GASP („GASP-GS") erreicht. Ihm arbeitet die neu eingerichtete Strategieplanungs- und Frühwarneinheit im Ratssekretariat zu. Gleichzeitig ist mit der Gemeinsamen Strategie ein neues Instrument zur Durchführung der gemeinsamen Außenpolitik geschaffen, das erstmals in der GASP Entscheidungen mit qualifizierter Mehrheit ermöglicht.

— Sicherheitspolitisch bedeutsam ist die im Vertrag festgeschriebene Perspektive der Integration der WEU in die EU. Die sogenannten „Petersberg-Aufgaben" (friedensschaffende, friedenserhaltende und humanitäre Aufgaben) sind ebenfalls in den EUV aufgenommen worden.

Die Staats- und Regierungschefs der EU verabschiedeten im Juni 1997 den Vertrag von Amsterdam

— Wichtige Teilgebiete aus den Bereichen Justiz und Inneres werden in das effektivere Gemeinschaftsverfahren überführt (gesamte Visapolitik, Außengrenzenregelungen, Asylrecht/Flüchtlingspolitik, Einreise- und Aufenthaltsvoraussetzungen für Drittstaatler, justitielle Zusammenarbeit in Zivilsachen, Teile der Zollzusammenarbeit, Bekämpfung von Betrug zu Lasten des EU-Haushalts).

— Wo es im Bereich Justiz und Inneres bei der zwischenstaatlichen Regierungszusammenarbeit bleibt, vereinfacht das neue Instrument der Rahmenbeschlüsse die Verfahren. Die Rolle des Europäischen Gerichtshofes wurde deutlich ausgeweitet. Neu ist auch die Ausstattung von Europol mit operativen Befugnissen und die Einbeziehung der erfolgreichen Schengen-Zusammenarbeit in den EU-Rahmen.

— Flexibilitätsklauseln eröffnen im Bereich Justiz und Inneres die Möglichkeit einer intensiveren Zusammenarbeit zwischen Staaten, die dazu bereit und in der Lage sind.

— Das Europäische Parlament wird deutlich gestärkt. Seine Mitentscheidungsmöglichkeiten werden ausgeweitet und die Anzahl der Verfahren reduziert.

— Der Rat wird häufiger mit qualifizierter Mehrheit entscheiden. In der Kommission wird die Stellung des Präsidenten deutlich gestärkt. Hinsichtlich der zukünftigen Größe der Kommission und der Stimmgewichtung im Rat wurde ein Stufenplan vereinbart, der vor dem Inkrafttreten der nächsten Erweiterung die notwendigen institutionellen Reformen vorsieht.

— Ein gesondertes Kapitel zur Beschäftigungspolitik bildet die Grundlage für die künftige Entwicklung einer koordinierten Beschäftigungsstrategie in Europa.

Fortschritte seit Amsterdam. Der Europäische Rat von Berlin (März 1999) erzielte eine Einigung über die Agenda 2000,

Im Juni 1999 tagte der Europäische Rat in Köln

die den Finanzrahmen für den Zeitraum 2000-2006 umfasst. Für Deutschland bringt der neue Finanzrahmen eine Entlastung auf der Beitragsseite von 500 Millionen DM ab 2002, steigend auf 700 Millionen DM ab 2004. Damit konnte für Deutschland eine bedeutende Trendumkehr bei der Finanzierung der EU erreicht werden.

Auf dem Europäischen Rat in Köln (Juni 1999) wurde ein Europäischer Beschäftigungspakt verabschiedet, der alle beschäftigungspolitischen Maßnahmen der Union in ein umfassendes Gesamtkonzept einbindet und einen Dialog zwischen Rat, Kommission, Europäischer Zentralbank (EZB) und den Sozialpartnern festschreibt. Damit vervollständigte die Union ihr Instrumentarium zur Bekämpfung der Arbeitslosigkeit.

Bei der Sondertagung des Europäischen Rats in Tampere (Oktober 1999) zur Justiz- und Innenpolitik wurde ein Integrationsvorhaben fortgeführt, dessen Ziel die Herstellung eines Gemeinsamen Europäischen Rechtsraumes ist. Unter anderem wurde die Schaffung eines gemeinsamen Asylsystems vereinbart.

Der Europäische Rat Köln (Juni 1999) eröffnete für die EU mit seinen Grundsatzbeschlüssen zur Europäischen Sicherheits- und Verteidigungspolitik (ESVP) ein völlig neues Tätigkeitsfeld. In Konkretisierung dieser Vorgaben fasste dann der Europäische Rat von Helsinki weitreichende und ambitionierte Beschlüsse zur Ausgestaltung der ESVP: Ein Politisches und Sicherheitspolitisches Komitee, ein Militärausschuss und ein Militärstab im Ratssekretariat wurden gegründet. Das zivile Krisenmanagement wurde mit einem gesonderten Ausschuss aufgewertet und systematisiert.

Bis 2003 soll die EU über eigene Krisenreaktionskräfte verfügen (50-60 000 Mann), die innerhalb von 60 Tagen für einen Einsatz von bis zu einjähriger Dauer mobilisiert werden können.

Der Europäische Rat von Lissabon (März 2000) einigte sich auf ein Maßnahmenbündel zur Modernisierung von Wirtschaft und Gesellschaft unter Stärkung und Fortentwicklung des europäischen Sozialmodells. Insbesondere sind konkrete Maßnahmen vorgesehen, um durch die Nutzung der neuen Informations- und Kommunikationstechnologien Europa auf den Übergang zu einer auf Wissen und Innovation gestützten Wirtschaft („neue Ökonomie") vorzubereiten.

Um die Funktionsfähigkeit auch unter den Bedingungen einer erweiterten Union zu gewährleisten, sind umfangreiche Anpas-

**Die Staaten
der Europäi-
schen Union
(EU)**

Island

Irland

Vereinigtes
Königreich

Frankre

Portugal

Spanien

Marokko   Algerien

sungen und Veränderungen des institutionellen Rahmens der EU notwendig. Eine Fortschreibung der institutionellen Strukturen, wie sie für eine EWG mit sechs Mitgliedern entworfen wurden, wird mit der nächsten Erweiterung nicht mehr möglich. Die EU hat daher im Februar 2000 eine Regierungskonferenz einberufen, um ihre Institutionen auf die bevorstehenden Erweiterungen vorzubereiten und spätestens Anfang 2003 beitrittsfähig zu sein (siehe Grafik, S. 508).

Europa im 21. Jahrhundert. EG und EU haben seit ihrer Gründung nicht nur als Wirtschafts- und Wohlstandsgemeinschaft, sondern auch als politische Kraft und demokratische Wertegemeinschaft eine große Ausstrahlung. 1997 konnte die EU das 40-jährige Bestehen des EWG-Vertrags feiern. Aus den sechs Unterzeichnerstaaten von 1957 sind mit den Beitritten des Vereinigten Königreichs, Dänemarks, Irlands, Griechenlands, Portugals, Spaniens, Österreichs, Schwedens und Finnlands bis heute 15 Mitgliedstaaten der Europäischen Union geworden.

Die erfolgreichen Verhandlungen um den neuen Vertrag von Amsterdam haben gezeigt: Die Europäer sind dabei, ein neues Kapitel in ihrer gemeinsamen Geschichte aufzuschlagen. Vom Erfolg dieser Bemühungen wird abhängen, welche Rolle Europa und jedes europäische Land im nächsten Jahrhundert spielen werden.

Europa steht vor zwei großen, alle anderen Aufgaben überragenden Herausforderungen: In ganz Europa sollen Freiheit, Frieden und Wohlstand herrschen, die die EU für ihren Teil des Kontinents bereits verwirklicht hat. Aufgabe der EU ist, die Folgen der jahrzehntelangen Teilung infolge des Ost-West-Konflikts zu überwinden und Verbindendes zu schaffen. Deutschland wird dazu seinen Beitrag leisten.

Europa muss sich im Prozess der Globalisierung behaupten. Es muss also in der Lage sein, sich dem zunehmenden, weltweiten Wettbewerb der Produkte, Arbeitskosten und Wirtschaftsstandorte erfolgreich stellen zu können, den der Übergang vom Industrie- zum Informationszeitalter mit sich bringt. Dieses ist auf nationaler Ebene allein nicht mehr möglich.

Durch die Erweiterung der EU, die auf dem Europäischen Rat in Kopenhagen 1993 beschlossen wurde, wird die jahrzehntelange künstliche Teilung Europas überwunden. Die EU hat mit den Staaten Mittel- und Osteuropas (MOE) sogenannte Europaabkommen geschlossen, die sie an die EU heranführen sollen, und 1998 den Beitrittsprozess begonnen. Neben den 10 MOE-Staaten Polen, Tschechien, Slowakei, Ungarn, Slowenien, Rumänien, Bulgarien, Estland, Lettland und Litauen haben auch Zypern, Malta und die Türkei Aufnahmeanträge gestellt. Die EU hat in den sogenannten „Kopenhagener Kriterien" die Voraussetzungen für einen Beitritt bestimmt:

— institutionelle Stabilität; demokratische und rechtsstaatliche Ordnung; Wahrung der Menschenrechte sowie Achtung und umfassender Schutz von Minderheiten (sogenannte politische Kriterien);

— eine funktionsfähige Marktwirtschaft und die Fähigkeit, dem Wettbewerbsdruck innerhalb der Union standzuhalten;

— die Fähigkeit, die aus einer EU-Mitgliedschaft erwachsenden Verpflichtungen und Ziele sich zu eigen machen. Während die wirtschaftlichen und administrativen Voraussetzungen im Verlauf des Beitrittsprozesses erfüllt werden können, sind die politischen Kopenhagener Kriterien eine Vorbedingung für den Verhandlungsbeginn. Die Beitrittsverhandlungen sind individuell und können mit jedem Kandidaten zu unterschiedlichen Zeitpunkten begonnen und abgeschlossen werden. Kandidaten, die später mit Verhandlungen beginnen, können gegebenenfalls früher zum Abschluss kommen. Der von der EU über die Jahrzehnte erworbene Besitzstand („Acquis"), das heißt das Gemeinschaftsrecht (rund 80 000 Seiten Rechtsvorschriften), muss von den Beitrittsländern übernommen werden.

— Mit einer Gruppe von sechs weiter fortgeschrittenen Ländern wurden 1998 die Verhandlungen eröffnet (Polen, Tschechien, Ungarn, Slowenien, Estland, Zypern, sog. Luxemburg-Gruppe). Inzwischen verhandelt die EU mit weiteren sechs Staaten (Slowakei, Lettland, Litauen, Rumänien, Bulgarien, Malta, sog. Helsinki-Gruppe). Die Türkei erhielt 1999 auf dem Europäischen Rat in Helsinki den Status als Kandidat. Verhandlungen wurden jedoch bisher nicht aufgenommen, da die Türkei die politischen Kriterien von Kopenhagen noch nicht erfüllt.

Die Verhandlungsmaterie, der Acquis der EU, ist in 31 Kapitel eingeteilt (zum Beispiel Landwirtschaft, Zollunion, Steuern). Mit den Ländern der Luxemburg-Gruppe wird inzwischen in allen anstehenden Kapiteln verhandelt (außer Institutionen und Sonstiges), die Länder der Helsinki-Gruppe sollen dies im Lauf des Jahres 2001 erreichen können. Zur Zeit sind pro Land zwi-

**Der Präsident
von Tsche-
chien Václav
Havel und
Präsident Rau
beim Staats-
besuch im Mai
2000 in Berlin**

schen vier (Bulgarien) und 16 Kapitel (Zypern) vorläufig abgeschlossen (Stand: Juli 2000).

Es gibt keine Beschlüsse hinsichtlich des Beitrittsdatums. Die EU hat
jedoch beschlossen, bis Ende 2002 in der Lage zu sein, neue
Mitglieder aufzunehmen.

Der Europäische Rat von Luxemburg hat 1997 die „Europakonfe-
renz" eingerichtet, ein multilaterales Forum der EU-Mitgliedstaaten, der Beitrittsländer sowie anderer europäischer Staaten,
die für einen Beitritt in Frage kommen. Die Konferenz berät
Fragen von gemeinsamem politischem Interesse und hat drei-
mal getagt. Die nächste Konferenz findet im zweiten Halbjahr
2000 unter der französischen EU-Präsidentschaft statt und wird
sich unter anderem mit den institutionellen Reformen der EU
befassen.

Der Europäische Rat hat am 2. Mai 1998 entschieden, welche Mitgliedstaaten den Euro als einheitliche Währung am 1. Januar
1999 einführen. Es sind dies Belgien, Deutschland, Spanien,
Frankreich, Irland, Italien, Luxemburg, Niederlande, Österreich,
Portugal und Finnland. Praktisch sieht die Einführung wie folgt
aus:

— Von 1999 bis 2001 können unbare Geldgeschäfte auch bereits
in Euro abgewickelt werden. Außerdem kann der Euro im Wirtschaftsleben, zum Beispiel bei Verträgen, verwendet werden, sofern die Geschäftspartner dies wünschen.

— Am 1. Januar 2002 werden die neuen Euro-Banknoten und
-Münzen als gesetzliches Zahlungsmittel ausgegeben.

— Spätestens am 1. März 2002 verlieren die alten Währungseinheiten ihre Eigenschaft als gesetzliches Zahlungsmittel; in
Deutschland bereits zum Jahresbeginn 2002. DM-Bargeld kann
jedoch danach zeitlich unbefristet in Euro eingetauscht werden.

Für diejenigen Mitgliedstaaten, die zunächst noch nicht dazugehö-
ren können oder wollen, besteht die Möglichkeit, sich durch einen neuen Wechselkursmechanismus (EWS II) an die einheitliche europäische Währung anzubinden. An diesem nehmen seit

1999 die dänische Krone und die griechische Drachme teil.
Griechenland führt den Euro am 1. Januar 2001 ein.

Die WWU-Entscheidung vom 2. Mai 1998 wird in die Geschichte eingehen. Wirtschafts- und Währungsunion bedeutet neue Qualität für das europäische Einigungswerk. Mit der Einführung des Euro haben die Teilnehmerstaaten an der Wirtschafts- und Währungsunion (WWU) ihre Zuständigkeit für die Geld- und Wechselkurspolitik aufgegeben. Ihre Zentralbanken wurden Teil des Europäischen Systems der Zentralbanken (ESZB) mit der Europäischen Zentralbank in Frankfurt am Main an der Spitze. Sie werden auch als „Eurosystem" bezeichnet. Der EZB-Rat als wichtigstes Beschlussorgan des Eurosystems legt die Geldpolitik für den gesamten Euro-Raum einheitlich fest. Vorrangiges Ziel ist die Sicherung der Preisstabilität und – soweit ohne Gefärdung dieses Ziels möglich – die Unterstützung der allgemeinen Wirtschaftspolitik in der Gemeinschaft. Die wirtschaftlichen Beziehungen zwischen den Teilnehmerländern werden mit der einheitlichen Währung intensiver und die gegenseitigen Abhängigkeiten der nationalen Wirtschaftspolitiken und -entwicklungen zunehmen. Der Euro hat das Potenzial, weltweit zur wichtigsten Handels-, Anlage- und Reservewährung neben dem US-Dollar zu werden. Der Euro-Kapitalmarkt ist der zweitgrößte der Welt. Hinter ihm steht eine große Wirtschaftsmacht.

Die Euro-Zone mit einer Bevölkerung von mehr als 300 Millionen Menschen hat einen Anteil von 19,4 Prozent am Welt-Bruttoinlandsprodukt (BIP) und von 18,6 Prozent am Welthandelsvolumen. Im Vergleich dazu haben die Vereinigten Staaten einen Anteil von 19,6 Prozent am Welt-BIP und von 16,6 Prozent am Welthandel; auf Japan entfällt ein Anteil von 7,7 Prozent am Welt-BIP und von 8,2 Prozent am Welthandel.

Zur Erfüllung ihrer Aufgaben verfügt die EU über eine Reihe von Organen, deren Beschlüsse zum Teil in den Mitgliedstaaten unmittelbares Recht sind. Die wichtigsten sind:

— Das seit 1979 von der Bevölkerung direkt gewählte Europäische Parlament (EP), das mit Inkrafttreten des Vertrags von Amsterdam viele wichtige neue Mitentscheidungsrechte erhalten hat und damit zum gleichberechtigten Partner des Ministerrats wurde.

— Der Europäische Rat, das sind die Staats- und Regierungschefs und die Außenminister der Mitgliedstaaten der EU. Sie entscheiden über die Grundsatzfragen der Europapolitik.

— Der Ministerrat der Europäischen Union, der über die Politik der Union entscheidet. Er tritt in verschiedenen Formationen der Fachminister zusammen (zum Beispiel Verkehrs- und Umweltrat). Der Allgemeine Rat (der Außenminister) ist über die Außenpolitik hinaus das zentrale Steuerungs- und Koordinierungsinstrument des Rates.

— Die Europäische Kommission als supranationales Organ. Sie ist von den Regierungen unabhängig, sorgt für die Einhaltung und Durchführung der Verträge und erarbeitet Vorschläge für die Weiterentwicklung der gemeinsamen Politik.

— Der Europäische Gerichtshof (EuGH), der für die Wahrung des Rechts bei der Anwendung und Auslegung des Rechts der EU zuständig ist. Durch seine Rechtsprechung entwickelt er das europäische Recht weiter und gewährleistet einen umfassenden Grundrechtsschutz gegenüber den Rechtsakten der EU.

— Der Ausschuss der Regionen, dem 24 Vertreter der deutschen Länder und Kommunen angehören. Er berät Rat und Kommission in Politikbereichen, die regionale und kommunale Kompetenzen berühren.

— Der Wirtschafts- und Sozialausschuss; er berät Rat und Kommission in den Belangen der Sozialpartner.

— Der Europäische Rechnungshof schließlich hat die Kontrolle über alle Einnahmen und Ausgaben der Gemeinschaft sowie jeder von der Gemeinschaft geschaffenen Einrichtung.

Die EU entwickelt sich zunehmend zu einer politischen Union. Jeder Staatsangehörige eines Mitgliedstaats der Union ist zugleich Unionsbürger. Die Unionsbürgerschaft gibt ihm vor allem das Recht, sich unter bestimmten Bedingungen in allen Mitgliedstaaten der Union frei zu bewegen und aufzuhalten. Sie gibt ihm das aktive und passive Wahlrecht zum Europäischen Parlament und zu Kommunalwahlen auch dann, wenn er seinen Wohnsitz in einem Mitgliedstaat hat, dessen Staatsangehörigkeit er nicht besitzt. Die Unionsbürger genießen das Recht auf konsularischen Schutz in dritten Ländern durch Botschaften oder Konsulate anderer EU-Mitgliedstaaten, wenn ihr Heimatstaat dort keine Vertretung hat. Sie haben das Petitionsrecht zum Europäischen Parlament und über einen Bürgerbeauftragten die Möglichkeit, Beschwerden über die Arbeit der EU-Organe einzureichen.

In der Justiz- und Innenpolitik arbeiten die Mitgliedstaaten vor allem bei der Bekämpfung der organisierten Kriminalität zusammen, die in großem Maßstab grenzüberschreitend operiert und eine zunehmende Bedrohung der inneren Sicherheit in Europa darstellt. Drogen-Dealer und Menschenhändler dürfen nicht zu Gewinnern eines vereinten Europa werden. Ein weiterer wichtiger Bereich ist die Harmonisierung der Asyl- und Flüchtlingspolitik der EU.

Entsprechend dem Prinzip der Subsidiarität wird die Gemeinschaft in den Bereichen, die nicht in ihre ausschließliche Zuständigkeit fallen, nur tätig, sofern die Ziele notwendiger Maßnahmen auf der Ebene der Mitgliedstaaten nicht ausreichend erreicht werden können und wegen ihres Umfangs oder ihrer Wirkungen besser auf der Gemeinschaftsebene erreichbar sind. Damit besteht ein vernünftiger Interessenausgleich zwischen europäischer und nationalstaatlicher Handlungsebene.

Ein Herzstück der Union ist die Gemeinsame Außen- und Sicherheitspolitik (GASP). Sie stellt gewissermaßen die im EU-Vertrag festgeschriebene Nachfolgerin der ursprünglich außerhalb des Vertrages angesiedelten Europäischen Politischen Zusammenarbeit (EPZ) dar, die sich nach bescheidenen Anfängen vor über 20 Jahren zu einem wichtigen Instrument der europäischen Außenpolitik und zu einem vordringlichen Bereich des Einigungswerks entwickelt hat. Die GASP ist als „zweite Säule der EU" seit dem Inkrafttreten des Vertrages von Maastricht über die Gründung der EU (1992) in den einheitlichen institutionellen Rahmen der Union integriert.

Der Vertrag von Amsterdam entwickelte die GASP unter mehreren Aspekten weiter fort (siehe Seite 211).

Seit seinem Inkrafttreten im Mai 1999 ist es zu einschneidenden Veränderungen in der Gemeinsamen Außen- und Sicherheitspolitik gekommen, die nach der Vollendung der Wirtschafts- und Währungsunion jetzt das nächste große Integrationsprojekt der

Bundeskanzler Schröder zu Besuch beim französischen Staatspräsidenten Chirac im Elysée-Palast

EU ist: Im Oktober 1999 hat der „Hohe Repräsentant für die Gemeinsame Außen- und Sicherheitspolitik", Javier Solana, sein Amt aufgenommen, das die Kohärenz und Sichtbarkeit der GASP nach außen verstärken soll. Er wird von der im Sekretariat des Rates neu geschaffenen Strategieplanungs- und Frühwarneinheit unterstützt.

Das neue Instrument der Gemeinsamen Strategie ist bereits in drei Fällen zur Anwendung gekommen: Es wurden Gemeinsame Strategien zu Russland, zur Ukraine und zum Mittelmeer verabschiedet; in Einzelfällen sind auch Maßnahmen zu ihrer Umsetzung bereits mit qualifizierter Mehrheit getroffen worden.

Schließlich haben die Beschlüssen des ER Köln vom Juni 1999 eine neue Ära in der Europäischen Sicherheits- und Verteidigungspolitik eingeläutet. Die EU will bis Ende 2000 die notwendigen Beschlüsse fassen, um zukünftig autonom Operationen im gesamten Bereich der sogenannten Petersberg-Operationen (humanitäre, friedensichernde und friedenschaffende Maßnahmen) durchführen zu können. Die diesbezüglichen Funktionen der WEU sollen in die EU überführt werden. Ziel ist eine umfassende Handlungsfähigkeit der EU im gesamten Bereich des zivilen und militärischen Krisenmanagements. Dementsprechend wurde auf dem ER Helsinki im Dezember 1999 sowohl ein bis zum Jahr 2003 zu erfüllendes militärisches Planziel wie auch ein Aktionsplan zur Stärkung des zivilen Krisenmanagements verabschiedet. Dabei ist festzuhalten, daß die Kölner Beschlüsse ausdrücklich nicht die Frage einer gemeinsamen Verteidigung der EU-Mitgliedstaaten mit umfassen.

Die Europäische Union ist zum wirtschaftlich bedeutendsten Binnenmarkt der Welt geworden. Zwischen den 15 Mitgliedstaaten der EU sind alle Zoll- und Handelsschranken gefallen. Die vier Grundfreiheiten des EU-Binnenmarkts sind: freier Personen-, Waren-, Dienstleistungs- und Kapitalverkehr.

Die Europäische Union verfolgt eine weltoffene Handelspolitik. Sie tritt für eine marktwirtschaftlich orientierte Weltwirtschaftsordnung ein und verfolgt diese handelspolitischen Ziele im Rahmen der Welthandelsorganisation (WTO). Die EU nimmt in der WTO zusammen mit den USA eine führende Rolle ein. Die EU gestaltet ihre Beziehungen zu Drittländern auch auf der Grundlage eines dichten Netzes von Assoziations- sowie Handels- und Kooperationsabkommen, die sie mit zahlreichen Staaten und Staatengruppen (zum Beispiel im Mittelmeerraum, in Südost-

Der polnische Außenminister Geremek und Außenminister Fischer in Krakau (Juni 2000)

asien sowie in Zentral- und Südamerika und im Bereich der ehemaligen Sowjetunion) abgeschlossen hat.

Kernstück der Beziehungen zu den Entwicklungsländern ist die seit 1975 bestehende Zusammenarbeit mit den Staaten Afrikas, der Karibik und des Pazifiks. Am 23. Juni 2000 wurde in Cotonou (Benin) ein neues Partnerschaftsabkommen mit den inzwischen 77 AKP-Ländern unterzeichnet. Es hat eine Gesamtlaufzeit von 20 Jahren und muß noch von allen EU-Mitgliedstaaten ratifiziert werden. Zur Finanzierung dieser Zusammenarbeit sind für den ersten Fünfjahreszeitraum in den Neunten Europäischen Entwicklungsfonds 13,5 Milliarden DM eingestellt worden. Hinzu kommen 1,5 Milliarden DM Darlehen der Europäischen Investitionsbank.

Deutschland leistet als der wirtschaftlich stärkste Mitgliedstaat erhebliche finanzielle Nettoleistungen an die Europäische Union. Auch künftig wird Deutschland die weitere Integration der Union nach Kräften fördern. Die gerechte Verteilung der finanziellen Lasten bleibt ein Ziel deutscher Europapolitik.

Auf der Grundlage der „Neuen Transatlantischen Agenda" bemüht sich Deutschland im Rahmen der EU um den Ausbau der euroatlantischen Partnerschaft für das 21. Jahrhundert. Kernstücke dieses Prozesses sind die Handlungsfelder Handel und Wirtschaft, insbesondere Abbau von transatlantischen Handelshemmnissen, außenpolitische Zusammenarbeit insbesondere beim gemeinsamen Vorgehen in Krisenregionen, Bewältigung globaler Fragen wie Umwelt, Migration und Bekämpfung organisierter Kriminalität sowie Intensivierung der Zusammenarbeit gesellschaftlicher Gruppen im so genannten „People-to-people-Dialog".

Der Europarat. Der Europarat (EuR) stand bei seiner Gründung 1949 am Anfang der europäischen Integration und Zusammenarbeit. Die Förderung der Menschenrechte, pluralistischer Demokratie und des Rechtsstaates standen von Anfang an im Zentrum des Wirkens des EuR, der damit die Leitlinien für das demokratische Europa geschaffen hat.

Der EU-Gipfel in Wien diente am 12. Dezember 1998 Gesprächen mit den 11 Bewerberstaaten

Der EuR hat mittlerweile 41 Mitgliedstaaten. Seit 1990 hat er 17 Staaten aus Mittel- und Osteuropa sowie der Kaukasusregion aufgenommen. Aserbaidschan, Armenien, Bosnien und Herzegowina, BR Jugoslawien, Monaco und Weißrussland haben Beitrittsanträge gestellt. Die Ausstrahlung der Organisation geht jedoch über den geografischen Rahmen Europas hinaus. Der Beobachterstatus wurde den USA, Kanada, Japan und Mexiko gewährt. Außereuropäische Staaten sind Konventionen und Teilabkommen des EuR beigetreten oder beteiligen sich an ihnen.

Die Organe des EuR sind das Ministerkomitee, die Parlamentarische Versammlung und der Kongress der Gemeinden und Regionen Europas.

Ein Schwerpunkt seiner Arbeit ist neben der Weiterentwicklung des Menschenrechtsschutzes derzeit vor allem die Heranführung der neuen Mitgliedstaaten aus Mittel- und Osteuropa an die europäischen Strukturen. Durch umfangreiche Beratungs- und Unterstützungsprogramme, die teilweise von der EU kofinanziert und gemeinsam mit ihr und der OSZE durchgeführt werden, fördert der EuR den demokratischen Reformprozess und die Angleichung der Rechtsstandards in den mittel- und osteuropäischen Ländern.

Zu den inzwischen 174 vom EuR verabschiedeten Konventionen gehören unter anderem die Europäische Konvention zum Schutz der Menschenrechte und Grundfreiheiten (EMRK), das Europäische Übereinkommen zur Verhütung von Folter und erniedrigender Behandlung oder Strafe (Antifolter-Konvention), die Europäische Sozialcharta, die Europäische Kulturkonvention, das Rahmenabkommen zum Schutz nationaler Minderheiten oder das Menschenrechtsübereinkommen zur Biomedizin.

Menschenrechtsverstöße können vor den ständig tagenden Europäischen Gerichtshof für Menschenrechte gebracht werden, der 1998 seine Arbeit aufgenommen hat. Am 1. Januar 2000 wurde der Spanier Alvaro Gil-Robles in das neugeschaffene Amt des Menschenrechtskommissars des EuR eingeführt.

Die wirksame Überprüfung der von den Mitgliedstaaten mit dem Beitritt eingegangenen Verpflichtungen – das sogenannte Monitoring – wurde weiter entwickelt. Andauernde, schwerwiegende Verstöße gegen die Prinzipien des EuR können Sanktionen bis hin zum Ausschluss des betreffenden Landes aus der Organisation nach sich ziehen.

Deutschland, seit 1950 Mitglied des EuR, arbeitet auf allen Ebenen intensiv an den Programmen des EuR mit. Als einer der fünf Hauptbeitragszahler neben Frankreich, Großbritannien, Italien und Russland leistet Deutschland seinen Beitrag zum Haushalt des Europarats in Höhe von 12,8 Prozent (das entspricht rund 45 Millionen DM für 2000). Neben dem materiellen Beitrag ist der inhaltliche Beitrag von Bedeutung.

Die Hauptziele des EuR – Förderung von Menschenrechten, Demokratie und Rechtsstaatlichkeit – sind gleichermaßen wichtig. Darüber hinaus hat Deutschland ein besonderes Interesse an der Förderung des Transformationsprozesses in den neuen Mitgliedstaaten. Folgerichtig ist daher der Ständige Vertreter Deutschlands beim EuR Vorsitzender der „Berichterstattergruppe für demokratische Stabilität", die sich mit den spezifischen Problemen der jungen Demokratien befasst und unter anderem die Entscheidungen des Ministerkomitees über Hilfestellung in Form von Programmen verschiedenster Art vorbereitet. Allerdings ist hier angesichts stagnierender Finanzmittel eine intensive Kosten-Nutzen-Analyse notwendig.

Deutschland hat seinen Vorsitz im Ministerkomitee (Anfang November 1997 bis Anfang Mai 1998) genutzt, um eigene Prioritäten einzubringen, etwa eine Nachfolgeveranstaltung zur Stockholmer Konferenz gegen sexuelle Ausbeutung von Kindern.

Meilensteine auf dem Gebiet des Minderheitenschutzes sind das Rahmenabkommen zum Schutz nationaler Minderheiten sowie die Europäische Charta der Regional- oder Minderheitensprachen, Initiativen, die Deutschland seinerzeit maßgeblich mitgetragen und mitgestaltet hat. Beide sind 1998 in Kraft getreten.

Die Bundesregierung bleibt bemüht, die Rolle des Deutschen in der täglichen Arbeit des EuR neben den Amtssprachen Englisch und Französisch stärker hervorzuheben. Mittlerweile werden über die Sitzungen des Ministerkomitees und die Fachministerkonferenzen hinaus auch die Tagungen der Lenkungsausschüs-

Wim Duisen-
berg und OB
Petra Roth bei
der Eröffnung
der Europäi-
schen Zentral-
bank in Frank-
furt/Main

se auf Wunsch aktiv und passiv ins Deutsche gedolmetscht. Der
EuR hat 1998, mit finanzieller Unterstützung des Auswärtigen
Amts, eine dreisprachige Sammlung aller Konventionen des
EuR herausgegeben (deutsch, englisch, französisch). Fernziel
bleibt die Verankerung des Deutschen als dritte Amtssprache
des EuR, die allerdings eine mit Zweidrittelmehrheit der Mitgliedstaaten zu beschließende Änderung der Statuten des EuR
zur Voraussetzung hat.

**Die Organisation für Sicherheit und Zusammenarbeit
in Europa (OSZE).** Mit 54 Teilnehmerstaaten (alle europäischen Staaten, die Nachfolgestaaten der Sowjetunion sowie die
USA und Kanada; die Bundesrepublik Jugoslawien ist bis auf
weiteres von der Teilnahme ausgeschlossen) ist die OSZE das
einzige Forum für eine gesamteuropäische Zusammenarbeit.
Zu den zentralen Dokumenten der OSZE gehören die KSZE-
Schlussakte von Helsinki (1975) sowie die Charta von Paris
(1990), sowie die 1999 in Istanbul verabschiedete „Europäische
Sicherheitscharta". Die Teilnehmerstaaten bekennen sich zu
Menschenrechten, Demokratie und zum Rechtsstaat, zur wirtschaftlichen Freiheit und sozialen Gerechtigkeit und zur Einheit
Europas. Sie haben sich damit zu hohen gemeinsamen Werten
für den Umgang der Staaten miteinander und für das Verhalten
gegenüber ihren Bürgern verpflichtet.

Die OSZE ist das Dach, unter dem sich die Teilnehmerstaaten auf
Regeln der friedlichen Konfliktlösung, auf Normen zur Wahrung der Menschen- und Minderheitenrechte und auf Regeln
der Zusammenarbeit gleichberechtigter Partnerstaaten zu einigen versuchen. Die OSZE arbeitet bei der Wahrnehmung ihrer
Aufgaben eng mit VN, NATO, WEU, Europarat und EU zusammen. In der Europäischen Sicherheitscharta sind die Grundsät-
ze für diese Zusammenarbeit aufgeführt: Vermeidung von Dop-
pelarbeit, Nutzung komparativer Vorteile, Erzeugung von Syner-
gieeffekten, kein Verhältnis der Rangfolge oder Konkurrenz unter den verschiedenen Organisationen.

Als Organisation verfügt die OSZE – anders als ihre Vorgängerin
KSZE, welche im Wesentlichen ein Konferenzprozess war – über
feste Institutionen und Gremien. Am Sitz des Sekretariats in
Wien tagt regelmäßig der Ständige Rat der OSZE; der OSZE-Be-
auftragte für Medienfreiheit hat seinen Sitz ebenfalls in Wien,
das Büro für demokratische Institutionen und Menschenrechte
befindet sich in Warschau, der Hohe Kommissar für nationale
Minderheiten in Den Haag.

Die OSZE nimmt heute eine Reihe von operativen Aufgaben vor allem im Bereich der Frühwarnung, der Konfliktverhütung und
der Krisenbewältigung wahr. Eines der wichtigsten OSZE-Instru-
mente hierfür sind die OSZE-Missionen. Eine der größten und
schwierigsten Missionen hat die OSZE im Rahmen der VN-Mis-
sion im Kosovo unternommen, wo sie den Wiederaufbau vor
allem in den Bereichen Demokratisierung, Rechtsstaat und
Menschenrechte sowie die Durchführung von Wahlen übernommen hat. Die Lehren aus der Kosovo-Mission haben auch
dazu geführt, dass die OSZE ihr Instrumentarium zur schnellen
Reaktion auf Krisensituationen gezielt ausgebaut hat.

Mit der Ausarbeitung des Krisenreaktionsprogramms REACT (Rapid
Expert Assistance and Cooperation Teams) und der Einrichtung
einer Planungseinheit im OSZE-Sekretariat sind hierzu wesentliche Voraussetzungen geschaffen worden, durch die vor allem
der schnelle Einsatz von Krisenreaktionskräften erleichtert werden soll.

In den beiden größten der übrigen OSZE-Langzeitmissionen und
sonstigen Feldaktivitäten (in Bosnien und Herzegowina und in
Kroatien) sind jeweils über 200 internationale Mitarbeiter tätig.
Die OSZE hat die in Bosnien und Herzegowina seit 1996 stattfindenden Wahlen organisiert und überwacht. Zu ihren Aufgaben
gehört ferner, gemäß dem Dayton-Friedensabkommen einen
Beitrag zur Durchsetzung der Menschenrechte zu leisten und
durch Unterstützung von Rüstungskontroll- sowie vertrauensbil-
denden Maßnahmen einen Neuausbruch der Feindseligkeiten
verhindern zu helfen. In Kroatien leistet sie in Fortsetzung der
Arbeit der UNTAES-Mission der Vereinten Nationen unter anderem einen Beitrag zur Reintegration und Rückführung der
Flüchtlinge in Ost-Slawonien.

Mit dem auf eine deutsch-französische Initiative zurückgehenden
Übereinkommen über Vergleichs- und Schiedsgerichtsverfahren
innerhalb der OSZE, das Ende 1992 zur Unterzeichnung ausge-

legt wurde, am 5. Dezember 1994 in Kraft getreten ist und dem heute 25 Staaten angehören, verfügt die OSZE über Möglichkeiten zur friedlichen Beilegung von Streitfällen. Der Sitz des auf der Grundlage dieses Übereinkommens geschaffenen Vergleichs- und Schiedsgerichtshofs innerhalb der OSZE ist Genf.

Es liegt im Interesse der Bundesrepublik, dass die OSZE im Bereich der Menschenrechte weit reichende Verpflichtungen geschaffen hat, die – obwohl rechtlich nicht bindend – sehr starke politische Bindungswirkung entfalten, da sie im Konsens von allen Teilnehmerstaaten beschlossen worden sind. Um eine kontinuierliche Überwachung der OSZE-Standards im Menschenrechtsbereich zu gewährleisten, finden regelmäßige Treffen statt, bei denen die Menschenrechtslage in den Teilnehmerstaaten kritisch und öffentlich erörtert wird.

Der Hohe Kommissar für Nationale Minderheiten, dessen Amt auch auf ausdrückliche deutsche Unterstützung durch Beschluss des Helsinki-Gipfeltreffens 1992 geschaffen wurde, identifiziert zum

Das europäische Patentamt in München

frühestmöglichen Zeitpunkt mögliche ethnisch bedingte Spannungen und hilft, sie durch direkte Konsultationen mit den betroffenen Parteien zu begrenzen und abzubauen.

Das Amt des OSZE-Beauftragten für Medienfreiheit wurde auf deutsche Initiative zum 1. Januar 1998 eingerichtet. Der Medienbeauftragte fungiert als Appellationsinstanz für Journalisten und soll auf eine bessere Erfüllung der OSZE-Verpflichtungen im Bereich der Medien- und Pressefreiheit durch die OSZE-Teilnehmerstaaten hinwirken.

Die OSZE wird auch weiterhin als Forum für Dialog, Verhandlung und Zusammenarbeit genutzt, um dem Prozess der Rüstungskontrolle, der Abrüstung und der Vertrauens- und Sicherheitsbildung, der Verbesserung der Konsultationen und der Zusammenarbeit in Sicherheitsangelegenheiten sowie der Verminderung von Konfliktrisiken neue Anstöße zu geben. Der Gipfel in Helsinki hat hierfür 1992 das Forum für Sicherheitskooperation eingerichtet. Auf dem Gipfel in Budapest (Dezember 1994) konnten bereits ein Verhaltenskodex, der das geltende Gewaltverbot durch Normen für die demokratische Kontrolle von Streitkräften und ihren Einsatz inner- und außerhalb der Grenzen konkretisiert, und eine Erklärung über Prinzipien der Nichtverbreitung von Massenvernichtungswaffen verabschiedet werden.

Weitere Informationen:
— Europäische Kommission, Vertretung der Bundesrepublik Deutschland
 Unter den Linden 78, 10117 Berlin
 Internet: http://www.eu-kommission.de
 E-Mail: eu-kommission-de@cec.eu.int
— Ständige Vertretung der BRD beim Rat der Europäischen Union
 Rue Jacques de Lalaing 19-21, 1040 Brüssel, Belgien
 Internet: http://www.ue.eu.int
 E-Mail: public.info@consilium.eu.int
 Homepage der EU: Internet: http://europa.eu.int

Äußere Sicherheit

Grundlagen. Das Grundgesetz verpflichtet Deutschland, als gleichberechtigtes Mitglied in einem vereinten Europa dem Frieden der Welt zu dienen.

Artikel 24 des Grundgesetzes bestimmt, dass sich Deutschland in ein System gegenseitiger kollektiver Sicherheit einordnen und dabei in eine Beschränkung der Hoheitsrechte einwilligen kann, um so eine friedliche und dauerhafte Ordnung in Europa und zwischen den Völkern der Welt herbeizuführen und zu sichern.

Als Mitglied der Nordatlantischen Allianz, der Westeuropäischen Union und der Europäischen Union leistet Deutschland auf der Grundlage gesicherter Verteidigungsfähigkeit einen Beitrag für die Sicherheitsvorsorge im euro-atlantischen Raum, der seinem wirtschaftlichen und politischen Gewicht entspricht. Dies schließt die Verpflichtung ein, an Maßnahmen zur Konfliktverhütung und Krisenbewältigung im Rahmen der Bündnisse und der Vereinten Nationen teilzunehmen sowie für die Wahrung des Völkerrechts und der Menschenrechte einzutreten.

Grundlegender Auftrag deutscher Streitkräfte ist nach Artikel 87a Grundgesetz die Landesverteidigung. Deutschland hat sich darüber hinaus gemäß Artikel 5 des NATO-Vertrages und Artikel V des Brüsseler Vertrages zur Beistandsleistung im Rahmen der kollektiven Verteidigung verbindlich verpflichtet.

Die sicherheitspolitische Lage. Nach Abbau des Ost-West-Gegensatzes hat sich die geostrategische Lage Deutschlands erheblich verbessert. Ein massiver Angriff auf die NATO als Ganzes ist auf absehbare Zeit unwahrscheinlich. Die Sicherheitslage ist allerdings durch eine große Bandbreite militärischer und nicht militärischer Risiken mit schwer abschätzbarer Entwicklung gekennzeichnet.

Die Sicherung des Friedens ist oberstes Ziel deutscher Außen- und Sicherheitspolitik. Sicherheit in und für Europa ist unteilbar und verlangt eine umfassende, multinationale Vorsorge.

Deutschland trägt zur gemeinsamen Sicherheit als aktives Mitglied der Vereinten Nationen, der Organisation für Sicherheit und Zusammenarbeit in Europa, der Nordatlantischen Allianz und der Europäischen Union bei und verfolgt konsequent den Weg der erweiterten und vertieften europäischen Integration und der Zusammenarbeit in den euro-atlantischen Sicherheitsinstitutionen.

Damit einher geht die Verpflichtung, angemessene militärische Beiträge zur Wahrung von Stabilität und Sicherheit in Europa sowie zur Förderung des Weltfriedens zu leisten. Rückgrat der europäischen Friedensordnung auf der Grundlage gemeinsamer demokratischer Werte bleibt auch künftig die nordatlantische Allianz.

Deutsche Streitkräfte leisten durch Vertrauensbildung und Kooperation einen wesentlichen Beitrag zur Stabilisierung der sicherheitspolitischen Lage. Als bevorzugter Partner zahlreicher osteuropäischer Staaten ist Deutschland damit auch Motor der gesamten europäischen Kooperation.

Der Auftrag der Bundeswehr. Die Bundeswehr

— schützt Deutschland und seine Staatsbürger vor politischer Erpressung und äußerer Gefahr,

— verteidigt Deutschland und seine Verbündeten,

— trägt zur Sicherung von Frieden und Stabilität im euro-atlantischen Raum bei,

— fördert den Weltfrieden und die internationale Sicherheit im Einklang mit der Charta der Vereinten Nationen,

— hilft bei Katastrophen, rettet aus Notlagen und unterstützt humanitäre Aktionen.

Die Aufgaben und Fähigkeiten der deutschen Streitkräfte werden durch die Verfassung sowie die gemeinsam mit den Verbündeten eingegangenen Verpflichtungen und internationalen Ver-

Soldaten aus verschiedenen Ländern bei einer Lagebesprechung

träge bestimmt. In erster Linie bestimmen Landesverteidigung und kollektive Verteidigung Umfang und Struktur der Bundeswehr. Über ihre Ausgestaltung wird derzeit entschieden.

Staatsbürger in Uniform. Die Einbindung der Soldaten als Staatsbürger in die Gesellschaft, die Grundrechte und die Anwendung rechtsstaatlicher Prinzipien sowie das Menschenbild und die Werteordnung unserer Verfassung bleiben Richtschnur für die Zukunft.

Freiheit und Verantwortung waren und sind auch weiterhin die politisch-moralischen Bezugspunkte der Konzeption der Inneren Führung und des Leitbilds vom Staatsbürger in Uniform. Sie sind Herzstück der eigenen Tradition und Quelle der gesellschaftlichen Verankerung der Bundeswehr. Auch am Beginn des 21. Jahrhunderts braucht der Soldat überzeugende Werte, die Halt und Orientierung bieten. Er muss wissen, wofür er in den Einsatz geht und was er verteidigen soll – Menschenwürde, Recht und Freiheit.

Die Bundeswehr ist an Recht und Gesetz gebunden und dient dem Schutz von Recht und Freiheit unseres Volkes und Staates. Sie ist eine Armee in der Demokratie und für die Demokratie. Die Bundeswehr unterliegt dem Primat der Politik.

Dabei hat der Wehrbeauftragte des Deutschen Bundestages eine wichtige parlamentarische Kontrollfunktion. Er wacht über die Einhaltung der verfassungsmäßigen Rechte der Soldaten. Jeder Soldat kann sich mit Beschwerden unmittelbar an ihn wenden. Der Wehrbeauftragte kann von den militärischen Dienststellen Auskunft und Akteneinsicht verlangen und unangemeldet alle Einrichtungen der Bundeswehr besuchen. Er legt jährlich dem Deutschen Bundestag einen Bericht vor.

Allgemeine Wehrpflicht. Landesverteidigung ist Kernauftrag deutscher Streitkräfte. Sie kann auch in Zukunft nur durch die Allgemeine Wehrpflicht sichergestellt werden. Als Teil der sicherheitspolitischen Vorsorge ist sie weiterhin unverzichtbar.

Die Allgemeine Wehrpflicht ist ein tiefer Eingriff in die Rechte junger männlicher Staatsbürger. Die zeitliche Inanspruchnahme durch den Wehrdienst darf nicht länger dauern, als es zur Gewährleistung der äußeren Sicherheit unseres Landes und der Einsatzbereitschaft der Streitkräfte nötig ist. Die Ausgestaltung des Wehrdienstes muss grundsätzlich auch den Berufs- und Lebensplanungen der Wehrpflichtigen Rechnung tragen.

Entwicklungspolitik

Die Entwicklungspolitik ist Element der auf globale Zukunftssicherung zielenden internationalen Zusammenarbeit der Bundesregierung. Sie ist, mit den Worten des ehemaligen Bundeskanzlers Willy Brandt gesprochen, „die Friedenspolitik des 21. Jahrhunderts". Als Teil globaler Strukturpolitik hat sie die Aufgabe, zur Verbesserung der wirtschaftlichen, sozialen, ökologischen und politischen Verhältnisse in den Partnerländern im Süden und Osten sowie zu einem Interessenausgleich – einerseits zwischen und innerhalb der Weltregionen und andererseits zwischen der heutigen und zukünftigen Generationen – beizutragen. Sie ist gegründet auf ethisch-humanitärer und global-ökologischer Verantwortung, den Interessen an regionaler und globaler politischer Stabilität und einem für alle vorteilhaften weltwirtschaftlichen Strukturwandel. Die Entwicklungspolitik der Bundesregierung zielt darauf ab,

— globale soziale Gerechtigkeit zu fördern, Armut zu bekämpfen,
— die Achtung von Menschenrechten und demokratische Grundprinzipien zu unterstützen,
— die Gleichberechtigung von Frauen und Männern voranzubringen,
— zur friedlichen Lösung und Bewältigung von Konflikten beizutragen,
— die Umwelt zu schützen und die natürlichen Ressourcen nachhaltig zu nutzen,
— die wirtschaftliche Entwicklung in den Partnerländern zu fördern.

Deutschland gehört mit seinen Leistungen im Rahmen der Entwicklungszusammenarbeit zu den größten Geberländern. Auf der Grundlage gleichberechtigter Partnerschaft konzentriert die Bundesregierung künftig die Zusammenarbeit auf 70 Länder und in diesen auf Schwerpunktbereiche.

1961 wurde ein spezielles Bundesministerium für wirtschaftliche Zusammenarbeit (BMZ) geschaffen (seit 1993 mit dem Zusatz

„und Entwicklung"). Damit erhielt die Entwicklungszusammenarbeit weltweit erstmals Kabinettsrang. Die Gründung des BMZ war Ausdruck des Willens von Parlament, Bundesregierung und Bevölkerung, nach dem Wiederaufbau des eigenen Landes in den Nachkriegsjahren, der nur durch Hilfe von außen so schnell möglich war, den Menschen anderer Länder, die sich in Not befinden, zu helfen.

Nach dem Zusammenbruch des ehemaligen Ostblocks sind zu den traditionellen Entwicklungsländern neue Partner der Zusammenarbeit in Form der Transformationsländer Mittel-, Ost- und Südosteuropas sowie der früheren Sowjetunion hinzugetreten.

Im Laufe von mehr als 40 Jahren Entwicklungspolitik hat die Bundesregierung gemeinsam mit nichtstaatlichen Organisationen und privatwirtschaftlich arbeitenden Institutionen wichtige Erfahrungen gesammelt und ein breit gefächertes Instrumentarium für die Förderung der Partnerländer im Süden und Osten geschaffen. Durch enge Mitwirkung der Partnerländer sind die Maßnahmen den von Land zu Land unterschiedlichen politischen, wirtschaftlichen, gesellschaftlichen und sozialen Verhältnissen in Afrika, Asien, Lateinamerika, im Nahen Osten und in Mittel- und Osteuropa angepasst worden.

Entwicklungszusammenarbeit kann und darf die Verantwortung unserer Partnerländer für ihre eigene Entwicklung und für ihre Beiträge zur globalen Zukunftssicherung nicht ersetzen. Leistungen von außen sollen Anstöße und Starthilfen geben, aber nicht an die Stelle eigener Anstrengungen treten. Insofern kann Entwicklungszusammenarbeit einen wichtigen Beitrag zur nachhaltigen Entwicklung der Partnerländer und zur Lösung globaler Aufgaben leisten. Entwicklungspolitik ist auch Mitgestaltung der globalen Rahmenbedingungen, um eine wirt-

Ausbildung in moderner Kommunalverwaltung in Nepal

schaftlich, sozial und ökologisch nachhaltige Entwicklung in allen Teilen der Welt zu begünstigen. Mitzuhelfen, die Massenarmut und ihre strukturellen Ursachen zu bekämpfen, ist zentrales Ziel deutscher Entwicklungspolitik. Die Welt von morgen kann nur dann in Frieden leben, wenn es gelingt, Hunger, Not und das Wohlstandsgefälle zu verringern, die natürlichen Lebensgrundlagen zu schützen und zu erhalten und die Achtung der Menschenrechte durchzusetzen. Es ist inzwischen Allgemeinwissen, dass die Menschen in armen und reichen Weltregionen voneinander abhängig sind. Das alarmierende Ausmaß von Umweltzerstörungen und ihre Rückwirkungen auf Industrie-, Entwicklungs- und Transformationsländer zeigen das deutlich. Die Bundesregierung betreibt daher nicht nur in Deutschland eine fortschrittliche Politik zum Schutz der Umwelt, sondern sie unterstützt auch die Partnerländer bei ihren Bemühungen um eine ökologisch tragfähige Entwicklung.

Als führendes Exportland setzt sich die Bundesrepublik Deutschland für einen freien und weltoffenen sowie zugleich sozial und ökologisch verantwortbaren Welthandel ein. Nicht zuletzt auch aus eigenem Interesse ist ihr an einer wirtschaftlichen Gesundung und an einem Fortschritt in den Partnerländern gelegen. Je leistungsfähiger die Wirtschaft eines Landes ist, desto attraktiver ist es als Partner für Handel und Investitionen.

Aber es gibt noch ein anderes Motiv für die Entwicklungszusammenarbeit: Die Verbesserung der Lebensbedingungen in den Ländern des Südens und Ostens schafft positive wirtschaftliche, politische, ökologische und soziale Zukunftsperspektiven für viele Menschen, die andernfalls gezwungen sein könnten, ihre Heimat zu verlassen. Entwicklungspolitik dient somit auch der Bekämpfung von Flucht- und Krisenursachen, ist präventive Friedenspolitik.

Grundlagen der Entwicklungspolitik. Die Ziele der Entwicklung müssen von den Partnerländern im Rahmen der von der Weltgemeinschaft u.a. auf den großen Weltkonferenzen in den Neunzigerjahren formulierten Leitlinien selbst bestimmt werden. Die Erfahrungen der letzten Jahrzehnte haben gezeigt, dass Entwicklungsfortschritte oder -misserfolge von den internen politischen und wirtschaftlichen Rahmenbedingungen in den Partnerländern entscheidend bestimmt werden.

Entwicklungszusammenarbeit kann nur dann wirksam werden, wenn nationale Rahmenbedingungen bestehen, die den Menschen die Möglichkeit bieten, ihre eigenen Fähigkeiten sinnvoll und lohnend einzusetzen. Erfahrungsgemäß sind diese Voraussetzungen am ehesten in einer rechtsstaatlichen Ordnung mit Elementen einer sozialen und ökologischen Marktwirtschaft gegeben.

Die Bundesregierung hat deshalb die fünf wichtigsten entwicklungsfördernden internen Rahmenbedingungen zu Kriterien für den Einsatz von Instrumenten und Mitteln der Entwicklungszusammenarbeit erhoben. Sie haben Einfluss sowohl auf den Umfang als auch auf die Art der Zusammenarbeit. Diese fünf Kriterien sind:

— die Beachtung der Menschenrechte
— die Beteiligung der Bevölkerung an politischen Entscheidungen
— die Gewährleistung von Rechtssicherheit
— die Schaffung einer marktwirtschaftlichen, sozialorientierten und ökologisch tragfähigen Wirtschaftsordnung (dabei Beachtung der ILO-Kernarbeitsnormen: Verbot der Zwangs- und Kinderarbeit; Vereinigungsfreiheit für Beschäftigte, Recht auf kollektive Tarifverhandlungen, keine Diskriminierung am Arbeitsplatz, gleiche Entlohnung für Männer und Frauen) sowie
— die Entwicklungsorientierung des staatlichen Handelns (dazu gehört auch die Reduzierung von überhöhten Rüstungsausgaben).

Es geht bei der Entwicklungszusammenarbeit aber nicht nur um Veränderungen in den Partnerländern. Vielmehr müssen Strukturen auch auf den beiden anderen Ebenen, also in Deutschland bzw. anderen Geberländern, sowie im internationalen Bereich verändert werden. Diese Erfordernisse beschreibt der Begriff der globalen Strukturpolitik.

Die Entwicklungszusammenarbeit unterstützt daher gezielt Maßnahmen der Partnerregierungen und gesellschaftlicher Kräfte, die eine Verbesserung der internen Rahmenbedingungen für Entwicklung zum Ziel haben.

Entwicklungspolitik unterstützt folgerichtig auch die Schaffung entwicklungsfreundlicher internationaler Rahmenbedingungen.

Zu einer globalen Strukturpolitik gehört somit die Reform und Stärkung der Vereinten Nationen und ihrer Entwicklungsprogramme und der Aufbau einer internationalen Architektur für „Global Governance". Entwicklungspolitik setzt auch in Deutschland selbst an. Im Interesse der Kohärenz sind im Inland Veränderungen in Bereichen erforderlich, die Auswirkun-

Die Bundesministerin für wirtschaftliche Zusammenarbeit Heidemarie Wieczorek-Zeul in Uganda

gen auf eine global nachhaltige Entwicklung haben, zum Beispiel im Bereich des Klimaschutzes. In der Außenwirtschaftsförderung werden ökologische, soziale und entwicklungspolitische Gesichtspunkte stärker beachtet. Auch die entwicklungspolitische Bildungsarbeit im Inland hat besonderes Gewicht.

Die entwicklungspolitische Zusammenarbeit mit den Partnerländern erfolgt durch

- unmittelbare bilaterale Zusammenarbeit von Staat zu Staat
- multilaterale Zusammenarbeit über zwischenstaatliche Einrichtungen, zum Beispiel die Vereinten Nationen und ihre Sonderorganisationen und die Weltbank
- die Europäische Union, deren Entwicklungszusammenarbeit seit dem Maastrichter Vertrag auf einer vertraglich verankerten Grundlage steht
- die Förderung der nichtstaatlichen Organisationen, die über langjährige Erfahrungen in der Kooperation mit ihren Partnern im Ausland verfügen, und
- die Förderung privatwirtschaftlicher Zusammenarbeit.

1999 hat Deutschland netto (d.h. nach Abzug von Tilgungen) 10,1 Milliarden DM für die öffentliche entwicklungspolitische Zusammenarbeit ausgegeben. Das sind 0,26 Prozent des Bruttoinlandsprodukts. Darin eingeschlossen sind neben den Leistungen der Bundesregierung auch die der Länder. Deutschland liegt damit über dem Durchschnitt der Industrieländer.

Finanzielle, Technische und Personelle Zusammenarbeit. Mit ihrer Entwicklungspolitik verfolgt die Bundesregierung das Ziel, die wirtschaftliche, soziale, ökologische und politische Entwicklung in den Partnerländern zu unterstützen und damit zur Verbesserung der Lebensbedingungen beizutragen. „Luxusgüter sowie militärische Güter und Anlagen oder auf solche Verwendungszwecke gerichtete Leistungen sind von der Zusammenarbeit ausgeschlossen", heißt es in den Leitlinien der Bundesregierung für die bilaterale Finanzielle und Technische Zusammenarbeit. Generell gilt der Grundsatz des geringsten

Eingriffs, was bedeutet, dass die Vorhaben weitgehend vom Partnerland geplant und durchgeführt werden. Die Bundesregierung setzt den Rahmen für die Zusammenarbeit, trägt die politische Verantwortung und übernimmt die Steuerung und Kontrolle.

Innerhalb der Bundesregierung ist das Bundesministerium für wirtschaftliche Zusammenarbeit und Entwicklung zuständig. In den Entwicklungsländern obliegt der laufende Kontakt mit deren Regierungen den Auslandsvertretungen. Die Bundesregierung beauftragt die Kreditanstalt für Wiederaufbau (KfW) mit der Prüfung und Umsetzung ihrer Beiträge im Rahmen der Finanziellen Zusammenarbeit (FZ), die in der Regel auf der Basis von konzessionären Krediten erfolgt. Die Technische Zusammenarbeit (TZ) wird für das Partnerland unentgeltlich, in der Regel im Wege der Direktleistung erbracht. Hiermit wird überwiegend die bundeseigene Gesellschaft für Technische Zusammenarbeit (GTZ) GmbH beauftragt, daneben auch die Bundesanstalt für Geowissenschaften und Rohstoffe (BGR) und die Physikalisch-Technische Bundesanstalt (PTB). Die deutsche Wirtschaft wird über Liefer- und Leistungsmöglichkeiten bei den Vorhaben der Finanziellen und Technischen Zusammenarbeit, besonders über anstehende Ausschreibungen und Teilnahmewettbewerbe, unterrichtet. Die Personelle Zusammenarbeit (PZ) ist die dritte Ebene in der bilateralen Kooperation mit Entwicklungsländern. Auf Zuschussbasis werden hier eine ganze Reihe von staatlichen und nichtstaatlichen Organisationen der Entwicklungszusammenarbeit tätig.

Im Haushalt des Jahres 1999 standen dem Bundesministerium für wirtschaftliche Zusammenarbeit und Entwicklung für die Finanzielle Zusammenarbeit (FZ) 2,3 Milliarden Mark und für die Technische Zusammenarbeit (TZ) 1,2 Milliarden Mark zur Verfügung. Bedeutsam sind die im Etat festgelegten Verpflichtungsermächtigungen, in deren Rahmen das Ministerium völkerrechtlich verbindliche Zusagen eingehen kann, die zum größten Teil aus den Baransätzen der Folgejahre erfüllt werden. Die Verpflichtungsermächtigungen beliefen sich 1999 für die Finanzielle Zusammenarbeit auf 2,3 Milliarden Mark und für die Technische Zusammenarbeit auf 1,15 Milliarden Mark.

Im Rahmen der Finanziellen Zusammenarbeit werden Sachgüter und Anlageinvestitionen finanziert. Dies geschieht durch zinsgünstige Kredite für bestimmte Vorhaben sowie generell für die ärmsten Länder der Welt durch zinslose und rückzahlungsfreie Zuschüsse.

Aufgabe der Technischen Zusammenarbeit ist es, die Leistungsfähigkeit von Menschen und Organisationen, besonders auch ärmerer Bevölkerungsgruppen, in den Partnerländern zu erhöhen, indem sie Kenntnisse und Fähigkeiten vermittelt, mobilisiert und die Voraussetzung für deren Anwendung verbessert. „Die Spannbreite geht dabei von der Regierungsberatung bis zur Unterstützung von Selbsthilfegruppen und Kooperativen." Die Technische Zusammenarbeit umfasst die Entsendung von Fachkräften, Beratern, Ausbildern, Gutachtern und Sachverständigen, die Lieferung oder Finanzierung von Ausrüstung und Material für die geförderten Einrichtungen und die Vergütung der entsandten Fachkräfte sowie Aus- und Fortbildung einheimischer Fach- und Führungskräfte, die die Aufgaben der entsandten Berater übernehmen sollen.

Die Personelle Zusammenarbeit zielt darauf ab, dass Menschen in den Partnerländern die Möglichkeit bekommen, ihre vorhandenen Fähigkeiten und Kenntnisse zu entfalten. Dazu gehört die Aus- und Fortbildung von Fachkräften in Entwicklungsländern. Hier sind – neben anderen Organisationen – insbesondere die Carl-Duisberg-Gesellschaft (CDG) und die Deutsche Stiftung für Internationale Entwicklung (DSE) zu nennen. Die Förderung von Existenzgründungen in Entwicklungsländern und die berufliche Eingliederung von in Deutschland aus- und fortgebildeten Fachkräften aus Entwicklungsländern ist ein weiterer Schwerpunkt der PZ. Der dritte Aspekt der PZ ist die Entsendung, Vermittlung und der Einsatz von Fachkräften aus Deutschland. In diesem Bereich sind neben der GTZ und dem Centrum für internationale Migration (CIM) sechs in der „Arbeitsgemeinschaft der Entwicklungsdienste" zusammenge-

Landwirtschaftliche Qualitätskontrolle in Pakistan

Aufbau einer Trinkwasserversorgungsanlage in Tunesien

schlossene Organisationen tätig. Der Begriff Entwicklungshelfer/-in beschreibt die über diese sechs Organisationen ausreisenden deutschen Fachkräfte. Der Deutsche Entwicklungsdienst (DED) stellt die größte Zahl an Entwicklungshelfern und -helferinnen (1998: 894). Das waren mehr als die übrigen fünf zumeist kirchlichen Organisationen der PZ zusammen genommen.

In Projekten der Technischen Zusammenarbeit im weiteren Sinne, zu der außer der GTZ vor allem Entwicklungsdienst-Organisationen wie der DED und politische Stiftungen gehören, arbeiteten Ende 1996 neben rund 1400 deutschen Fachkräften bereits rund 7900 einheimische Fachkräfte (einschließlich Ortskräfte), die mit deutschen Mitteln finanziert wurden. Von den rund 1800 in entsprechenden Projekten der Finanziellen Zusammenarbeit tätigen Experten waren etwa 900 Fachkräfte aus Partnerländern.

Schwerpunkte der Entwicklungszusammenarbeit. Globale Strukturpolitik zielt auf die Verbesserung der wirtschaftlichen, sozialen, ökologischen und politischen Strukturen. Keine dieser Zieldimensionen kann losgelöst von den anderen nachhaltig erreicht werden. Sie fördern und begrenzen sich gegenseitig. Von übergreifender Bedeutung ist der Bereich Krisenprävention. Ansätze hierzu, insbesondere durch den Abbau von Krisenursachen und die Förderung friedlicher Mechanismen der Konfliktbearbeitung, finden sich in allen vier Zieldimensionen wieder. Die Mitgliedschaft des BMZ im Bundessicherheitsrat ist Ausdruck für dieses erweiterte sicherheitspolitische Denken. Auch wenn das Verständnis von Entwicklung längst nicht mehr auf wirtschaftlichen Fortschritt begrenzt ist, spielen ökonomisches Wachstum und institutionelle Stabilität, zum Beispiel des Finanzsektors, doch eine maßgebliche Rolle. Dies zeigen die Auswirkungen weltwirtschaftlicher Krisen (z.B. der Asienkrise 1997) ebenso wie die Stagnation vieler Länder, in denen die vorhandenen Strukturen Investitionen und Handel erschweren. Von übergreifender makroökomischer Bedeutung ist die Auslandsverschuldung der ärmsten Länder, die im Rahmen der internationalen Entschuldungsinitiative HIPC im Nachgang zum G7/G8-Gipfel in Köln gemindert wird.

Eine neue internationale Finanz- und Handelsarchitektur ist ebenso notwendig wie makroökonomische Reformen im Rahmen von sozial und ökologisch orientierten Strukturanpassungsprogrammen, die Verbesserung nationaler und lokaler institutioneller Strukturen, die Erleichterung des Zugangs zu Beratungs- und Kreditangeboten oder die Vermittlung von ökonomischem Fachwissen. Die Stärkung kleiner und mittelständischer Unternehmen spielt vor allem in den wirtschaftlich schwächeren Partnerländern bei der Schaffung von Arbeitsplätzen und Einkommen eine besondere Rolle. Die bilaterale deutsche Förderung der Privatwirtschaft reicht daher von der Beratung bei marktwirtschaftlichen Reformen über Kreditprogramme bis zur Beratung im informellen Sektor. Förderungen von Einzelunternehmen werden in der Regel im Rahmen von Entwicklungspartnerschaften mit der Wirtschaft durchgeführt. Bei diesen Public-Private Partnerships werden öffentliche Mittel gemeinsam mit dem Kapital deutscher wie auch lokaler Unternehmen in Entwicklungsländern in einem gemeinsamen Projekt eingesetzt.

Ausgangspunkt bei der Verbesserung ökonomischer Strukturen ist ein qualitatives, möglichst breit ansetzendes Wachstumskonzept, das Umweltbelastung und Umweltverbrauch sowie soziale Kosten in die ökonomische Rationalität integriert. Themen wie Arbeitsstandards oder Landreformen zeigen den engen Zusammenhang von wirtschaftlicher, sozialer und politischer Dimension. Bei der Verbesserung sozialer Strukturen ist das Ziel die direkte Minderung der Armut, die Schaffung menschenwür-

Aufklärung über Familienplanung und Gesundheit in Nepal

diger Lebensbedingungen und soziale Gerechtigkeit. Dazu sind Investitionen in soziale Grunddienste und Ernährungssicherungssysteme, in Bildung und Gesundheit notwendig. Hierzu wurde auf dem Kopenhagener Weltsozialgipfel 1995 die sogenannte 20/20-Initiative vereinbart. Auf freiwilliger Basis verpflichteten sich Geber- und Entwicklungsländer, seitens der Geber 20 Prozent der Entwicklungshilfe und seitens der Partner 20 Prozent der nationalen Haushaltmittel in die oben genannten Sektoren der Entwicklungsländer zu investieren.

Viele gesellschaftliche und soziale Fragen haben große politische Bedeutung, zum Beispiel wenn es um Arbeitsrechte geht. Hier leistet die International Labour Organistion einen wichtigen Beitrag, indem sie als zentrales internationales Forum − gemeinsam mit Regierungen, Arbeitgeberorganisationen und Gewerkschaften − Regelwerke für eine Verbesserung der Bedingungen in der Arbeitswelt entwirft, also zum Beispiel Mindestanforderungen im Arbeitsschutz oder das Verbot ausbeuterischer Kinderarbeit. Frauen und Mädchen sind überproportional von Armut und Menschenrechtsverletzungen betroffen; ihnen zu helfen, ist daher eine wichtige Aufgabe. Deshalb werden alle Vorhaben der Entwicklungszusammenarbeit auf ihre Auswirkungen auf Frauen und die Gleichberechtigung der Geschlechter überprüft. Bei der Armutsbekämpfung sind Partizipation und Selbsthilfe die tragenden Prinzipien. An der Planung und Gestaltung der Projekte haben die armen Bevölkerungsgruppen direkten Anteil.

Armut stellt eine der größten Herausforderungen für die Erhaltung der natürlichen Umwelt dar, gleichzeitig führen aber auch die industrielle Entwicklung und die wirtschaftliche Ausbeutung natürlicher Ressourcen wie des Tropenwalds in vielen Partnerländern zu neuen Problemen. Der Zusammenbruch der öst

Maschinenschlosserinnen bei der Ausbildung in Zimbabwe

lichen Wirtschaften hat zusätzlich gigantische Umweltprobleme offenbart, die nur gemeinsam bewältigt werden können.
Mit der Förderung des globalen ökologischen Gleichgewichts, dem Klimaschutz und der Wüstenbekämpfung leistet Entwicklungspolitik wichtige Beiträge zur Sicherung der gemeinsamen globalen Lebensgrundlage und trägt zur Sicherung von Lebensraum und Gesundheit der Menschen in den Partnerländern bei. Dies geschieht durch die Förderung von nationalen Umweltpolitiken, Programmen und Projekten der Partnerländer, die dem Umweltschutz dienen, sowie durch Beteiligung an internationalen Initiativen zum Schutz besonders gefährdeter Ökosysteme und durch die umweltgerechte Gestaltung aller Vorhaben der Entwicklungszusammenarbeit.

Die politische Dimension hat im neuen entwicklungspolitischen Verständnis an Gewicht gewonnen und wird nicht mehr lediglich als Rahmenbedingung für Entwicklung verstanden. Gute Regierungsführung, Menschenrechte, Demokratie und entwicklungsorientierte Verwaltungsstrukturen sind auch Gegenstand von Projekten, Politikdialog und internationalen Konventionen. Zusätzliche Bedeutung hat die Unterstützung friedlicher Konfliktbearbeitung erhalten: Spezielle Mechanismen zur Konfliktschlichtung, zum Krisenmonitoring oder auch die Unterstützung für Polizei- und Militärreformen werden aufgrund der Nähe zu Menschenrechts- und Demokratieförderung der politischen Dimension zugeordnet. Angesichts der sehr unterschiedlichen Entwicklungen der Weltregionen und einzelner Länder strebt die Bundesregierung eine seit langem notwendige Differenzierung der Entwicklungszusammenarbeit an. Kernprobleme und Entwicklungspotenziale, die Prioritäten des Partnerlands sowie komparative Vorteile Deutschlands und das Engagement der anderen Geber bestimmen die Schwerpunkte für die Kooperation mit dem Partnerland. Die Förderung von Projekten und Programmen im Rahmen der bilateralen, europäischen und multilateralen Entwicklungszusammenarbeit ist dabei nur eines der Politikfelder, wo Handlungsbedarf besteht. Vielmehr müssen Aktionen auf diesem Gebiet begleitet werden durch Vorstöße in den beiden anderen Handlungsfeldern, nämlich der Mitgestaltung internationaler Regelwerke und Konzepte sowie durch Aufklärungs- und Kohärenzarbeit im Inland.

Das in der Bundesstadt Bonn entstehende „Center for International Cooperation" bietet den Akteuren der entwicklungspolitischen und internationalen Zusammenarbeit in Deutschland eine neue Plattform, ihre Kräfte durch Kooperation untereinander und mit internationalen Partnern zu stärken. Damit können sie eine erhöhte Wahrnehmung und Anerkennung in der deutschen Öffentlichkeit erreichen und so auch national und international ihre Möglichkeiten zur politischen Mitgestaltung verbessern.

Wegen des Verbleibs wichtiger Ministerien, wegen der vielen entwicklungspolitischen Einrichtungen und nicht zuletzt wegen der Infrastruktur bieten sich die international erfahrene Bundesstadt Bonn und die Region allerdings auch als ideale Standorte für weitere Organisationen und Institutionen an. So ist Bonn bereits heute Standort bedeutender VN-Organisationen. Mit politisch wichtigen nationalen und internationalen Konferenzen hat das Zentrum eine gute Chance, als Ort des Dialogs und der Kompetenz in der entwicklungspolitischen und internationalen Zusammenarbeit über die Grenzen Deutschlands hinaus bekannt und geachtet zu werden.

Weitere Informationen:
— Bundesministerium für wirtschaftliche Zusammenarbeit und Entwicklung
  Friedrich-Ebert-Allee 40, 53113 Bonn
  Internet: http://www.bmz.de
  E-Mail: poststelle@bmz.bund.de
— Deutsche Gesellschaft für Technische Zusammenarbeit GmbH
  Dag-Hammarskjöld-Weg 1-5, 65760 Eschborn
  Internet: http://www.gtz.de

Die Wirtschaft

Wirtschaftsordnung und Wirtschaftspolitik

Die Bundesrepublik Deutschland gehört zu den international führenden Industrieländern. Mit ihrer wirtschaftlichen Gesamtleistung steht sie in der Welt an dritter Stelle; im Welthandel nimmt sie sogar den zweiten Platz ein. Sie wirkt in der Gruppe der sieben großen westlichen Industrieländer (den so genannten „G-7") mit, die einmal jährlich auf den „Wirtschafts-Gipfeln" ihre Wirtschafts- und Finanzpolitik auf der Ebene der Staats- und Regierungschefs abstimmen.

1999 erreichte das Bruttoinlandsprodukt – der Wert aller für die Endverwendung erzeugten Waren und Dienstleistungen – in Deutschland die Rekordmarke von 3877,1 Milliarden DM. Jeder Erwerbstätige erwirtschaftete damit statistisch 107 400 DM. Legt man die Preise des Jahres 1995 als Vergleichsmaßstab zu Grunde, dann stieg das deutsche Bruttoinlandsprodukt von 3346,0 Milliarden DM im Jahr 1991 auf 3732,3 Milliarden DM im Jahr 1999 (siehe Grafiken, S. 502/503).

Nach dem Zweiten Weltkrieg war oft vom „Deutschen Wirtschaftswunder" die Rede. Ludwig Erhard, von 1949 bis 1963 Wirtschaftsminister der Bundesrepublik Deutschland, hielt wenig von diesem Bild. Er sagte, es habe sich keineswegs um ein Wunder gehandelt, sondern „es war nur die Konsequenz der ehrlichen Anstrengungen eines ganzen Volkes, das nach freiheitlichen Prinzipien die Möglichkeit eingeräumt erhalten hat, menschliche Initiative, menschliche Freiheit und menschliche Energien wieder anwenden zu dürfen".

Soziale marktwirtschaftliche Ordnung. Das Wirtschaftssystem in der Bundesrepublik hat sich seit dem Zweiten Weltkrieg zu einer sozialen marktwirtschaftlichen Ordnung entwickelt. Dieses Wirtschaftssystem bedeutet ebenso eine Abkehr vom „jeder gegen jeden" des frühen Manchester-Liberalismus wie den Verzicht auf staatlichen Dirigismus bei Unternehmens- und Investitionsentscheidungen. Dem Staat fällt in der Marktwirtschaft in erster Linie eine Ordnungsaufgabe zu. Er setzt die Rahmenbedingungen, unter denen sich die Marktvorgänge abspielen. In diesem Rahmen entscheiden die Millionen Haushalte und Unternehmen frei und selbstständig, was sie produzieren und konsumieren möchten. Die Frage, welche und wie viele Güter erzeugt werden und wer wie viel davon erhält, wird vor allem auf Märkten entschieden. Der Staat verzichtet weitgehend auf direkte Eingriffe in die Preis- und Lohngestaltung.

Voraussetzung für das Funktionieren des Marktmechanismus ist der Wettbewerb. Ohne Konkurrenz kann es keine Marktwirtschaft geben. Der Wettbewerb sorgt dafür, dass das Gewinnstreben der Einzelnen in Aktivitäten mündet, die der optimalen Güterversorgung aller Nachfrager dient. Er fördert die Leistungsbereitschaft und zwingt Unternehmen dazu, sich mit Hilfe günstiger Preise, besserer Produktqualitäten, günstiger Zahlungs- und Lieferbedingungen oder zusätzlicher Serviceleistungen hervorzutun. Zugleich fördert der Wettbewerb die Verfahrens- und Produktinnovation und zwingt zur Rationalisierung und zum sparsamen Umgang mit knappen Ressourcen.

Keine Frage – offener Wettbewerb ist hart für alle Teilnehmer. Immer wieder versuchen daher Unternehmer, den Wettbewerbsdruck zu verringern, sei es durch Absprachen mit den Konkurrenten, sei es durch den Zusammenschluss von Firmen. Unternehmenszusammenschlüsse dürfen nicht zur Entstehung oder Verstärkung einer marktbeherrschenden Stellung führen. Solche Versuche soll das Gesetz gegen Wettbewerbsbeschränkungen (Kartellgesetz) von 1957 unterbinden. Das Gesetz verbietet Abreden und Verträge, die die Marktverhältnisse durch Beschränkung des Wettbewerbs beeinflussen; es wurde inzwischen mehrfach novelliert, um seine Wirksamkeit gegenüber veränderten wettbewerbsbeschränkenden Verhaltensweisen zu gewährleisten. Die Einhaltung des Gesetzes überwachen das

Bundeskartellamt in Bonn und die Kartellbehörden der Länder. Im Zuge der europäischen Integration und der Globalisierung der Wirtschaft verlagert sich die Wettbewerbspolitik zunehmend auf die Europäische Kommission.

Anfang 2001 wird nach den Plänen der Bundesregierung ein Gesetz zur Regelung von Firmenübernahmen in Kraft treten. Das Gesetz basiert auf der Übernahmerichtlinie des Europäischen Parlamentes und Rates (Juni 2000); es regelt Fälle, die eine Übernahme deutscher Firmen zum Ziel haben, deren Aktien an einer Börse im Europäischen Wirtschaftsraum zum Handel zugelassen sind. Bisher gab es für Unternehmensübernahmen keinen verbindlichen Rechtsrahmen in Deutschland, sondern nur einen freiwilligen Übernahmekodex. Zweck des neuen Gesetzes ist die Sicherstellung eines geordneten Verfahrens, das auch der Mitbestimmung bei Zusammenschlüssen eine sichere Grundlage gibt. Das Gesetz ist ein wesentlicher Beitrag zur nachhaltigen Modernisierung des Standortes Deutschland; es stärkt die Wettbewerbsfähigkeit und trägt zur Verbesserung des Investitionsklimas bei.

Ziel der Bundesregierung war und ist es, den Wettbewerb zu stärken und für eine effizientere Versorgung der Bürger zu sorgen. Ein intensiver Wettbewerb kann sich nur dann entwickeln, wenn eine gesunde Basis von kleineren und mittleren Unternehmen an der Marktwirtschaft teilhat. Vor allem müssen neuen, innovativen Unternehmen gute Chancen eingeräumt werden, sich dem Wettbewerb zu stellen.

Hierzu wird die Bundesregierung die wirtschaftlichen Rahmenbedingungen für den Mittelstand, das Handwerk, für Selbstständige und Existenzgründungen verbessern. So sollen die Förderprogramme für kleinere und mittlere Unternehmen vereinfacht und konzentriert werden. Um die Eigenkapitalausstattung der

Die Haupthalle der Leipziger Messe

Unternehmen zu verbessern, soll der Zugang zu Wagniskapital erleichtert werden. Die Innovationsfähigkeit der Wirtschaft soll weiter gestärkt werden, die Forschungsergebnisse der Hochschulen und Forschungsinstitute sollen schneller marktfähig gemacht werden können.

Für die Leistungsfähigkeit der Unternehmen ist ein gut ausgebildeter Mitarbeiterstamm von ganz entscheidender Bedeutung. Daher wird das in Deutschland bewährte duale Ausbildungssystem zwischen Bildungseinrichtungen und der Wirtschaft fortentwickelt, um noch mehr Effizienz und Betriebsnähe zu erreichen. Zudem soll der Zugang zur selbstständigen Tätigkeit im Handwerk beschleunigt werden, indem der für die Ernennung zum Handwerksmeister erforderliche Befähigungsnachweis berufsbegleitend erworben werden kann.

Eine Soziale Marktwirtschaft in ökologischer Verantwortung bietet für viele innovative Unternehmen neue Beschäftigungschancen. Durch Förderung von ökologischen Innovationen und

Werner Müller, Bundesminister für Wirtschaft und Technologie, präsentiert den Jahreswirtschaftsbericht 1999

durch steuerliche Belastung des Energieverbrauchs sind neue Produkte und neue Verfahren gefragt, die nicht nur in Deutschland, sondern weltweit gute Absatzperspektiven haben.

Die Rolle der Sozialpartner. Im Rahmen der Tarifautonomie handeln Arbeitnehmer und Arbeitgeber – oft auch Sozialpartner genannt – ihre Tarifverträge aus. Diese regeln etwa die Höhe der Löhne, die Arbeitszeit, die Urlaubsdauer und die allgemeinen Arbeitsbedingungen. Den Organisationen der Sozialpartner, den Gewerkschaften und Arbeitgeberverbänden, kommt daher im Wirtschaftsleben eine große Bedeutung zu. Ihre Hauptaufgabe ist es, die Interessen ihrer Mitglieder entschieden, aber auch mit Augenmaß zu vertreten. Aber zugleich tragen sie eine hohe gesamtwirtschaftliche Verantwortung. Ihre Auseinandersetzungen können das Funktionieren des Wirtschaftssystems tief gehend beeinflussen. Die Sozialpartner in der Bundesrepublik waren sich dieser Verantwortung stets bewusst. Die Stabilität des Wirtschaftssystems ist zu einem nicht geringen Teil ihr Verdienst.

Die soziale Komponente des Wirtschaftssystems. Der soziale Friede wurde bisher in der Bundesrepublik stärker gewahrt als in manchen anderen Ländern. Ein wichtiger Grund dafür ist das dichte Netz der sozialen Sicherheit, das die Bürger umgibt. Besonders für die Arbeitnehmer ist der soziale Schutz beträchtlich. Ob ein Arbeitnehmer alt oder krank ist, unfallgeschädigt oder arbeitslos, ob vom Konkurs des Betriebs betroffen oder zur Umschulung in einen aussichtsreicheren Beruf entschlossen – das Sozialsystem macht die finanziellen Folgen weitgehend erträglich. Dabei handelt es sich um Leistungen einer solidarischen Gemeinschaft. Wer aktiv im Arbeitsleben steht, zahlt Abgaben an die verschiedenen Zweige der Sozialversicherung. Das Sozialsystem erreicht nicht nur die Arbeitnehmer. Es umfasst Wohngeld, Sozialhilfe für Bedürftige und Entschädigungen für Kriegsopfer. Die Ausgaben für soziale Sicherung haben in der Bundesrepublik mit rund einem Drittel einen hohen Anteil am Bruttoinlandsprodukt. Hauptsächlich durch die Einbeziehung der ostdeutschen Länder lag die Sozialleistungsquote 1998 bei 33,5 Prozent des Bruttoinlandsproduktes. Zunehmend wird deutlich, dass dieser hohe Anteil des Sozialbudgets und die zu seiner Finanzierung notwendige Abgabenbelastung zugleich eine Belastung für die Wettbewerbsfähigkeit und die Beschäftigungsperspektiven in Deutschland darstellen. Diese

Belastung gilt es abzubauen, ohne die soziale Sicherheit zu beeinträchtigen. Die Bundesregierung wird Möglichkeiten erarbeiten, wie die soziale Sicherung modernisiert werden kann. Dabei kommt der Eigenversorgung der Bürger eine zunehmende Bedeutung zu, um die soziale Sicherung auch in Zukunft noch bezahlbar zu machen. Die Kernelemente der sozialen Sicherung, vor allem eine Grundsicherung, die jedem Bürger einen Mindestlebensstandard sichert, sollen jedoch erhalten bleiben.

Gesamtwirtschaftliche Entwicklung. Auch in der Marktwirtschaft können unerwünschte Entwicklungen eintreten. Ziel ist es, stabile Preise, einen hohen Beschäftigungsstand und außenwirtschaftliches Gleichgewicht bei stetigem und angemessenem Wirtschaftswachstum zu sichern. Verantwortung für die wirtschaftliche Entwicklung tragen auch die Tarifpartner. Die zentrale Aufgabe der Wirtschaftspolitik bleibt die Verringerung der Arbeitslosigkeit. Der Schlüssel für mehr Beschäftigung liegt in mehr Investitionen und Innovationen, die zukunftssichere Arbeitsplätze schaffen. Um dies zu erreichen, sind auch die Wirtschaft und die Gewerkschaften gefragt.

Um das Problem der Arbeitslosigkeit möglichst breit und nachhaltig anzugehen, hat die Bundesregierung ein „Bündnis für Arbeit, Ausbildung und Wettbewerbsfähigkeit" mit den Gewerkschaften und der Wirtschaft initiiert. Ziel war und ist es, deutlich mehr Arbeitsplätze zu schaffen, vor allem Jugendlichen und älteren Arbeitnehmern wieder bessere Beschäftigungsperspektiven einzuräumen. Auf diesem Weg ist man heute ein gutes Stück vorangekommen. Aufgabe der Tarifparteien ist es, die Organisation der Arbeit beschäftigungsorientierter zu gestalten und bei den Löhnen und den Arbeitszeiten mehr Flexibilität zuzulassen. Die Wirtschaft ist aufgerufen, ihre Anstrengungen für mehr Investitionen und Innovationen zu verstärken, vor allem auch noch mehr Ausbildungsplätze bereitzustellen. Die Bundesregierung hat die Rahmenbedingungen hierfür verbessert, besonders durch eine Steuerpolitik, welche die Belastung durch Steuern und Sozialabgaben für die Unternehmen und die Bürger gleichermaßen senkt. In einem weiteren Schritt soll die öffentliche Verwaltung modernisiert und eine Innovationsoffensive in Bildung, Forschung und Wissenschaft gestartet werden.

Bei der Gestaltung und Koordinierung der Wirtschafts- und Finanzpolitik wirken folgende Gremien mit:

— der Konjunkturrat für die öffentliche Hand. Er besteht aus den Bundesministern für Wirtschaft und Finanzen, je einem Mitglied jeder Landesregierung und Vertretern der Gemeinden und Gemeindeverbände. Die Bundesbank kann an den Beratungen teilnehmen, die mindestens zweimal jährlich stattfinden. Der Konjunkturrat bemüht sich um ein möglichst einheitliches Vorgehen aller Beteiligten in der Konjunkturpolitik.

— der Finanzplanungsrat. Er ist ähnlich zusammengesetzt und hat die Aufgabe, die Finanzplanung von Bund, Ländern und Gemeinden zu koordinieren. Bund und Länder sind verpflichtet, eine mehrjährige Finanzplanung aufzustellen, damit die öffentlichen Einnahmen und Ausgaben mit den volkswirtschaftlichen Möglichkeiten und Erfordernissen in Einklang gebracht werden.

Unabhängige wirtschaftswissenschaftliche Politikberatung ist für die Entscheidungsträger zu einer festen Einrichtung geworden. Zu ihr gehören etwa neben dem 1948 ins Leben gerufenen Wissenschaftlichen Beirat beim Bundesministerium für Wirtschaft und Technologie und den wissenschaftlichen Forschungsinstituten der 1963 gegründete Sachverständigenrat zur Begutachtung der gesamtwirtschaftlichen Entwicklung. Dieses Gremium von fünf unabhängigen Sachverständigen erstellt im Herbst jeden Jahres ein Gutachten über die gesamtwirtschaftliche Lage und deren absehbare Entwicklung.

Im Januar jeden Jahres legt die Bundesregierung dem Bundestag und dem Bundesrat den Jahreswirtschaftsbericht vor. Er enthält eine Darlegung der für das laufende Jahr von der Bundesregierung angestrebten wirtschafts- und finanzpolitischen Ziele, eine Darlegung der geplanten Wirtschafts- und Finanzpolitik und nimmt zum vorangegangenen Jahresgutachten des Sachverständigenrates Stellung.

Internationaler Handel. Die Bundesrepublik bejaht den freien Welthandel und ist gegen jede Form von Protektionismus. Da sie rund ein Drittel ihres Bruttoinlandsprodukts exportiert, ist sie auf offene Märkte angewiesen. Für die deutsche Wirtschaft ist es lebenswichtig, den Europäischen Binnenmarkt auszubauen und sich außerhalb der Europäischen Union alte Märkte zu erhalten und neue zu erschließen. Dem marktwirtschaftlichen Kurs nach innen entspricht nach außen das beharrliche Eintreten für offene Märkte und freien Welthandel.

Der Wirtschaftsstandort Deutschland

Inmitten der Globalisierung. Die Bundesrepublik ist ein Land mit hohem Produktivitäts- und Einkommensniveau, weit entwickelten Sozialleistungen und großem Wohlstand. Um diesen hohen Standard zu halten, ist die Anpassung an neue Entwicklungen in der Wissenschaft, in der Technik und auf den Weltmärkten unerlässlich. Ein teurer Standort kann sich nur solange behaupten, wie er ein guter Standort ist. Dafür sorgt der harte Wettbewerb in einer international immer stärker verflochtenen Wirtschaft. Zugleich bietet diese Verflechtung neue Chancen für eine den Bedürfnissen der Menschen entsprechende kostengünstige Versorgung mit Gütern und Dienstleistungen, für neue Perspektiven auf den Weltmärkten und damit auch für neue Beschäftigungsmöglichkeiten.

Den großen Chancen der Globalisierung stehen aber auch Herausforderungen gegenüber. Weltweit werden Grenzen für Güter und Dienstleistungen durchlässiger, Kommunikations- und Transportkosten sinken und die Produktionstechnik wird mobiler. Deshalb lässt sich auch an anderen Standorten in der Welt mit der gleichen Technologie wie in Deutschland eine hohe Produktivität erzielen. Lohnunterschiede und Belastungsquoten für Unternehmen schlagen stärker denn je zu Buche. Investitionen werden dort getätigt, wo sie sich am besten rentieren.

Die Parameter des internationalen Wettbewerbs geben die Marschrichtung vor: Mehr Anpassungsflexibilität und Leistungsbereitschaft, mehr Markt und weniger Staat sind notwendig, um den Standort Deutschland im internationalen Wettbewerb zu stärken.

Voraussetzungen. Der Wirtschaftsstandort Deutschland hat im internationalen Wettbewerb eine Reihe von Pluspunkten: eine hohe Produktivität, eine gute Ausbildung und Motivation der Berufstätigen, einen hohen technischen Standard, kreative Wissenschaftler, eine gut funktionierende Infrastruktur, sozialen Frieden, eine stabile Währung und ein verlässliches politisches

Umfeld. Mit diesen Vorzügen allein kann Deutschland freilich in Zukunft nicht bestehen. In Sachen Lohn und Lohnzusatzkosten, Betriebszeiten, Unternehmenssteuern, Umweltschutzvorschriften und Sozialabgaben haben die deutschen Unternehmen immer noch Wettbewerbsnachteile gegenüber der internationalen Konkurrenz.

All diese Faktoren müssen durch hohe Produktivitätszuwächse aufgefangen werden. Deutschland muss Sorge tragen, bei Forschung und Entwicklung, bei der Erarbeitung neuer Schlüsseltechnologien und bei der Umsetzung von Innovationen in marktreife Produkte international wettbewerbsfähig zu bleiben.

Der marktwirtschaftliche Wettbewerb ist hierfür das beste Verfahren. Er ermöglicht die Herausbildung effizienter Produktionsstrukturen, und er gewährleistet eine an den unterschiedlichen Wünschen der Endverbraucher orientierte Güterversorgung.

Standortsicherung. Die Antwort auf die Herausforderung der Globalisierung kann weder Protektionismus noch dirigistische Industriepolitik sein – Handelsschranken und Subventionen richten mehr Schaden an, als sie Nutzen bringen. Die Bundesregierung bejaht den freien Welthandel und ist gegen jede Form von Abschottung. Da Deutschland knapp ein Drittel seines Bruttoinlandsproduktes exportiert, ist es auf offene Märkte angewiesen. Für die deutsche Wirtschaft ist es lebenswichtig, mit einer marktoffenen Strategie die Vorteile der internationalen Arbeitsteilung zu nutzen, die Europäische Wirtschafts- und Währungsunion vorzubereiten und neue Märkte innerhalb und außerhalb der Europäischen Union zu erschließen.

Ziel der Bundesregierung ist es daher, die Rahmenbedingungen für die Unternehmen zu verbessern. Durch eine Steuerreform, eine Innovationsoffensive und eine effiziente Förderung des Mittelstandes soll die Wettbewerbsfähigkeit der Unternehmen auf den globalisierten Märkten gestärkt werden.

Durch das Steuersenkungsgesetz werden in mehreren Stufen die Steuersätze gesenkt werden. Im Rahmen der Unternehmenssteuerreform wird ein einheitlicher maximaler Steuersatz von 25 Prozent für die Körperschaftsteuer sowohl auf einbehaltene als auch auf ausgeschüttete Gewinne eingeführt. Die Steuerbefreiung für Veräußerungsgewinne aus dem Verkauf von Unternehmensanteilen wird ab dem Jahr 2002 die Modernisierung der deutschen Wirtschaft beschleunigen und der bisherigen innovationsfeindlichen Verflechtung aus Unternehmen, Versicherungen und Banken entgegenwirken. Für Umstrukturierungen und Innovationen in Betrieben wurden durch die Unternehmensteuerreform finanzielle Anreize geschaffen. Besonders auch ausländischen Investoren werden dadurch neue und günstige Anlagemöglichkeiten eröffnet.

Außerdem werden die Sozialabgaben reduziert. Die Sozialversicherungsbeiträge von heute 42 Prozent sollen auf unter 40 Prozent gesenkt werden. Das entlastet Unternehmen und Bürger gleichermaßen.

Die Innovationsfähigkeit besonders der kleinen und mittleren Unternehmen soll gestärkt werden, indem den Unternehmen ein schneller und leichterer Zugang zu den Forschungsergebnissen der Hochschulen und Forschungsinstitute ermöglicht wird.

Der Mittelstand ist die wichtigste Säule des deutschen Wirtschaftssystems. Daher ist die Schaffung möglichst guter Rahmenbedingungen für kleinere und mittlere Unternehmen eine prioritäre Aufgabe der Regierung. Neben der bereits beschriebenen steuerlichen Entlastung sind weitere Maßnahmen speziell für kleinere Unternehmen geplant. Die Förderung der Unternehmen soll vereinfacht und effizienter gestaltet werden.

Existenzgründungsvorhaben kommen in den Genuss besonders hoher Fördersätze. Vielfach mangelt es den Unternehmen an einer ausreichenden Eigenkapitalbasis, um im harten Wettbewerb auch Durststrecken zu überstehen. Daher wird die Bundesregierung bessere institutionelle Voraussetzungen für die Bereitstellung von Risikokapital schaffen. Außerdem werden im Zusammenwirken mit Banken, Kapitalanlagegesellschaften und Versicherungen Möglichkeiten zur Einrichtung von Wagniskapitalfonds ausgelotet.

Aufbau Ost – Aufgabe aller Deutschen. Der wirtschaftliche Entwicklungsstand in Ostdeutschland war im Oktober 1990 desolat. Einer sehr leistungsfähigen, international wettbewerbsfähigen Volkswirtschaft im Westen stand eine Staatswirtschaft im Osten gegenüber, die für den anstehenden Integrationsprozess äußerst schlecht gerüstet war.

Der Umbau der in hohem Maße unrentablen Wirtschaft zu konkurrenzfähigen Betriebsstrukturen erforderte große gemeinsame Anstrengungen aller Beteiligten, der Wirtschaft, des Staates, insbesondere aber der ostdeutschen Bürger, die den Erneuerungsprozess bis heute entscheidend vorangebracht haben. Die Fortschritte konnten nur erreicht werden, weil die Menschen in den ostdeutschen Ländern in vorbildlicher Weise Eigeninitiative und Anpassungsbereitschaft gezeigt haben. Häufig mussten neue Tätigkeiten erlernt werden, vielfach Ortswechsel oder gar Arbeitslosigkeit hingenommen werden. Seit der Wiedervereinigung sind beachtliche Fortschritte in der Angleichung der Lebensverhältnisse erreicht worden. Wenn es auch von Branche zu Branche Unterschiede gibt, hat sich der Unterschied bei den Löhnen insgesamt auf 91 Prozent verringert. Das Bruttoinlandsprodukt pro Kopf ist in Ostdeutschland seit 1991 von rund 40 Prozent des Westniveaus auf mittlerweile mehr als 60 Prozent gestiegen.

Eine Schlüsselrolle bei der Umstrukturierung der Wirtschaft in den ostdeutschen Ländern spielte in der ersten Phase nach der „Wende" die 1990 gegründete Treuhandanstalt, eine Anstalt des öffentlichen Rechtes. Ihr gesetzlicher Auftrag war es, die ostdeutschen Unternehmen zu sanieren, zu privatisieren oder – wenn erforderlich – stillzulegen.

Der Treuhandanstalt gelang es, in relativ kurzer Zeit (bis Ende 1994) nahezu alle im Staatsbesitz stehenden Unternehmen der gewerblichen Wirtschaft zu privatisieren oder an die Alteigentümer zurückzugeben. Es verbleibt jedoch noch ein umfangreiches Immobilienvermögen in öffentlicher Hand, das nach und nach verkauft wird.

Neben der Privatisierung der Staatsbetriebe kam es von Anfang an darauf an, gesunde mittelständische Wirtschaftsstrukturen entstehen zu lassen. Hier leisten die Treuhandnachfolgeorganisationen einen wichtigen Beitrag. Die Bundesanstalt für vereinigungsbedingte Sonderaufgaben (BvS) hat inzwischen die im Jahr 1995 von der Treuhandanstalt übernommenen Aufgaben weitgehend erledigt. Mit Hilfe umfangreicher Fördermittel sowohl von der Bundesregierung als auch von den Ländern und

**Hochleistungs-
Diodenlaser
der Firma
Jenoptik in
Jena**

der Europäischen Union setzte eine Welle von Existenzgründungen ein, die einen Großteil der Arbeitsplätze, die durch die Umstrukturierung der großen Kombinate verloren gegangen waren, ersetzen konnte. Inzwischen gibt es in den ostdeutschen Ländern über 550 000 mittelständische Betriebe, die etwa 3,2 Millionen Menschen beschäftigen.

Besonders sichtbar sind die Fortschritte beim Aufbau einer leistungsfähigen Infrastruktur. Nie zuvor wurde in Europa in so kurzer Zeit die Infrastruktur in einem solchen Umfang modernisiert:

— Bis Ende 1999 sind 11 700 Kilometer Bundes- und Bundesfernstraßen und 5400 Kilometer Eisenbahnstrecken neu gebaut bzw. modernisiert worden.

— Die Deutsche Telekom AG installierte rund 5,7 Millionen neue Telefonanschlüsse.

— Beim Wohnungsbau sind mit öffentlichen Hilfen über 4,3 Millionen Wohnungen instandgesetzt oder neu errichtet worden. Damit wurden mehr als 50 Prozent des 1990 vorhandenen Wohnungsbestandes modernisiert oder neu gebaut.

— Auch die Umstrukturierung der landwirtschaftlichen Unternehmen zeigt deutliche Fortschritte. Vor allem im Ackerbau sind im europäischen Vergleich besonders wettbewerbsfähige Strukturen entstanden.

Gegenwärtige Situation. Der Wirtschaftsstandort „Ostdeutschland" kann sich im internationalen Vergleich durchaus sehen lassen. Dies zeigen die erheblichen Investitionen von rund 1700 ausländischen Unternehmen aus etwa 50 Ländern. Darunter sind auch eine Reihe weltbekannter internationaler Konzerne, wie z.B. General Motors, USA (Automobilindustrie), Elf Aquitaine, Frankreich (Energiewirtschaft), Dow Chemical, USA (Chemische Industrie), Advanced Micro Devices, USA (Com-

Schwefelrückgewinnungsanlage der Erdölraffinerie Leuna 2000 in Sachsen-Anhalt

puterindustrie), Samsung, Südkorea (Elektronikindustrie) und Kvaerner, Norwegen (Werften).

Ausländische Investoren finden eine moderne Infrastruktur vor. Das Ausbildungsniveau, die Motivation und die Flexibilität der Arbeitskräfte ist anerkanntermaßen vorbildlich. Zudem erhalten ausländische Investoren im europäischen Vergleich besonders hohe Fördersätze für ihre Investitionen.

Die Fortschritte beim Aufbauprozess spiegeln sich in dynamischen Wachstumsraten wider. Bis 1995 wuchs die ostdeutsche Wirtschaft in hohem Tempo mit realen Wachstumsraten von bis zu zehn Prozent. Die hohen Steigerungsraten beruhten in erster Linie auf der regen Bautätigkeit, die in den ersten Jahren besonders ausgeprägt war.

Zwischenzeitlich setzte eine Normalisierung ein, die zu rückläufigen Wachstumsraten des Bausektors führte. Der nach wie vor stark wachsende gewerbliche Sektor konnte den Rückgang am Bau jedoch nicht vollständig kompensieren, sodass die ostdeutsche Wirtschaftsleistung im Jahr 1998 nur um zwei Prozent zunahm und damit niedriger als im früheren Bundesgebiet (2,8 Prozent) lag.

Strategie für den „Wirtschaftsstandort Ostdeutsche Länder". Das Zukunftsprogramm 2000 sichert mittelfristig den notwendigen Förderrahmen für die ostdeutschen Länder. Trotz der erforderlichen Haushaltskonsolidierung übertreffen die im Bundeshaushalt für den Aufbau Ost bereit gestellten Mittel deutlich das Niveau von 1998. Im Jahr 2000 stehen im Bundeshaushalt rund 38 Milliarden DM für den Aufbau Ost zur Verfügung:

— 3,1 für die Förderung von Innovation, Forschung und Entwicklung
— 2,3 für regionale Wirtschaftsförderung
— 19,1 für die Infrastrukturförderung
— 11,9 für die Arbeitsförderung
— 1,7 für die Treuhand-Nachfolge und DDR-Altlasten.

Hinzu kommen 14 Milliarden DM Sonderbundesergänzungszuweisungen, die den ostdeutschen Ländern im Rahmen des Solidarpaktes zum Abbau teilungsbedingter Sonderbelastungen sowie zum Ausgleich unterproportionaler kommunaler Finanzkraft gezahlt werden.

Ziel der Politik der Bundesregierung bleibt der Aufbau einer leistungsfähigen ostdeutschen Wirtschaft, die aus eigener Kraft am

Markt besteht und genügend Beschäftigungs- und Einkommens-
chancen bietet.

Trotz positiver Zeichen und einem Rückgang der Arbeitslosenquote
von 18,2 Prozent (1998) auf 17,6 Prozent (1999) ist die Arbeitslosenquote noch doppelt so hoch wie in den westdeutschen Ländern. Daher wird die aktive Arbeitsmarktpolitik der Bundesregierung auf hohem Niveau verstetigt, um den Arbeitslosen den
Übergang in den ersten Arbeitsmarkt zu erleichtern.

Außerdem wird das Sofortprogramm „Arbeit und Ausbildung" für
100 000 Jugendliche 2000 mit einem Schwerpunkt von rund 40
Prozent der insgesamt verfügbaren zwei Milliarden DM in den
ostdeutschen Ländern fortgesetzt.

Bis zum Erreichen eines hinreichenden selbsttragenden Wachstums
wird weitere Unterstützung von Bund und Ländern benötigt.
Vorbereitungen für eine Anschlussregelung des 2004 auslaufen-
den Solidaritätspaktes haben daher begonnen.

Maßgeblich für den Aufbau Ost ist auch die Förderung von Zukunftsfeldern, die folgende Schwerpunkte umfasst:

— Förderung von Innovationsfähigkeit und Forschungskompeten-
zen. Beispielhaft ist hier das speziell für die ostdeutschen
Bundesländer geschaffene Programm „InnoRegio" zu nennen,
mit dem Innovationen durch regionale Kooperation zwischen
Forschungseinrichtungen, Unternehmen und Verwaltungen gefördert werden. Hierfür stehen bis 2005 insgesamt 500 Millionen DM bereit.

— Erhöhung der Effizienz und Zielgenauigkeit der Förderpolitik
mit dem Ziel der Stärkung der industriellen Basis und des
Mittelstandes. Durch das Investitionsfördergesetz stehen für die
regionale Wirtschaftsförderung jährlich 6,6 Milliarden DM zur
Verfügung. Der Mittelstand und junge Existenzen werden
durch das ERP-Eigenkapitalhilfeprogramm, das Startgeldpro-
gramm der Deutschen Ausgleichsbank und den Konsolidie-
rungs- und Wachstumsfonds unterstützt.

— Förderung der Verkehrsinfrastruktur und des Wohnumfeldes.
Das Investitionsprogramm „Verkehr" für 1999 – 2002 unterstreicht, dass der Ausbau der Verkehrswege auch in Zukunft hohe Priorität besitzt. Der Vorrang der Verkehrsprojekte „Deutsche Einheit" bleibt unverändert erhalten.

Der Arbeitsmarkt

Der deutsche Arbeitsmarkt hatte in den zurückliegenden Jahrzehnten tief greifende Umbrüche zu bewältigen. In den ersten Jahren nach dem Zweiten Weltkrieg galt es vor allem, Millionen von Vertriebenen aus den Ostgebieten und Flüchtlinge aus der damaligen DDR in den Arbeitsprozess einzugliedern. Gerade sie trugen dann aber maßgeblich zum Aufschwung der deutschen Wirtschaft bei. Von Ende der Fünfziger- bis Anfang der Siebzigerjahre herrschte praktisch Vollbeschäftigung. Mit den Krisen der Siebziger- und Anfang der Achtzigerjahre wurde die Arbeitslosigkeit zu einem wachsenden Problem. Mit der 1990 wiedergewonnenen Einheit Deutschlands tauchte plötzlich das Phänomen eines geteilten Arbeitsmarktes auf: In den westdeutschen Ländern machte sich die vereinigungsbedingte Sonderkonjunktur ausgesprochen positiv am Arbeitsmarkt bemerkbar. Nach ihrem Auslaufen litt der Westen unter einer tief greifenden Rezession, die bis 1997 am Arbeitsmarkt nachwirkte.

In den ostdeutschen Ländern sind beim Übergang von der sozialistischen Planwirtschaft in die Soziale Marktwirtschaft sehr viele Arbeitsplätze weggefallen; die Arbeitslosigkeit stieg steil an. Danach zeigten sich Aufbautendenzen, zu denen unter anderem die zunehmende Verflechtung der Wirtschaft im alten und neuen Teil der Bundesrepublik und die hohen Transferzahlungen der westdeutschen für die ostdeutschen Länder beitrugen.

In den Jahren 1998 und 1999 konnte sich in den westdeutschen Ländern dann eine leichte Besserung des Arbeitsmarktes durchsetzen, während er im neuen Teil der Bundesrepublik unverändert blieb.

Die Beschäftigung. Seit 1950 stieg die Zahl der Erwerbstätigen in den westdeutschen Ländern von 19,6 Millionen auf schätzungsweise 29,5 Millionen im Jahresdurchschnitt 1992. Danach ist sie bis 1997 auf 27,9 Millionen gesunken. 1998 und 1999 war ein leichter Anstieg zu verzeichnen, und zwar auf zuletzt rund 29,7 Millionen. In den ostdeutschen Ländern ist die Beschäftigung infolge der Transformationskrise von 1989 bis 1993 um rund 3,6 Millionen auf rund 6,2 Millionen zurückgegangen. Bis 1997 verringerte sich die Erwerbstätigenzahl auf rund 6,1 Millionen; diese Zahl entspricht auch dem gegenwärtigen Stand.

1999 betrug die Gesamtzahl der Erwerbstätigen in Deutschland rund 36,1 Millionen im Jahresdurchschnitt, dies sind rund 110 000 oder 0,3 Prozent mehr als 1998.

Die Vollbeschäftigung in den westdeutschen Ländern erreichte ihren Gipfel 1970, als lediglich 150 000 Menschen arbeitslos waren, während gleichzeitig 800 000 offene Stellen gemeldet waren. In der Rezession der Siebzigerjahre sank die Zahl der Erwerbstätigen; die Arbeitslosenquote nahm zu. 1975 überschritt die Arbeitslosigkeit die Millionengrenze, 1985 wurde mit 2,3 Millionen Arbeitslosen ein Höchststand verzeichnet. Wegen der Rezession und der Wachstumsschwäche in den Neunzigerjahren sowie der Belastungen des ostdeutschen Arbeitsmarktes als Folge der Privatisierung von Betrieben erreichte die Arbeitslosigkeit in Deutschland im Jahr 1997 einen Höchststand von 4,4 Millionen Arbeitslosen.

Im Jahr 1999 ist die Zahl der Arbeitslosen in den westdeutschen Ländern gegenüber 1998 um rund 150 000 auf zuletzt knapp 2,8 Millionen gesunken. Im Zuge der in Deutschland einsetzenden konjunkturellen Erholung sowie der demografisch bedingten Entlastung des Kräfteangebots wird mit einer Fortsetzung dieser Entwicklung gerechnet. In den ostdeutschen Ländern hingegen gab es 1999 nur einen geringen Rückgang der Anzahl der Arbeitslosen; die Arbeitslosenquote ging von 18,2 (1998) auf 17,6 (1999) zurück.

Im Jahresdurchschnitt 1999 betrug die Zahl der Arbeitslosen 4,1 Millionen (Arbeitslosenquote: 10,5 Prozent); im Westen waren es 2,76 Millionen (8,8 Prozent), im Osten rund 1,34 Millionen

„Bündnis für Arbeit": der DGB-Vorsitzende Schulte, Bundeskanzler Schröder und Arbeitgeberpräsident Hundt

(17,6 Prozent). Der Bundeszuschuss an die Bundesanstalt für Arbeit erreichte 1999 den Betrag von rund 7,3 Milliarden DM.

Ein besonders gravierendes Problem stellt in Ost und West die Langzeitarbeitslosigkeit dar. Meist sind davon Arbeitnehmer ohne ausreichende berufliche Qualifikation, Ältere und Arbeitnehmer mit gesundheitlichen Einschränkungen und die ostdeutschen Frauen betroffen. Staat und Wirtschaft unternehmen große Anstrengungen, auch den Langzeitarbeitslosen zu helfen. Im Hinblick auf den Einsatz moderner Techniken am Arbeitsplatz kommt der beruflichen Qualifizierung besondere Bedeutung zu. Wichtig ist aber auch, dass das System der sozialen Sicherheit den von Arbeitslosigkeit betroffenen eine ausreichende Existenzgrundlage garantiert.

Die Arbeitslosenversicherung. Eine umfassende gesetzliche Arbeitslosenversicherung gibt es in Deutschland seit 1927. Seit Anfang 1998 gilt ein neues, reformiertes Arbeitsförderungsrecht. Träger der Versicherung ist die Bundesanstalt für Arbeit in Nürnberg. Versicherungspflichtig sind grundsätzlich alle Arbeitnehmer. Die Mittel für die Versicherung werden je zur Hälfte durch Beiträge der Arbeitnehmer und der Arbeitgeber aufgebracht. Arbeitslosengeld kann beanspruchen, wer arbeitslos ist, sich beim Arbeitsamt gemeldet und die Anwartschaft erfüllt hat, das heißt innerhalb der Rahmenfrist von in der Regel drei Jahren für zwölf Monate in einem Versicherungspflichtverhältnis gestanden hat. Er muss alle Möglichkeiten nutzen und nutzen wollen, um seine Beschäftigungslosigkeit zu beenden (Eigenbemühungen) und für Vermittlungsbemühungen des Arbeitsamtes zur Verfügung stehen (Verfügbarkeit). Das Arbeitslosengeld beträgt bei Arbeitslosen mit mindestens einem Kind 67 Prozent, für die übrigen Arbeitslosen 60 Prozent des pauschalierten Nettoarbeitsentgeltes. Es wird für jüngere Arbeitslose im Regelfall höchstens ein Jahr, bei älteren Arbeitslosen (ab 57 Jahren) maximal für 32 Monate gezahlt. Wer nach Ausschöpfung des Anspruchs auf Arbeitslosengeld immer noch arbeitslos ist, kann Arbeitslosenhilfe beantragen. Sie kann für Arbeitslose mit mindestens einem Kind oder für Arbeitslose, deren Ehegatte mindestens ein Kind hat, bis zu 57 Prozent, für die übrigen Arbeitslosen 53 Prozent des pauschalierten Nettoarbeitsentgelts ausmachen. Allerdings wird dabei berücksichtigt, ob der Arbeitslose, sein Ehegatte oder die Person, mit der der Arbeitslose zusammenlebt, andere Einkünfte beziehen oder Vermögen haben, soweit es einen bestimmten Freibetrag übersteigt (Bedürftigkeitsprüfung).

Andere Leistungen der Bundesanstalt für Arbeit sind beispielsweise das Kurzarbeitergeld, das Wintergeld für die Bauwirtschaft, Teilarbeitslosengeld, Eingliederungszuschüsse, Einstellungszuschüsse bei Neugründungen oder das Überbrückungsgeld. Auch die Förderung von Trainingsmaßnahmen, Mobilitätshilfen und unterstützende Leistungen der Beratung und Vermittlung (Bewerbungskosten, Reisekosten) fallen darunter.

Die Arbeitsförderung. Zu den Aufgaben der Bundesanstalt für Arbeit gehören außerdem die Ausbildungs- und Arbeitsvermittlung, eine Arbeitsmarktberatung für Arbeitgeber sowie die Berufsberatung. Besonders wichtig ist die Förderung der beruflichen Bildung. Die Bundesanstalt gewährt Jugendlichen und Erwachsenen Zuschüsse für die Berufsausbildung, wenn sie die Mittel nicht selbst aufbringen können. Sie kann auch die berufliche Weiterbildung durch Unterhaltsgeld und Übernahme der Weiterbildungskosten fördern. Darüber hinaus fördert die Bundesanstalt für Arbeit die berufliche Eingliederung Behinderter.

Für die aktive Arbeitsmarktpolitik standen 1999 45,3 Milliarden Mark zur Verfügung. Das sind rund 6,3 Milliarden Mark mehr, als 1998 ausgegeben wurden. Die Teilnehmerzahl an arbeitsmarktpolitischen Maßnahmen lag im Jahresdurchschnitt 1999 mit rund 1,5 Millionen Personen deutlich höher als 1998 (plus 240 000).

Die Beschäftigungspolitik. Deutschland steht vor einer der größten Herausforderungen der Nachkriegsgeschichte.

Die Politik in Deutschland setzt beim Abbau der Arbeitslosigkeit auf eine sich wechselseitig verstärkende Verbesserung der Angebots- und Nachfrageseite der Wirtschaft. Maßnahmen sind die konsequente Durchführung beschäftigungsfördernder Reformen und die Schaffung dauerhaft günstiger gesamtwirtschaftlicher Rahmenbedingungen. Aktive Arbeitsmarktpolitik (z.B. Lohnkostenzuschüsse an Arbeitgeber, die Arbeitslose einstellen, Mittel für berufliche Weiterbildung und Finanzierung von Arbeitsplätzen auf dem zweiten Arbeitsmarkt) ergänzt das Maßnahmenbündel. Angesichts der Komplexität der Herausforderungen sind sich die politischen Entscheidungsträger bewusst, dass sie bei der Bewältigung dieses Wandels auf die Unterstützung aller gesellschaftlichen Gruppen angewiesen sind.

Die Bundesregierung hat bereits im Dezember 1998 mit Repräsentanten der Wirtschaftsverbände und der Gewerkschaften das „Bündnis für Arbeit, Ausbildung und Wettbewerbsfähigkeit" ins Leben gerufen. Das Bündnis ist auf Dauer und als Prozess der Verständigung angelegt, in dem gegenseitiges Vertrauen geschaffen werden soll, aber auch unterschiedliche Interessen und verschiedene Meinungen ausgetragen werden.

Mittlerweile kann das Bündnis für Arbeit Erfolge aufweisen. Für die Tarifrunde 2000 hatten sich die Beteiligten auf eine beschäftigungsorientierte und längerfristige Tarifpolitik verständigt. Der am Produktivitätszuwachs orientierte Verteilungsspielraum sollte vorrangig für beschäftigungswirksame Vereinbarungen genutzt werden. Und sie haben damit begonnen, ihre Selbstverpflichtung einzulösen. Die Tarifabschlüsse in wichtigen Tarifbereichen eröffnen nun Spielräume für mehr Investitionen, mehr Wachstum und damit mehr Beschäftigung.

Sowohl die Wirtschaft als auch die Gewerkschaften unterstützen das Sofortprogramm zum Abbau der Jugendarbeitslosigkeit, das die Bundesregierung gestartet hat. Über 200 000 Jugendliche haben dadurch 1999 eine neue Chance erhalten. Aufgrund dieser positiven Erfahrungen wird das Programm über das Jahr 2000 hinaus verlängert.

Im Frühsommer 1999 wurde im Bündnis für Arbeit ein Ausbildungskonsens erzielt, der die Ausweitung des betrieblichen Ausbildungsplatzangebots und eine verstärkte Ausbildung in Zukunftsbereichen beinhaltet. 1999 haben rund 636 600 Jugendliche einen neuen Ausbildungsvertrag im Rahmen des dualen Systems abgeschlossen, das sind 24 800 oder vier Prozent mehr Jugendliche als im Vorjahr.

Die Bündnispartner haben sich auf eine mehrjährige Offensive für mehr Ausbildung in den neuen Berufen der Informations- und

Arbeitsplätze ohne moderne Informationstechnik sind in Zukunft undenkbar

Kommunikationstechnologie verständigt. Bis zum Jahr 2003 werden von der Wirtschaft mindestens zusätzlich 20 000 Ausbildungsplätze in IT-Berufen bereitgestellt; insgesamt werden dann 60 000 Ausbildungsplätze in den neuen IT-Berufen zur Verfügung stehen.

Um das Beschäftigungspotenzial in der zukunftsträchtigen Informations- und Kommunikationsbranche kurzfristig zu mobilisieren, vereinbarte die Bundesregierung mit der Wirtschaft ein unbürokratisches und praxisorientiertes Sofortprogramm zur Deckung des akuten IT-Fachkräftebedarfs in Deutschland (die „Greencard"). Bis zu 20 000 ausländische IT-Spezialisten sollen vorübergehend die Möglichkeit erhalten, in Deutschland zu arbeiten. Die Regelungen traten Anfang August 2000 in Kraft.

Verbesserungen der Wiedereingliederung älterer Arbeitnehmer wurden durch eine Änderung des Arbeitsförderungsrechtes, welche zum 1. August 1999 in Kraft trat, erreicht. Sie waren bisher überproportional von Arbeitslosigkeit betroffen: Im Jahresdurchschnitt 1999 waren insgesamt 1,36 Millionen Personen über 50 Jahre arbeitslos gemeldet (West: 940 000; Ost: 420 000).

Vor allem die Herabsetzung der Altersgrenze für die Gewährung von Eingliederungszuschüssen für Ältere von 55 Jahre auf 50 Jahre hat dazu beigetragen, dass die Chancen für eine Wiedereingliederung Älterer in das Beschäftigungssystem erhöht worden sind.

Das am 1. Januar 2000 in Kraft getretene Altersteilzeitgesetz weitet die Möglichkeiten der Inanspruchnahme von Altersteilzeit aus.

Der Bundestag hat im Juli 2000 ein „Gesetz zur Bekämpfung der Arbeitslosigkeit Schwerbehinderter" beschlossen, das die Chancengleichheit schwerbehinderter Menschen im Erwerbsleben verbessert, denn die Zahl der beschäftigten Schwerbehinderten hat von 1982 bis 1998 um 211 710 (22,3 Prozent) abgenommen. Die

Selbstinformationssystem für Arbeitsuchende in einem Arbeitsamt

Zahl der arbeitslosen Schwerbehinderten stieg von 93 809 (1981) auf 188 449 im Jahre 1998.

Die Bekämpfung der Arbeitslosigkeit erfolgt auch in Kooperation mit der EU.

Entsprechend dem Vertrag von Amsterdam legen die Mitgliedstaaten und die Kommission der EU dem Europäischen Rat jährlich einen gemeinsamen Jahresbericht über die Beschäftigungslage und über die Umsetzung von beschäftigungspolitischen Leitlinien vor. Die Grundlage hierfür bilden die nationalen Aktionspläne. Der deutsche „Beschäftigungspolitische Aktionsplan 2000" macht den beschriebenen, komplexen Politikansatz in Deutschland zur Förderung von Wachstum und Beschäftigung deutlich. Die beschäftigungspolitische Strategie der aktuellen Politik setzt auf ein konfliktfreies Zusammenwirken einer Vielzahl von Maßnahmen, die dem Ziel dienen, Raum für die Entstehung von mehr Arbeits- und Ausbildungsplätzen zu schaffen, unternehmerische Dynamik und Wettbewerbsfähigkeit zu stärken und die Modernisierung überholter Strukturen auf den Waren-, Dienstleistungs- und Kapitalmärkten voranzubringen. Die Verbesserung der Chancengleichheit von Frauen und Männern ist ein wichtiger Aspekt aller im Beschäftigungspolitischen Aktionsplan behandelten Maßnahmen.

Weitere Informationen:
— Bundesanstalt für Arbeit
  Postfach, 90327 Nürnberg
  Internet: http://www.arbeitsamt.de
— Bundesministerium für Arbeit und Sozialordnung
  Jägerstr. 9, 10117 Berlin
  Internet: http://www.bma.bund.de
  E-Mail: info@bma.bund.de

Einkommen und Preise

Einkommen. Die Deutschen haben in den vergangenen Jahrzehnten stetige Einkommenssteigerungen erlebt. In den westdeutschen Ländern hat sich das verfügbare Einkommen der privaten Haushalte von nominell 188 Milliarden DM im Jahr 1960 auf gut 1669 Milliarden DM im Jahr 1991 erhöht; in Deutschland lag das verfügbare Einkommen der privaten Haushalte im Jahr 1999 bei rund 2448 Milliarden DM. Auch real – also unter Berücksichtigung der Geldentwertung – hat das Familienbudget der Bürger erheblich zugenommen. Das Einkommen der Menschen stammt dabei aus ganz unterschiedlichen Quellen. Den wichtigsten Teil bildet das Arbeitnehmerentgelt, also Löhne und Gehälter einschließlich Sozialversicherungsbeiträgen und Lohnsteuer. Daneben gibt es Gewinnausschüttungen der Unternehmen, Einkünfte aus Vermögen, öffentliche Leistungen wie Kindergeld, Arbeitslosenunterstützung oder Renten und Pensionen. Zieht man von der Summe dieser Einkommen die öffentlichen Abgaben (Steuern und Sozialversicherungsbeiträge) sowie bestimmte geleistete Transfers (z.B. Übertragungen ausländischer Arbeitnehmer in ihre Heimatländer) ab, ergibt sich als Nettogröße das verfügbare Einkommen der privaten Haushalte. Davon entfallen gut zwei Fünftel auf Nettolöhne und -gehälter, gut ein Drittel auf Gewinnentnahmen und Nettovermögenseinkünfte sowie deutlich mehr als ein Fünftel auf Sozialleistungen.

Lebensstandard. 1964 betrug das verfügbare Monatseinkommen eines Vier-Personen-Arbeitnehmer-Haushalts mit mittlerem Einkommen in den westdeutschen Ländern 904 DM. Für den privaten Verbrauch wurden 823 DM ausgegeben, davon fast zwei Drittel für Nahrung, Kleidung und Wohnung. 1998 lag das verfügbare Einkommen eines westdeutschen Vier-Personen-Arbeitnehmer-Haushalts mit mittlerem Einkommen bei monatlich 5862 DM; für den privaten Verbrauch wurden 4393 DM ausgegeben. Davon mussten nur noch rund 57 Prozent für Nahrung,

Kleidung und Wohnung ausgegeben werden. Dafür sind die Ausgaben für Freizeit, Auto, Bildung und Telekommunikation kräftig gestiegen. In den vergleichbaren Haushalten der ostdeutschen Länder lag das verfügbare Einkommen 1998 bei 4954 DM. Von den Ausgaben für den privaten Verbrauch in Höhe von 3632 DM entfielen 53 Prozent auf Nahrung, Kleidung und Wohnung. Aufgrund des immer noch spürbar niedrigeren Niveaus der Wohnungsmieten und des geringeren Anteils von Wohneigentum blieben hier die Ausgaben für die Wohnung geringer als in westdeutschen Haushalten. Dafür gab die ostdeutsche Durchschnittsfamilie einen höheren Anteil ihres Haushaltsbudgets für die Wohnungseinrichtung und die Anschaffung technischer Gebrauchsgüter aus. Somit konnten die nach der Wiedervereinigung noch bestehenden großen Rückstände in der Ausstattung der ostdeutschen Haushalte mit langlebigen Konsumgütern einschließlich Autos drastisch verringert werden.

Vermögen und verfügbares Einkommen sind allerdings ungleichmäßig verteilt. Die Durchschnittseinkommen der Selbstständigen stehen an der Spitze der Einkommenspyramide, gefolgt von denen der Beamten, Angestellten und Pensionäre. Während sich die Gesellschaft in den ostdeutschen Ländern sozial noch formiert, haben die westdeutschen Länder einen Prozess hinter sich, der zu einer Annäherung des Lebensstils der meisten sozialen Gruppen geführt hat. Es hat sich eine „nivellierte Mittelstandsgesellschaft" herausgebildet. Der hohe Lebensstandard wird in sehr vielen Fällen durch „Doppelverdiener" erreicht und gesichert. Der überwiegende Teil der Erwerbstätigen lebt vollständig oder zum größten Teil von erarbeiteten Einkommen, während nur eine kleine Minderheit den Lebensunterhalt von den Erträgen ihres Vermögens bestreiten kann.

Die Vermögen. Die Summe des Geldvermögens der privaten Haushalte – dazu zählen zum Beispiel Bargeld, Sparguthaben, Wertpapiere und Lebensversicherungsansprüche – hat sich seit 1980 mehr als verdreifacht. Das Bruttogeldvermögen belief sich Ende 1998 in Deutschland auf 5,7 Billionen DM gegenüber 1,5 Billionen Ende 1980 in Westdeutschland. Hinzu kommt der Wert von Immobilienbesitz, bei dem es sich zumeist um selbstgenutztes oder vermietetes Wohneigentum handelt. 1998 verfügten 48 Prozent der westdeutschen und 33 Prozent der ostdeutschen privaten Haushalte über Grundvermögen. Durch die

Wochenmarkt in den Stuttgarter Markthallen

jahrzehntelange Vermögensbildung in breiten Schichten der Bevölkerung ist auch die Verteilung des Privatvermögens gleichmäßiger geworden. Entsprechend dieser Entwicklung werden jährlich etwa 100 bis 200 Milliarden DM privates Sach- und Geldvermögen vererbt, so viel wie noch nie im Verlauf der deutschen Geschichte.

Der Staat fördert seit den Fünfzigerjahren die Bildung von Geld- und Sachvermögen bei den privaten Haushalten durch Prämien, Zulagen und Steuervergünstigungen. Das Lebensversicherungssparen wird durch steuerliche Anreize unterstützt, der Erwerb von Wohneigentum durch die Eigenheimzulage, das Bausparen durch die Wohnungsbauprämie. Die Förderung gilt für Sparleistungen bis zu bestimmten jährlichen Höchstbeträgen; Eigenheimzulage und die Wohnungsbauprämie sind auch an Einkommensgrenzen gebunden.

Neben der allgemeinen Förderung für alle Bürger gibt es seit Anfang der Sechzigerjahre eine besondere Förderung der Vermögensbildung der Arbeitnehmer. Nach dem Vermögensbildungsgesetz erhalten Arbeitnehmer eine staatliche Sparzulage für vermögenswirksame Leistungen, wenn sie diese durch den Arbeitgeber zum Bausparen oder zum Erwerb von Beteiligungen (unter anderem Aktienfonds, Aktien) überweisen lassen oder für betriebliche Kapitalbeteiligungen verwenden. Die Sparzulage beträgt ab 1999 für Beteiligungen bis 800 DM 20 Prozent (25 Prozent in den ostdeutschen Ländern); sie beträgt 10 Prozent auf bis zu 936 DM für Bausparen und Wohneigentum; sie ist ebenfalls an Einkommensgrenzen gebunden. Vermögensbeteiligungen am Betrieb, die Arbeitnehmern überlassen werden, sind bis zu einer bestimmten Grenze auch steuer- und beitragsfrei.

Vermögenswirksame Leistungen sind – vor allem tarifvertraglich – in den westdeutschen Ländern für die meisten Arbeitnehmer zusätzlich zum Arbeitslohn vereinbart; daneben können auch Lohnteile zulagebegünstigt angelegt werden. Insgesamt rund

16 Milliarden DM wurden 1998 von rund 23 Millionen Arbeitnehmern angelegt. Davon waren rund neun Milliarden DM Ar-
beitgeberleistungen. Etwa zehn Millionen Arbeitnehmer erhielten rund 0,7 Milliarden DM Sparzulage für rund sieben Milliarden DM vermögenswirksame Leistungen des Jahres 1998. Die
Förderung mit Sparzulage ist mit Wirkung ab 1999 besonders
für den Erwerb von Beteiligungen verbessert worden und wird
dadurch mittelfristig auf 1,85 Milliarden DM jährlich steigen.

Die Preise. Der Lebensstandard hängt sowohl von der Höhe des
Einkommens als auch von der Höhe der Preise ab. Deshalb ist
die Entwicklung der Verbraucherpreise ein wichtiges wirt-
schaftspolitisches Thema.

Von der weltweiten Tendenz steigender Preise blieb auch die
Bundesrepublik Deutschland in den letzten Jahrzehnten nicht
verschont. Das Verbraucherpreisniveau ist in der Bundesrepublik besonders in den Siebzigerjahren kräftig – zeitweise um
jährlich mehr als sechs Prozent – gestiegen. Dann ging die Stei-
gerungsrate erheblich zurück; im April 1986 waren die Lebens-
haltungskosten zum ersten Mal nach fast 30 Jahren niedriger
als im gleichen Monat des Vorjahres. In den Folgejahren nahm
die Preissteigerung erneut zu, ohne jedoch das Ausmaß der
Siebzigerjahre zu erreichen. Die stark unterschiedliche Preisentwicklung in den Siebziger- und Achtzigerjahren wurde nicht zuletzt von den extremen Ölpreisschwankungen beeinflusst. Im
internationalen Vergleich zeichnete sich das Preisklima in der
Bundesrepublik durch eine weit überdurchschnittliche Stabilität
aus. Der zum Teil deutliche Rückgang der Preissteigerungsraten
in anderen Industrienationen Anfang der Neunzigerjahre war
in Deutschland hingegen nicht zu verzeichnen. Eine hohe
Nachfrage im Zusammenhang mit der deutschen Wiedervereinigung, kräftig gestiegene Löhne und Steuererhöhungen zur Finanzierung des Wiederaufbaus der in 40 Jahren schwer geschä-
digten ostdeutschen Wirtschaft sorgten hier für einen deutlichen Preisanstieg. Die Bundesregierung und die Deutsche
Bundesbank sowie die Europäische Zentralbank räumen der
Geldwertstabilität eine hohe Bedeutung ein. Diese Stabilitäts-
orientierung zeigt Erfolg: In den letzten Jahren sank die Teue-
rungsrate deutlich und lag 1999 im Jahresdurchschnitt bei 0,6
Prozent. Damit wurde der niedrigste Preisanstieg seit der Be-
rechnung des gesamtdeutschen Index verzeichnet.

Wohnungswesen und Städtebau

Wohnen in Deutschland. Ende 1998 gab es in Deutschland rund 37 Millionen Wohnungen, davon rund 30 Millionen in den westdeutschen Ländern; dort werden 43 Prozent der Wohnungen von den Eigentümern selbst bewohnt, 57 Prozent werden vermietet. In den ostdeutschen Ländern liegen die Anteile bei 31,2 bzw. 68,8 Prozent. Wohnungen in Mehrfamilienhäusern sind überwiegend Mietwohnungen. Seit Ende der Siebzigerjahre haben Eigentumswohnungen ständig an Bedeutung gewonnen. Ihr Anteil an allen Wohnungen beträgt inzwischen rund 13 Prozent; der größte Teil hiervon (52,4 Prozent) ist vermietet.

Rund 14 Prozent der Mietwohnungen in den westdeutschen Ländern waren 1998 Sozialwohnungen, deren Bau vom Staat gefördert wird und die für kinderreiche Familien, Behinderte, alte Menschen und Bürger mit geringem Einkommen bestimmt sind. Für den sozialen Wohnungsbau in den westdeutschen Ländern wurden von 1991 bis 2000 Bundesfinanzhilfen in Höhe von rund 16 Milliarden DM zur Verfügung gestellt. Für die Zukunft stehen wichtige Reformvorhaben – wie das Wohnungsbaureformgesetz – auf der Agenda, um die Rahmenbedingungen für einen funktionstüchtigen Wohnungsmarkt zu sichern und fortzuentwickeln.

Mitte der Achtzigerjahre war die Lage auf dem Wohnungsmarkt sehr entspannt. Danach führten kräftige Einkommenssteigerungen, demografische Veränderungen der Bevölkerungsstruktur und kräftige Zuwanderungen zu einem starken Nachfrageanstieg, mit dem das Angebot nicht Schritt halten konnte. Allein der Wanderungszuwachs infolge der Zuwanderungen belief sich von Anfang 1989 bis Ende 1998 auf rund 4,3 Millionen Personen.

Die Folge der explosiven Wohnungsnachfrageentwicklung waren spürbare Knappheiten, namentlich in den Ballungsregionen der westdeutschen Länder, auf die der Markt mit einer Ausweitung des Angebots reagiert hat. Außerdem wurde die staatliche Förderung des Wohnungsbaus erheblich erhöht.

Von 1989 bis 1995 stiegen in Deutschland die Fertigstellungen im Wohnungsbau kontinuierlich an und erreichten 1995 mit 602 757 neuen Wohnungen Rekordniveau. 1996 sind 559 488, 1997 578 179 und in den Jahren 1998 und 1999 500 690 bzw. 472 805 Wohnungen neu auf den Markt gekommen. Im Gebiet der früheren Bundesrepublik Deutschland waren ab 1992 die Wohnungsbaufertigstellungen kontinuierlich gestiegen (1992: 374 575; 1993: 431 853; 1994: 505 179). 1995 wurden 498 543 Wohnungen fertig gestellt, 1996 416 122 Wohnungen, 1997 400 350 Wohnungen. Die Wohnungsbaukonjunktur hat sich 1998 und 1999 weiter leicht abgeschwächt (372 246 bzw. 369 907 Wohnungen), da sich die Wohnungsmärkte spürbar entspannt haben.

Die Wohnungsbaufertigstellungen in den ostdeutschen Ländern erhöhten sich von dem Tiefpunkt im Jahr 1992 mit 11 477 Wohnungen auf 143 366 Wohnungen 1996 und 177 829 im Jahr 1997. In den Jahren 1998 und 1999 gab es Rückgänge auf 128 447 bzw. 102 898 Wohnungen, da sich mittlerweile Angebotsüberhänge herausgebildet hatten.

Der Schwerpunkt der Wohnungspolitik in den ostdeutschen Ländern liegt bei der Instandsetzung und Modernisierung der vorhandenen Wohnungen, deren Zustand als Folge einer verfehlten Politik der DDR trotz der mittlerweile erreichten umfangreichen Verbesserungen gegenüber den westdeutschen Ländern noch immer Defizite aufweist. Seit 1990 sind mit finanziellen Hilfen des Bundes Modernisierungs- und Instandsetzungsmaßnahmen an über der Hälfte der Wohnungen unterstützt worden. Dies geschah insbesondere durch günstige steuerliche Rahmenbedingungen, eine Teilentlastung von Altschulden der

Altbausanierung in Cottbus/ Brandenburg

Wohnungswirtschaft in Höhe von 28 Milliarden DM durch den Bund, verbilligte Kredite der Kreditanstalt für Wiederaufbau (KfW-Programm I) mit einem Volumen von 79 Milliarden DM im Zeitraum 1990 – 2000 und Mittel des sozialen Wohnungsbaus, mit dem sowohl Neubau- als auch Modernisierungs- und Instandsetzungsmaßnahmen gefördert werden. Der Bundesanteil betrug hier seit der Wende acht Milliarden DM. Am 8. Februar 2000 ist das KfW-Wohnraummodernisierungsprogramm II mit einem Darlehensvolumen von rund 10 Milliarden DM angelaufen, das sich auf die Förderung bestimmter, besonders kostenträchtiger Maßnahmen konzentrieren soll und an dessen Finanzierung die Länder anders als bei dem Vorgängerprogramm nunmehr hälftig beteiligt sind.

Durch die Investitionen in Neubau und Bestand hat sich die Wohnungsversorgung sowohl quantitativ als auch qualitativ stark verbessert: Die durchschnittliche Wohnfläche pro Kopf stieg von 29,5 qm 1993 auf 32,8 qm im Jahr 1998. Während 1993 nur 57 Prozent der Wohnungen über eine Sammelheizung verfügten, waren es 1998 knapp 83 Prozent. Über ein Bad und WC verfügen mittlerweile über 95 Prozent aller bewohnten Wohnungen.

Eine weitere Priorität in den ostdeutschen Ländern ist die Bildung selbstgenutzten Wohneigentums, das in der DDR aus ideologischen Gründen systematisch zurückgedrängt worden war. Hier hat es erhebliche Fortschritte gegeben: Der Anteil der Eigentümerhaushalte stieg von 26 Prozent im Jahr 1993 auf 31 Prozent im Jahr 1998.

Wohngeld und Mieterschutz. Wohnen gehört zu den menschlichen Grundbedürfnissen. Deshalb hat in Deutschland jeder, dessen Einkommen für ein angemessenes Wohnen nicht ausreicht, einen gesetzlichen Anspruch auf Wohngeld. Es wird

Der Neue Zollhof in Düsseldorf

auf Antrag als Zuschuss zur Miete oder zu den Kosten des Wohneigentums gezahlt, doch nur bis zu bestimmten Einkommensgrenzen. Für besonders einkommensschwache Haushalte, die zugleich Sozialhilfe erhalten, gelten Sonderregelungen.

Ende 1998 bezogen in Deutschland rund 2,95 Millionen Haushalte Wohngeld. Die Ausgaben für Wohngeld, die je zur Hälfte von Bund und Ländern getragen werden, beliefen sich 1999 auf rund sieben Milliarden DM. Seit Januar 1991 wird auch in den ostdeutschen Ländern Wohngeld gezahlt, das die besonderen Bedingungen in diesen Ländern berücksichtigt und dessen Leistungsniveau günstiger ausgestaltet ist als das Wohngeld in den westdeutschen Ländern. Insgesamt hat sich das Wohngeld als eine wirksame soziale Maßnahme erwiesen. Die aktuelle, erstmals gesamtdeutsche Wohngeldnovelle mit Leistungsverbesserungen von rund 1,4 Milliarden DM wird das Wohngeld – unter Berücksichtigung der seit der letzten Leistungsnovelle im Jahr 1990 eingetretenen Miet- und Einkommensentwicklung – nachhaltig stärken.

Das Mietrecht, in dem grundsätzlich Vertragsfreiheit herrscht, dient einem angemessenen Interessenausgleich zwischen Vermieter und Mieter. Kein Mieter braucht Sorge vor ungerechtfertigten und willkürlichen Mietpreisforderungen zu haben. So kann der Vermieter einem vertragstreuen Mieter nur kündigen, wenn er ein „berechtigtes Interesse" (zum Beispiel Eigenbedarf) nachweisen kann. Mieterhöhungen sind nur im Rahmen der Mieten möglich, die am Ort für vergleichbare Wohnungen gezahlt werden. Mit der anstehenden Mietrechtsreform soll das Mietrecht bei Weitergeltung des bisherigen Mietschutzes im Bürgerlichen Gesetzbuch zusammengefasst und vereinheitlicht werden.

Der Weg zum Wohnungseigentum. Ein eigenes Haus oder eine Eigentumswohnung zu besitzen, ist für die meisten Deutschen ein erstrebenswertes Ziel. 90 Prozent aller Familien wünschen sich laut Umfragen ein eigenes Dach über dem Kopf. Diese Tatsache stimmt mit dem gesellschaftspolitischen Ziel einer breitgestreuten Vermögensbildung überein. Wer sich entschließt, ein eigenes Haus zu errichten oder zu kaufen, erhält eine Eigenheimzulage, die direkt vom Finanzamt ausgezahlt wird, und – je nach Einkommen – weitere staatliche Hilfen in Form von Zuschüssen oder günstigen Darlehen. Diese Eigenheimzulage wird abhängig von Einkommensgrenzen acht Jahre

Im Architek-
turbüro:
Erläuterung
eines Bau-
vorhabens
am Modell

lang gezahlt und beträgt in der Regel für den Neubau jährlich 5000 DM und für den Gebrauchterwerb 2500 DM.

Hinzu tritt ein so genanntes Baukindergeld in Höhe von 1500 DM je Kind und Jahr. Gemeinsam mit der ebenfalls verbesserten Bausparförderung hat diese Neuregelung zu einer Belebung der Eigentumsbildung – und hier besonders in den ostdeutschen Ländern – beigetragen.

Städtebau. Städtebau und Stadtentwicklung stehen im 21. Jahrhundert in Deutschland vor neuen Aufgaben und Herausforderungen. Dazu gehören die mit der deutschen Einheit entstandenen Aufgaben. Weitere wichtige Ziele sind die Berücksichtigung von Folgen des wirtschaftlichen Strukturwandels, der Schutz natürlicher Ressourcen und die Vermeidung von Umweltbelastungen.

Der Anteil der Siedlungs- und Verkehrsfläche an der Gesamtfläche des Bundesgebietes beträgt rund 11,3 Prozent. In Deutschland dominiert nicht eine einzige große Metropole das Siedlungssystem; es ist vielmehr eine Vielzahl von größeren Städten und Ballungszentren relativ ausgewogen verteilt.

Die im Jahr 1971 begonnene Städtebauförderung ist eine Gemeinschaftsleistung von Bund, Ländern und Gemeinden zur Erhaltung, Erneuerung und Entwicklung der Städte und Dörfer. Fast 30 Jahre Städtebauförderung des Bundes in den westdeutschen und rund zehn Jahre in den ostdeutschen Ländern – ergänzt durch eigene Programme der Länder – bedeutet vor allem

— systematische, rechtlich und finanziell gesicherte, kommunal- und gesellschaftspolitisch verantwortungsbewusste städtebauliche Erneuerung und Entwicklung der Städte und Dörfer,

— Verbesserung der Wohn- und Umweltqualität,

— Flankierung des wirtschaftlichen Strukturwandels,

— Pflege und Bewahrung des städtebaulich-kulturellen Erbes.

Mit Finanzhilfen beteiligt sich der Bund an der Finanzierung städtebaulicher Maßnahmen der Gemeinden zum Ausgleich unterschiedlicher Wirtschaftskraft und zur Förderung des wirtschaftlichen Wachstums. Die Bewohnbarkeit und Funktionsfähigkeit der Städte zu sichern und zu verbessern, ist eine der wichtigen Herausforderungen von heute. Dieser Aufgabe sollen das bewährte Grundprogramm der Städtebauförderung und insbesondere das neue Programm „Die soziale Stadt" gerecht werden. Mit diesem neuen Bund-Länder-Programm hat die Bundesregierung neue stadtentwicklungspolitische Akzente gesetzt. Es soll erreicht werden, dass in städtischen Problemgebieten noch stärker als schon bisher städtebauliche Maßnahmen mit Maßnahmen der Wohnungspolitik, der Wirtschafts- und Verkehrspolitik, der Arbeitsmarktpolitik sowie zum Beispiel der öffentlichen Sicherheit in integrierten, mehrjährigen Programmen gebündelt eingesetzt werden. Mittel aus EU-Strukturfonds können noch zusätzlich zur Verstärkung dieser Programme beitragen.

Trotz der außerordentlich angespannten Haushaltslage ist es gelungen, dass der Bundeshaushalt auch im Jahre 2000 – wie im Vorjahr – insgesamt 700 Millionen DM Bundesfinanzhilfen zur Förderung der städtebaulichen Erneuerung und Entwicklung (600 Millionen DM Städtebauförderung, 100 Millionen DM „Die soziale Stadt") zur Verfügung stellt.

In Anbetracht des trotz sichtbarer Erfolge immer noch außerordentlich großen Nachholbedarfs muss das Schwergewicht der Städtebauförderung mit 520 Millionen DM nach wie vor in den ostdeutschen Ländern liegen.

Die wichtigsten Aufgabenfelder der Städtebauförderung sind:
— Stadt- und Dorferneuerung zur Beseitigung städtebaulicher Missstände (west- und ostdeutsche Länder)
— Städtebaulicher Denkmalschutz zur Erhaltung und Aufwertung der historischen Innenstädte (nur ostdeutsche Länder)
— Städtebauliche Weiterentwicklung der industriell gefertigten Großsiedlungen (nur ostdeutsche Länder).

Planung eines neuen Wohnviertels im Stadt-planungsbüro

Mit den für städtebauliche Erneuerung den ostdeutschen Ländern bisher gewährten Finanzhilfen wurden wesentliche Signale für den Erhalt der vom Verfall bedrohten Innenstädte gesetzt und darüber hinaus wichtige Weichen für die wirtschaftliche Entwicklung gestellt. Die Baubranche hat aus der Städtebauförderung wesentliche Impulse für ihre Umstrukturierung und für den Aufbau des mittelständischen Gewerbes bezogen.

Die mit Bundesfinanzhilfen geförderten Investitionen in städtebaulichen Sanierungs- und Entwicklungsgebieten bewirken hohe öffentliche und private Folgeinvestitionen sowie Nachfrage nach Gütern und Leistungen. Dieser Anstoßeffekt der Städtebauförderung ist allgemein anerkannt und durch Untersuchungen verschiedener Forschungsinstitute belegt. Eine besondere Bedeutung ist darüber hinaus der beschäftigungspolitischen Wirksamkeit der Städtebauförderung zuzumessen.

Weitere Informationen:
— Bundesministerium für Verkehr, Bau- und Wohnungswesen
  Krausenstr. 17-20, 10117 Berlin
  Internet: http://www.bmvbw.de
  E-Mail: poststelle@bmv.bund. de

Der Umweltschutz

Die Umweltpolitik. Der Umweltschutz hat in Deutschland ein im internationalen Vergleich hohes Niveau erreicht: In allen Verursacherbereichen wurden strenge Grenzwerte für Schadstoffeinträge in Luft und Gewässer durchgesetzt. Damit konnte in den westdeutschen und inzwischen auch in den ostdeutschen Ländern die Umweltqualität deutlich verbessert werden.

Unter dem Leitbild der nachhaltigen Entwicklung haben sich die Schwerpunkte der Umweltpolitik von der Minderung von Schadstoffeinträgen hin zu einem effizienteren Energieeinsatz, zur Schließung von Stoffkreisläufen und zur Verringerung des Flächenverbrauchs verlagert.

In Deutschland ist der Schutz der natürlichen Lebensgrundlagen als Staatsziel im Grundgesetz verankert. Aufgabe des Staates ist es, „auch in Verantwortung für künftige Generationen die natürlichen Lebensgrundlagen (zu schützen)" (Artikel 20a). Damit geht der Umweltschutz weit über die Abwehr konkreter Gesundheitsgefahren hinaus und umfasst eine aktive Politik der Zukunftssicherung. Industrie und Landwirtschaft, Städtebau und Verkehr müssen mit begrenzten Umweltressourcen wie Energie, Rohstoffen, Fläche und Wasser so behutsam umgehen, dass auch für künftige Generationen ein stabiles Klima, eine artenreiche Natur sowie fruchtbare Böden und ausreichende Süßwasserressourcen zur Verfügung stehen.

Auf dem Weg zu einer nachhaltigen, zukunftsfähigen Lebens- und Wirtschaftsweise ist staatliches Handeln ebenso gefordert wie die Eigenverantwortung der Wirtschaft und der Konsumenten. Mit einer ökologischen Steuerreform, mit dem Ausstieg aus der Nutzung der Kernenergie, mit einem anspruchsvollen CO_2-Minderungsprogramm und mit dem Aufbau einer Kreislaufwirtschaft hat Deutschland in den letzten Jahren Signale gesetzt, die auch international Beachtung gefunden haben.

Auf Bundesebene ist das Bundesministerium für Umwelt, Naturschutz und Reaktorsicherheit (BMU) für den Umweltschutz zuständig. Ihm unterstehen das Umweltbundesamt in Berlin, das Bundesamt für Naturschutz in Bonn und das Bundesamt für Strahlenschutz in Salzgitter. Auch einige Länder haben eigenständige Umweltministerien. Wichtige Aufgaben des Umweltschutzes werden auf lokaler Ebene von den Städten und Gemeinden wahrgenommen.

Deutschland bekennt sich als modernes Industrieland zu seiner Mitverantwortung für die Lösung globaler Umweltprobleme. Im Rahmen der Entwicklungszusammenarbeit und des Technologietransfers will Deutschland Problemlösungsstrategien weltweit fördern. Das Sekretariat der Klimarahmenkonvention, der Wüstenkonvention und der Konvention für den Schutz wandernder wildlebender Arten haben ihren Sitz in Bonn.

Klimaschutz. Ein Schwerpunkt der Umweltpolitik liegt heute beim Klimaschutz. Deutschland, das einen Anteil von rund vier Prozent am globalen Treibhauseffekt hat, hat sich zum Ziel gesetzt, die nationalen CO_2-Emissionen im Zeitraum 1990 bis 2005 um 25 Prozent zu reduzieren. Bis Ende 1999 konnte bereits eine Minderung um 15,5 Prozent erzielt werden. Dafür waren erhebliche Modernisierungsanstrengungen mit einem Schwerpunkt in den ostdeutschen Bundesländern erforderlich. Weitere Minderungen erfordern den verstärkten Einstieg in Energiespartechniken sowie eine deutliche Ausweitung der Erzeugung regenerativer Energien.

Als Anreiz zum Energiesparen und zur Weiterentwicklung entsprechender Techniken wird der Energieverbrauch seit 1999 mit einer schrittweise ansteigenden Energiesteuer belegt. Investitionen in CO_2-freie Techniken wie Sonnen- und Windenergie werden mit zinsverbilligten Krediten gefördert, regenerativ erzeugte Energie wird von den Stromversorgungsunternehmen zu gesetzlich festgelegten Vergütungen abgenommen. Deutschland

Photovoltaikanlagen auf der Seebrücke von Graal/Müritz

ist bereits seit Mitte der Neunzigerjahre weltweit Windenergie-produzent Nr.1.

Ausstieg aus der Nutzung der Atomenergie. Ziel der Bundesregierung ist es, die Energiewende vom fossil-nuklearen zum solar-effizienten Zeitalter einzuleiten. Neben einer effizienten Nutzung von Energie und dem Ausbau der erneuerbaren Energiequellen ist der Ausstieg aus der kommerziellen Atomenergienutzung eine zentrale Säule dieses Projektes. Die Gründe für den Atomausstieg liegen unter anderem in den möglichen Folgen von nicht ausschließbaren Kernschmelzunfällen, Strahlenschutzgesichtspunkten und den nach wie vor ungelösten Fragen der Entsorgung. Die Atomenergienutzung ist deswegen auch als nicht nachhaltig anzusehen, zumal es ressourcenschonende und umweltverträgliche Energiealternativen gibt.

Die Bundesregierung hat unter anderem mit dem Konsens zum Atomausstieg die Weichen für den Weg zu einem neuen, zukunftsfähigen Energiemix ohne Atomkraft gestellt. Der Ausstieg aus der Kernenergienutzung wird entschädigungsfrei geregelt; dazu werden die Betriebsgenehmigungen zeitlich befristet.

In der Bundesrepublik Deutschland sind zurzeit an 14 Standorten 19 Kernkraftwerksblöcke mit einer Leistung von insgesamt 22194 MWe in Betrieb.

Endlagerung radioaktiver Abfälle. Es ist vorgesehen, dass die Verpflichtung zur Sicherheitsüberprüfung für Kernkraftwerke und eine Beschränkung der Entsorgung auf eine direkte Endlagerung gesetzlich eingeführt werden sollen. Weiterhin hat die Bundesregierung festgelegt, dass für die Endlagerung aller Arten radioaktiver Abfälle ein einziges Endlager in tiefen geologischen Formationen ausreicht, das bis etwa 2030 zur Verfügung stehen sollte. Die Erkundung des Salzstocks Gorleben wird wegen konzeptioneller und sicherheitstechnischer Fragen unterbrochen, parallel dazu werden Kriterien für Endlagerstandorte festgelegt. Auf Grund eines sich anschließenden Standortvergleichs soll eine Auswahl des in Aussicht zu nehmenden Standortes getroffen werden.

Die Einlagerung radioaktiver Abfälle in Morsleben wird beendet. Das Planfeststellungsverfahren bleibt auf die Stilllegung beschränkt. Die Betreiber von Atomkraftwerken haben grundsätzlich am Kraftwerksstandort oder in dessen Nähe Zwischenlagerkapazitäten zu schaffen. Die Transporte abgebrannter Brennelemente können so auf ein Minimum reduziert werden. Die

Zwischenlager werden nicht zum Zweck der Endlagerung genutzt.

Strahlenschutz. Auf der Grundlage des Atomgesetzes regeln die Strahlenschutzverordnung und die Röntgenverordnung den sicheren Umgang mit ionisierenden Strahlen; Personen, Sachgüter und die Umwelt werden durch strenge Vorschriften vor Schäden geschützt. Dabei gilt der Grundsatz, die Strahlenbelastung so gering wie möglich zu halten.

Es gibt in der Bundesrepublik Deutschland etwa 330 000 beruflich strahlenexponierte Personen, von denen rund 240 000 im Bereich Medizin tätig sind. Diese Personen werden auf ihre Strahlenbelastung hin überwacht. Die dabei registrierten geringen Werte zeigen den hohen Stand des Strahlenschutzes in Deutschland.

Nach dem Reaktorunfall von Tschernobyl wurden das Strahlenschutzvorsorgegesetz erlassen und ein bundesweites Frühwarn- und Überwachungssystem aufgebaut. Die hierfür eingerichteten Messnetze liefern täglich Daten über die in der Umwelt vorhandene Radioaktivität und ermöglichen damit jederzeit einen Überblick über die radiologische Situation in Deutschland.

Seit 1997 besteht auch eine gesetzliche Regelung zum Schutz der Bevölkerung gegenüber nichtionisierender Strahlung („Elektrosmog") durch die Verordnung über elektromagnetische Felder, die Grenzwerte für bestimmte ortsfeste Anlagen im Nieder- und Hochfrequenzbereich vorsieht.

Die Luftreinhaltung. Wie in anderen Industrieländern wird die Luft in Deutschland von Schadstoffen belastet, die vor allem aus dem Betrieb von Industrie und Gewerbe, aus dem Straßenverkehr, Heizungen und Kraftwerken stammen. Die Umweltbelastung zeigt sich besonders deutlich an den Waldschäden. 1999 waren 22 Prozent der Bäume deutlich geschädigt. Die

Lärmschutzwand an einer Umgehungsstraße

menschliche Gesundheit, Böden und Gewässer, Gebäude und Kunstdenkmäler müssen vor weiteren Belastungen durch verunreinigte Luft geschützt werden.

Gegen die Luftverschmutzung wurde ein umfassendes Programm entwickelt. Luftverunreinigungen werden schon an der Quelle erfasst und ihr Ausstoß drastisch verringert. So werden zum Beispiel die Schadstoffe, die aus Kraft- und Fernheizwerken sowie mit Autoabgasen in die Luft gelangen, durch Filter bzw. Katalysatoren wirksam reduziert. Maßnahmen wie die „Großfeuerungsanlagenverordnung" und die „Technische Anleitung zur Reinhaltung der Luft" zwangen Kraftwerksbetreiber und Industrie zu einer raschen Umrüstung ihrer Anlagen auf den neuesten Stand der Technik. Die Emissionen von Schwefeldioxid aus Industriefeuerungen und Kraftwerken sanken aus diesem Grund in Deutschland zwischen 1990 und 1996 um mehr als 60 Prozent, die von Stickstoffoxiden um mehr als 40 Prozent. Die Emission von Schwefeldioxid aus den Kraftwerken der ostdeutschen Länder sank von 1983 bis 1996 um rund 90 Prozent. Bei den Stickstoffoxiden wurde eine Verminderung von über 70 Prozent erreicht.

Im Verkehrsbereich wird die Belastung der Umwelt durch die stetige Verschärfung der Abgasgrenzwerte besonders bei Pkw, Lkw und Bussen sowie durch die Einführung des bleifreien Benzins reduziert. Bleihaltiges Benzin ist seit Anfang 2000 verboten. Die Belastung der Luft durch die Schadstoffe Stickstoffoxid, Kohlenwasserstoff und Kohlenmonoxid konnte besonders durch die Einführung und Weiterentwicklung des geregelten Dreiwege-Katalysators zur Abgasreinigung zunehmend verringert werden. Heute müssen alle neuen Personenkraftwagen mit Benzinmotor EU-weit Abgaswerte einhalten, die derzeit nur mit einer solchen Abgasreinigungsanlage erreicht werden können. Darüber hinaus ist es Deutschland gelungen, EU-einheitlich umweltverträglichere Kraftstoffqualitäten durchzusetzen. Zur Zeit bemüht sich Deutschland um die Einführung schwefelfreier Kraftstoffe in Europa.

Schutz vor Lärm. Vor allem in Ballungsräumen ist besonders der Verkehrslärm zu einer schweren Belastung der Bevölkerung geworden. Maßnahmen zur Lärmbekämpfung sind deshalb zwingend: Für die Planung und den Bau von Wohngebieten, Verkehrs- und Industrieanlagen gibt es weiter zu entwickelnde rechtlich verankerte Auflagen, um die Bevölkerung vor unzu-

Im Biosphä-
renreservat
Schorfheide-
Chorin
(Brandenburg)

mutbarem Lärm zu schützen. Darüber hinaus werden Wohn-
straßen zu „verkehrsberuhigten" Zonen umgestaltet, die Ge-
räuschgrenzwerte für Straßenfahrzeuge werden herabgesetzt
und die Anreize für den Einsatz leiserer Flugzeuge verstärkt.
Für die Straßen stehen lärmmindernde Beläge zur Verfügung.
Auch in der Industrie und am Bau müssen lärmmindernde
Techniken eingesetzt werden. Mit dem Umweltzeichen „Blauer
Engel" werden die Verbraucher auf lärmarme Produkte, Maschinen und Geräte hingewiesen.

Schutz der Gewässer einschließlich der Meere. Die
Qualität der Gewässer hat sich in Deutschland in den letzten
Jahren auf Grund weit reichender Vorschriften zur Abwasser-
einleitung deutlich verbessert. So werden die Schad- und Nähr-
stoffgehalte im Abwasser für etwa 50 verschiedene Branchen
begrenzt; darüber hinaus sind entsprechend den Vorgaben des
Abwasserabgabengesetzes für die Einleitungen Abgaben zu entrichten, die wiederum für Belange des Gewässerschutzes eingesetzt werden. Diese Vorschriften führten zu einem Ausbau von
Kläranlagen und der Einführung abwasserarmer und -freier
Produktionsverfahren in der Industrie, sodass sich die Belastung
vieler Flüsse, wie beispielsweise von Rhein, Main und Elbe,
deutlich verringert und die Artenvielfalt erhöht hat.

Um den Zustand der Gewässer genauer bewerten zu können, sind
für die wichtigsten Industriechemikalien und Pflanzenschutz-
mittel so genannte Qualitätsziele abgeleitet worden; sie beschreiben Schadstoffkonzentrationen, bei der nicht von einer
Schädigung der Ökosysteme auszugehen ist. Unter anderem bei
einigen Schwermetallen und chlorierten organischen Stoffen
werden die Qualitätsziele heute noch nicht erreicht. Da die Beiträge von Industrie und Kommunen zur Gewässerverschmut-
zung deutlich zurückgegangen sind, gewinnen Einträge aus anderen Bereichen, wie der Landwirtschaft, an Bedeutung. Hier
sind insbesondere Nitrat aus der Aufbringung von Dünger und
der Einsatz von Pflanzenschutzmitteln zu nennen, die in zu ho-

hen Konzentrationen in den Gewässern auftreten. Zu ihrer Verringerung ist eine weitere Verbesserung der landwirtschaftlichen Praxis und eine Erhöhung des Anteils ökologisch bewirtschafteter Flächen erforderlich.

Neben den schadstoffbezogenen Fragen stellt die Renaturierung von Gewässern, die in der Vergangenheit durch Ausbaumaßnahmen erheblich verändert wurden, eine besondere Herausforderung dar, um die Wiederherstellung von Ökosystemen zu ermöglichen und die Folgen von Hochwässern zu begrenzen. Mit Ausnahme des Wesereinzugsgebietes teilt sich Deutschland alle großen Flusseinzugsgebiete mit seinen Nachbarn. Es ist daher bei Maßnahmen zur Erhaltung und Verbesserung des Gewässerzustands eine Abstimmung und Koordinierung über die Grenzen hinweg erforderlich.

Viele Schad- und Nährstoffe gelangen über die Flüsse und auch über die Luft ins Meer. Auch Schifffahrt sowie Erdöl- und Erdgasgewinnung tragen insbesondere durch betriebs- und unfallbedingte Einleitungen zur Belastung der Meere mit Schadstoffen bei. Auch die Fischerei ist vom Ziel einer nachhaltigen Bewirtschaftung der Meere noch weit entfernt. Diese Probleme verlangen ein solidarisches Handeln aller beteiligten Staaten; deshalb sind unter anderem Übereinkommen zum Schutz der Nordsee und des Nordostatlantiks sowie der Ostsee geschlossen worden.

Maßnahmen gegen Hochwasser. Gemäß den Leitlinien der Bundesregierung zielt eine umweltverträgliche Hochwasservorsorge besonders auf eine Begrenzung der Bodenversiegelung, die ortsnahe Rückhaltung und Versickerung von Niederschlagwasser, die möglichst naturnahe Gestaltung der Flüsse, die Erhaltung und Ausdehnung der Überschwemmungsgebiete.

Durch die Internationale Kommission zum Schutze des Rheins wurde ein Aktionsplan Hochwasser ausgearbeitet, der im Januar 1998 verabschiedet worden ist.

Naturschutz und nachhaltige Naturnutzung. Wichtig für eine nachhaltige Entwicklung im Bereich des Naturschutzes und den Erhalt der biologischen Vielfalt ist das 1992 in Rio de Janeiro geschlossene internationale Übereinkommen über die biologische Vielfalt, das darauf abzielt, die biologische Vielfalt nicht nur zu schützen und zu erhalten, sondern auch auf nachhaltige Weise zu nutzen. Mit der konsequenten Umsetzung dieser Konvention in Deutschland sollen besonders die in den vergangenen 50 Jahren eingetretenen Beeinträchtigungen von wild lebenden Tier- und Pflanzenarten mit ihren Lebensräumen reduziert werden. Gleichzeitig soll dem Verlust von pflanzen- und tiergenetischen Ressourcen entgegengewirkt werden.

Zu den vorrangigen Aufgaben des Naturschutzes zählt, noch vorhandene natürliche oder naturnahe Gebiete zu erhalten, sie gegebenenfalls durch Renaturierungsmaßnahmen wiederherzustellen, sie miteinander zu vernetzen und ihre Belastung durch Schadstoffeinträge zu reduzieren. In Deutschland gibt es derzeit rund 5000 Naturschutzgebiete, die rund 2,3 Prozent, sowie mehr als 6000 Landschaftsschutzgebiete, die rund 25 Prozent der deutschen Landesfläche umfassen. Ein weiterer Hauptansatzpunkt für die Sicherung der Artenvielfalt ist die ökologische Neuausrichtung der land- und forstwirtschaftlichen Anbaumethoden. Die Bundesregierung strebt deshalb eine Ausweitung des biologischen Landbaus sowie anderer schonender Verfahren an. Wichtigster Ansatzpunkt hierfür sind die Kriterien für die Vergabe von EG-Fördermitteln, die nicht mehr allein an Produktivität und Fläche, sondern konsequenter an ökologische Kriterien gekoppelt werden sollen.

Darüber hinaus wird auch der Flächenschutz weiter entwickelt. Im Rahmen der Fauna-Flora-Habitat-Richtlinie der Europäischen Union ist die Schaffung eines europaweiten ökologischen Netzes („Natura 2000") vorgesehen, das unter anderem einen genetischen Austausch zwischen einzelnen Schutzgebieten ermöglichen soll. In den Ländern der Bundesrepublik wird ein Verbund ökologisch bedeutsamer Gebiete angestrebt, der rund 10 Prozent der Fläche umfassen soll. Darüber hinaus beteiligt sich Deutschland aktiv am Zustandekommen und der Weiterentwicklung internationaler Naturschutzübereinkommen.

Abfallwirtschaft. Das Kreislaufwirtschafts- und Abfallgesetz ist im Oktober 1996 in Kraft getreten. Es bedeutet eine Abkehr von der Abfallbeseitigung hin zu einer Kreislaufwirtschaft mit der Folge, dass rohstoffliche Ressourcen wirksam geschont, abfallarme Produkte entwickelt und so auf Dauer das Konsum- und Produktionssystem zu einer Kreislaufwirtschaft umgestaltet werden wird.

Es werden alle abfallwirtschaftlich bedeutsamen Vorgänge in den Bereichen von Produktion und Konsum erfasst und Anforderungen an die Vermeidung, stoffliche und energetische Verwertung sowie umweltverträgliche Beseitigung festgelegt. Dabei wird das Verursacherprinzip mit dem Gedanken der Produktverantwortung in den Mittelpunkt gestellt. Durch entsprechende Rechtsverordnungen werden Eigeninitiativen der Wirtschaft gefördert, Entsorgungsaufgaben durch Verbände und Selbstverwaltungskörperschaften zu übernehmen, Konzept- und Bilanzpflichten einzuführen und die Institution des Entsorgungsfachbetriebes zu stärken. Um die Abfallverwertung voranzutreiben, werden Rechtsverordnungen für bestimmte Abfälle, wie Altholz oder Bergversatz, erarbeitet.

Das Prinzip der Produktverantwortung wurde durch die Verpackungsverordnung erstmals rechtlich verankert. Durch sie wurden Hersteller und Vertreiber von Verpackungen verpflichtet, ihre Erzeugnisse nach Gebrauch zurückzunehmen und zu verwerten. Die Wirtschaftsbeteiligten haben für Verpackungsabfälle 1992 das privatwirtschaftlich organisierte „Duale System Deutschland" (DSD, „Grüner Punkt") aufgebaut, welches das Einsammeln gebrauchter Verpackungen beim Verbraucher und

Altglas-recycling in Velten/ Brandenburg

die stoffliche Verwertung übernommen hat. Die Kosten werden über den Produktpreis finanziert. 1999 wurden 5,7 Millionen Tonnen Verpackungsstoffe gesammelt, das entspricht rund 78 Kilogramm pro Kopf. Inzwischen gibt es weitere Produktregelungen, so für Batterien und Altautos. In beiden Fällen werden derzeit zur Anpassung an EU-Regelungen Novellen erarbeitet. Eine EG-Richtlinie für elektronische und elektrische Altgeräte ist ebenfalls in Vorbereitung

In freiwilligen Selbstverpflichtungen der Produktverantwortlichen sieht die Bundesregierung ein Instrument, das die Möglichkeit zu rechtlichen Regelungen ergänzen kann. So haben zum Beispiel 1994 die Hersteller graphischer Papiere der Bundesregierung zugesagt, ab dem Jahr 2000 60 Prozent der graphischen gebrauchten Papiere zu verwerten. Das Ziel ist tatsächlich weit überschritten worden: Bereits 1998 wurde eine Verwertungsquote von gut 80 Prozent erreicht.

Einen beträchtlichen Aufschwung haben daneben die Erfassung und Verarbeitung von Bioabfällen erfahren. Während im Jahr 1990 knapp eine Million Tonnen Bioabfälle separat eingesammelt wurden, lag die Erfassung 1997 bereits bei 7,5 Millionen Tonnen. Auch in diesem Bereich wird durch die Neufassung der sogenannten Technischen Anleitung Siedlungsabfall die Verarbeitung der Bioabfälle gefördert.

International beteiligt sich die Bundesregierung an der Fortentwicklung des Baseler Übereinkommens über die Kontrolle der Abfallex- und -importe und ihrer Entsorgung. In Deutschland wurde ein Solidarfonds eingerichtet, aus dem die Rückholung illegal exportierter Abfälle bezahlt wird.

Bodenschutz. Mit der Bodenschutz-Konzeption von 1985 hatte die Bundesregierung zum ersten Mal Anforderungen des Umweltmediums Boden formuliert. Mit dem Bundes-Bodenschutzgesetz von 1998, dessen Vorschriften am 1. März 1999 in Kraft getreten sind, wurden dann die Voraussetzungen für einen wirksamen Bodenschutz und die Sanierung von Altlasten geschaffen. Das Gesetz begründet Pflichten unter anderem zur Vermeidung und Abwehr von Bodenbelastungen sowie zur Sanierung von Böden und Altlasten.

Die Anforderungen an den Bodenschutz und die Altlastensanierung sind in der Bundesbodenschutz- und Altlastenverordnung, der der Bundesrat zugestimmt hat, präzisiert und bundesweit einheitlich geregelt. Es wurde somit ein Instrument für ein effizientes Vorgehen der Behörden mit dem Ziel geschaffen, die Funktionen des Bodens nachhaltig in ihrer Leistungsfähigkeit zu erhalten oder wiederherzustellen, wobei die Bodenfunktion als Lebensgrundlage und Lebensraum für Tiere, Pflanzen und Bodenorganismen ausdrücklich genannt wird.

Hierzu sind insbesondere Gefahrenabwehr- und -beseitigungsmaßnahmen sowie Maßnahmen zur Vorsorge gegen künftige nachteilige Einwirkungen auf den Boden zu ergreifen. Das Umweltmedium Boden wird damit nicht nur mittelbar, sondern auch unmittelbar – wie die Luft oder das Wasser – durch Bundesrecht unter besonderen Schutz gestellt.

Internationale Zusammenarbeit. Der 1992 in Rio de Janeiro von der internationalen Staatengemeinschaft eingeleitete Prozess einer internationalen Umwelt- und Entwicklungspartnerschaft wird von Deutschland aktiv unterstützt. Deutschland setzt sich u.a. für eine institutionelle Stärkung des Umweltschutzes auf der Ebene der Vereinten Nationen sowie für die Berücksichtigung von Umweltaspekten im Rahmen der Welthandelsordnung ein. Die zunehmende Globalisierung der Warenströme erfordert einen weltweiten ökologischen Ordnungsrahmen, der den Schutz der Umwelt auch im internationalen Wettbewerb sicherstellt und Umweltdumping verhindert. Die internationale Zusammenarbeit zur Festlegung, Anerkennung und ständigen Verbesserung ökologischer Standards und Normen muss verstärkt werden. Grundlegend hierfür ist die schrittweise, aber konsequente Umsetzung der Umweltkonventionen. Hierbei stehen zunächst die Fragen des Klimaschutzes, der Schutz der Wälder und der Kampf gegen Erosion und Wüstenbildung im Vordergrund. Auch die Bewirtschaftung der Ozeane erfordert in hohem Maße internationale Abstimmung. Nicht unter Missachtung, nur im Einklang mit den ökologischen Systemen wird

Sonnenlicht-
kollektoren
versorgen
eine Neubau-
siedlung mit
Energie

es möglich sein, die Grundbedürfnisse aller Menschen langfristig zu erfüllen. Der Umweltschutz ist deshalb von hoher Bedeutung auch im Rahmen der deutschen Entwicklungszusammenarbeit. Umweltschonende Technologien müssen auch den Produzenten in solchen Ländern verfügbar gemacht werden, die gerade erst in die Phase der Industrialisierung eintreten. Deutschland fördert den Transfer von Umwelttechnologie u.a. über internationale Umweltmessen sowie über Umweltspezialisten in den Auslandshandelskammern.

1996 wurde das Prinzip der Nachhaltigkeit auch im Vertrag über die Europäische Union verankert. Es soll insbesondere durch die Integration des Umweltschutzes in alle anderen Gemeinschaftspolitiken verwirklicht werden. Die anstehende Ost-Erweiterung der Europäischen Union bietet die Chance, den hohen Umweltstandards auch in den Beitrittsländern zum Durchbruch zu verhelfen. Hilfestellung wird insbesondere beim Aufbau effektiver Umweltverwaltungen durch die langfristige Abordnung von Umweltbeamten gewährt (sogenannte „Twinning-Programme").

Weitere Informationen:
— Bundesministerium für Umwelt, Naturschutz und Reaktorsicherheit
  Referat Öffentlichkeitsarbeit, 11055 Berlin
  Internet: http://www.bmu.de
  E-Mail: oea-1000@bmu.de
— Umweltbundesamt
  Bismarckplatz 1, 14193 Berlin
  Internet: http://www.umweltbundesamt.de
  E-Mail: karsten.klenner@uba.de
— Bundesamt für Naturschutz
  Konstantinstraße 110, 53179 Bonn
  Internet: http://www.bfn.de
  E-Mail: pbox-presse@bfn.de
— Bundesamt für Strahlenschutz
  Postfach 10 01 49, 38201 Salzgitter
  Internet: http://www.bfs.de

Energiewirtschaft und Rohstoffe

Die Bundesrepublik Deutschland ist ein rohstoffarmes Land. Bei der Versorgung mit Energie und mineralischen Rohstoffen ist Deutschland weitgehend auf Einfuhren angewiesen. Zwei Drittel der benötigten Primärenergie muss importiert werden. Auch bei mineralischen Rohstoffen ist die Abhängigkeit vom Ausland groß.

Deutschland hat seine Bezugsquellen für Energie und mineralische Rohstoffe vor diesem Hintergrund seit langem stark diversifiziert, um ein möglichst hohes Maß an Versorgungssicherheit zu gewährleisten. Der Erdgasbedarf kann derzeit bis zu einem Viertel aus heimischen Quellen gedeckt werden. Die Lagerstätten von Braunkohle und Kali- und Steinsalz bieten demgegenüber Reserven für viele Jahrzehnte. Aufgrund der in Deutschland ungünstigen geologischen Bedingungen kann Steinkohle hierzulande nicht zu wettbewerbsfähigen Bedingungen gefördert werden. Geologische und klimatische Bedingungen begrenzen das wirtschaftlich nutzbare Potenzial erneuerbarer Energiequellen.

Die Energieversorgungslage. Mit einem Primärenergieverbrauch von 14 200 Petajoule 1999 gehört die Bundesrepublik Deutschland zu den größten Energieverbrauchern der Welt (siehe Grafik, S. 504). Erfolgreich sind die Anstrengungen um Einsparung von Energie sowie deren rationelle Nutzung. Der spezifische Energieverbrauch, das heißt der für die Erzeugung einer Einheit Bruttoinlandsprodukt erforderliche Energieeinsatz, ist in den westdeutschen Ländern seit Anfang der Siebzigerjahre stetig zurückgegangen und weist auch in den Neunzigerjahren für ganz Deutschland einen Rückgang von 13 Prozent aus.

Braunkohle nimmt in Deutschland den ersten Platz unter den heimischen Energieträgern ein. Sie wird sowohl in Westdeutschland als auch in Ostdeutschland ohne Subventionen bereitgestellt. Die größten Braunkohlevorkommen gibt es im Rheinland, im südlichen Brandenburg und in Sachsen. Als wirtschaftlich gewinnbar gelten rund 43 Milliarden Tonnen. Der Anteil der Braunkohle am Primärenergieverbrauch lag 1999 bei rund 10 Prozent.

Die wichtigsten Steinkohlereviere sind das rheinisch-westfälische Steinkohlengebiet und das Saarkohlebecken. Die Steinkohlevorräte belaufen sich auf etwa 24 Milliarden Tonnen. 1950 hatte die Steinkohle im früheren Bundesgebiet einen Anteil von 73 Prozent am Primärenergieverbrauch. Dieser Anteil sank bis 1999 auf rund 13 Prozent.

Auch der Beitrag des Mineralöls zur Energieversorgung ging nach den Ölpreisexplosionen in den Siebzigerjahren zurück. Von 55 Prozent im Jahr 1973 (nach gerade fünf Prozent im Jahr 1950) sank der Anteil des Mineralöls am Energieverbrauch bis 1999 auf etwas unter 40 Prozent. Damit ist Mineralöl aber weiterhin der bezogen auf den Anteil am Primärenergieverbrauch bedeutendste Energieträger in Deutschland.

Die Erdgasvorräte in der Bundesrepublik betrugen Ende 1996 rund 382 Milliarden Kubikmeter. Die Erdgasimportquellen sind breit gestreut und die Mengen bis weit in das nächste Jahrzehnt gesichert. Am Primärenergieverbrauch war Erdgas 1999 mit rund 21 Prozent beteiligt.

Uran wurde in Deutschland in größerem Umfang bis Anfang der Neunzigerjahre gefördert, vorwiegend in den Ländern Sachsen und Thüringen. Angereichertes Uran zum Betrieb der Kernkraftwerke wird importiert. Die Kernenergie hat 1998 mit einem Anteil von 33 Prozent einen substanziellen Beitrag zur öffentlichen Stromerzeugung geleistet. Die Bundesregierung und die führenden Energieversorgungsunternehmen haben sich im Juni 2000 auf eine Vereinbarung verständigt, auf deren Grundlage die Nutzung der Kernkraft in Deutschland geordnet beendet wird.

Windenergiepark in Nordfriesland

Die Energiepolitik. Eine stabile und umweltgerechte Energieversorgung ist eines der Grundelemente für die Funktionsfähigkeit einer modernen Wirtschaft. Versorgungssicherheit, Wirtschaftlichkeit sowie Umwelt- und Ressourcenschonung sind die Ziele der deutschen Energiepolitik. Die Öffnung der Weltmärkte, die rasch voranschreitende Integration Europas und die Globalisierung der Wirtschaft haben inzwischen auch für die Energiewirtschaft den Handlungsrahmen verändert. Der Druck auf die Unternehmen zur Anpassung, zur Innovation und zur Kostenminimierung wächst. Die Liberalisierung sorgt jetzt auch bei den leitungsgebundenen Energien dafür, dass sich wettbewerbliche Strom- und Gasmärkte entwickeln. Weltweit zeichnet sich ab, dass auf Grund des technischen Fortschritts und des intensiven Welthandels künftig weniger die Verknappung oder gar Erschöpfung der Vorräte, sondern vielmehr die noch vertretbare Inanspruchnahme der Umwelt zum begrenzenden Faktor für die Energieversorgung wird.

In Deutschland liegt die Energieversorgung in der Hand privatwirtschaftlich geführter Unternehmen. Der Staat setzt für die Energiewirtschaft einen Ordnungsrahmen. Hierzu gehören zum Beispiel das Energiewirtschaftsgesetz, die Regelungen zur Krisenvorsorge und zur Bevorratung sowie umfangreiche Regelungen zum Umweltschutz.

Seit 1973 haben sich die Verhältnisse auf den internationalen Energiemärkten mehrfach grundlegend geändert. Zwei sprunghafte Steigerungen des Ölpreises haben zu weltwirtschaftlichen Rezessionen geführt; es folgte Ende 1985 ein rapider Preisverfall. Die Umwälzungen in Mittel- und Osteuropa sowie der ehemaligen Sowjetunion haben der energiewirtschaftlichen Ost-West-Zusammenarbeit und der Nutzung der Energieressourcen dieser Länder, vor allen Dingen Russlands, neue Dimensionen gegeben. Der Golfkrieg 1990/91 hat die Unsicherheit über die Preisentwicklung beim immer noch wichtigsten Energieträger Öl erneut deutlich gemacht.

Das energiewirtschaftliche Versorgungssystem muss nicht nur bei Öl, sondern ganz generell wegen der hohen Importabhängigkeit flexibel und anpassungsfähig bleiben und auf breit gestreute Versorgungsquellen achten. Aus dieser Einbindung in die globalen Energiemärkte ergeben sich auch besondere Chancen zur Sicherstellung einer effizienten Energieversorgung. Unter dem Eindruck der Ölpreiskrisen der Siebzigerjahre wurde die energiepolitische Zusammenarbeit in der Internationalen Energieagentur und vor allem auf der Ebene der Europäischen Union wesentlich ausgebaut. Die EU verfügt heute über ein beachtliches Instrumentarium zur Unterstützung des energiewirtschaftlichen Strukturwandels und der rationellen Energieverwendung sowie auch zur Verringerung der Ölabhängigkeit (Programme JOULE/THERMIE, SAVE und ALTENER). Die EU-Kommission hat im Rahmen einer umfassenden europäischen Strategie zur Klimavorsorge unter anderem EU-weite steuerliche Maßnahmen vorgeschlagen, die von der Bundesregierung begrüßt werden.

Die Energiepolitik hat folgende Schwerpunkte:

— eine marktwirtschaftliche Politik, um eine zugleich sichere, wirtschaftliche, umwelt- und ressourcenschonende Energieversorgung zu sichern. Mit der Öffnung der Strom- und Gasmärkte kommt die Dynamik des Wettbewerbs stärker zur Geltung. Das Leitbild einer nachhaltigen Entwicklung und die Verpflichtung zur CO_2-Reduzierung erfordern weitere Anpassungen der deutschen Energieerzeugungs- und -verbrauchsstrukturen.

— Gewährleistung einer umweltschonenden Energieversorgung. Im Zentrum steht dabei eine umfassende Klimaschutzstrategie. Freiwillige Selbstverpflichtungen der Akteure können in klar abgegrenzten Bereichen sinnvoll sein und zu effektivem Umwelthandeln beitragen, wenn die zu erreichenden Ziele eindeutig festgelegt und überprüfbar sind und sie im Falle der Nichteinhaltung mit Sanktionen verbunden werden.

— weitere Anstrengungen für rationelle Erzeugung und Verwendung von Energie sowie für die Erforschung und den Einsatz langfristiger Alternativen der Energieversorgung, insbesondere der erneuerbaren Energien. Ihr Anteil an der Energieversor-

Schaufelradbagger im Braunkohletagebau Garzweiler I (Nordrhein-Westfalen)

Solarenergie-
gewinnung ist
eine der
Energien der
Zukunft

gung soll sich bis zum Jahr 2010 gegenüber heute verdoppeln (siehe Grafik, S. 504).

— weitere Nutzung eines ausgewogenen und diversifizierten Energiemixes. Der Beitrag der deutschen Steinkohle wird im Lauf der Jahre allerdings zurückgehen. Insbesondere auf Grund ungünstiger geologischer Verhältnisse ist sie erheblich teurer als Importkohle. Die Bundesregierung, die Bergbauländer Nordrhein-Westfalen und Saarland sowie der Bergbau haben sich im März 1997 auf einen Finanzrahmen verständigt, der eine deutliche Reduzierung der aus öffentlichen Mitteln stammenden Kohlehilfen bis zum Jahr 2005 vorsieht.

— geordnete Beendigung der Nutzung der Kernenergie auf der Grundlage der Vereinbarung zwischen der Bundesregierung und den führenden Energieversorgungsunternehmen vom Juni 2000. Die Vereinbarung sieht vor, dass jedes einzelne der 19 deutschen Kernkraftwerke auf der Grundlage einer vereinbarten Regellaufzeit von 32 Kalenderjahren und nach Abzug der bisherigen Laufzeit eine Strommenge festlegt, die künftig noch produziert werden darf. Sobald die für das jeweilige Atomkraftwerk festgelegte Menge erreicht ist, ist das Kraftwerk stillzulegen. Der Anteil der Kernenergie an der Energieversorgung wird zukünftig durch andere Energien und/oder Energieeinsparung ersetzt werden. Mit der Politik der ökologischen Modernisierung hat die Bundesregierung bereits die Weichen für die Entwicklung zukunftsfähiger Energieversorgungssysteme und wirksamer Maßnahmen zur Energieeinsparung gestellt (ökologische Steuerreform, Förderung erneuerbarer Energien, der Kraft-Wärme-Kopplung und weiterer Energiespartechnologien).

— Ausbau der internationalen energiewirtschaftlichen Zusammenarbeit vor allem auf EU-Ebene, aber auch im Rahmen der Arbeiten der Internationalen Energie-Agentur sowie im Rahmen des Energiecharta-Vertrages mit den mittel- und osteuropäischen Staaten und den Nachfolgestaaten der Sowjetunion.

Rohstoffpolitik. Die Versorgung Deutschlands mit mineralischen Rohstoffen erfolgt überwiegend durch Importe. Herkunftsländer sind sowohl Industrieländer, die über entsprechende Bergbaubetriebe sowie weiterverarbeitende Industrien (Hütten, Raffinerien) verfügen als auch Rohstoff produzierende Entwicklungsländer, von denen Erze, Konzentrate und weiterverarbeitete Produkte wie Ferrolegierungen bezogen werden. Eine weiterhin wachsende Bedeutung hat die Rückgewinnung (Recycling) von Wertstoffen (vergleiche dazu das Kapitel „Der Umweltschutz"). Durch die Anwendung werkstoffwissenschaftlicher Forschungs- und Entwicklungsarbeiten kann der Einsatz von Rohstoffen optimiert werden.

Um die Versorgung der Bundesrepublik Deutschland auf eine möglichst breite Grundlage stellen zu können, orientiert sich die Rohstoffpolitik bei den Wirtschaftsbeziehungen zu den Rohstoff produzierenden Ländern an folgenden Grundsätzen:

— Erhaltung der Funktionsfähigkeit und weitere Öffnung der weltweiten Rohstoffmärkte: In internationalen Gremien tritt die Bundesregierung deshalb für nichtdiskriminierende rohstoffpolitische Rahmenbedingungen ein.

— Stabilisierung der Rohstofferlöse, vor allem in den weniger entwickelten Ländern, wodurch eine Kontinuität bei der Rohstoffversorgung angestrebt wird.

— Unterstützung der Industrialisierung der Entwicklungsländer und Erleichterung des technologischen Transfers in Entwicklungsländer.

— Öffnung der Industrieländer für die Einfuhr von Rohstoffen, Halb- und Fertigwaren aus den Entwicklungsländern.

— Förderung des Kapitaltransfers in Entwicklungsländer und Schutz der Investoren vor Enteignungen.

— Erkundung von Rohstoffvorkommen im Rahmen der technischen Zusammmenarbeit und Erschließung neuer Lagerstätten durch industrielle Kooperationsprojekte.

Wissenschaft und Forschung

In den letzten Jahren befanden sich unter den Nobelpreisträgern für Chemie, Physik und Medizin auch deutsche Wissenschaftler. So ging der Nobelpreis für Medizin 1991 an die Zellbiologen Erwin Neher und Bert Sakmann, den Nobelpreis für Physik teilte sich 1989 der Physiker Wolfgang Paul mit zwei US-Kollegen, und 1988 wurden die drei Forscher Johann Deisenhofer, Robert Huber und Hartmut Michel mit dem Chemie-Nobelpreis ausgezeichnet. Nobelpreisträger des Jahres 1995 aus Deutschland waren die Entwicklungsbiologin Christiane Nüsslein-Volhard (Medizin) und der in Mainz lehrende niederländische Chemiker Paul J. Crutzen. 1998 erhielt Horst L. Störmer den Nobelpreis für Physik. Den Nobelpreis für Medizin 1999 erhielt der in Deutschland geborene Günther Blobel, der den größten Teil des Preisgeldes für den Wiederaufbau der Dresdner Frauenkirche spendete.

Die deutschen Universitäten waren früher in vielen Disziplinen der Natur- und Geisteswissenschaften führend. Bis zum Zweiten Weltkrieg fielen zehn von 45 Physik-Nobelpreisen und 16 von 40 Chemie-Nobelpreisen an Deutsche. Die nationalsozialistische Diktatur trieb ab 1933 jedoch viele der besten Köpfe außer Landes. Manche gingen in die USA, wo sie der dortigen Wissenschaft unschätzbare Impulse gaben. Diesen Aderlass verkraftete Deutschland nach 1945 nur sehr langsam und mit großen Anstrengungen.

Die deutsche Wiedervereinigung stellte die Forschung vor eine neue Herausforderung: den Aufbau einer einheitlichen deutschen Forschungslandschaft. Die ostdeutschen Länder verfügen heute über 110 bundesgeförderten Forschungseinrichtungen mit rund 13 000 Beschäftigten:

- drei Helmholtz-Zentren und zehn Außenstellen
- 33 Einrichtungen der Wissenschaftsgemeinschaft Gottfried Wilhelm Leibniz (in dieser Gemeinschaft sind Institute zusammengeschlossen, die sich überregionalen Aufgaben widmen und zu

je 50 Prozent vom Bund und dem jeweiligen Land finanziert werden, in dem das Institut angesiedelt ist)
— 18 Einrichtungen der Fraunhofer-Gesellschaft
— 18 Institute, ein Teilinstitut und eine Forschungsstelle der Max-Planck-Gesellschaft
— 32 Bundesforschungseinrichtungen und Außenstellen.

Schwerpunkte der Forschung in den ostdeutschen Ländern sind insbesondere neue Werkstoffe und Materialien, Informationstechnologie, Mikroelektronik, Biotechnologie, Umweltforschung, Geowissenschaften und Gesundheitsforschung. An vielen Standorten arbeiten die außeruniversitären Forschungseinrichtungen mit Forschungsabteilungen von Firmen und mit Hochschulen zusammen. Die Forschung in den ostdeutschen Ländern ist in zahlreiche europäische und weltweite Programme, Kooperationsbeziehungen und Verbundprojekte einbezogen.

Große Anstrengungen werden zur Vereinheitlichung der Forschung unternommen. So werden zum Beispiel durch die Finanzierung von „Innovationskollegs" an Hochschulen der ostdeutschen Länder die Strukturen für die Forschung verbessert und innovative, disziplinübergreifende Kooperationsansätze von Hochschulen untereinander sowie mit externen Fachleuten, auch aus der Wirtschaft, angestoßen.

Forschungseinrichtungen. In der Bundesrepublik Deutschland wird Forschung in drei unterschiedlichen Sektoren betrieben: in den Hochschulen, in öffentlichen und privaten außeruniversitären, nicht-industriellen Forschungseinrichtungen und in den Forschungsstätten der Wirtschaft (siehe Grafik, S. 505). Dass an Hochschulen geforscht wird, ist alte deutsche Tradition. Die „Einheit von Forschung und Lehre" ist seit Wilhelm von Humboldt, der Anfang des 19. Jahrhunderts die preußischen Universitäten reformierte, ein fest verankertes Prinzip des Hoch-

Das Deutsche Elektronen Synchroton DESY ist nationales Zentrum der physikalischen Grundlagenforschung

schullebens. Die Hochschulen sind das Fundament der Forschung in der Bundesrepublik Deutschland. Der Schwerpunkt der Grundlagenforschung liegt in den Hochschulen, die die Ausbildung des wissenschaftlichen Nachwuchses und damit die beständige personelle Erneuerung in der Forschung sichern. Die außeruniversitäre Forschung baut in erster Linie auf der Hochschulforschung auf; zum Beispiel haben aufwändige Forschungsprojekte, vor allem in den Naturwissenschaften, die nur in großen Teams, mit teurer Technik und mit außerordentlich hohem Finanzbedarf zu realisieren sind, ihren Platz außerhalb der Hochschulen, vor allem in den hauptsächlich vom Bund und den Ländern gemeinsam unterhaltenen Forschungseinrichtungen.

Insgesamt sind in der Bundesrepublik Deutschland rund 463 000 Menschen in Forschung und Entwicklung tätig. Gut 50 Prozent davon sind Wissenschaftler und Ingenieure; die übrigen entfallen je zur Hälfte auf das technische und das sonstige Personal (zum Beispiel Verwaltungspersonal). Die Bruttoinlandsausgaben für Forschung und Entwicklung machten 1998 mit einem Gesamtvolumen von mehr als 87 Milliarden DM 2,3 Prozent des Bruttoinlandsproduktes aus. Damit nimmt Deutschland unter den großen Industriestaaten (G7) hinter Japan (3,06 Prozent) und den USA (2,79 Prozent) den dritten Rang ein, gefolgt von Frankreich (2,18 Prozent). Der größte Anteil der Bruttoinlandsausgaben für Forschung und Entwicklung mit gut 54,3 Milliarden DM wurde von der Wirtschaft finanziert. Bund und Länder steuerten jeweils rund 15 Milliarden DM bei, weitere 1,5 Milliarden aus Bundesmitteln flossen ins Ausland.

Träger der Forschung. Die Hochschulen sind in vielen Gebieten, insbesondere in den meisten Gebieten der naturwissenschaftlichen Grundlagenforschung und in den Geisteswissenschaften, die fachlich wichtigsten Träger der Forschung; sie sind häufig der entscheidende Nährboden für neue Forschung.

Wachsende Bedeutung kommt an den Hochschulen der anwendungsorientierten Grundlagenforschung zu. In der angewandten Forschung und Entwicklung arbeiten die Hochschulen mit anderen Forschungseinrichtungen und Industrielabors zusammen; das fördert und beschleunigt die Umsetzung ihrer theoretischen Erkenntnisse in die Praxis. In diesem anwendungsbezogenen Forschungsbereich spielen die Fachhochschulen eine entscheidende Rolle. Besonders für kleine und mittlere Unternehmen sind sie wichtige Ansprechpartner.

Eng mit der Hochschularbeit verbunden sind die Akademien der Wissenschaften in Düsseldorf, Göttingen, Heidelberg, Leipzig, Mainz, München und die Berlin-Brandenburgische Akademie. Sie sind Zentren der wissenschaftlichen Kommunikation und unterstützen vorwiegend langfristige geisteswissenschaftliche Vorhaben wie zum Beispiel die Herausgabe von Lexika und Editionen. Die Deutsche Akademie der Naturforscher „Leopoldina" in Halle ist eine naturwissenschaftlich-medizinische Gelehrtengesellschaft.

Von unerlässlicher Bedeutung für die Hochschulforschung, für deren Grundausstattung die Länder zuständig sind, ist die Forschungsförderung durch die Deutsche Forschungsgemeinschaft (DFG), den größten Drittmittelgeber der Hochschulen. Mit rund 14 000 allein im Bereich der Allgemeinen Forschungsförderung bearbeiteten Anträgen wurde 1999 ein neues Rekordergebnis erreicht, das die Kreativität und Innovationsfähigkeit der deutschen Forschungslandschaft und insbesondere der deutschen Hochschulen eindrucksvoll widerspiegelt. Die DFG erhält ihre Fördermittel vom Bund und den Ländern, 1999 waren es rund 2,2 Milliarden DM.

Die Max-Planck-Gesellschaft zur Förderung der Wissenschaften (MPG), die größte Forschungsorganisation außerhalb der Universitäten, wird größtenteils aus öffentlichen Mitteln von Bund und Ländern finanziert und unterhält in Deutschland rund 80 Einrichtungen der Spitzenforschung. In den ostdeutschen Ländern baut sie weitere Einrichtungen auf. Die MPG fördert in ihren Einrichtungen Grundlagenforschung, die über den Hochschulrahmen hinausgeht oder besonders große Einrichtungen erfordert.

Ein Triebwerksprüfstand des DLR bei Experimenten zur Lärmminderung

In der
Zellkultur-
kammer
am Institut
für Genfor-
schung, Berlin

Ein bedeutendes Instrument staatlicher Forschungspolitik sind die 16 Großforschungseinrichtungen, die in der Helmholtz-Gemeinschaft Deutscher Forschungszentren zusammengefasst sind und zu 90 Prozent vom Bund (Bundesministerium für Bildung und Forschung) und zu jeweils zehn Prozent von dem jeweiligen Land (Sitzland) finanziert werden, in dem die Großforschungseinrichtung angesiedelt ist. Ihre Aufgaben reichen von der Erforschung der kleinsten Bauteilchen der Materie über Luft- und Raumfahrt bis hin zur Krebsforschung oder Umwelt- und Klimaforschung.

Unter anderen wurden 1995 folgende Ziele für die Zukunft gesteckt:

— Beiträge zu einer Energieversorgung, die politisch strittige Energiequellen ebenso einbezieht wie die Nutzung der Sonnenenergie oder andere Arten alternativer Energiegewinnung,
— Forschungen für eine Umwelt, die nicht nur saniert, sondern gar nicht erst durch Schadstoffe beeinträchtigt werden soll,
— eine verbesserte Diagnose und neue Therapieverfahren für Krankheiten wie Herz-Kreislauf-Leiden, Krebs und AIDS, wo der große Durchbruch jeweils noch aussteht,
— Entwicklung neuer physikalisch-technischer Großgeräte zur Erforschung des Mikrokosmos.

Ein wichtiges Bindeglied zwischen der Forschung und der Anwendung ihrer Ergebnisse in der Wirtschaft stellt die Fraunhofer-Gesellschaft zur Förderung der angewandten Forschung dar. In ihren rund 50 Instituten betreibt sie Auftragsforschung im naturwissenschaftlich-technischen Bereich, vor allem für die Wirtschaft.

Eine bedeutende Rolle spielen auch die großen Wissenschaftsstiftungen der Bundesrepublik. Hier sind die Fritz-Thyssen-Stiftung und die Volkswagen-Stiftung zu nennen. Sie und der Stifterverband für die Deutsche Wissenschaft sind gefragte Förderer insbesondere der Hochschulforschung. Die vom Bund unterstützte Alexander von Humboldt-Stiftung vermittelt ausländischen Wissenschaftlern Forschungsaufenthalte in Deutschland, deutschen Wissenschaftlern Forschungsaufenthalte im Ausland und vergibt auch Forschungsreisen an hervorragende Wissenschaftler einzelner Länder.

Weltweit gibt es heute einen immer stärker wachsenden Bedarf an wissenschaftlicher Beratung für die Politik, da die politischen Entscheidungen sich vielfach auf Themengebieten bewegen, die nur von Experten aufzuschlüsseln sind. Diese bereiten anhand von theoretischen Gutachten, Untersuchungen und Kommentaren den Boden für die praktischen politischen Entscheidungen. Die entsprechenden deutschen Forschungsinstitute (nach amerikanischem Vorbild „Think Tanks" genannt), deren Zahl gegenwärtig bei rund 100 liegt, sind zum Teil in Privathand, zum Teil sind es öffentlich-rechtliche Institutionen. Zu den bekanntesten zählen

— das Forschungsinstitut der Deutschen Gesellschaft für Auswärtige Politik

Robotik: Synchrone Bewegung von künstlicher und menschlicher Hand

- das Centrum für Angewandte Politikforschung
- das Deutsche Institut für Wirtschaftsforschung
- die Stiftung Wissenschaft und Politik
- die Hessische Stiftung für Friedens- und Konfliktforschung
- das Wuppertal-Institut für Klima, Umwelt, Energie.

Internationale Zusammenarbeit. Die Förderung internationaler Kooperation in der Forschung stellt einen wichtigen Aspekt der deutschen Forschungspolitik dar. Neben der Zusammenarbeit in internationalen Organisationen wie der OECD, der Förderung des Austauschs und der direkten Kooperation von deutschen und ausländischen Wissenschaftlern, wie z.B. über die Alexander von Humboldt-Stiftung oder den Deutschen Akademischen Austausch-Dienst (DAAD), bestehen vielfältige Formen internationaler Zusammenarbeit. Die Bundesrepublik hat mit mehr als 30 Staaten bilaterale Abkommen über die wissenschaftlich-technische Zusammenarbeit geschlossen. Im Mittelpunkt der Forschungs- und Technologiezusammenarbeit in Westeuropa steht die Zusammenarbeit in der Europäischen Union, insbesondere im Rahmen der Forschungs- und Technologieprogramme. Die Zusammenarbeit wird über das Gemeinschaftsgebiet hinaus erweitert durch übergreifende Kooperationsformen wie COST (Zusammenarbeit mit Drittstaaten in der angewandten Forschung), die Beteiligung der EU an EUREKA- und ESA-Projekten sowie neuerdings durch die Zusammenarbeit von EU und EFTA auf der Grundlage des EWR-Vertrages.

Teil der Zusammenarbeit auf europäischer Ebene sind auch Einrichtungen mit wissenschaftlichen Großgeräten, deren Nutzung die finanziellen Möglichkeiten eines Landes übersteigen. Hierzu zählen u.a. der Hochenergiebeschleuniger der Europäischen Organisation für Kernforschung (CERN) in Genf, der Höchstflussreaktor des Instituts Max von Laue/Paul Langevin (ILL) in Grenoble oder das Europäische Labor für Molekularbiologie (EMBL) in Heidelberg.

Gemeinsame Ziele dieser Zusammenarbeit sind die Koordinierung nationaler Forschungsaktivitäten, die Bündelung der Ressourcen in gemeinsame Vorhaben und damit gleichzeitig die Stärkung der europäischen Wettbewerbsfähigkeit im internationalen Vergleich.

Forschungspolitik. Forschung und Forschungsförderung in Deutschland werden bestimmt von der im Grundgesetz verankerten Freiheit der Forschung und der Lehre, von der föderalen

Struktur der Bundesrepublik und der entsprechenden Aufgabenverteilung zwischen Bund und Ländern und dem spezifischen Forschungsbedarf von Unternehmen. In erster Linie ist es Sache der Wissenschaft selbst, über Forschungsaufgaben zu entscheiden und die Ergebnisse vor allem der Grundlagenforschung zu bewerten und Konsequenzen daraus zu ziehen.

Der 1957 gegründete Wissenschaftsrat berät die Bundesregierung und die Regierungen der Länder in Fragen der inhaltlichen und strukturellen Entwicklung der Hochschulen, der Wissenschaft und der Forschung sowie des Hochschulbaus und ist eine der wichtigsten Einrichtungen der Politikberatung in Deutschland. Ihm gehören 32 vom Bundespräsidenten berufene Wissenschaftlerinnen und Wissenschaftler an; zugleich arbeiten im Wissenschaftsrat 22 Vertreter aus Bund und Ländern mit. Die wichtigste Beratungsarbeit des je zur Hälfte von Bund und Ländern finanzierten Wissenschaftsrates in Fragen der Hochschul- und Forschungspolitik hat zum Beispiel wesentlich zur Neugestaltung der Hochschul- und Forschungsstruktur in den ostdeutschen Ländern beigetragen.

1996 legte die Bundesregierung den „Bundesbericht Forschung 1996" vor. 1998 erschien mit dem „Faktenbericht 1998 zum Bundesbericht Forschung" die aktualisierte Fassung. Beide Berichte informieren Parlament und Öffentlichkeit ausführlich über Ziele und Schwerpunkte der Forschungs- und Technologiepolitik.

Weitere Informationen:
— Bundesministerium für Bildung und Forschung
  Heinemannstr. 2, 53175 Bonn
  Internet: http:// www. bmbf.de
  E-Mail: information@bmbf.bund.de

Die Wirtschaftssektoren

Die Industrie und ihre Produkte

Das Rückgrat der deutschen Wirtschaft ist die Industrie. In Deutschland beschäftigten die rund 48 900 Industriebetriebe 1999 an die 6,4 Millionen Menschen. Allerdings hat sich das industrielle Gewicht in der Volkswirtschaft in den vergangenen Jahren deutlich verringert. Im Gefolge eines langfristigen Strukturwandels ist der Anteil der Industrie an der Bruttowertschöpfung aller Wirtschaftsbereiche zwischen 1970 (westdeutsche Länder) und 1999 von 51,7 auf 25,1 Prozent zurückgegangen. Dagegen stieg der Anteil der öffentlichen und privaten Dienstleistungsbereiche an der wirtschaftlichen Gesamtleistung stark an. Öffentliche und private Dienstleister erwirtschafteten 1999 21,3 Prozent der Bruttowertschöpfung. Handel, Gastgewerbe und Verkehr kommen auf einen Anteil von 17,4 Prozent. Finanzierung, Vermietung und Unternehmensdienstleister haben einen Anteil von 29,8 Prozent. In der Industrie konnten stark expandierende Wirtschaftszweige wie die Informations- und Kommunikationstechnik (siehe Grafik, S. 506) oder Branchen wie die Luft- und Raumfahrtindustrie, die selbst unter einem erheblichen Beschäftigungsrückgang leidet, die Schrumpfung „traditioneller" Industriezweige wie Textil- oder Stahlindustrie nicht wettmachen.

Die Industrie in Deutschland ist vorwiegend mittelständisch strukturiert. Nur etwa 1,9 Prozent der Industriebetriebe sind Großunternehmen mit mehr als 1000 Beschäftigten; fast drei Viertel

Vorführung einer neuen Druckmaschine auf der „drupa" 2000 in Düsseldorf

sind dagegen Betriebe mit weniger als 100 Mitarbeitern. Sie stellen einen Großteil der Ausbildungsplätze. Allerdings arbeiten rund 40 Prozent (2,6 Millionen) aller Industriebeschäftigten in Großbetrieben mit mehr als 1000 Menschen. Insgesamt entfallen auf die kleine Gruppe der Großunternehmen rund 51 Prozent des Gesamtumsatzes der Industrie.

Weltbekannt und oft auch weltweit mit Niederlassungen, Produktions- oder Forschungsanlagen präsent sind Firmen wie die Autohersteller Volkswagen, BMW und Daimler-Chrysler, die Chemiekonzerne Aventis, Bayer und BASF, die Ruhrkohle AG, der Elektrokonzern Siemens AG, die Energiekonzerne E.ON und RWE oder die Bosch-Gruppe (siehe Tabelle, S. 506).

Nach dem Zweiten Weltkrieg hat die Industrie in Deutschland den wirtschaftlichen Wiederaufbau maßgeblich mitgeprägt. Ein entscheidender Faktor für diese Entwicklung war der Übergang zur marktwirtschaftlichen Ordnung im Jahre 1948. Zu den Grundpfeilern der Sozialen Marktwirtschaft gehört die Eigenverantwortlichkeit des Unternehmers, der selbst für das Wachstum seines Unternehmens und dessen Anpassung an sich verändernde Verhältnisse Sorge trägt. Die staatliche Wirtschaftspolitik beschränkt sich im Wesentlichen darauf, günstige Rahmenbedingungen für die Entfaltung unternehmerischer Initiative und für zusätzliche Beschäftigung zu schaffen. Der Wettbewerb zwischen den Unternehmen ist nach Auffassung der Bundesregierung am besten geeignet, der deutschen Wirtschaft auf den Weltmärkten die Konkurrenzfähigkeit zu sichern. Diesen Wettbewerb belebt eine möglichst große Zahl von kleinen und mittleren Unternehmen am Markt. Der Bundesregierung liegt deshalb daran, die Existenzbedingungen kleiner Betriebe zu verbessern und Neugründungen zu erleichtern. Die folgende Übersicht stellt die wichtigsten Industriezweige dar (siehe Tabelle, S. 505).

Die Branchen. Die Automobilindustrie ist einer der bedeutendsten Wirtschaftszweige in Deutschland. Nach den Vereinigten

Staaten und Japan ist Deutschland der drittgrößte Automobilproduzent der Welt. Von den 5,687 Millionen Kraftfahrzeugen, die 1999 in Deutschland hergestellt wurden, gingen 64,6 Prozent in den Export.

Auch in den ostdeutschen Ländern kann die Automobilindustrie auf eine große Tradition zurückblicken. Ihre Modelle aus den Zeiten der DDR-Wirtschaft hatten allerdings nach der Vereinigung im Wettbewerb keine Chance mehr; die Fertigung der technisch veralteten DDR-Marken lief aus. Einige große westdeutsche Automobilhersteller haben sich in Sachsen und Thüringen mit dem Bau neuer Fertigungsstätten engagiert. Die westdeutsche Automobilindustrie hat in den ostdeutschen Ländern fast sieben Milliarden DM investiert. Nach dem Ausbau der modernen Fertigungsanlagen soll die Automobilproduktion in den ostdeutschen Ländern rund 370 000 Einheiten erreichen.

Der Maschinen- und Anlagenbau stellt die größte Zahl von Betrieben in der deutschen Industrie. Die Branche ist traditionell mittelständisch geprägt und nimmt dank ihrer Flexibilität und technologischen Leistungsfähigkeit weltweit eine Spitzenstellung ein. Nur rund 5,5 Prozent der Unternehmen haben mehr als 500 Mitarbeiter. Das sind hauptsächlich Unternehmen, die Serienerzeugnisse herstellen oder komplexe Großanlagen konzipieren und fertigen. Rund 83 Prozent der Maschinenbauunternehmen sind Klein- und Mittelbetriebe mit unter 200 Beschäftigten. Sie haben sich auf bestimmte Fachgebiete spezialisiert. Als Ausrüster der Industrie kommt dem Maschinen- und Anlagenbau als Innovationsbranche eine wichtige Funktion für die gesamte Wirtschaft zu. Die Produktpalette ist im internationalen Vergleich einzigartig und umfasst mehr als 20 000 verschiedene Erzeugnisse – von Armaturen über Druckmaschinen und

Kunstfaserproduktion bei der Bayer Faser AG in Schongau

Automobil-
produktion im
Zwickauer
Volkswagen-
Werk

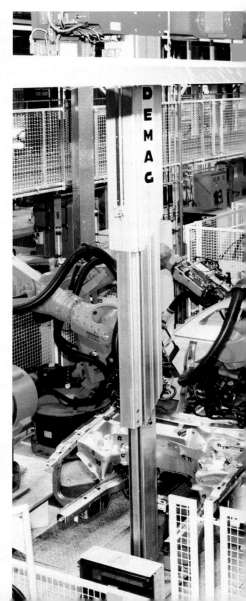

Landmaschinen bis hin zu Werkzeugmaschinen. Rund 68 Prozent des Umsatzes wird im Exportgeschäft gemacht. Die Bundesrepublik Deutschland ist mit einem Anteil von 20,4 Prozent am Welthandel Exportweltmeister.

Die Chemische Industrie ist ein wichtiger Lieferant von Vor-, Zwischen- und Endprodukten unter anderem für das Gesundheitswesen, die Automobilindustrie, die Bauwirtschaft und den privaten Konsum in Deutschland; sie nimmt dank modernster Technologien, innovativer Produkte und hoher Forschungsaktivitäten weltweit eine führende Position ein. Neben den Großunternehmen der Branche, die weltweit zu den wichtigsten Konzernen zählen, gibt es zahlreiche mittelständische Betriebe. In den ostdeutschen Ländern hat die chemische Industrie eine lange Tradition. Die Umstrukturierung und die Privatisierung sind abgeschlossen. Ziel der politischen Anstrengungen war es, die traditionellen Chemiestandorte im Kern zu erhalten. Im Jahresdurchschnitt 1999 arbeiteten dort rund 31 000 Beschäftig-

Der Kunststoff Makrolon wird u.a. zur Herstellung von CDs verwandt

Reinigungs-
arbeiten an
einem Schiffs-
propeller

te. Die chemische Industrie leistet erhebliche Anstrengungen
für den Umweltschutz, wo sie auf vielen Gebieten eine Vorreiterrolle übernommen hat.

Die Elektrotechnische und Elektronik-Industrie gehört ebenfalls zur
Spitzengruppe der Industriezweige. Die Luft- und Raumfahrtindustrie stellt höchste Anforderungen an Ausrüster- und Zuliefer-
betriebe und wirkt auf vielen Gebieten als Pionier bei der Einführung moderner Technologie. Mit ihren großen europäischen
Kooperationsprogrammen (zum Beispiel Airbus, Ariane) ist sie
ein Motor der Zusammenarbeit zwischen europäischen Indus-
trieunternehmen.

Eine deutsche Domäne ist die Umweltschutztechnologie. Deutsche
Unternehmen hatten hier 1997 einen Welthandelsanteil von
16,5 Prozent und lagen damit an zweiter Stelle hinter den USA.

Von erheblicher Bedeutung sind weiterhin die Ernährungsindustrie, die Textil- und Bekleidungsindustrie einschließlich der Lederindustrie, die metallerzeugende und metallbearbeitende Industrie, der Bergbau, die feinmechanische und die optischer Industrie.

Mit einem jährlichen Umsatz von rund 275 Milliarden DM ist der
Tourismus ein wesentlicher Wirtschaftsfaktor. Die Gesamtzahl
der Beschäftigten in den unmittelbaren und im Tourismus vor-
gelagerten Bereichen inklusive Teilzeit- und Saisonkräften liegt
derzeit bei rund 2,8 Millionen. Die Zahl der Übernachtungen
betrug 1999 rund 308 Millionen. Mehr als 16 Millionen Über-
nachtungsgäste kamen 1999 aus dem Ausland. Sie ließen zusammen mit den Tagesgästen rund 30,7 Milliarden DM im
Land.

Im Wettbewerb. Für den Standort Deutschland ist entscheidend, dass die Unternehmen ihre internationale Wettbewerbsfähigkeit in der immer stärker von technologischem Fortschritt
geprägten Weltwirtschaft sichern. Nur dann lassen sich die Vorteile der internationalen Arbeitsteilung vollständig nutzen, können einheimische Arbeitsplätze und Einkommen geschaffen

Airbus-Großraumtransporter auf der Messe ILA 2000 in Berlin

werden. Dies erfordert jedoch die Fähigkeit zu Innovationen, die Bereitschaft zum Strukturwandel in Wirtschaft und Gesellschaft und eine Orientierung der Unternehmen auf wirtschaftliche Wachstumsfelder und -regionen. Als rohstoffarmes Land mit hohem Einkommen- und Sozialstandard ist Deutschland seit jeher darauf angewiesen, in der Weltwirtschaft mit einem hoch entwickelten Güterangebot präsent zu sein. Moderne Technologien sowie rationelle und kostengünstige Fertigungsmethoden, zudem effiziente betriebliche Organisationsstrukturen bilden dafür die Grundlage. Den dazu notwendigen Forschungsvorlauf können viele Unternehmen – vor allem kleine und mittlere – nicht aus eigener Kraft bewerkstelligen. Sie haben sich deshalb in der industriellen Gemeinschaftsforschung eine Basis für gemeinsame vorwettbewerbliche Forschung und Technologietransfer geschaffen, die hervorragende Möglichkeiten für einen breiten Wissenstransfer bietet. Die Bundesregierung fördert diese Forschungsanstrengungen über die Arbeitsgemeinschaft industrieller Forschungsvereinigungen (AiF). Die AiF ist unter anderem Projektträger für das Föderprogramm PRO INNO des Bundeswirtschaftsministeriums, das kleine und mittlere Unternehmen bei vielfältigen Kooperationen im In- und Ausland unterstützt. Geholfen wird den Unternehmen auch beim Technologietransfer, um die Umsetzung von Forschungswissen in die praktische Anwendung zu beschleunigen. In „Demonstrationszentren" oder im Rahmen der Initiative „Technologieorientierte Besuchs- und Informationsprogramme (TOP)" können sich Unternehmer und Führungskräfte über Branchengrenzen hinweg über die Anwendung neuer Technologien, Produktionsverfahren und Managementmethoden vor Ort informieren und praxisorientierte Erfahrungen austauschen.

Die Industrie- und Handelskammern. Der Deutsche Industrie- und Handelstag (DIHT) ist die Spitzenorganisation der 82 deutschen Industrie- und Handelskammern. Alle deutschen Unternehmen im Inland – ausgenommen Handwerksbetriebe,

Freie Berufe und landwirtschaftliche Betriebe – sind per Gesetz Mitglied in den Industrie- und Handelskammern. Die Kammern vertreten das Interesse der regionalen Unternehmerschaft gegenüber den Kommunen, den Landesregierungen und den regionalen staatlichen Stellen. Die Kammern arbeiten als Berater ihrer Firmen, als sachkundige Vermittler von Informationen für die Wirtschaft. Die Industrie- und Handelskammern sind demokratisch aufgebaut und frei von Staatseinfluss. Der Deutsche Industrie- und Handelstag vertritt die Interessen der gewerblichen Wirtschaft auf Bundesebene und gegenüber der Europäischen Kommission in Brüssel. Er betreut auch die rund 110 Büros der deutschen Auslandshandelskammern, Delegiertenbüros und Repräsentanzen der deutschen Wirtschaft in über 70 Ländern rund um den Globus, die vor allem kleinen und mittleren Unternehmen bei ihrem Weg auf ausländische Märkte auch im außenwirtschaftlichen Interesse und im Sinne der Außenwirtschaftsförderung mit einem umfangreichen Dienstleistungsangebot zur Verfügung stehen.

Weitere Informationen:
– Bundesverband der Deutschen Industrie e.V. (BDI)
  Breite Straße 29, 10178 Berlin
  Internet: http://www.bdi-online.de
  E-Mail: unice@bdi-online.de
– Deutscher Industrie- und Handelstag (DIHT)
  Breite Straße 29, 10178 Berlin
  Internet: http://www.diht.de
  E-Mail: diht@berlin.diht.de

Das Handwerk

Das Handwerk ist Deutschlands vielseitigster Gewerbebereich. Es umfasst insgesamt 94 Gewerbe in den unterschiedlichsten wirtschaftlichen Aktivitäten. Die rund 685 000 Betriebe beschäftigen rund 620 000 Auszubildende; dies entspricht rund 38 Prozent aller Lehrverhältnisse. Damit bildet das Handwerk weit über den eigenen Bedarf hinaus aus und versorgt auch andere Gewerbezweige mit qualifiziertem Berufsnachwuchs. Das Handwerk ist zudem einer der wichtigsten Arbeitgeber in Deutschland und trägt mit rund 10 Prozent zur gesamtwirtschaftlichen Bruttowertschöpfung bei.

Das traditionsreiche Handwerk gehört zugleich zu den zukunftsorientierten Wirtschaftszweigen in Deutschland. Dies zeigt sich nicht zuletzt in der zunehmenden Anwendung moderner Informations- und Kommunikationstechniken: Mehr als 65 Prozent aller Betriebe zwischen zehn und 500 Mitarbeitern haben mittlerweile eine eigene Homepage. Der Zentralverband des Deutschen Handwerks plant zudem die Einrichtung eines Internet-Portals. Mit diesem Portal kann die Anbahnung und Abwicklung der Geschäfte der Handwerksunternehmen erleichtert werden.

Chancen für das Handwerk ergeben sich auch aus der Osterweiterung der EU. Vor allem in den Grenzregionen Deutschlands ist mit der Ausweitung der handwerklichen Geschäftsaktivitäten zu rechnen. In den zu integrierenden mittel- und osteuropäischen Ländern besteht nach wie vor ein hoher Bedarf an Neubau-, Sanierungs- und Infrastrukturmaßnahmen, an dem deutsche Handwerksbetriebe partizipieren können.

Förderung. Das Handwerk in Deutschland tritt für eine Mittelstandspolitik des Leistungswettbewerbs und die Förderung der selbstständigen kleinen und mittleren Betriebe durch geeignete wirtschaftliche Rahmenbedingungen ein.

Mittelständische Unternehmen des Handwerks werden auch von der Bundesregierung unterstützt. Die Förderung umfasst Infor-

mations- und Weiterbildungsveranstaltungen, Unternehmens-
beratung, die Gewährung zinsgünstiger Kredite sowie Zuschüsse zur überbetrieblichen Lehrlingsausbildung. Einen weiteren
Schwerpunkt bildet der Technologietransfer in das Handwerk
sowie die Förderung von Innovationen. Bund und Länder engagieren sich auch bei der Unterstützung von Existenzgründern
(Gesetz zur Förderung der beruflichen Aufstiegsfortbildung von
1996).

Gesetzliche Grundlagen und Organisation. Die Hand-
werkswirtschaft gliedert sich in das Vollhandwerk und das
handwerksähnliche Gewerbe (dieses kann ohne Meisterprüfung
ausgeübt werden).

Rechtliche Grundlage bildet das Gesetz zur Ordnung des Handwerks (HwO) aus dem Jahre 1953. Die Handwerksordnung bildet ein solides Fundament, auf dem sich die handwerkliche
Leistungsfähigkeit und die Leistungskraft im Wettbewerb unter
Bedingungen globalisierter Märkte beweisen kann. Die letzte
große Änderung der Handwerksordnung vom April 1998 stand
unter der Zielsetzung, Verbrauchererwartungen nach mehr
handwerklichen Leistungen aus einer Hand zu erleichtern und
den Großen Befähigungsnachweis (Meisterbrief) zu stärken. Der
Meisterbrief regelt den Zugang zur Ausübung eines Handwer-
kes und sichert sowohl die beruflich-fachliche als auch die kauf-
männisch-betriebswirtschaftliche Qualifikation. Er berechtigt
zur selbstständigen Unternehmensführung sowie zur Ausbildung von Lehrlingen.

Die Betriebe eines Handwerkszweiges in einer Stadt oder einem
Landkreis können sich freiwillig einer Innung anschließen. Die
Innungen haben den Status der öffentlich-rechtlichen Körperschaft ohne Pflichtmitgliedschaft. Sie sind zuständig für handwerkliche Aus- und Weiterbildung, können Tarifverträge ab-

**Ein Handwerk
mit langer
Tradition:
der Bäcker**

Prüfung der Hydraulik-anlage einer Flugzeug-turbine

schließen und Innungskrankenkassen für ihre Mitglieder einrichten. Die Innungen eines Kreises bilden die Kreishandwerkerschaft. An der Spitze der Innungszusammenschlüsse steht die Bundesvereinigung der Fachverbände des Deutschen Handwerks (BFH).

Die Handwerkskammern sind Selbstverwaltungsorgane mit Interessenvertretung des gesamten Handwerks und umfassen in der Regel das Gebiet eines Regierungsbezirks. Sie führen Handwerks- und Lehrlingsrollen. Ihre Dachorganisation ist der Deutsche Handwerkskammertag (DHKT).

An der Spitze des handwerklichen Organisationssystems aus Handwerkskammern und Zentralen Fachverbänden steht der Zentralverband des Deutschern Handwerks (ZDH).

Weitere Informationen:
– Zentralverband des Deutschern Handwerks
  Mohrenstraße 20/21, 10117 Berlin
  Internet: http://www.zdh.de
  E-Mail: info@zdh.de

Die Freien Berufe

Die Freien Berufe sind ein wichtiger Teil des deutschen Mittelstandes. Sie erwirtschaften einen Anteil von rund acht Prozent des Bruttoinlandsprodukts. Anfang 2000 gab es in Deutschland rund 702 000 Selbstständige in den Freien Berufen. Die Zahl der Erwerbstätigen im Bereich „Freie Berufe" lag bei über 2,7 Millionen, davon waren rund 165 000 Auszubildende. Damit stellen sie rund 7,5 Prozent aller Erwerbstätigen in Deutschland. Die Freien Berufe verfügen über eine ausgeprägte Gründungsdynamik: Allein 1999 sind 27 000 neue freiberufliche Existenzen aufgebaut worden. Die Freien Berufe zeichnen sich durch eine große Vielfalt von Berufen und Berufsbildern aus. Im Wesentlichen lassen sich die folgenden Schwerpunkte bilden:

— Freie heilkundliche Berufe (z.B. Ärzte, Zahnärzte, Apotheker, andere Heilberufe; rund 257 000)
— Freie rechts- und wirtschaftsberatende Berufe (z.B. Rechtsanwälte, Steuerberater, Notare; rund 191 000)
— Freie technische und naturwissenschaftliche Berufe (z.B. Architekten, Ingenieure, Informatiker, Sachverständige; rund 122 000)
— Freie Kulturberufe (z.B. Künstler, Journalisten, Pädagogen, Übersetzer, Designer; rund 132 000).

Gemeinsam bei allen Freien Berufen ist, dass sie für die Versorgung der Bevölkerung und der Wirtschaft mit Beratung, Hilfe, Betreuung und Vertretung wichtige Dienstleistungen erbringen, und zwar in eigener Verantwortung, sachgerecht und nicht an Weisungen Dritter gebunden. Über den bloßen Eigennutzen hinaus sind die Angehörigen der Freien Berufe den Interessen und dem Wohl der Allgemeinheit besonders verpflichtet.

Ein großer Teil der Freiberufler sind Pflichtmitglieder in Berufskammern, die als berufliche Selbstverwaltungsorganisationen unter anderem auch für die Wahrung der Berufsrechte zuständig sind. Seit dem 1. Juli 1995 gibt es eine eigene Rechtsform – die

Partnerschaftsgesellschaft –, unter der sich Angehörige der
Freien Berufe (und nur diese) zusammenschließen können.

Die Freien Berufe nehmen eine Zwischenstellung zwischen dem
Staat und seiner Verwaltung und der gewerblichen Wirtschaft
ein. Die Grenze zum Staat und zu den öffentlichen Dienstleistungen kennzeichnen Berufe wie den Notar, den öffentlich bestellten Vermessungsingenieur sowie öffentlich bestellte und
vereidigte Sachverständige. Diese Tätigkeiten haben entweder
Amtscharakter oder sind in das staatliche Verwaltungshandeln
einbezogen. An der Grenze zur gewerblichen Wirtschaft stehen
die Apotheker. Der Betrieb einer Apotheke unterliegt der Gewerbesteuer; der Apotheker selbst zählt zu den Freien Berufen
des Gesundheitswesens. In den letzten Jahren haben sich vielfach neue Berufe und Tätigkeitsfelder freiberuflicher Dienstleistungen entwickelt.

Freie Berufe im Wandel. Das zusammenwachsende Europa
und die zunehmenden weltwirtschaftlichen Verflechtungen erfordern auch von den Freien Berufen eine hohe Anpassungsfähigkeit. Denken in neuen Märkten ist die entscheidende Zukunftsfrage. Neue Arten von Beschäftigungsfeldern entstehen;
der gesamte Charakter der Erwerbsarbeit wandelt sich. Für den
modernen Freiberufler ist die sichere Beherrschung der modernen Informations- und Kommunikationstechniken sowie die Fähigkeit, in den modernen Netzwerken zu arbeiten, ein Baustein
der Zukunftsfähigkeit. Im Verbund mit Mandanten oder anderen Partnern gehen viele Freiberufler den Weg auf internationale Märkte. Dieser Prozess wird durch das Internet weiter gefördert.

Die Berufsverbände der Freien Berufe, zum Beispiel die Kassenärztliche Bundesvereinigung, die Bundeszahnärztekammer, die
Bundesnotarkammer, der Deutsche Steuerberaterverband e.V.,

Moderne
Designarbeiten sind
ohne Computer undenkbar

Architekt
Axel Schultes
(rechts)
am Modell
des neuen
Kanzleramtes

vertreten unter anderem regionale Vereinigungen oder die Gesamtheit der Mitglieder gegenüber dem Gesetzgeber sowie Behörden und Organisationen, stellen allgemeine Richtlinien für die Berufsausübung, die Fort- und Weiterbildung und die Ausbildung des Nachwuchses auf und informieren ihre Mitglieder durch Zeitschriften und Buchreihen, auf Seminaren und Tagungen über berufsspezifische Themen. Dachorganisation ist der Bundesverband der Freien Berufe, der rund 70 Berufsorganisationen sowie freiberufliche Kammern repräsentiert.

Weitere Informationen:
— Bundesverband der Freien Berufe (BFB)
  Reinhardtstraße 34, 10117 Berlin
  Internet: http://www.freie-berufe.de
— Union Freier Berufe e.V.
  Edelsbergstraße 8, 80686 München
  E-Mail: verband@t-online.de

Land- und Forstwirtschaft, Fischerei

Rund die Hälfte der knapp 36 Millionen Hektar Gesamtfläche werden in der Bundesrepublik Deutschland landwirtschaftlich genutzt. Wie in anderen Wirtschaftsbereichen hat sich auch in der Landwirtschaft in den letzten 50 Jahren ein tief greifender Strukturwandel vollzogen.

Landwirtschaft. Im früheren Bundesgebiet ist die Zahl der landwirtschaftlichen Betriebe im Zeitraum 1949–1999 um rund 1,5 Millionen auf 434 000 Betriebe zurückgegangen. Durch die zunehmende Mechanisierung der Landwirtschaft konnte eine große Zahl von Arbeitskräften eingespart werden: 1950 waren in rund 1,6 Millionen Betrieben knapp 3,9 Millionen Familienarbeitskräfte vollbeschäftigt. 1999 gab es in den Betrieben noch rund 220 000 vollbeschäftigte Familienarbeitskräfte.

Gegenläufig zur Abnahme der Zahl der Betriebe und Arbeitskräfte hat die Produktivität der Landwirtschaft zugenommen: Während 1950 eine Arbeitskraft nur zehn Menschen ernährte, waren es 1998 124 Menschen. Trotz dieser enormen Produktivitätssteigerung hat die Einkommensentwicklung in der Landwirtschaft nicht immer mit der in der gewerblichen Wirtschaft Schritt gehalten.

Das Bild der Landwirtschaft in den westdeutschen Ländern wird noch immer vom bäuerlich wirtschaftenden Familienbetrieb geprägt. 85 Prozent aller Betriebe bewirtschafteten 1999 eine Fläche von weniger als 50 Hektar. Im Vergleich zu anderen westeuropäischen Ländern hatte hier auch der Nebenerwerbsbetrieb, bei dem Familien ihr Haupteinkommen aus einer Beschäftigung außerhalb der Landwirtschaft beziehen, eine besondere Bedeutung: 56 Prozent der Betriebe fielen 1999 in diese Kategorie.

Die wichtigsten landwirtschaftlichen Produkte sind – bezogen auf die Verkaufserlöse – Milch, Schweine- und Rindfleisch sowie Getreide und Zuckerrüben. Regional spielen bestimmte Sonderkulturen wie Wein, Obst und Gemüse sowie andere Gartenbauerzeugnisse eine große Rolle. 40 Prozent der Verkaufserlöse der pflanzlichen Produktion entfallen auf Gartenbauerzeugnisse.

Die Tierhaltung wird vor allem im früheren Bundesgebiet überwiegend in kleineren Beständen betrieben. So genannte Agrarfabriken sind die Ausnahme: 1999 wurden etwa 80 Prozent der Milchkühe in Betrieben mit weniger als 100 Tieren und mehr als 80 Prozent der Mastschweine in Betrieben mit weniger als 1000 Tieren gehalten. Rund 60 Prozent der Verkaufserlöse der gesamten Landwirtschaft werden über die tierische Erzeugung erwirtschaftet.

Die Umstrukturierung der landwirtschaftlichen Unternehmen in den ostdeutschen Ländern ist weitgehend abgeschlossen. 1999 hat die Zahl der Einzelunternehmen und Personengesellschaften nur noch um knapp ein Prozent zugenommen, während die Zahl der eingetragenen Genossenschaften um zwei Prozent zurückgegangen ist. Aus den 4650 genossenschaftlichen und staatlich bewirtschafteten Großbetrieben der ehemaligen DDR sind bis 1999 durch Betriebsteilungen und Neugründungen gut 30 000 Betriebe entstanden.

Die landwirtschaftlichen Einzelunternehmen haben dort 1999 weiter ihre Bedeutung behalten. Sie stellen knapp vier Fünftel aller landwirtschaftlichen Betriebe, bewirtschaften aber nur weniger als ein Viertel der landwirtschaftlich genutzten Fläche (LF) in den ostdeutschen Ländern. Ebenfalls leicht zugenommen hat die Zahl der Personengesellschaften, die sich seit 1991 mehr als verdoppelt haben. Insgesamt nutzen die etwa 3000 Personengesellschaften rund ein Fünftel der LF.

Im Vergleich zu den anderen Rechtsformen hat sich die Zahl der juristischen Personen von 1991 bis 1999 nur wenig verändert, diese rund 3000 Betriebe in der Hand von juristischen Personen bewirtschafteten 1999 mehr als die Hälfte der LF.

Die Besitz- und Eigentumsstruktur in den ostdeutschen Ländern unterscheidet sich grundlegend von der des früheren Bundesgebietes. Nur rund drei Viertel der landwirtschaftlichen Betriebe – vor allem die wiedereingerichteten Familien- und spezialisierten Gartenbaubetriebe – bewirtschaften eigene Flächen. Im Durchschnitt aller Betriebe liegt der Pachtflächenanteil dagegen bei 90 Prozent, in Westdeutschland bei nur 50 Prozent.

Die landwirtschaftlichen Betriebe mussten im Wirtschaftsjahr 1998/99 deutliche Einkommensverluste hinnehmen. Vor allem das historische Tief der Schweinepreise führte bei Veredelungsbetrieben zu gravierenden Gewinneinbrüchen. Immer mehr wirken auch struktuelle Defizite in der deutschen Landwirtschaft als Hemmschuh im schärfer werdenden internationalen Wettbewerb. Daher muss die Agrarpolitik dafür Sorge tragen, dass den Landwirten genügend Handlungsspielraum verbleibt, die notwendigen unternehmerischen Entscheidungen zu treffen (Rationalisierung, betriebliches Wachstum, Nutzung von Marktnischen, Erschließung neuer Märkte, Kooperation in der Vermarktung und anderes mehr).

Neben der Nahrungsmittelproduktion hat die Landwirtschaft in der dicht besiedelten, hoch industrialisierten Bundesrepublik zusätzliche Aufgaben, die immer mehr an Bedeutung gewinnen. Dazu zählen:

— die Erhaltung und Pflege der natürlichen Lebensgrundlagen, insbesondere der Artenvielfalt, des Grundwassers, des Klimas und des Bodens,
— die Pflege einer attraktiven Landschaft als Lebens-, Siedlungs-, Wirtschafts- und Erholungsraum,
— die Lieferung agrarischer („nachwachsender") Rohstoffe für den chemisch-technischen Sektor (Industrie und Gewerbe) sowie für die Energiewirtschaft. Hierfür wurden 1999 bereits 6,5 Prozent der deutschen Ackerfläche genutzt. Das Bundesministerium für Ernährung, Landwirtschaft und Forsten unterstützt diese Produktionsalternative durch ein entsprechendes Förderkonzept.

Die EG-Agrarpolitik. Mit der Schaffung des gemeinsamen Agrarmarktes in den Sechzigerjahren ist die Agrarpolitik in wichtigen Bereichen in die Verantwortung der europäischen Gemeinschaft übergegangen. Dies gilt vor allem für die Markt- und Preispolitik, die Außenhandelspolitik sowie in zunehmendem Maße auch für die Strukturpolitik.

Ziel der EG bei ihrer Gründung war es, die Produktivität der Landwirtschaft zu steigern, die Einkommen der Landwirte zu verbessern, die Märkte zu stabilisieren sowie die Versorgung der Verbraucher mit hochwertigen Lebensmitteln zu angemessenen Preisen sicherzustellen. Vieles davon ist in den Jahrzehnten gemeinsamer Agrarpolitik erreicht worden. Besonders schnell gelang es, die Agrarproduktion deutlich zu steigern.

Bald überschritt das Angebot bei wichtigen Produkten bei weitem die Nachfrage. Durch die Einführung von Quotenregelungen bei den Produktbereichen Milch und Zucker gelang es schon frühzeitig, in diesen Bereichen das Angebot zu begrenzen.

Hopfenernte in der Hallertau/Bayern

Dennoch waren weitere Maßnahmen zur Marktentlastung notwendig. Mit der EG-Agrarreform von 1992, die durch die Beschlüsse zur Agenda 2000 verstärkt und vertieft wurde, erfolgte eine grundlegende Neuorientierung der Gemeinsamen Agrarpolitik (GAP). Dieser Politikansatz sieht vor allem eine Rückführung oder Abschaffung der bisherigen Marktpreisstützung sowie einen Ausgleich der dadurch bedingten Erlösrückgänge durch direkte Einkommensübertragungen in Form von flächengebundenen Ausgleichszahlungen und Tierprämien vor. Begleitet wird diese Politik – soweit erforderlich – durch wirksame Maßnahmen zur Mengenbegrenzung. Mit dieser Politik erhält die Landwirtschaft klare Signale zu einer stärkeren Ausrichtung am Markt.

Die Mitgliedstaaten wurden verpflichtet, geeignete Umweltmaßnahmen im Zusammenhang mit den Stützungsregelungen zu ergreifen und Verstöße zu sanktionieren. Durch die Reduzierung der Preisstützung sowie besonders durch die zusätzlichen Maßnahmen fördert die Reform extensive Produktionsweisen und damit eine umweltschonendere Landbewirtschaftung.

Ein weiteres zentrales Element der Agenda 2000 ist der Ausbau der Politik für den ländlichen Raum zur zweiten Säule der GAP. Die integrierte Förderung des ländlichen Raums stellt die multifunktionelle Rolle der Landwirtschaft in den Mittelpunkt der Entwicklung. Mit der Agenda 2000 sind für die EU-Erweiterung die wesentlichen Voraussetzungen geschaffen worden. Gleichzeitig eröffnet die stärkere Markt- und Umweltorientierung der EU bei den WTO-Verhandlungen einen größeren Spielraum und ermöglicht ihr, eine offensive Verhandlungsposition zu vertreten.

Trotz anhaltender Schwierigkeiten in einigen Abnehmerländern konnte die deutsche Land- und Ernährungswirtschaft 1999 den Export auf hohem Niveau halten: Erzeugnisse im Gegenwert von rund 43 Milliarden DM wurden exportiert. Der Import betrug demgegenüber rund 69 Milliarden DM. Deutschland ist damit der weltweit größte Importeur von Agrarerzeugnissen.

Weinlese am Wachtelberg bei Werder in Brandenburg

Nationale Agrarpolitik. Im Vordergrund der deutschen Agrarpolitik steht das Ziel einer wettbewerbsfähigen und nachhaltigen Landwirtschaft. Damit die landwirtschaftlichen Betriebe ihre Chancen auf den europäischen und internationalen Agrarmärkten wahrnehmen und gleichzeitig ihre Aufgaben beim Schutz von Umwelt sowie beim Tierschutz erfüllen können, ist es von erheblicher Bedeutung, dass auf internationaler Ebene (WTO-Agrarverhandlungen) und innerhalb der EU (weitere Harmonisierung) geeignete Rahmenbedingungen für die Landwirtschaft gesichert werden. Außerdem muss wie schon in der Vergangenheit die strukturelle Entwicklung der Betriebe in der Land- und Forstwirtschaft vorangebracht werden. Dies kann auch durch die Aufnahme neuer Tätigkeiten geschehen. So gewinnen aufgrund der begrenzten Absatzmöglichkeiten für Nahrungsmittel die gesellschaftlichen Aufgaben der Landwirtschaft an Bedeutung. Dies reicht von der Pflege der Kulturlandschaft über die Erzeugung nachwachsender Rohstoffe bis zur Energieversorgung durch den Betrieb von Biomasse- und Windkraftanlagen. Diese Strukturentwicklung wird von der Agrarpolitik unterstützt.

Ein Großteil der agrarpolitischen Entscheidungen wird heute auf EU-Ebene getroffen, einige wichtige Kompetenzen sind jedoch nicht an die Gemeinschaft abgegeben worden. Das gilt vor allem für die Agrarumweltpolitik und in eingeschränktem Maße für die Agrarstrukturpolitik. Hier gibt die EU zwar den Rahmen vor, Bund und Länder jedoch füllen ihn aus. Zusammen mit den Ländern werden unter anderem Investitionsmaßnahmen in landwirtschaftlichen Betrieben, der ländliche Wegebau sowie die Flurbereinigung und die Dorferneuerung gefördert. Besondere Fördermittel erhalten außerdem Betriebe in Regionen, die von der Natur benachteiligt sind, denn die Landwirtschaft ist dort ein wichtiger wirtschaftlicher und sozialer Faktor.

Die Agrarumweltpolitik verfolgt das Ziel, die nachhaltige Nutzung der natürlichen Ressourcen zu unterstützen und sie damit für die nachfolgenden Generationen zu erhalten. Wie in anderen Wirtschaftsbereichen wird dem Umweltschutz in der Landwirtschaft in besonders wichtigen Bereichen durch Gesetze – wie dem Pflanzenschutzgesetz – Rechnung getragen. Darüber hinaus wirtschaften gut ausgebildete Landwirte nach den Grundsätzen der guten fachlichen Praxis, damit die Ökosysteme möglichst wenig belastet werden. Leistungen, welche die Landwirtschaft über diesen allgemeinen Standard hinaus für die Umwelt erbringt, werden finanziell durch gemeinsame Förderungsprogramme von EU, Bund und Ländern honoriert. Im Rahmen dieser Agrarumweltprogramme wird bereits ein Drittel der landwirtschaftlich genutzten Fläche in Deutschland besonders umweltverträglich bewirtschaftet. Dies reicht von ökologischem Landbau über Maßnahmen zur Landschaftspflege bis zu einer extensiven Grünlandbewirtschaftung und zum Vertragsnaturschutz. Dieser Politikbereich wird künftig in der Agrarpolitik weiter ausgebaut, denn er entlastet die Umwelt und sichert Arbeitsplätze im ländlichen Raum.

Für die soziale Sicherung der selbstständigen Landwirte und deren Familienangehörigen besteht ein eigenständiges, den besonderen Bedürfnissen der landwirtschaftlichen Bevölkerung angepasstes System, das sie gegen die Folgen von Krankheit, Pflegebedürftigkeit, Arbeitsunfall, Invalidität oder Tod eines Versicherten sowie im Alter absichert. Finanziert wird dieses Sicherungssystem außer durch Beiträge der Landwirte (1998 rund 4,73 Milliarden DM) durch Bundesmittel (1998 rund 7,0 Milliarden DM).

Ernährung. Die bedarfsgerechte Versorgung der Verbraucher mit Lebensmitteln zu angemessenen Preisen ist Hauptziel der nationalen Ernährungspolitik und auch im Vertrag über die Europäische Union festgeschrieben. In Deutschland ist dieses Ziel im Grundsatz seit Jahren erreicht. Der gesunkene Anteil der Verbraucherausgaben für die Ernährung – gemessen an den Gesamtausgaben – verdeutlicht dies. Er betrug 1998 knapp 15 Prozent (ohne Genussmittel); 1970 waren es im früheren Bundesgebiet noch 30 Prozent. Den Verbrauchern steht am Markt ein äußerst vielfältiges Angebot an Lebensmitteln zur Verfügung. Eigenkontrollen der Erzeuger und Rechtsvorschriften, die immer wieder den neuesten wissenschaftlichen Erkenntnissen angepasst werden, sowie die Lebensmittelüberwachung schützen den Verbraucher vor Gesundheitsgefährdung und Täuschung und tragen zur Verbesserung der Lebensmittelqualität bei. Als gleichberechtigte Marktpartner sollen die Verbraucher in der Lage sein, Qualität und Preis der angebotenen Lebensmittel richtig zu bewerten. Sie sollen auch über die notwendige Warenkunde und ein ausreichendes Ernährungswissen verfügen, um sich ausgewogen ernähren und auch durch die Ernährung bedingte Erkrankungen vermeiden zu können. Die Bundesregierung gewährleistet die dafür erforderliche Information und Aufklärung, indem sie wichtige Institutionen der Verbraucheraufklärung fördert.

Mit der fachlichen Unterstützung der Deutschen Gesellschaft für Ernährung (DGE) sorgen vor allem der Auswertungs- und Informationsdienst für Ernährung, Landwirtschaft und Forsten (aid) sowie die Verbraucherzentralen in den einzelnen Ländern für die Aufklärung der Verbraucher. Ihnen werden umfassende Informationen zur richtigen Ernährung, zu Qualität und Preis der Waren, zum Lebensmittelrecht und zur privaten Vorratshaltung angeboten.

Tierschutz. In Deutschland gilt seit 1972 ein modernes richtungweisendes Tierschutzgesetz. Danach sollen grundsätzlich alle Tiere vor vermeidbaren Schmerzen, Leiden oder Schäden bewahrt werden. Neue wissenschaftliche Erkenntnisse haben 1986 zu wesentlichen Verbesserungen des Tierschutzgesetzes geführt, insbesondere im Bereich der Tierversuche, der Tierhaltung, des Tierhandels und des Schlachtens. Weitere erhebliche Verbesserungen sind mit der Änderung des Tierschutzgesetzes 1998 in Kraft getreten. Aber nicht allein auf nationaler, sondern zunehmend auch auf europäischer Ebene werden zum Schutz der Tiere Vorschriften erarbeitet. Deutschland hat die verschiedenen vom Europarat verabschiedeten Europäischen Übereinkommen zum Schutz von Tieren ratifiziert.

In der EU selbst wurden und werden Richtlinien zur landwirtschaftlichen Nutztierhaltung, zum Tiertransport, zu Tierversuchen und zum Schlachten erlassen, die in nationales Recht umgewandelt werden. Über den Stand der Entwicklung des Tierschutzes legt die Bundesregierung dem Deutschen Bundestag alle zwei Jahre einen Tierschutzbericht vor.

Forstwirtschaft. Fast ein Drittel der Fläche von Deutschland – 10,7 Millionen Hektar – ist von Wald bedeckt. Die beiden waldreichsten Länder sind Rheinland-Pfalz und Hessen mit rund 40 Prozent an der Gesamtfläche; das waldärmste Flächenland mit rund neun Prozent Waldanteil ist Schleswig-Holstein.

Im waldreichen Deutschland ist die Forstwirtschaft ein bedeutender Erwerbszweig

Insgesamt werden in Deutschland jährlich rund 40 Millionen Festmeter Holz eingeschlagen – deutlich weniger als gleichzeitig nachwächst. Daraus ergibt sich zurzeit eine ständige Erhöhung der Holzvorräte. Durch die zielgerichtet herbeigeführte Zunahme des Laub- und Mischwaldes konnte zugleich eine höhere Widerstandsfähigkeit des Baumbestandes gegen schädliche Umwelteinflüsse sowie gegen Wind- und Schneebruch erreicht werden. Laub- und Mischwald nehmen inzwischen rund 60 Prozent der gesamten Waldfläche ein.

Zur Deckung des Bedarfes an Holz und Holzprodukten ist Deutschland auf Importe angewiesen. Zwar werden bei Rohholz Nettoexporte erzielt, bei Halb- und Fertigwaren dagegen überschreiten die Einfuhren die Ausfuhren deutlich. Durch den ständig steigenden Außenhandel hat die globale Verflechtung immer weiter zugenommen. Mehr als 60 Prozent des Handelsvolumens werden mit EU-Staaten abgewickelt.

Der Wald ist nicht nur als Lieferant des Rohstoffs Holz von Bedeutung. Er dient als Erholungsgebiet für die Menschen in den Ballungsräumen. Außerdem hat der Wald einen günstigen Einfluss auf Boden, Luft und Klima, indem er den Wasserabfluss verzögert, den Wind abschwächt, die Luft reinigt und Schutz gegen Bodenerosion und Lawinen bietet.

1975 wurde das „Gesetz zur Erhaltung des Waldes und zur Förderung der Forstwirtschaft" (Bundeswaldgesetz) erlassen. Es bestimmt, dass Wald nur mit Genehmigung der Landesbehörden gerodet und in eine andere Nutzungsart umgewandelt werden darf. Waldbesitzer wurden verpflichtet, den Wald nachhaltig zu bewirtschaften und zum Beispiel kahl geschlagene Waldflächen wiederaufzuforsten.

Oberstes Ziel der Forstpolitik in Deutschland ist es, den Wald in seiner Ausdehnung und seinen Leistungen zu erhalten, seine Fläche, wo dies erforderlich ist, zu vermehren und seine ordnungsgemäße Bewirtschaftung nachhaltig zu sichern.

**Krabben-
kutter an der
Nordseeküste**

Seit Anfang der Achtzigerjahre werden in den deutschen Wäldern vermehrte Schäden festgestellt; man spricht plakativ, aber unzutreffend vom „Waldsterben". Die Schäden treten in weiter Verbreitung auf und haben innerhalb weniger Jahre nahezu alle Baumarten erfasst. Äußerlich sichtbare Symptome der neuartigen Waldschäden sind die Verlichtung der Baumkronen und die Vergilbung von Nadeln und Blättern. Diese neuartigen Waldschäden gehen auf einen Ursachenkomplex aus biotischen und abiotischen Faktoren zurück, wobei Luftverunreinigungen eine Schlüsselrolle spielen. Obwohl verstärkte Umweltschutzmaßnahmen in der Luftreinhaltung deutliche Erfolge zeigen, ist die Schadstoffbelastung der Wälder und Waldböden noch immer zu hoch. Fortgesetzte Anstrengungen nicht nur auf nationaler, sondern auch auf internationaler Ebene zur Verminderung der Luftverunreinigungen aus Industrieanlagen, Kraftwerken, Verkehr, Haushalt und Landwirtschaft sind unerlässlich.

Die bis 1984 zurückreichenden Zeitreihen der Waldschadenserhebung zeigen, das die anfänglichen pessimistischen Prognosen vom raschen und großflächigen Rückgang der Wälder nicht eingetroffen sind, sich diese aber je nach Baumart, Region und Jahr unterschiedlich entwickelt haben. Bundesweit hat sich der Waldzustand in den Neunzigerjahren insgesamt verbessert.

Fischerei. Wie in der Landwirtschaft hat sich auch in der Fischerei in den letzten Jahrzehnten ein Strukturwandel vollzogen. Die Küstenländer haben weltweit ihre Fischereizonen auf 200 Seemeilen ausgedehnt; traditionell wichtige Fischbestände wurden durch Überfischung dezimiert, nicht zuletzt infolge des exzessiven Einsatzes moderner Fangmethoden. Angesichts dieser Entwicklung ist die deutsche Fischereiflotte stark geschrumpft. Wichtigstes Fanggebiet für Deutschland ist die Nordsee, gefolgt von der Ostsee, den westbritischen und grönländischen Gewässern.

Nur im Rahmen der Europäischen Gemeinschaft bestand für die Bundesrepublik eine Chance, die Existenzbedrohung ihrer

Fischwirtschaft zu überwinden, die durch die internationale Seerechtsentwicklung entstanden war. Fangquoten innerhalb der EU regulieren den Fischfang und sollen die Existenz der Fischarten sichern.

Nach Ablauf von zehn Jahren wurde die Gemeinsame Fischerei-Politik (GFP) im Jahre 1992 einer Überprüfung unterzogen. Als Ergebnis wurde eine neue Fischerei-Grundverordnung verabschiedet, die den rechtlichen Rahmen für die Fischereipolitik der Gemeinschaft in den kommenden zehn Jahren bildet. In ihr sind die wesentlichen Elemente der bisherigen GFP fortgeschrieben worden. Dazu zählen insbesondere der Grundsatz der so genannten „relativen Stabilität" (das heißt die Aufteilung der Fangmöglichkeiten der Gemeinschaft auf die Mitgliedstaaten nach festen Schlüsseln) und das System der Bewirtschaftung der Fischbestände durch die Festsetzung von jährlichen Gesamtfangmengen und Quoten. Ziel der neuen Grundverordnung ist es, ein Gleichgewicht zwischen den nutzbaren Meeresressourcen und den Fangkapazitäten herzustellen (durch eine Schonung der Bestände und eine Verringerung des Fischereiaufwandes), damit auf Dauer eine ökologisch wie ökonomisch sinnvolle Fischerei möglich ist. Die nächste Überprüfung der GFP erfolgt 2002. Es ist zu erwarten, dass dabei an den bewährten Grundsätzen festgehalten wird.

1995 haben sich die 4. Internationale Nordseeschutz-Konferenz (INK) sowie die Internationale Konferenz von Kyoto betreffend die nachhaltige Sicherung von Fisch als Ernährungsbeitrag ebenso der langfristigen Sicherung der Fischerei gewidmet. Im März 1997 hat in Bergen/Norwegen im Rahmen der INK eine entsprechende Konferenz der Umwelt- und Fischereiminister stattgefunden. Auch die VN und die FAO haben sich dieser Thematik angenommen. In diesem Zusammenhang – wie im Rahmen der EU – setzt sich die Bundesregierung für eine umweltverträgliche Ausgestaltung der Fischerei ein, um deren langfristige Sicherung zu gewährleisten.

Weitere Informationen:
— Bundesministerium für Ernährung, Landwirtschaft und Forsten
  Rochusstraße 1, 53123 Bonn
  Internet: http://www.bml.de
  E-Mail: internet@bml.bund.de
— Deutscher Bauernverband
  Godesberger Allee 142-148, 53175 Bonn
  Internet: http://www.bauernverband.de
  E-Mail: DeutscherBauernverband@t-online.de

Der Handel

Der deutsche Handel hält einen Anteil von etwa zehn Prozent der Bruttowertschöpfung. Gut 4,6 Millionen Menschen arbeiten in den etwa 610 000 deutschen Unternehmen des Handels. Damit ist jede achte Erwerbstätige in Deutschland im Handel beschäftigt. Trotz einer deutlichen Konzentrationsbewegung ist der Wirtschaftsbereich immer noch stark mittelständisch geprägt. Rund die Hälfte aller Handelsunternehmen beschäftigt nicht mehr als zwei Personen. In neun von zehn Unternehmen sind weniger als zehn Beschäftigte tätig. Dazu gehören meist der Inhaber selbst und oft dessen Angehörige.

Der Großhandel. Die Unternehmen des Großhandels liefern Güter von Herstellern oder internationalen Märkten an Wiederverkäufer, Weiterverarbeiter oder gewerbliche Verwender. Vor allem der Einzelhandel wird vom Großhandel mit kurz- und langlebigen Gebrauchs- und Verbrauchsgütern versorgt. Zum umsatzstärksten Bereich gehört nach wie vor der Handel mit Rohstoffen, Halbwaren, Altmaterial und Reststoffen. 1999 erwirtschaftete der Großhandel einen Umsatz von mehr als einer Billion DM. Die 118 000 deutschen Großhandelsunternehmen – darunter 10 000 mit Sitz in den ostdeutschen Ländern – beschäftigen 1,2 Millionen Menschen.

Der Einzelhandel. Im Einzelhandel vollzog sich in den letzten Jahrzehnten ein tief greifender Strukturwandel. Die stadtnahen großflächigen Einzelhandelsunternehmen haben beträchtlich zugenommen. Besonders deutlich zeigt sich dies in den ostdeutschen Ländern. Der Wettbewerb ist dadurch noch intensiver geworden, die Gewinnmargen entsprechend kleiner. Besonders ausgeprägt ist die Filialisierung im Lebensmitteleinzelhandel: Zu den umsatzstärksten Gruppen zählen Rewe, Edeka/AVA, Aldi und Metro. Einher geht eine Internationalisierung: Immer mehr deutsche Einzelhändler verstärken ihr Engagement im Ausland. Im Gegenzug kommen ausländische Wettbewerber auf den deutschen Markt, zum Beispiel der US-amerikanische Konzern Wal-Mart oder die französische Handelsgruppe Intermarché.

1999 setzte der Einzelhandel 722 Milliarden DM (ohne Apotheken, Tankstellen, Kraftfahrzeugbetriebe) um. Der Anteil des Einzelhandelsumsatzes am privaten Verbrauch betrug 1999 nur noch 32,3 Prozent. 1991 waren es noch 42 Prozent. Die rund 440 000 Einzelhandelsunternehmen in Deutschland beschäftigen rund 2,837 Millionen Menschen, davon 1,413 Millionen Teilzeitbeschäftigte. Auf Grund der stagnierenden Umsätze wurden auch 1999 Arbeitsplätze abgebaut.

Es gibt in Deutschland rund 60 000 Unternehmungen von Handelsvertretern und -maklern, in denen gut 135 000 Personen beschäftigt sind. Der Kraftfahrzeughandel und die Tankstellen beschäftigen in rund 55 000 Betrieben mehr als 520 000 Personen.

Durch wachsende Motorisierung und die Tendenz zum günstigen Großeinkauf haben die Verbrauchermärkte, die Selbstbedienungswarenhäuser und die Discounter in der Verbrauchergunst gewonnen. Viele kleine Einzelhändler („Tante-Emma-Läden") sind aus dem Wettbewerb ausgeschieden. In den vergangenen Jahren aber konnte sich der mittelständische Einzelhandel gegen die Konkurrenz der Großbetriebe durchaus behaupten: durch ein individuelles Angebot, Spezialisierung, fachliche Beratung und persönlichen Service. Auch binden sich mittelständische Unternehmen stärker an Verbundgruppen, um bei Einkauf, Absatz und Marketing zu kooperieren. Die Bundesregierung unterstützt den mittelständischen Handel mit zahlreichen Förderprogrammen und Mittelstandskrediten. Zu den wichtigsten gehören das Eigenkapitalhilfedarlehen, das ERP-Existenzgründerdarlehen sowie die zehnprozentige Investitionszulage für den innerstädtischen Handel in den ostdeutschen Ländern.

Die Goethe-Passage in Jena in farbenprächtigem Schmuck

Software für den Internethandel

Mit dem Lieferservice etablierte sich 1999 ein neuer Trend. Große Unternehmen wie Markant Südwest, Edeka, SPAR, der OTTO-Versand und viele andere experimentierten mit diesem Serviceangebot. Vor allem aber wurde das Internet in zunehmendem Maße von den Betrieben als neue Handelsmöglichkeit entdeckt; viele entwickelten eigene Online-Shops. 1999 betrug der Umsatz im E-Commerce rund drei Milliarden Mark.

Weitere Informationen:
- Hauptverband des Deutschen Einzelhandels e.V. (HDE),
  Am Weidendamm 1A, 10117 Berlin
  Internet: http://www.einzelhandel.de
  E-Mail: hde@einzelhandel.de
- Bundesverband des Deutschen Groß- und Außenhandels e.V.
  Am Weidendamm 1A, 10117 Berlin
  Internet: http://www.bga.de

Die Außenwirtschaft

Die Außenbeziehungen spielen im Wirtschaftsleben Deutschlands eine Schlüsselrolle. Von Anfang an hat sich die Bundesrepublik für eine enge Verflechtung in die Weltwirtschaft entschieden und sich zum Prinzip der internationalen Arbeitsteilung bekannt. Dieser Einstellung entspricht die Außenhandelspolitik. Deutschland setzt sich dafür ein, die Handelsliberalisierung unter verstärkter Berücksichtigung von ökologischen und sozialen Zielen im Sinne einer nachhaltigen Entwicklung weiter voranzubringen. Die Öffnung zur Welt hat dazu geführt, dass Deutschland nach den Vereinigten Staaten den zweitgrößten Außenhandelsumsatz der Welt hat.

Außenhandel. Der Außenhandel der Bundesrepublik Deutschland bewegt sich seit Jahren auf Expansionskurs. Nach den für das Jahr 1999 vorliegenden Zahlen konnten Rekordergebnisse verbucht werden. Die Ausfuhren stiegen auf 992,3 Milliarden DM (+3,9%) und die Einfuhren auf 867,7 Milliarden DM (+4,8%). Der positive Saldo der deutschen Handelsbilanz ging um 2,4 Milliarden DM auf 124,6 Milliarden DM zurück. Zunächst hatten die Auswirkungen der Wirtschafts- und Finanzkrisen in Asien, Russland und Lateinamerika ein schwaches erstes Halbjahr 1999 beschert. Nach dieser Stagnationsphase konnte der deutsche Außenhandel im zweiten Halbjahr 1999 und zum Jahresbeginn 2000 mit teilweise zweistelligen Wachstumsraten neuen Schwung holen.

Der Anteil der direkt und indirekt für den Export Beschäftigten in der deutschen Wirtschaft beträgt gegenwärtig rund 24,3 Prozent; das heißt, dass rund jeder vierte Arbeitsplatz in Deutschland vom Export abhängt. Im verarbeitenden Gewerbe ist die Abhängigkeit der Arbeitsplätze von den Ausfuhren noch größer, da ein Viertel der Produktion dieses Sektors exportiert wird.

An der Spitze der Ausfuhrgüter standen 1999 Kraftfahrzeuge (191,6 Milliarden DM), Maschinen (158,2 Milliarden DM), chemische

Erzeugnisse (141,1 Milliarden DM) und elektrotechnische Erzeugnisse (123,9 Milliarden DM).

Zu den wichtigsten Einfuhrgütern gehören Fahrzeuge (132,1 Milliarden DM), elektrotechnische Erzeugnisse (99,7 Milliarden DM) und Erzeugnisse des Maschinenbaus (98,7 Milliarden DM) – Waren, mit denen mittlerweile auch Entwicklungsländer und schon seit längerer Zeit junge Industrienationen auf den Weltmarkt drängen. Die enge Verflechtung der deutschen Wirtschaft mit dem Ausland bringt auch Abhängigkeiten mit sich. Die Bundesrepublik reagiert daher sensibel auf Störungen des Welthandels und Veränderungen der Weltkonjunktur, weil Arbeitsplätze, Investitionen, Erträge und der Lebensstandard von diesen Entwicklungen berührt werden. Eine stabile Weltwirtschaft, freier Handel und ein geordnetes Währungssystem sind deshalb wichtige Voraussetzungen für eine kontinuierlich positive Entwicklung der deutschen Volkswirtschaft (siehe Grafik, S. 507).

Handelspartner. Wichtigste Handelspartner Deutschlands sind die westlichen Industrieländer, auf die 1999 77,5 Prozent der Aus- und 75,0 Prozent der Einfuhren entfielen.

Mit der fortschreitenden wirtschaftlichen Integration der Europäischen Union (EU) hat der innereuropäische Handel einen enormen Aufschwung genommen. In die EU gingen 1999 57,2 Prozent der deutschen Ausfuhren; 54,1 Prozent der deutschen Einfuhren kamen aus dieser Region. Deutschlands wichtigster Handelspartner ist nach wie vor Frankreich. 1999 führte Deutschland für 112,9 Milliarden DM Waren nach Frankreich aus; die Einfuhren aus Frankreich erreichten das Volumen von 89,7 Milliarden DM. Die USA haben sich nach Frankreich zum zweitgrößten Absatzmarkt für deutsche Produkte entwickelt (100,8 Milliarden DM), auf der Einfuhrseite lagen die USA auf Platz

Der Hamburger Container- hafen

zwei (71,2 Milliarden DM) nach Frankreich und vor den Niederlanden und Italien (siehe Grafik, S. 507).

Der deutsche Außenhandel mit den mittel- und osteuropäischen Ländern einschließlich der GUS hat auch 1999 zugenommen, wenn auch nicht so dynamisch wie in den Vorjahren. Im Vergleich zum Vorjahreswert ist der Warenverkehr um 1,8 Prozent auf 192,5 Milliarden DM gestiegen. Die deutschen Ausfuhren gingen 1999 um 5,9 Prozent auf 97,4 Milliarden DM zurück, die Einfuhren wuchsen um 11,1 Prozent auf 97,4 Milliarden DM. Unter diesen Ländern hat Polen seine Position als wichtigster Handelspartner im Osten Europas gefestigt. Mit einem Handelsvolumen von rund 42 Milliarden DM (plus 4,0%) rangiert es vor Tschechien (39,5 Milliarden DM).

Das Handelsvolumen mit Russland betrug 1999 26,2 Milliarden DM (minus 11,3%). Dynamische Steigerungsraten verzeichnete der Handel mit der Tschechischen Republik (plus 9,9%) und Ungarn (plus 14,2%).

Insgesamt vollziehen sich 70 bis 75 Prozent des deutschen Außenhandels mit europäischen Staaten, etwa 13 Prozent mit dem asiatisch-pazifischen Raum, rund zehn Prozent mit Nordamerika und jeweils rund zwei Prozent mit Afrika und Lateinamerika. Das größte Ungleichgewicht herrscht seit Jahren im Handel mit Japan. Während Deutschland 1999 Waren im Wert von 42,0 Milliarden DM importierte, kauften die Japaner in Deutschland lediglich für 20,5 Milliarden DM ein.

Auslandsinvestitionen. Deutsche Unternehmen haben im Jahr 1999 insgesamt 171,67 Mrd. DM im Ausland investiert (Nettotransferleistungen). Demgegenüber entfielen auf ausländische Unternehmen im Inland 96,30 Mrd. DM, nachdem im Gesamtjahr 1998 nur knapp 38,41 Mrd. DM angelegt worden waren. Betrachtet man die Kapitalverflechtung deutscher Firmen im

Ausland und umgekehrt, wird entsprechend dem weltweiten Trend hauptsächlich in EU-Volkswirtschaften und in Amerika investiert. Die Investitionsströme konzentrieren sich dabei auf die Industrieländer, wobei für den Jahreszeitraum 1999 im Ausland Vereinigtes Königreich, Frankreich, USA, im Inland Frankreich, Vereinigtes Königreich und USA dominierten. Bezüglich der Branchenstruktur der getätigten Direktinvestitionen liegt der Schwerpunkt für beide Ströme im Dienstleistungssektor und verarbeitendem Gewerbe. Direktinvestitionen spielen in der Weltwirtschaft weiterhin eine zentrale Rolle bei der Globalisierung der Unternehmen und der internationalen Verflechtung zwischen den Ländern.

Der internationale Standortwettbewerb hat sich dabei in letzter Zeit erheblich um das mobile Kapital verschärft. Nachdem World Investment Report 1999 der Vereinten Nationen stammten 92 Prozent der weltweiten Direktinvestitionen aus Industrieländern, die wiederum fast 72 Prozent der Zuflüsse auf sich verbuchen konnten. Deutschland hat daher auch zukünftig beste Chancen, eine wichtige Rolle als Geber und Empfänger von langfristigem Intensivkapital einzunehmen. Um mögliche wirtschaftliche und politische Risiken bei Investitionen in Entwicklungs- und Reformländern auszugleichen, unterhält die Bundesregierung ein besonderes Förderinstrumentarium. So hat sie mit 124 Entwicklungsländern und mittel- und osteuropäischen Reformländern Verträge zum Schutz und zur Förderung von Investitionen abgeschlossen. Zum Schutz gegen das politische Risiko gewährt der Bund bei förderungswürdigen Investitionen in den genannten Ländern Investitionsgarantien. Die vom Bund gegründete Deutsche Investitions- und Entwicklungsgesellschaft mbH (DEG) fördert Direktinvestitionen deutscher Firmen in der Dritten Welt und in den Reformländern. Deutschen mittelstän-

Beladen eines Jumbo-Frachters auf dem Frankfurter Flughafen

dischen Unternehmen werden im Rahmen des Mittelstandsprogramms und des Niederlassungs- und Technologieprogramms der Kreditanstalt für Wiederaufbau zinsgünstige Darlehen und Zuschüsse gewährt.

Die Leistungsbilanz. Die traditionell großen Ausfuhrüberschüsse der Bundesrepublik stoßen im Ausland gelegentlich auf Kritik. Ein Blick in die deutsche Leistungsbilanz zeigt aber, dass den Überschüssen im Außenhandel hohe Defizite beim „unsichtbaren" Dienstleistungsverkehr gegenüberstehen. Die Ausgaben deutscher Urlauber im Ausland, die Überweisungen ausländischer Arbeitnehmer an ihre Angehörigen in der Heimat, Entwicklungshilfe, die Überweisungen der Bundesrepublik an die Europäische Union und für Mitgliedschaften in internationalen Organisationen sowie ein negativer Saldo bei den Erwerbs- und Vermögenseinkommen zehren den Handelsgewinn wieder auf. Nach der Vereinigung ist die deutsche Leistungsbilanz sogar zunächst tief ins Minus gerutscht. Der positive Saldo von 79,0 Milliarden DM im Jahr 1990 verwandelte sich in nur einem Jahr in ein Defizit von 30 Milliarden DM. 1999 ergab sich ein negativer Saldo der Leistungsbilanz von 32,8 Milliarden DM. Die einstige Rolle als größter Kapitalexporteur der Welt hat Deutschland verloren. Zur Finanzierung des Aufbaus in Ostdeutschland wird im Gegenteil nach wie vor Auslandskapital in erheblichem Umfang gebraucht.

Weitere Informationen:
 — Bundesverband des Deutschen Groß- und Außenhandels
   Am Weidendamm 1A, 10117 Berlin
   Internet: http://www.bga.de

Geld und Bankwesen

Am 1. Januar 1999 startete gemäß dem Vertrag von Maastricht die Europäische Währungsunion (EWU). Währungseinheit der Teilnehmerländer ist von diesem Zeitpunkt an der Euro (1 Euro = 100 Cent). Als Untereinheit des Euro bleibt die Deutsche Mark (1 DM = 100 Pfennige) für eine dreijährige Übergangsphase bis zum Jahresende 2001 weiterhin alleiniges gesetzliches Zahlungsmittel in Deutschland. Das neue Euro-Bargeld wird zu Beginn des Jahres 2002 die bis dahin fortbestehenden nationalen Noten und Münzen ablösen. Es besteht jedoch die Möglichkeit, bargeldlose Zahlungen seit dem 1. Januar 1999 in Euro abzuwickeln.

Das Eurosystem. Im Dezember 1991 wurde im Vertrag von Maastricht vereinbart, bis spätestens 1999 eine Europäische Wirtschafts- und Währungsunion zu errichten und die geldpolitische Souveränität auf das politisch unabhängige Eurosystem (die Europäische Zentralbank und die nationalen Zentralbanken der EWU-Teilnehmerstaaten) zu übertragen. Anfang Mai 1998 wurde vom Europäischen Rat beschlossen, dass zunächst elf Staaten die gemeinsame Währung einführen. Die Teilnehmerländer mussten strenge Aufnahmekriterien (stabile Preise und Wechselkurse, niedrige Zinsen, Haushaltsdisziplin) erfüllen und sich zur Fortführung einer soliden Finanzpolitik auch nach Beginn der Währungsunion verpflichten. Das Eurosystem hat am 1. Januar 1999 die alleinige Zuständigkeit für die Geldpolitik der Teilnehmerstaaten übernommen. Für die Europäische Zentralbank ist die Sicherung der Preisstabilität das oberste Ziel; alle anderen Ziele haben hinter dieser Aufgabe zurückzustehen. Wichtigstes Entscheidungsgremium ist der Rat der Europäischen Zentralbank. Diesem gehören die Mitglieder des Direktoriums und die Präsidenten der nationalen Zentralbanken an. Der Rat der Europäischen Zentralbank legt die geldpolitischen Leitlinien für die EWU fest. Die laufenden Geschäfte werden durch das Direktorium wahrgenommen. Ihm gehören der Präsident, der Vizepräsident sowie vier weitere Mitglieder an. Sie werden nur einmalig für maximal acht Jahre ernannt. In dieser Zeit können sie nicht abberufen werden. Auch damit wird die Unabhängigkeit der Europäischen Zentralbank gesichert.

Die geldpolitischen Instrumente des Eurosystems entsprechen im Wesentlichen denjenigen, die auch die Deutsche Bundesbank eingesetzt hat. Die Steuerung der umlaufenden Geldmenge spielt dabei – zusammen mit der Beurteilung anderer für die künftige Inflationsentwicklung wichtiger Faktoren – eine wesentliche Rolle. Das Eurosystem verfolgt mit dieser geldpolitischen Strategie das Ziel, die Stabilität des Euro zu sichern und gleichzeitig die notwendigen Zahlungsmittel zur Finanzierung des wirtschaftlichen Wachstums in der Währungsunion zur Verfügung zu stellen. Dazu benutzt sie vor allem die Mittel der Offenmarkt- und Mindestreservepolitik sowie die ständigen Fazilitäten, mit denen die Kreditinstitute Einlagen bei den nationalen Notenbanken tätigen bzw. ihren vorübergehenden Liquidi-

EURO-Banknoten

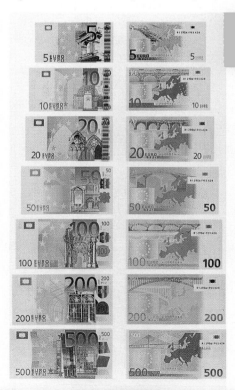

tätsbedarf decken können. Im Rahmen der Offenmarktgeschäfte lässt das Eurosystem vor allem durch Ankauf von Wertpapieren Geld in die Wirtschaft fließen, durch Verkauf von Wertpapieren zieht es Geld aus der Wirtschaft heraus. Die Verzinslichkeit der von den Kreditinstituten zu haltenden Mindestreserve soll verhindern, dass es zu Wettbewerbsverzerrungen gegenüber Ländern kommt, in denen keine Mindestreservepflicht besteht.

Die Deutsche Bundesbank ist ab 1. Januar 1999 integraler Bestandteil des Europäischen Systems der Zentralbanken geworden, das sich aus der Europäischen Zentralbank und den nationalen Zentralbanken der Mitgliedstaaten der Europäischen Union zusammensetzt. Die wichtigste Aufgabe der Bundesbank ist die dezentrale Umsetzung der zentral vom Rat der Europäischen Zentralbank formulierten Geldpolitik; eine eigenständige Geldpolitik kann die Bundesbank nicht mehr verfolgen. Sie behält jedoch noch wichtige nationale Aufgaben, zum Beispiel im

Neujahrsparty am 1. Januar 1999 vor dem Gebäude der Europäischen Zentralbank in Frankfurt/Main

Rahmen der Bankenaufsicht, bei der Verwaltung der bei der Bundesbank verbleibenden Währungsreserven und als Hausbank der Bundesregierung. Die Bundesbank wird darüber hinaus auch künftig den Zahlungverkehr in Deutschland überwachen und die Ausgabe der Euro-Banknoten durchführen.

Die Europäische Wirtschafts- und Währungsunion soll stabiles Geld, niedrige Zinsen, beständiges Wachstum und hohe Beschäftigung in der Gemeinschaft schaffen; freie Wechselkurse zwischen den Teilnehmerstaaten wird es in der Währungsunion nicht mehr geben. Unternehmen – vor allem Exportunternehmen – werden verlässlichere Planungsgrundlagen haben, der Wegfall von Umtauschgebühren macht Urlaub für Touristen billiger, die Europäische Währung kann zu einer bedeutenden Weltreservewährung aufsteigen, und ein durch bessere Preistransparenz verstärkter Wettbewerb kann dem Verbraucher zugute kommen. Die Dynamik des europäischen Binnenmarktes wird gestärkt.

Die Kreditinstitute. Das Finanzgewerbe in Deutschland ist äußerst vielfältig. Neben den überwiegend öffentlich-rechtlichen Sparkassen und den Landesbanken (Girozentralen) gibt es genossenschaftliche Volksbanken und Raiffeisenbanken, private Geldinstitute, Bausparkassen, Hypothekenbanken, Wertpapiersammelbanken und Kapitalanlagegesellschaften. Insgesamt befindet sich das Bankwesen freilich seit Jahren in einem starken Konzentrationsprozess. Gab es in den Fünfzigerjahren noch knapp 14 000 selbstständige Kreditinstitute, so hat sich die Zahl bis Dezember 1999 auf rund 3200 verringert. Diese Entwicklung ist weiterhin in vollem Gange. So fusionierten 1999 mehr als 200 Genossenschaftsbanken zu größeren Gemeinschaftsinstituten.

Im Einzelnen gibt es 315 Geschäftsbanken (darunter auch die Großbanken Deutsche Bank, Dresdner Bank, Commerzbank und die HypoVereinsbank), 13 Landesbanken (Girozentralen), 578 Sparkassen, die Deutsche Genossenschaftsbank als Spitzeninstitut der Volksbanken und Raiffeisenbanken und zwei regionale genossenschaftliche Zentralbanken, 2059 Kreditgenossenschaften, die Deutsche Postbank AG, 30 Hypothekenbanken und öffentlich-rechtliche Grundkreditanstalten, dazu 19 Kreditinstitute mit Sonderaufgaben und 34 Bausparkassen.

Zu den privaten Geschäftsbanken gehören große Banken in der Rechtsform der Aktiengesellschaft. Landesbanken (Girozentralen) sind die zentralen Kreditinstitute der öffentlich-rechtlichen Sparkassen in den Ländern. Sie nehmen als Hausbanken der Länder mit Vorrang regionale Finanzierungsaufgaben wahr. Träger der Sparkassen sind ganz überwiegend die Gemeinden oder Gemeindeverbände. Der Rechtsform nach sind die Sparkassen autonome öffentliche Unternehmen; der Gewährträger haftet für ihre Verbindlichkeiten.

Das Fundament der genossenschaftlichen Bankengruppe bilden rund 2000 vor Ort tätige, rechtlich und wirtschaftlich selbstständig und eigenverantwortlich handelnde Volksbanken und Raiffeisenbanken mit rund 16 100 Zweigstellen. Unterstützung für ihre Geschäftätigkeit erhalten diese im Finanzverbund durch die regionalen Zentralbanken und das Spitzenkreditinstitut der genossenschaftlichen Bankengruppe, die Deutsche Genossenschaftsbank. Jede Volksbank und jede Raiffeisenbank wird durchschnittlich von etwa 7900 Mitgliedern, das heißt Eigentümern, getragen.

Die Hypothekenbanken sind privatrechtliche Realkreditinstitute, die Hypothekarkredite und Kommunaldarlehen gewähren und sich die Mittel hierfür durch die Ausgabe von Pfandbriefen und Kommunalobligationen beschaffen. Die Bausparkassen nehmen Spareinlagen von Personen entgegen, die ein Eigenheim bauen oder kaufen wollen. Sie gewähren für diesen Zweck Darlehen, nachdem zuvor ein bestimmter Teil der festgelegten Gesamtsumme angespart worden ist. Zu den öffentlich-rechtlichen Kreditinstituten mit Sonderaufgaben gehört u.a. die Kreditanstalt für Wiederaufbau, sie vergibt Investitionskredite, Kredite an Entwicklungsländer und beteiligt sich an Exportfinanzierungen.

Die Tätigkeit aller Kreditinstitute in der Bundesrepublik wird vom Bundesaufsichtsamt für das Kreditwesen in Berlin überwacht. Wenn ein Kreditinstitut in finanzielle Schwierigkeiten gerät, treten gesetzliche Entschädigungseinrichtungen und die Einlagensicherungseinrichtungen des Kreditgewerbes teilweise für die Verluste der Sparer ein.

Die Finanzmärkte. Kaum ein Bereich der deutschen Wirtschaft ist in den vergangenen Jahren so dynamisch gewachsen wie der Sektor der finanziellen Dienstleistungen. Das Geschäftsvolumen der deutschen Banken hat von vier Billionen DM Ende 1988 auf 11,1 Billionen DM Ende 1999 zugenommen. Ob Spareinlagen, Wertpapierbestände, Kreditvergaben oder bargeldlo-

ser Zahlungsverkehr – im vergangenen Jahrzehnt sind alle Maß-
größen der deutschen Finanzmärkte sprunghaft angestiegen.

An den deutschen Börsen wurde 1999 ein Umsatz von 5,1 (Vorjahr
5,4) Billionen € erzielt. Etwa 42 Prozent des Umsatzes entfielen
dabei auf festverzinsliche Wertpapiere, der Rest auf Aktien (57
Prozent) und Optionsscheine (ein Prozent). An der Terminbörse,
die seit ihrer Eröffnung 1990 ebenfalls kräftig gewachsen ist,
wurden 1999 Kontrakte im Volumen von etwa 35 Billionen Euro umgesetzt. Damit wurde der Terminmarkt EUREX zur größten Terminbörse der Welt.

Der Handel in Wertpapieren wird in Deutschland zum einen am
Sekundärmarkt über acht Börsenplätze (Berlin, Bremen, Düsseldorf, Frankfurt/Main, Hamburg, Hannover, München und Stuttgart) und im elektronischen Handelssystem Xetra abgewickelt.
Der größte Teil des Börsenumsatzes erfolgt in Frankfurt und
über Xetra. Ein bedeutender Anteil des Wertpapierhandels findet außerbörslich per Telefon und zunehmend auch in außer-
börslichen elektronischen Handelssystemen statt.

Am 1. Januar 1993 wurde die Deutsche Börse AG durch Umbenen-
nung der Frankfurter Wertpapierbörse AG gegründet. Sie stellt
die Infrastruktur und die benötigten Ressourcen für den Handel
an der Frankfurter Wertpapierbörse bereit. Gemeinsam mit der
Schweizer Börse betreibt sie außerdem die Terminbörse Eurex,
in welche die 1990 eröffnete Deutsche Terminbörse aufgegan-
gen ist. Die Deutsche Börse AG ist heute einer der wesentlichen
Anbieter von Börsen- bzw. Wertpapierdienstleistungen weltweit
und steht damit im Wettbewerb mit anderen bedeutenden Anbietern unter anderem in London, Paris und den USA.

Zahlungsverkehr. Heute verfügt jeder deutsche Arbeitnehmer
über ein Giro- oder Gehaltskonto. Über 45 Millionen Deutsche
haben zudem eine Eurocheque-Karte und nutzen dieses inter-

Kunden-
beratung in
einer Bank

nationale Zahlungsmittel. Zunehmend beliebter wird auch die Kreditkarte. 1980 zählte die Bundesrepublik 580 000 Kreditkarteninhaber, heute sind es rund 18 Millionen.

Seit mehr als 20 Jahren gibt es Bargeld aus dem Geldautomaten. Moderne Geräte akzeptieren heute eine Vielzahl in- und ausländischer Scheck- und Kreditkarten. Auf den Flughäfen und wichtigen Bahnhöfen gibt es elektronische Wechselautomaten, die ausländische Währung in Deutsche Mark wechseln. Das 1990 eingeführte System zur bargeldlosen Zahlung in Verbindung mit der Scheckkarte und der persönlichen Geheimzahl, „electronic-cash" genannt, gewinnt vor allem im Einzelhandel und an Tankstellen immer mehr an Bedeutung; heute gibt es dafür über 140 000 Terminals in Deutschland.

Seit Ende 1996 gibt es die Chipkarte, auf der ein Geldbetrag gespeichert wird, mit dem an entsprechenden Kassen bezahlt werden kann (Geldkarte). Ist der Betrag verbraucht, kann die Karte bei der Bank oder am Automaten neu aufgeladen werden. Die Geldkarte ist als „elektronische Geldbörse" vornehmlich zum Bezahlen von Kleingeldbeträgen an der Ladenkasse und an Automaten entwickelt worden.

Immer mehr Kreditinstitute bauen gegenwärtig den Kundenkontakt per Telefon, Computer und Telefax aus. Geldgeschäfte per Telefon wickeln inzwischen rund drei Millionen Bankkunden im 24-Stunden-Service ab; am Home-Banking per Computer nehmen rund 6,6 Millionen Kunden teil.

Weitere Informationen:
— Bundesverband deutscher Banken e.V.
  Burgstraße 28, 10178 Berlin
  Internet: http://www.bdb.de
  E-Mail: bankenverband@t-online.de
— Deutscher Sparkassen- und Giroverband e.V.
  Simrockstr. 4, 53113 Bonn
  Internet: http://www.dsgv.de
  E-Mail: postmaster@dsgv.de
— Bundesverband der deutschen Volksbanken und Raiffeisenbanken e.V.
  Heussallee 5, 53113 Bonn
  Internet: http://www.VRnet.de
  E-Mail: BVR.BONN@t-online.de
— Deutsche Börse AG
  Börsenplatz 1, 60313 Frankfurt/Main
  Internet: http://www.exchange.de
— Deutsche Bundesbank
  Wilhelm-Epstein-Str. 14, 60431 Frankfurt/Main
  Internet: http://www.bundesbank.de
  E-Mail: presse-information@bundesbank.de

Verkehr und Transport

Die deutsche Verkehrspolitik steht vor großen Herausforderungen: Der Europäische Binnenmarkt und die Öffnung nach Osteuropa macht Deutschland noch stärker als bisher zur Drehscheibe der Wirtschafts- und Verkehrsströme im Herzen Europas.

Deutsche Bahn AG. 1994 wurden die Deutsche Bundesbahn und die Deutsche Reichsbahn zur Deutschen Bahn AG verschmolzen und privatisiert. Die Eisenbahn bleibt als ein besonders umweltfreundliches Verkehrsmittel für die Beförderung vor allem von Massengütern, für den kombinierten Verkehr sowie den Personenverkehr unverzichtbar. Die Modernisierung des Schienennetzes wird daher weiter vorangetrieben und vom Bund mit erheblichen finanziellen Leistungen unterstützt. Im Westen hatte die Deutsche Bundesbahn (DB) 1991 ihre ersten neuen Hochgeschwindigkeitsstrecken in Betrieb genommen. Sie ermöglichen den ICE-Zügen Geschwindigkeiten bis zu 280 km/h. Im Jahr 1998 ist die Hochgeschwindigkeitsstrecke Hannover – Berlin in Betrieb genommen worden. Weitere Hochgeschwindigkeitsstrecken sind im europäischen Verbund in Planung und Realisierung. Die in Bau befindliche Hochgeschwindigkeits-Neubaustrecke Köln – Frankfurt/Main wird voraussichtlich 2002 in Betrieb genommen.

Die Schienenverbindungen zwischen den westdeutschen und den ostdeutschen Ländern werden ausgebaut und wesentlich leistungsfähiger gestaltet. Der Eisenbahnknoten Berlin wird den verkehrlichen Anforderungen der Bundeshauptstadt entsprechend ausgestaltet. Der Ausbau ist bereits gut vorangekommen. Die Verkehrsprojekte „Deutsche Einheit der Schiene" sind zu einem erheblichen Teil bereits realisiert. Die Lücken zwischen den früher getrennten Netzen sind geschlossen.

Die Deutsche Bahn AG geht die notwendige Modernisierung der Züge und der Bahnhöfe zügig an. In den nächsten Jahren sollen 27 Bahnhöfe erneuert bzw. neugebaut werden, verbunden mit Einkaufs- und Touristikzentren.

Darüber hinaus wird das gesamte Schienennetz von derzeit 38 000 Kilometern Länge den modernen Erfordernissen angepasst. Neben kapazitätssteigernden Maßnahmen an Engpässen sind auch Maßnahmen zur Steigerung der Wirtschaftlichkeit schwach und mäßig belasteter Strecken erforderlich. Instandhaltung, Sanierung und Modernisierung der Gleisanlagen, Stellwerke, Signalanlagen, Tunnelbauten und Brücken erfordern zukünftig einen wachsenden Finanzbedarf.

Die zum 1. Januar 1996 vollzogene Regionalisierung des Schienenpersonennahverkehrs (SPNV) zeigt heute erste Erfolge. Damals wurde der gesamte öffentliche Personennahverkehr (ÖPNV) auf eine neue Grundlage gestellt. Durch Zusammenführung der Zuständigkeiten für Planung, Organisation und Finanzierung des ÖPNV möglichst auf eine Stelle – und zwar dort, wo die Nachfrage entsteht – kann ein besseres Angebot als bisher sichergestellt werden. Gleichzeitig wird so die Wirtschaftlichkeit deutlich verbessert und der Wettbewerb unter den Verkehrsunternehmern gestärkt.

Der Bund unterstützt die Länder bei dieser Aufgabe mit jährlich rund 13 Milliarden DM Regionalisierungsmitteln. Durch die Dynamisierung wird dieser Betrag weiter ansteigen.

Aufgabenträger/Verbünde und Verkehrsunternehmen haben seit der Regionalisierung zahlreiche Vereinbarungen getroffen, die zu einer Verbesserung des SPNV-Angebots führten. So sind in mehreren Ländern Taktverkehre eingerichtet worden, die auch günstige Anschlüsse an den Fernverkehr und übrigen ÖPNV ermöglichen. Auf stillgelegten Strecken wurde der Betrieb wieder aufgenommen, NE-Bahnen (Nicht bundeseigene Eisenbahnen) fahren auf Strecken der DB AG, der Fahrzeugpark wurde vielerorts erneuert, die Verkehrsleistungen im SPNV sind insgesamt angestiegen. Die Information der Kunden über das Ange-

ICE-Züge im Bahnhof Kassel-Wilhelmshöhe

bot im SPNV/ÖPNV sowie der Aufbau geeigneter Informations-
systeme sind ebenfalls Aufgaben der Unternehmen und der
Aufgabenträger. Als Grundlage für ein bundesweites Fahrplan-
informationssystem hat der Bund das Projekt DELFI gefördert,
das nun gemeinsam mit den Ländern und Verkehrsunternehmen umgesetzt werden soll.

Die Straße. Auf Deutschlands Straßen fahren mehr Autos als je
zuvor. Anfang 2000 waren 50,7 Millionen Fahrzeuge zugelassen, darunter 42,4 Millionen Personenkraftwagen. Die Zahl der
Fahrräder beträgt rund 65 Millionen.

Das Straßennetz für den überörtlichen Verkehr hat eine Länge von
rund 231 000 Kilometern, davon sind mehr als 11 000 Kilometer
Autobahnen. Damit hat Deutschland nach den USA, China und
Kanada das längste Autobahnnetz der Welt. Abgesehen von
den ostdeutschen Ländern, geht es heute nicht mehr so sehr
um den Bau neuer Strecken, sondern um die Beseitigung von
Engpässen und Unfallschwerpunkten sowie um die Anbindung
strukturschwacher Regionen. Auf den weitaus meisten deutschen Straßen gelten abgestufte Geschwindigkeitsbeschränkun-
gen. So ist für Bundesstraßen eine Höchstgeschwindigkeit von
100 Kilometer pro Stunde Vorschrift, während innerorts nur 50
km/h, in Wohngebieten oft nur 30 km/h erlaubt sind. Ge-
schwindigkeitsbegrenzungen existieren auch auf einem großen
Teil der Autobahnen.

Für viele ist das Auto weiterhin unentbehrlich für den Weg zur Arbeit; andere wollen in der Freizeit nicht darauf verzichten. Der
schnelle Gütertransport von Tür zu Tür ist ohne Lastwagen
nicht möglich. Das Kraftfahrzeug bleibt auch in Zukunft ein
Hauptverkehrsmittel. Wesentliche Forschungsarbeit gilt im
Automobilbau der Verminderung des Kraftstoffverbrauchs und
des Schadstoffausstoßes.

Die Verkehrssicherheit wird stetig verbessert; dies geschieht durch moderne Straßenbau- und -verkehrstechnik, Verkehrserziehungs- und -aufklärungsmaßnahmen sowie durch Kraftfahrzeuge, deren aktive und passive Sicherheit dem neuesten Stand der Technik angepasst werden. Die Zahl der Unfalltoten hat in der Bundesrepublik trotz erheblich gestiegener Mobilität und gestiegenem Fahrzeugbestand 1999 mit rund 7750 den niedrigsten Stand seit Einführung der Straßenverkehrsunfallstatistik im Jahre 1953 erreicht; auch in den ostdeutschen Ländern ist der negative Trend inzwischen gebrochen. Die Sicherheit auf den Straßen zu verbessern, bleibt eine Daueraufgabe.

Die Seeschifffahrt. Als großes Export- und Importland verfügt die Bundesrepublik Deutschland mit rund 800 Seeschiffen über eine eigene Handelsflotte. Sie gehört zu den modernsten und sichersten der Welt. Zwei Drittel der Schiffe sind nicht älter als zehn Jahre. Auf dem Gebiet der Containerschiffe und im Roll-on-Roll-off-Verkehr gehört Deutschland zu den führenden Ländern.

Die deutschen Seehäfen (die größten sind Hamburg, Bremen/Bremerhaven, Wilhelmshaven, Lübeck und Rostock) haben ihre Position mit einem Güterumschlagsvolumen von über 220 Millionen Tonnen pro Jahr im internationalen Wettbewerb behauptet. Die deutschen Häfen sind durch große Investitionen in die Infrastruktur und in ihre modernen Förder- und Hebeeinrichtungen konkurrenzfähig. Sie sind „schnelle Häfen", in denen auch große Seeschiffe in kurzer Zeit gelöscht und beladen werden können.

Bundeswasserstraßen und Binnenschifffahrt. Das Netz der Bundeswasserstraßen umfasst 23 000 Quadratkilometer Seewasserstraßen sowie 7300 Kilometer Binnenwasserstraßen. Obwohl dieses Binnenwasserstraßennetz sehr weitmaschig ist, haben dennoch die Mehrzahl der Großstädte und die wichtigsten Industriezentren einen Wasserstraßenanschluss, was erheblich zur Sicherung der Standortqualität beiträgt. Neben der verkehrswirtschaftlichen Nutzung haben die Wasserstraßen auch außerverkehrliche Funktionen, insbesondere im wasserwirtschaftlichen Bereich.

Die Binnenschifffahrt in Deutschland ist überwiegend auf den Rhein mit seinen Nebenflüssen konzentriert, die für bedeutende Teile der Industrie Mitteleuropas eine leistungsfähige Infrastruktur mit Anschluss an die Seehäfen im Rheinmündungsge-

Der Frankfurter Flughafen hat das zweithöchste Passagieraufkommen in Europa

biet bieten. Als weitere wichtige Verkehrsachse ist die West-Ost-Wasserstraßenverbindung vom Rhein über das westdeutsche Kanalnetz bis Berlin zu nennen, die über die Verknüpfung mit den Strömen Weser, Elbe und Oder auch den Zugang zu Nord- und Ostsee ermöglicht.

Die Verkehrsleistung der Binnenschifffahrt auf deutschen Wasserstraßen beträgt rund 63 Milliarden Tonnenkilometer pro Jahr.

Das Verkehrssystem Wasserstraße/Schiff ist kostengünstig, sicher und umweltfreundlich und vermag somit Ökonomie und Ökologie optimal miteinander zu verbinden. Die wirtschaftliche Leistungsfähigkeit kommt insbesondere dann zum Tragen, wenn große Gütermengen über lange Distanzen zu befördern sind, Gefahrgut sicher zu transportieren ist und moderne Schiffe voll ausgelastet verkehren können. Die von der Binnenschifffahrt transportierten Güter sind überwiegend Massengüter (Baustoffe, Erze, Kohle, Futtermittel, Stahl, Holz) und gefährliche Güter (Kraftstoffe, feste und flüssige Chemieprodukte). Stückgut wird im Zuge des Trends zur Containerisierung zum Massengut und somit auch ein schifffahrtsgeeigneter Sektor mit starken Steigerungsraten.

Die Luftfahrt. Die hohen Zuwachsraten im internationalen Luftverkehr stellen auch in Deutschland steigende Anforderungen an Flughäfen und Flugsicherung. 1999 wurden auf den deutschen Flughäfen 132,5 Millionen ein- und ausgestiegene Fluggäste registriert. Dazu kamen 2,1 Millionen Tonnen Luftfracht. Der größte Flughafen ist Frankfurt am Main; er ist auch einer der wichtigsten in Europa (1999 45,3 Millionen Passagiere, 1,4 Millionen Tonnen Luftfracht). Die weiteren internationalen Verkehrsflughäfen in Deutschland sind Berlin-Tempelhof, Berlin-Tegel und Berlin-Schönefeld, Bremen, Düsseldorf, Dresden, Erfurt, Hamburg, Hannover, Köln/Bonn, Leipzig, München, Münster/Osnabrück, Nürnberg, Saarbrücken und Stuttgart. Daneben gibt es noch eine Reihe von Flughäfen mit regionaler Bedeutung.

Die Deutsche Lufthansa gehört zu den bedeutenden internationalen Fluggesellschaften. Sie beförderte 1999 rund 44 Millionen Passagiere. Zu ihrer Flotte zählen rund 240 moderne Maschinen. Im Ferienflugverkehr benutzen jährlich etwa 26 Millionen Passagiere deutsche Fluggesellschaften wie Condor, LTU, Hapag-Lloyd, Aero Lloyd und andere kleinere Charterunternehmen. Mehr als 120 ausländische Luftverkehrsgesellschaften fliegen deutsche Flughäfen an. Von dort aus bestehen direkte Flugverbindungen zu rund 300 Zielen in mehr als 100 Ländern.

Die deutschen Flughäfen werden in privatrechtlicher Form betrieben. Im stark belasteten deutschen Luftraum werden die Sicherheitsstandards der Flughäfen und der Flugsicherung laufend der Entwicklung angepasst. Die Deutsche Lufthansa wurde 1994 privatisiert. Ihr Flugangebot konnte sie durch Kooperationen ("Star-Alliance") mit ausländischen Carriern wesentlich erweitern.

Das Speditions- und Logistikgewerbe. In Deutschland werden jährlich rund vier Milliarden Tonnen Güter per LKW, Bahn, Binnenschiff, Seeschiff und Flugzeug bewegt. Die Speditionsbranche repräsentiert einen Jahresumsatz von knapp 80 Milliarden DM und beschäftigt rund 370 000 Mitarbeiter. Sie ist ganz überwiegend mittelständisch strukturiert. Heute gilt es nicht mehr nur, Waren von einem Ort zum anderen zu bringen: Veränderte Nachfragestrukturen, neue Produktions- und Lieferverflechtungen, eine immer größere Sortimentsvielfalt und Electronic Commerce bringen neue Warenströme mit sich, die von Grund auf organisiert werden müssen. Logistikfirmen übernehmen komplette Auftragsabwicklungen oder der Produktion vor- oder nachgelagerte Arbeiten wie Montage oder Qualitätskontrolle sowie den technischen Kundendienst. Ohne

Deutschlands größtes Briefverteilungszentrum in Hamburg

die modernen Informations- und Kommunikationstechniken
wären solche Arbeitsweisen nicht möglich.

Post und Kurierdienste. Die seit 1995 von der Bundesregierung durchgeführte Marktöffnung des zuvor monopolisierten
Postsektors hat den Wettbewerb in diesem Wirtschaftszweig
deutlich erhöht; Deutschland nimmt dabei eine führende Rolle
in Europa ein. Ende 1996 waren neben der Deutschen Post AG
bereits über 100 Lizenznehmer auf dem Markt für die Beförderung von adressierten Massensendungen (Infopost) mit einer
Gesamtmenge von rund 55 Millionen tätig. Dies brachte nicht
nur positive Effekte auf dem Arbeitsmarkt, sondern hatte auch
deutliche Preissenkungen zur Folge.

Mit dem neuen Postgesetz, das zum 1. Januar 1998 in Kraft getreten ist, wurde die Liberalisierung im Postbereich fortgesetzt.
Die im Postgesetz festgeschriebene Exklusivlizenz der Deutschen Post für Briefe bis 200 Gramm endet am 31. Dezember
2002.

Der Konzern Deutsche Post World Net ist mit 44 Milliarden DM Umsatz im Jahr 1999 und 304 000 Mitarbeitern Europas führendes
Logistikunternehmen und besteht aus den Unternehmensberei-
chen Brief, Express, Logistik und Finanzdienstleistungen. Auf
dem Briefsektor wurden 1999 rund 21 Milliarden Sendungen in
den 83 Briefzentren abgefertigt; die Expressleistungen erstrecken sich weltweit auf 227 Länder.

Auf dem bereits vollständig liberalisierten Markt für Kurier-, Ex-
press- und Paketsendungen verfügt die Deutsche Post über einen Anteil von rund 25 Prozent. Sie steht hier im Wettbewerb
mit Firmen wie United Parcel Service, Deutscher Paket Dienst,
TNT, Hermes und anderen. Bei allen Anbietern gehört das „Tra-
cking & Tracing"-System inzwischen zum Standard: Bereits bei
der Annahme wird die Sendung mit einem Barcode versehen,
der bei jeder Transportstation neu eingelesen wird. Auf diese
Weise läßt sich stets per Telefon oder Computer abfragen, wo
sich die Sendung weltweit befindet und wann sie beim Empfänger eintrifft.

Bei den privaten Anbietern im Markt für Frachtpost- und Kurierleis-
tungen – ohne Deutsche Post – sind bislang über 92000 neue
Arbeitsplätze entstanden. Der Wettbewerb hat seit 1990 zu einer deutlichen Steigerung des Gesamtumsatzes und zum Be-
schäftigungszuwachs geführt.

Informationstechnologie

War der Telefonbetrieb in Deutschland bis 1996 ausschließlich in den Händen der Deutschen Bundespost bzw. der Deutschen Telekom AG, wurden mit dem Telekommunikationsgesetz die Rahmenbedingungen für die Liberalisierung des Telefonmarktes zum 1. Januar 1998 geschaffen: Seitdem ist die Telekommunikation europaweit dereguliert. In der Bundesrepublik Deutschland wurde nach Auflösung des Bundesministeriums für Post und Telekommunikation die Regulierungsbehörde für Telekommunikation und Post im Verantwortungsbereich des Bundesministeriums für Wirtschaft eingerichtet. Ihre Hauptaufgaben sind:

— die marktbeherrschende Stellung der ehemaligen Monopolunternehmen Deutsche Telekom AG und Deutsche Post AG zu kontrollieren
— den neuen Wettbewerbern zur notwenigen Chancengleichheit in den Märkten Telekommunikation und Post zu verhelfen
— für die weitere Entwicklung auf dem Telekommunikations- und Postmarkt zu sorgen.

Die Regulierungsbehörde

— vergibt Lizenzen für den Telekommunikations- und Postmarkt
— verwaltet Lizenzen und Rufnummern
— klärt Funkstörungen auf
— berät die Bürger über neue Regelungen und deren Auswirkungen in den neu gestalteten Märkten der Telekommunikation und Post.

Die Wettbewerber. Die Deutsche Telekom AG ist der größte Telekommunikationsanbieter Europas und drittgrößte Carrier weltweit. Hauptaktionär ist nach wie vor die Bundesrepublik Deutschland. Die Zahl der Telefonanschlüsse betrug am Jahresende 1999 rund 47,8 Millionen (einschließlich ISDN-Basiskanäle, deren Zahl mehr als 13 Millionen ausmacht). Zum Jahresende 1997 wurde die Digitalisierung des gesamten Telekommunikationsnetzes abgeschlossen.

Die Deutsche Telekom ist ein international operierendes Unternehmen der Telekommunikationsbranche. Im Zuge der zweiten Postreform wurde die Telekom zum 1. Januar 1995 in eine Aktiengesellschaft umgewandelt. Im November 1996 folgte der Gang an die Börse.

Zunehmend wird die Deutsche Telekom auch im Ausland tätig. Mit eigenen Auslandgesellschaften und Büros in Brüssel, Paris, London, New York, Moskau, Jakarta, Peking und Singapur (Außenstellen in Hongkong und Neu Delhi) ist sie in den großen Metropolen der Welt vertreten. Darüber hinaus wurde 1999 die Expansion in Europa stark vorangetrieben. So wurden das britische Mobilfunkunternehmen One2One und die französische Festnetzgesellschaft Siris erworben und die Beteiligung an dem österreichischen Mobilfunkunternehmen max.mobil auf 100 Prozent erhöht. Beteiligungen gibt es auch in Osteuropa: Zusammen mit Ameritech hält die Deutsche Telekom mit knapp sechzig Prozent die Mehrheit an der ungarischen Telefongesellschaft Matáv. Weitere Beteiligungen bestehen unter anderem in der Schweiz, Italien, Polen, Tschechien, Kroatien, Russland, der Ukraine und in Südost-Asien.

Inzwischen sind bei der Regulierungsbehörde für Telekommunikation und Post rund 1300 andere Unternehmen registriert, denen alle Bereiche der Telekommunikation offen stehen. Besonders die Liberalisierung des Telefonmarktes hat eine große Zahl von Wettbewerbern auf den Plan gerufen, die entweder bundesweit, regional oder nur im Bereich einer Stadt ihre Tätigkeit aufgenommen haben oder in Vorbereitung dazu begriffen sind. Als Engpass bei der Bereitstellung von Telekommunikationsdienstleistungen durch die Wettbewerber der Deutschen Telekom AG wird teils noch der Hausanschluss (Teilnehmeranschlussleitung) gewertet. Die Wettbewerber haben hier aber die

Im International Net Management Center der Deutschen Telekom

Möglichkeit, die Kabel der Deutschen Telekom AG zu nutzen und entsprechende Gebühren zu zahlen, oder sie können eigene Anschlüsse errichten. Dies ist auch drahtlos unter Verwendung von Funktechnologien möglich, man spricht dabei vom „Wireless Local Loop".

Vor allem in den großen Städten werden ISDN-Anschlüsse von den großen Anbietern wie Mannesmann Arcor, Otelo oder Mobil-Com angeboten; darüber hinaus gibt es immer mehr regionale oder lokale Wettbewerber in öffentlicher oder privater Hand, wie NetCologne, Berlikomm, Osnatel, BreisNet, Pulsaar, Gelsennet, SoestCom und viele andere.

Zugleich mit der Öffnung der Telekommunikation zum freien Markt ist ein heftiger, auf Grund der vielen unterschiedlichen Tarife für den Telefonkunden nicht immer leicht zu durchschauender Konkurrenzkampf der zahlreichen neuen Anbieter vor allem auf dem Sektor der Ferngespräche entstanden. Hier konkurrieren unter anderem die Firmen: Otelo, VIAG Intercom, ACC, CNS, EWE, First Telecom, Hutchinson Telecom, Interroute Telecom, Mannesmann Arcor, MobilCom, Talkline, TelDaFax, TelePassport, Tele 2, VEW Telnet und Westcom. Zwei Möglichkeiten stehen zur Wahl: Entweder kann man sich vertraglich fest an einen Anbieter binden („Pre-Selection") oder bei jedem Anruf den jeweils günstigsten Tarif und damit jeweils eine andere Firma auswählen („Call by Call").

Bereits auf dem Markt bzw. in der Entwicklung begriffen sind Router und Computersoftware, die automatisch bei jedem Anruf den günstigsten Tarif erkennen und die Verbindung zu dem jeweiligen Anbieter herstellen.

Mobilfunk. Zurzeit gibt es in Deutschland rund 22 Millionen Teilnehmer am digitalen Mobilfunk; die Zahl wächst gegenwärtig um mehrere Millionen pro Jahr. Neben „T-Mobil" (9,1 Millio-

Moderner Telefonkomfort ist heute für jedermann erschwinglich

nen Teilnehmer Ende 1999), und „D2 privat" von Vodafone-Mannesmann (9,5 Millionen) stehen die Anbieter E-Plus Mobilfunk („E1" – VEBA, BellSouth, Vodafone, 3,5 Millionen) und E2 Mobilfunk (VIAG, British Telecom, Telenor; 280 000) im Wettbewerb. Das Mobilfunksystem der nächsten Generation, UMTS (Universal Mobile Telecommunications System), das spätestens 2002 europaweit eingeführt werden soll, wird auch breitbandige Anwendungen ermöglichen. Sprachqualität und Übertragungsgeschwindigkeit werden damit in Festnetzqualität bestehen. Immer größere Verbreitung findet auch die Übermittlung von Kurznachrichten bis 160 Zeichen (SMS = Short Messaging Service), die zwischen Mobiltelefonen, aber auch über einen stationären PC an ein Mobiltelefon übertragen werden können (siehe Grafik, S. 509).

Technische Neuerungen und Serviceleistungen. Seit Sommer 1998 sind die ersten Telefonkunden zu Hause und unterwegs unter der gleichen Nummer erreichbar. Dies wird durch intelligente Strukturen in den Fest- und Mobilfunknetzen realisiert, die für eine entsprechende Leitung der Gespräche sorgen. Außerdem ist es möglich, Anrufe auf andere Rufnummern im Fest- oder Mobilfunknetz weiterzuschalten. Seit 1999 bietet die Deutsche Telekom als erstes deutsches Unternehmen Chipkarten für die elektronische Unterschrift an, die den Richtlinien des deutschen Signaturgesetzes entsprechen. Damit haben Kunden erstmals die Möglichkeit, elektronische Daten rechtsverbindlich am Computer zu unterschreiben. Seit Anfang 1998 gibt es die Möglichkeit zur Zuteilung so genannter „Vanity"-Nummern. Hier werden den Zahlen Buchstaben zugeordnet, die sich auf den Ziffernfeldern des Telefonapparats befinden. Damit können Namen statt Nummern gewählt werden.

Die technische Entwicklung im Bereich der Telekommunikation läuft auf ein sprachgesteuertes Multimediaterminal hinaus, das zeit- und raumunabhängig den Zugang zu jeder möglichen Art der technischen Kommunikation auf elektronischem Weg sicherstellt.

Im Bereich des Direktmarketing kommt dem Telefon immer größere Bedeutung zu: Gegenwärtig bestehen in Deutschland etwa 1500 Call-Center, die Waren verkaufen, Auskünfte erteilen und weitere Serviceleistungen erbringen.

In der Erprobungsphase befindet sich das „Telefon aus der Steckdose", bei dem die bestehenden Stromleitungen für die Telekommunikation und den Internetzugang genutzt werden. Auch die Weiterentwicklung von ISDN, ADSL (Asymmetric Digital Subscriber Line), die eine Hochgeschwindigkeitsübertragung digitaler Signale über Kupferdraht ermöglicht, steht unmittelbar vor dem praktischen Einsatz. Schließlich werden die Versuche zur weltweiten Lokalisierbarkeit der Mobiltelefone weitergeführt, unter anderem mit dem Ziel, sie zu elektronischen Lotsen im Verkehr zu nutzen.

Das Internet. In Deutschland gibt es ein breit gefächertes Spektrum elektronischer Informationsangebote. Das zentrale Medium ist dabei das Internet. Zahlreiche Firmen, Organisationen und öffentliche Institutionen nutzen das Netz, um sich zu präsentieren, Informationen, Dienstleistungen und Interaktionsmöglichkeiten anzubieten, Waren zu verkaufen und Geschäfte abzuwickeln.

Immer mehr Unternehmen nutzen die Technik des Internet für den internen Informationsaustausch (Intranet) oder zur Kommunikation mit Geschäftspartnern (Extranet). Täglich werden neue Angebote in Betrieb genommen: Das Internet verändert gegenwärtig das Leben der Menschen wie manche große Erfindung der Vergangenheit (Eisenbahn, Telefon usw.), nur unvergleichlich schneller, was die einen mit großer Begeisterung wahrnehmen, die anderen eher mit Beklommenheit.

Die Bundesrepublik verzeichnet gegenwärtig einen rasanten Anstieg der Internetnutzer, im März 2000 waren es rund 13,4 Millionen oder rund 30 Prozent der Bevölkerung zwischen 14 und 69 Jahren. Schätzungen gehen davon aus, dass zum Jahresende 2000 die Zahl von 20 Millionen überschritten wird. 70 Prozent nutzen das Internet privat, 36 Prozent am Arbeitsplatz und 14 Prozent in ihrer Ausbildungsstätte. Die User haben zu fast 60 Prozent einen Hochschulabschluss, die meisten sind mehrmals die Woche online (siehe Grafik, S. 509).

Das lawinenartige Anwachsen des Internetverkehrs hat in Deutschland im Hinblick auf die Ausbildung von EDV-Fachleuten zu einem erheblichen Nachholbedarf geführt. Das Bildungsministerium und die Deutsche Telekom gründeten im April 1996 den Verein „Schulen ans Netz": Alle Schulen in Deutschland sollen bis 2001 mit einem ISDN-Anschluss und mit der entsprechenden Hardware und Zugangssoftware ausgestattet werden. Gleichzeitig sollen die Lehrer, für welche das Computerwesen bisher nicht selten eine „terra incognita" darstellt, entsprechend geschult werden. In Frankfurt/Main wurde 1999 der erste deutsche Lehrstuhl für E-Commerce eingerichtet.

Vom Internet erwarten die Nutzer im privaten Bereich vor allem den schnellen Zugang zu Lexika, aktuellen Nachrichten, Veranstaltungshinweisen, Verbraucherinformationen, Börsenkursen. Sie erledigen von zu Hause aus Behördenangelegenheiten, tätigen Geldgeschäfte, bestellen Eintrittskarten, buchen Reisen. Rund ein Drittel kauft auch über das Internet ein: An erster Stelle stehen Bücher, gefolgt von Computersoftware und Musik-CDs. Sehr stark zugenommen hat auch der Aktienhandel im Internet; 11,5 Prozent der privaten Aktionäre betreiben Online-Brokerage.

Allerdings haben die meisten Deutschen noch kein allzu großes Vertrauen in die Datenschutz- und Sicherheitsmechanismen des Internet, denn mit gleicher Geschwindigkeit wie das Internet selbst wächst erkennbar auch die internationale Computerkriminalität. Hacker richten mit Computerviren weltweit erhebliche Schäden an. Die Bundesministerien des Innern und für Wirtschaft und Technologie haben daher die Initiative „Sicherheit im Internet – Sicherheit in der Informationsgesellschaft" ins Leben gerufen, die für alle Internet-Nutzer detaillierte Hinweise gibt, wie man sich vor Schäden schützen kann.

Von den Online-Diensten stand im Februar 2000 T-Online mit 8,6 Millionen Nutzern an erster Stelle, gefolgt von AOL mit fünf Millionen, Compuserve mit 700 000 und Germany.net mit 300 000. Unter den reinen Zugangsdienstleistern führte Yahoo-Online die Rangliste mit 1,3 Millionen Nutzern an, gefolgt von Freenet (900 000), Mannesmann Arcor (800 000), Viag Interkom (800 000) und Otelo (700 000). Als meistgenutzte Suchhilfen hatten sich Yahoo, T-Online, AOL, Altavista, Lycos und Fireball platziert.

Die Verkehrsbetriebszentrale der Deutschen Lufthansa in Frankfurt/Main

Das Internet erscheint zu Beginn des 21. Jahrhunderts als eine Art Informationsmoloch. Es wird eine der großen Aufgaben der Zukunft sein, das Angebot klarer zu strukturieren und das im Internet hinterlegte Wissen präziser, schneller und benutzerfreundlicher zu machen. Bildtelefon-Verbindungen, interaktives Erlebnisfernsehen, Videokonferenzen, Produktpräsentationen per Internet und viele andere Möglichkeiten mehr werden in wenigen Jahren zum alltäglichen Standard gehören, wie bereits heute zum Beispiel die Tatsache, dass viele Zeitungen und Zeitschriften eine Internet-Ausgabe veröffentlichen, die parallel zum Printmedium erscheint.

Messen und Ausstellungen

Deutsche Messen haben Tradition: Sie entwickelten sich im frühen Mittelalter aus einzelnen Märkten, auf denen die Menschen zusammenkamen, um Handel zu treiben. Die Messen standen unter dem Schutz gekrönter Häupter. So verlieh Kaiser Friedrich II. am 11. Juli 1240 der Stadt Frankfurt am Main das Messeprivileg und stellte die zur Messe reisenden Kaufleute unter seinen Schutz. Einem Privileg Kaiser Maximilians von 1507 verdankt die Leipziger Messe, die aus bereits 1165 bezeugten Märkten hervorgegangen ist, ihre spätere Blütezeit.

Heute ist die frühere Universalmesse in Deutschland von der Fachmesse für einen oder mehrere Wirtschaftszweige abgelöst worden. Der Messeplatz Deutschland ist weltweit anerkannt: Von den international etwa 150 führenden Fachmessen finden rund zwei Drittel in Deutschland statt. Rund 162 000 Aussteller, darunter rund 77 000 ausländische Teilnehmer, präsentierten im Jahr 1999 den über zehn Millionen Besuchern auf 180 überregionalen Messen und Ausstellungen ihre Produkte und Dienstleistungen. Der Gesamtaufwand der ausstellenden Wirtschaft für Messebeteiligungen in Deutschland wird auf rund elf Milliarden DM geschätzt.

Messen gehören heute zu den wichtigsten und effizientesten Marketinginstrumenten. Ihre Stärke liegt – gerade auch im Zeitalter des Internet – in der direkten persönlichen Kommunikation. Der Anteil von Ausstellern aus dem Ausland auf deutschen Messen wächst ständig und lag 1999 bei fast 48 Prozent. Ein wachsendes internationales Angebot belebt den Wettbewerb und zieht in der Folge größeres internationales Besucherinteresse nach sich. Neben den großen Messen finden jährlich in Deutschland rund 200 regionale und eine Vielzahl kleinerer Ausstellungen statt (siehe Tabelle, S. 510).

Die wichtigsten Messeplätze. Die wichtigsten deutschen Messestädte sind: Berlin, Düsseldorf, Essen, Frankfurt am Main, Friedrichshafen, Hamburg, Hannover, Köln, Leipzig, München,

Nürnberg und Stuttgart. In Hannover finden die beiden größten Messen der Welt statt. Die 1947 gegründete Hannover-Messe verzeichnete 1999 rund 7700 Aussteller auf einer Standfläche von 270 000 Quadratmetern. Die Hannover-Messe zeigt das Weltangebot für zahlreiche Branchen der Investitionsgüterindustrie. Seit 1986 wird für die Bereiche Büroautomatisierung, Informations- und Telekommunikationstechnik die „CeBIT", veranstaltet, die aus der Hannover-Messe hervorgegangen ist. Auf der CeBIT präsentierten sich 1999 rund 7400 Aussteller auf einer Standfläche von fast 400 000 Quadratmetern. Weitere wichtige Messen in Hannover sind die Metallbearbeitungsmesse EMO, die Internationale Automobilausstellung (IAA)-Nutzfahrzeuge und die LIGNA (Holz- und Forstwirtschaft).

Frankfurt am Main ist Schauplatz der Konsumgütermessen „Ambiente" und „Tendence" mit den Schwerpunkten Tischkultur und Küche sowie Geschenk-Ideen und Wohnaccessoires. Außerdem bietet Frankfurt zum Beispiel die Internationale Automobilausstellung (IAA)-Personenkraftwagen und die internationale Fachmesse „Sanitär-Heizung-Klima". Eine starke Anziehungskraft hat seit Jahren die Frankfurter Buchmesse, die jeden Herbst die Verleger, Buchhändler und Autoren der Welt zusammenführt.

In Köln gehören die „ANUGA" (Weltmarkt für Ernährung), die „photokina" (Weltmesse des Bildes), die Internationale Möbelmesse und weitere Spezialmessen für Herrenmode, Haushaltsgeräte, Eisenwaren und Fahrräder zum Programm. In Berlin sind es vor allem die „Grüne Woche" (Land- und Ernährungswirtschaft), die Internationale Tourismusbörse, die Internationale Funkausstellung und die „ILA – Internationale Luft- und Raumfahrtausstellung", die weltweites Interesse finden. Bedeutende Veranstaltungen in Düsseldorf sind die „drupa" (Druck

Die weltweit wichtigste Autoschau ist die IAA in Frankfurt/ Main

Das Messe-
gelände
in München-
Riem

und Papier), die Kunststoffmesse, die MEDICA (Weltforum für
Arztpraxis und Krankenhaus), die „interpack" (Verpackungs-
technologie) sowie die internationale Modemesse.

Im Mittelpunkt in München, wo 1998 auf dem ehemaligen Flughafen München-Riem ein völlig neues, hochmodernes Messegelände eröffnet worden ist, stehen die „bauma" (Internationale Bau-
maschinenmesse), die „Internationale Handwerksmesse", die
„drinktec" (Getränketechnik) und die „ispo", die internationale
Sportartikelmesse. Wachsende Bedeutung haben die Spezialmessen für Computer und elektronische Bauelemente. Weltweite Bedeutung haben darüber hinaus die Internationale Spielwa-
renmesse in Nürnberg und zum Beispiel die Messen „Schwei-
ßen und Schneiden" in Essen und „Schiff, Maschine, Meeres-
technik" (SMM) in Hamburg.

Die deutsche Vereinigung hat zwei höchst unterschiedliche Formen
der Messewirtschaft zusammengeführt: das dezentrale, mit der
beteiligten Wirtschaft abgestimmte Fachmessewesen in Westdeutschland und das staatlich gelenkte, auf die Leipziger Universalmesse ausgerichtete Messewesen der früheren DDR. Leipzig hat inzwischen ein neues, auf Fachmessen ausgerichtetes
Messekonzept entwickelt und ein neues Messegelände erstellt,
eines der modernsten in Europa. Leipzig baut dabei auch auf
seine Kompetenz im Handel mit den Staaten Mittel- und Osteuropas.

Auslandsmessen und -ausstellungen. Die zunehmende
Verflechtung der Weltwirtschaft führt dazu, dass die Beteiligung an Messen und Ausstellungen im Ausland für die deutsche Wirtschaft immer wichtiger wird. Dies geschieht vor allem
in Form von Gemeinschaftsausstellungen deutscher Unternehmen auf Auslandsmessen. 1997 beteiligten sich mehr als 5000
deutsche Firmen mit Unterstützung der Bundesregierung an
ausländischen Veranstaltungen. In regelmäßigen Abständen
richtet die Bundesrepublik Deutschland auch größere Ausstellungen auf dem Investitions- und Technologiesektor (zuletzt

**EXPO 2000
in Hannover:
Der deutsche
Pavillon**

TECHNOGERMA, Jakarta 1999) und auf dem Konsumgütersektor
(zuletzt KONSUGERMA, Shanghai 1998) aus. Die Bundesrepublik
nahm 1992 an der Weltausstellung in Sevilla teil und war 1998
auf der Weltfachausstellung EXPO '98 in Lissabon vertreten.

EXPO 2000 in Hannover. Unter dem Motto „Mensch – Natur –
Technik" fand vom 1. Juni bis zum 31. Oktober 2000 in Hannover die EXPO 2000 statt, die erste Weltausstellung in Deutschland überhaupt. 155 Länder, 17 internationale Organisationen
sowie rund zwei Dutzend global tätige Unternehmen beteiligten sich daran – mehr Teilnehmer als jemals zuvor bei einer
Weltausstellung. Viele Millionen Zuschauer erlebten fasziniert
die Begegnung mit Menschen und Kulturen aus aller Welt, waren begeistert von den Darbietungen einer Vielzahl von weltweit geschätzten Künstlern und Folkloregruppen und nutzten
die Gelegenheit, sich über Lösungsvorschläge für die Probleme
des 21. Jahrhunderts zu informieren.

Weitere Informationen:
  – Ausstellungs- und Messe-Ausschuss der Deutschen Wirtschaft (AUMA)
    Lindenstr. 8, 50674 Köln
    Internet: http://www.auma-messen.de
    E-Mail: info@auma.de

Die Ordnung der Sozialen Marktwirtschaft

Die Sozialpartner

Arbeiter, Angestellte, Beamte und Auszubildende, kurz als Arbeitnehmer bezeichnet, stellen 89,3 Prozent der 36 Millionen Erwerbstätigen in Deutschland. Diesen abhängig Beschäftigten
stehen 3,3 Millionen Selbstständige gegenüber, die als Arbeitgeber tätig sind. Neben den 311 000 mithelfenden Familienangehörigen beschäftigen die Selbstständigen zum großen Teil Arbeitnehmer. Als Arbeitgeber treten auch andere auf: Kapitalge-
sellschaften, Bund, Länder, Gemeinden und andere öffentliche
Einrichtungen.

Arbeitgeber und Arbeitnehmer sind auf Zusammenarbeit angewiesen, doch gleichzeitig gibt es zwischen ihnen Interessengegen-
sätze. In der Bundesrepublik besteht Tarifautonomie: Verbände
der Arbeitgeber und Arbeitnehmer haben das Recht, ohne Ein-
mischung des Staates Tarifverträge miteinander abzuschließen.
Zwar setzt der Staat mit seiner Gesetzgebung die allgemeinen
Rahmenbedingungen; er legt aber zum Beispiel nicht fest, wie
viel ein Arbeiter oder Angestellter in einem bestimmten Indus-
triezweig verdient. Dies – und vieles andere, zum Beispiel die
Dauer des Urlaubs – auszuhandeln, ist Aufgabe der Tarifpartner: der Gewerkschaften und der Arbeitgeberverbände bzw.
einzelner Arbeitgeber.

Die Gewerkschaften. Die größte Gewerkschaftsorganisation ist
der Deutsche Gewerkschaftsbund (DGB) mit Ende 1999 rund

8,04 Millionen Mitgliedern in 11 Einzelgewerkschaften (siehe Tabelle, S. 511). Kennzeichnend für die DGB-Gewerkschaften ist das Prinzip der Branchengewerkschaft („Industrieverbandsprinzip"): Sie nehmen Arbeiter und Angestellte eines Industrie-, Gewerbe- oder sonstigen Wirtschaftszweigs (oder auch mehrerer Zweige) unabhängig von beruflicher Stellung in einem Betrieb auf. So können etwa ein Fahrer und ein Buchhalter, die in einer Druckerei arbeiten, Mitglieder der Industriegewerkschaft (IG) Medien sein. Neben dem DGB gibt es die Deutsche Angestellten-Gewerkschaft (DAG) mit rund 462 000 Mitgliedern Ende 1999. Ihr können grundsätzlich nur Angestellte der verschiedensten Wirtschaftszweige angehören.

Der Deutsche Beamtenbund (DBB) mit rund 1,2 Millionen Mitgliedern ist die wichtigste Organisation der Beamten; er führt zwar wegen der Besonderheit des Beamtenrechts keine Tarifverhandlungen und kann deshalb zum Beispiel nicht zu einem Streik aufrufen. Er hat aber sonst alle Züge einer Gewerkschaft und erheblichen Einfluss. Der Christliche Gewerkschaftsbund Deutschlands (CGB) zählt mit seinen Einzelgewerkschaften rund 305 000 Mitglieder.

Die deutschen Gewerkschaften sind parteipolitisch und konfessionell unabhängig. Niemand wird gezwungen, einer Gewerkschaft beizutreten; das System des „closed shop", das heißt Betriebe, in denen auf Grund von Abkommen zwischen Gewerkschaften und Unternehmen nur organisierte Arbeitnehmer eingestellt werden, ist in der Bundesrepublik unbekannt. Der Organisationsgrad, d.h. der Anteil der Gewerkschaftsmitglieder unter den Arbeitnehmern eines bestimmten Wirtschaftszweiges, ist sehr unterschiedlich; im Durchschnitt liegt er jedoch unter 50 Prozent. Für ihre Mitglieder unterhalten die Gewerkschaften zahlreiche Bildungseinrichtungen.

Die Vertreter der Tarifparteien begrüßen sich vor einer neuen Gesprächsrunde

Die Arbeitgeberverbände. Die Arbeitgeber haben sich in regionalen Verbänden zusammengeschlossen, die sich – wie die DGB-Gewerkschaften – nach dem Industrieverbandsprinzip voneinander abgrenzen. Die Dachorganisation der Arbeitgeberverbände ist die Bundesvereinigung der Deutschen Arbeitgeberverbände (BDA). Sie schließt wie der DGB selbst keine Tarifverträge ab, sondern wirkt als koordinierendes Organ und nimmt grundsätzliche Interessen der Mitglieder wahr. Der Organisationsgrad der Arbeitgeber liegt mit rund 80 Prozent weit über dem der Arbeitnehmer. Die BDA umfasst sämtliche Wirtschaftszweige – von der Industrie über Handel, Handwerk, Banken, Versicherungen und Landwirtschaft bis hin zum Verkehr. Sie vertritt die Unternehmen jedoch nur in ihrer Funktion als Arbeitgeber, d.h. als Verhandlungspartner der Gewerkschaften. Alle anderen Interessen, zum Beispiel wirtschafts- und steuerpolitische Angelegenheiten, werden von anderen Verbänden wahrgenommen. Als Beispiele seien hier der Bundesverband der Deutschen Industrie (BDI), der Zentralverband des Deutschen Handwerks und der Bundesverband des Deutschen Groß- und Außenhandels genannt.

Tarifverträge. Es gibt zwei wesentliche Arten von Tarifverträgen, die die Gewerkschaften mit den Verbänden der Arbeitgeber oder auch mit einzelnen Arbeitgebern aushandeln. Lohn- und Gehaltstarifverträge regeln die Bezahlung der Arbeiter und Angestellten. Sie werden in der Regel für eine kurze Laufzeit abgeschlossen. Manteltarifverträge, die in der Regel eine Laufzeit von mehreren Jahren haben, regeln allgemeine Fragen wie Arbeitszeit, Urlaubsdauer, Kündigungsfristen, Zuschläge für Überstunden und vieles mehr. Darüber hinaus gibt es spezielle Tarifverträge, die besondere Regelungen zum Inhalt haben (zum Beispiel Berufsbildung, zusätzliche Altersversorgung, Rationalisierungsschutz).

Die Tarifvertragsparteien sind grundsätzlich in der Festlegung des Inhalts der Tarifverträge frei; sie müssen jedoch bei ihren Vereinbarungen die Verfassung und zwingendes Gesetzesrecht beachten. Beispielsweise beträgt die durchschnittliche gesetzliche Höchstarbeitszeit pro Woche 48 Stunden. Tatsächlich haben fast alle Arbeitnehmer eine tarifliche Arbeitszeit von weniger als 40, teilweise von nur noch 35 Stunden. Ähnlich ist es beim Urlaub, bei dem das Gesetz 24 Werktage vorschreibt, während die tarifliche Urlaubszeit in der Regel 30 Arbeitstage (sechs Wochen) beträgt. Fast alle Arbeitnehmer erhalten auf Grund von Tarifverträgen Urlaubs- und Weihnachtsgeld. Die tatsächlich gezahlten Löhne und Gehälter sowie sonstige Leistungen liegen in vielen Wirtschaftsbranchen fühlbar über den im Tarifvertrag festgelegten Sätzen.

Arbeitskampf. In Deutschland dürfen Arbeitskämpfe nur um den Abschluss von Tarifverträgen geführt werden. Deshalb können nur die Tarifvertragsparteien Arbeitskämpfe gegeneinander führen. Während der Geltungsdauer eines Tarifvertrages besteht Friedenspflicht. Dies bedeutet, dass in dieser Zeit Arbeitskämpfe um die tarifvertraglich festgelegten Inhalte unzulässig sind. Zur Vermeidung von Arbeitskämpfen haben die Tarifpartner vielfach ein Schlichtungsverfahren vorgesehen. In den Satzungen der Gewerkschaften wird ferner eine Urabstimmung unter den Gewerkschaftsmitgliedern verlangt, die einen Streik nur mit einer qualifizierten Mehrheit beschließen kann.

Dem Streikrecht der Gewerkschaften setzen die Arbeitgeber die Aussperrung gegenüber. Die Aussperrung ist vom Bundesarbeitsgericht und vom Bundesverfassungsgericht mit gewissen Einschränkungen als zulässiges Mittel des Arbeitskampfes bestätigt worden, doch in der Öffentlichkeit bleibt sie umstritten.

Der Staat verhält sich bei Arbeitskämpfen neutral. Streikende und Ausgesperrte erhalten daher kein Arbeitslosengeld aus der Arbeitslosenversicherung. Gewerkschaftsmitglieder werden für ihren Verdienstausfall durch Beihilfen aus den gewerkschaftlichen Streikkassen unterstützt, während Nichtmitglieder leer ausgehen. Sie müssen während eines Arbeitskampfes vom Ersparten leben oder Sozialhilfe beantragen.

Die Zusammenarbeit. Arbeitgeber und Arbeitnehmer stehen sich nicht nur als Kontrahenten gegenüber, sondern arbeiten auf vielfältige Weise zusammen. Neben der alltäglichen Zusammenarbeit im Betrieb begegnen sie sich aber auch als Vertreter ihrer jeweiligen Verbände bei vielen Gelegenheiten. Zum Beispiel gehören den Ausschüssen, die die Abschlussprüfung der Auszubildenden abnehmen, Vertreter der beiden Sozialpartner an. In den Arbeitsgerichten, die über Streitfälle aus dem Arbeitsleben entscheiden, arbeiten in allen Instanzen ehrenamtliche Richter aus den Reihen der Arbeitgeber und der Arbeitnehmer mit. Im Rahmen der so genannten Selbstverwaltung sind die Vorstände und Vertreterversammlungen der Sozialversicherungssysteme (Arbeitslosen-, Kranken-, Unfall- und Rentenversicherung) je zur Hälfte mit Arbeitgeber- und Arbeitnehmervertretern („Versichertenvertretern") besetzt. Die Meinung der Spitzenfunktionäre der Verbände ist häufig auch auf dem Gebiet der Politik gefragt. Diese und andere Formen der Zusammenarbeit tragen dazu bei, ohne Verwischung der Interessenunterschiede das gegenseitige Verständnis zu fördern.

Betriebsverfassung und Mitbestimmung. Das Betriebsverfassungsgesetz von 1972 regelt die innerbetriebliche Ordnung. Dazu gehören insbesondere das Recht der Mitwirkung und Mitbestimmung der betrieblichen Arbeitnehmervertretung, die Informations- und Anhörungsrechte des einzelnen Arbeitnehmers und die Rechte der Gewerkschaften im Rahmen der Betriebsverfassung.

Der Betriebsrat vertritt die Interessen der Beschäftigten gegenüber dem Arbeitgeber, prüft Anregungen aus der Belegschaft und leitet sie an den Arbeitgeber weiter. Der Betriebsrat hat unter anderem darauf zu achten, dass die für die Arbeitnehmer geltenden Gesetze, Verordnungen, Unfallverhütungsvorschriften, die abgeschlossenen Tarifverträge und Betriebsvereinbarungen eingehalten werden.

Wichtige Mitbestimmungsrechte erstrecken sich auf Fragen der Betriebsordnung, der betrieblichen Arbeitszeit einschließlich der Einführung von Kurz- oder Mehrarbeit; die Urlaubsregelung; die Einführung und Anwendung von technischen Einrichtungen, die dazu bestimmt sind, das Verhalten oder die Leistung der Arbeitnehmer zu überwachen; Regelungen zur Verhütung von Arbeitsunfällen, Berufskrankheiten und Fragen des Gesundheitsschutzes im Rahmen der gesetzlichen Vorschriften oder der Unfallverhütungsvorschriften. Darüber hinaus hat der Betriebsrat weit gehende Mitwirkungs- und Mitbestimmungsrechte bei der Planung und Gestaltung von Arbeitsplätzen, -abläu-

Streik der Gewerkschaft „Öffentliche Dienste, Transport und Verkehr"

Mitarbeiter-besprechung in einem Automobil-werk zur Verbesserung des Arbeits-ablaufs

fen und -umgebung, bei der Personalplanung sowie in Fragen der Berufsbildung. Der Arbeitgeber muss den Betriebsrat auch vor jeder Kündigung anhören. Unterlässt er dies, ist die Kündigung unwirksam.

Die Unternehmensmitbestimmung sieht die Einflussnahme der Beschäftigten auf die Unternehmensführung durch Vertreter im Aufsichtsrat vor. Die Mitbestimmung der Arbeitnehmer in Betrieben und Unternehmen ist ein tragendes Element der Gesellschaftsordnung der Bundesrepublik Deutschland. Sie beruht auf der Überzeugung, dass demokratische Legitimation nicht auf den staatlichen Bereich beschränkt werden kann, sondern in allen gesellschaftlichen Bereichen wirksam sein muss.

Diese Mitbestimmung im Aufsichtsrat umfasst alle Bereiche unternehmerischen Handelns. So bestellt der Aufsichtsrat zum Beispiel die Mitglieder der Unternehmensleitung (= Vorstand). Er kann sie auch wieder abberufen; umfassende Informationsansprüche in allen Angelegenheiten des Unternehmens geltend machen; wichtige unternehmerische Entscheidungen, zum Beispiel über größere Investitionen oder Rationalisierungsmaßnahmen, von seiner Zustimmung abhängig machen.

Die Aufsichtsräte der mitbestimmten Unternehmen werden mit der gleichen Zahl von Aufsichtsratsmitgliedern der Anteilseigner und der Arbeitnehmer besetzt. Alle Aufsichtsratsmitglieder der Arbeitnehmer, sowohl die unternehmensangehörigen Aufsichtsratsmitglieder der Arbeitnehmer als auch die Vertreter der Gewerkschaften, werden in Urwahl oder durch Delegierte gewählt.

In Unternehmen mit mehr als 8000 Arbeitnehmern ist die Wahl durch Delegierte die gesetzliche Regel; abweichend hiervon können die Arbeitnehmer mit Mehrheit die Urwahl beschließen.

Die Anteilseignervertreter (= Kapitalvertreter) des Aufsichtsrats werden bei Aktiengesellschaften von den Aktionären jeweils in deren Hauptversammlung bzw. bei einer Gesellschaft mit beschränkter Haftung von den Gesellschaftern in der Gesellschafterversammlung bestimmt. In der Gründungssitzung wählen die Mitglieder des Aufsichtsrats den Aufsichtsratsvorsitzenden und dessen Stellvertreter.

Weitere Informationen:
— Deutscher Gewerkschaftsbund
  Burgstr. 21-30, 10178 Berlin
  Internet: http://www.dgb.de
  E-Mail: info@bundesvorstand.dgb.de
— Deutsche Angestellten-Gewerkschaft
  Johannes-Brahms-Platz 1, 20355 Hamburg
  Internet: http://www.dag.de
  E-Mail: info@dag.de
— Deutscher Beamtenbund
  Peter-Hensen-Str. 5-7, 53175 Bonn
  Internet: http://www.dbb.de
  E-Mail: post@dbb.de
— Christlicher Gewerkschaftsbund Deutschlands
  Konstantinstr. 13, 53179 Bonn
  Internet: http://www.dhv-cgb.de/cgb
  E-Mail: cgbBonn@t-online.de
— Bundesvereinigung der Deutschen Arbeitgeberverbände
  Breitestr. 29, 10178 Berlin
  Internet: http://www.bda-online.de
  E-Mail: info@bda-online.de

Soziale Sicherheit

Das System der sozialen Sicherheit in der Bundesrepublik Deutschland ist in vielen Jahren gewachsen. Der Anteil der Sozialleistungen am Bruttoinlandsprodukt (Sozialleistungsquote) lag 1998 bei 33,5 Prozent. Die Höhe der gesamten Sozialleistungen belief sich 1998 auf rund 1272 Milliarden DM. Knapp ein Drittel davon entfällt auf die Rentenversicherung und ein Fünftel auf die gesetzliche Krankenversicherung. Mit diesen Leistungen erfüllt der Staat einen Auftrag des Grundgesetzes. Nach Artikel 20, Absatz 1 ist die Bundesrepublik ein demokratischer und sozialer Bundesstaat. Die wesentlichen Prinzipien des Sozialstaates sind Solidarität auf der einen und Eigenverantwortung auf der anderen Seite. Zu deren Verwirklichung hat der Staat ein weitgespanntes Netz sozialer Gesetze geschaffen, das von der Sicherung bei Krankheit, Pflegebedürftigkeit, Unfall und Alter bis zu Kindergeld, Wohngeld oder Arbeitslosengeld reicht. Darüber hinaus garantiert der Staat die Sicherung existenzieller Lebensbedingungen (siehe Grafik, S. 511).

Entwicklung der Sozialversicherung. Die Anfänge der Sozialversicherung in Deutschland reichen bis ins Mittelalter zurück, als Bergleute gemeinschaftliche Kassen zur Unterstützung verunglückter, Not leidender Mitglieder errichteten. Aber erst gegen Ende des 19. Jahrhunderts wurde der Grundstein für eine umfassende Sozialversicherung gelegt. Den Anstoß dazu gab die rasche industrielle Entwicklung, die zu einer immer größeren Zahl von Industriearbeitern führte. Die Arbeiter waren weitgehend schutzlos; ihr geringer Lohn erlaubte keine Bildung von Rücklagen, und bei Krankheit oder Unfällen standen sie vor dem Nichts. Diese soziale Frage bewegte die deutsche Innenpolitik. Der damalige Reichskanzler Otto von Bismarck leitete eine fortschrittliche Sozialgesetzgebung in die Wege.

Durch Gesetze von 1883, 1884 und 1889 wurden drei Pflichtversicherungen ins Leben gerufen, die neben den Arbeitern auch Teile der Angestelltenschaft erfassten und die bis heute für die deutsche Sozialversicherung prägend sind: die Krankenversicherung, die Unfallversicherung und die damals als Invalidenversicherung bezeichnete Rentenversicherung. 1911 wurden diese Versicherungen dann in der Reichsversicherungsordnung zusammengefasst, die außerdem die Hinterbliebenenversorgung durch Witwen- und Waisenrente einführte. Ebenfalls 1911 wurde mit der Angestelltenversicherung eine eigenständige Invaliditäts- und Alterssicherung für Angestellte geschaffen. Für die Bergleute wurde 1923/24 eine eigene Versicherung, die Knappschaftliche Versicherung, eingeführt. 1927 entstand die Arbeitslosenversicherung, und vom Jahr 1939 an wurden auch die Handwerker in die gesetzliche Sozialversicherung einbezogen, soweit sie sich nicht privat absicherten.

Nach dem Zweiten Weltkrieg wurden die Leistungen der Sozialversicherung wesentlich ausgebaut und verbessert. So wurde 1957 eine gesetzliche Altershilfe für Landwirte eingeführt. Mit der großen Rentenreform von 1957 wurden die Renten an die allgemeine Entwicklung der Einkommen angekoppelt: Wenn der Durchschnittsverdienst der Arbeitnehmer steigt, werden auch die Renten entsprechend erhöht (Dynamische Rente). Für die Jahre 2000 und 2001 steigen die Renten ausnahmsweise entsprechend der Preissteigerungsrate. Weitere Rentenreformen erfolgten 1972 und 1992.

Das umfassende Netz der sozialen Sicherheit kommt seit 1990 auch denjenigen zugute, die als Rentner, Kriegsopfer oder Behinderte in der früheren DDR benachteiligt waren. Die Währungs-, Wirtschafts- und Sozialunion und der Einigungsvertrag haben 1990 die Grundlage dafür geschaffen, dass alle Menschen im gemeinsamen Sozialstaat Deutschland nach einer Übergangszeit die gleiche soziale Sicherheit genießen.

Die Krankenversicherung. Fast alle Einwohner der Bundesrepublik sind krankenversichert, sei es als Pflicht- oder freiwillige Mitglieder der gesetzlichen Krankenversicherung (90 Prozent der Bevölkerung) oder als Mitglieder einer privaten Krankenversicherung. In der gesetzlichen Krankenversicherung besteht Versicherungspflicht für alle Arbeitnehmer bis zu einer bestimmten Einkommensgrenze. Eine freiwillige Versicherung ist unter gewissen Voraussetzungen möglich. Krankenversichert sind auch Rentner, Arbeitslose, Auszubildende und Studenten unter bestimmten Voraussetzungen. Die Arbeitnehmer sind über die Orts-, Betriebs- oder Innungskrankenkassen und ihre

Ersatzkassen versichert. Unabhängig von ihrem Beruf können sie ihre Kasse frei wählen. Bei Betriebs- und Innungskrankenkassen gilt dies nur dann, wenn sie sich in ihrer Satzung für Außenstehende geöffnet haben. Darüber hinaus gibt es mit der Seekrankenkasse, der Bundesknappschaft und der landwirtschaftlichen Krankenkasse Sonderformen für bestimmte Berufszweige. Alle Versicherten haben die freie Wahl unter den zugelassenen Kassenärzten und Kassenzahnärzten. Die Versicherungsbeiträge werden bei Versicherungspflichtigen und bei freiwillig versicherten Angestellten je zur Hälfte von den Versicherten und den Arbeitgebern aufgebracht. 2000 lag der durchschnittliche Beitragssatz bundesweit bei 13,6 Prozent des Bruttoeinkommens.

Die Krankenkasse bezahlt die Kosten ärztlicher und zahnärztlicher Behandlung, dazu unter anderem Arzneien, Heil- und Hilfsmittel sowie die Krankenhausbehandlung und gesundheitliche Vorsorgemaßnahmen. Bei Kuren übernimmt die Kasse ganz oder teilweise die Kosten. Im Krankheitsfall hat der Arbeitnehmer bis zu sechs Wochen Anspruch auf die Weiterzahlung von Lohn und Gehalt durch den Arbeitgeber. Einige Tarifverträge haben diesen Zeitraum noch verlängert. Danach zahlen die Krankenkassen bis zu 78 Wochen Krankengeld.

Die Unfallversicherung. Schutz und Hilfe bei Arbeitsunfällen und Berufskrankheiten bietet die Gesetzliche Unfallversicherung. In der Bundesrepublik sind alle Arbeitnehmer von Gesetzes wegen unfallversichert, ebenso die Landwirte. Andere Selbstständige können sich freiwillig versichern lassen. Auch Studenten, Schüler und Kinder in Tageseinrichtungen sind in den Versicherungsschutz einbezogen.

Träger der Unfallversicherung sind vor allem die Berufsgenossenschaften, die jeweils alle Betriebe eines Berufszweigs erfassen. Ihre Mittel werden durch Beiträge allein der Unternehmen aufgebracht. Der Anspruch auf Versicherungsleistungen besteht bei Versicherungsfällen (Arbeitsunfällen, Berufskrankheiten), die zu Verletzungen, Erkrankungen oder zum Tod führen. Als Versicherungsfälle gelten auch Unfälle auf dem Weg vom und zum Arbeitsplatz. Erleidet eine versicherte Person einen Unfallschaden, trägt die Unfallversicherung die Kosten der Heilbehandlung und bei gleichzeitiger Arbeitsunfähigkeit das Verletztengeld. Ist die Erwerbsfähigkeit um mindestens ein Fünftel gemindert oder stirbt die versicherte Person infolge des Versicherungsfalls, zahlt die Versicherung Rente, Sterbegeld und Hinterbliebenenrente. Die Renten werden jährlich angepasst. Die berufsfördernden Leistungen zur Rehabilitation im Rahmen der Unfallversicherung umfassen vor allem berufliche Umschulungsmaßnahmen mit dem Ziel der beruflichen Wiedereingliederung. Die Berufsgenossenschaften sind außerdem verpflichtet, Vorschriften zur Verhütung von Unfällen und zur Bekämpfung von Berufskrankheiten zu erlassen. Sie überwachen ihre Durchführung in den Betrieben.

Die Rentenversicherung. Die Gesetzliche Rentenversicherung ist ein Grundpfeiler der sozialen Sicherheit in der Bundesrepublik Deutschland. Sie gewährleistet, dass die Erwerbstätigen nach ihrem Ausscheiden aus dem Berufsleben einen angemessenen Lebensstandard halten können. Alle Arbeiter und Angestellten sind von Gesetzes wegen rentenversichert. Selbstständige, die nicht auf Grund ihrer Zugehörigkeit zu bestimmten Berufsgruppen pflichtversichert sind, können die Versicherungspflicht beantragen. Wer nicht der Versicherungspflicht unterliegt, kann der Rentenversicherung freiwillig beitreten. Die Beiträge zur Rentenversicherung (im Jahr 2000 19,3 Prozent des Bruttoverdienstes) werden bis zu einer Beitragsbemessungsgrenze von monatlich 8600 DM (in den ostdeutschen Ländern 7100 DM) erhoben und je zur Hälfte vom Arbeitnehmer und Arbeitgeber getragen. Die Rentenversicherung zahlt Altersrenten und Renten wegen verminderter Erwerbsfähigkeit. Nach dem Tod des Versicherten erhalten die Hinterbliebenen einen bestimmten Prozentsatz seiner Rente. Voraussetzung für eine Rente ist die Erfüllung einer „Wartezeit", d.h. die Versicherung muss für eine Mindestdauer bestanden haben. Die Altersrente wird in der Regel ab Vollendung des 65. Lebensjahrs gezahlt. Unter bestimmten Voraussetzungen kann sie schon ab Vollendung des

Gesundheitsvorsorge ist in jedem Lebensalter von Vorteil

63. oder 60. Lebensjahrs gezahlt werden (künftig grundsätzlich verbunden mit Abschlägen als Ausgleich für den vorzeitigen und damit längeren Rentenbezug).

Die Höhe der Rente richtet sich vor allem nach der Höhe der versicherten Arbeitsentgelte. Seit der Rentenreform von 1992 erhalten ältere Arbeitnehmer mehr Wahlfreiheit beim Übergang vom Erwerbsleben in den Ruhestand. Es besteht die Möglichkeit, eine Altersrente als Teilrente zu beziehen und teilweise weiterzuarbeiten. Mit dem Altersteilzeitgesetz sind die Möglichkeiten für einen gleitenden Übergang in den Ruhestand noch erweitert worden.

Seit der Rentenreform 1957 hat sich die verfügbare Rente eines Durchschnittsverdieners im Westen nach 45 Jahren ("Eckrente") auf ein Niveau von rund 70 Prozent des durchschnittlichen Nettoeinkommens der Arbeitnehmer hin entwickelt. Eine solche Rente beträgt seit dem 1. Juli 2000 in den westdeutschen Ländern 2020 DM, in den ostdeutschen Ländern 1754 DM. Die Durchschnittsrente betrug 1999 – bedingt durch Unterbrechungen oder Ausfallzeiten im Laufe des Erwerbslebens – in den westdeutschen Ländern 1228 DM, in den ostdeutschen Ländern 1342 DM. Die Rente steigt jährlich wie die Löhne und Gehälter; in den Jahren 2000 und 2001 werden die Renten entsprechend den Preissteigerungsraten des Vorjahres erhöht.

Wegen der demographischen Entwicklung sind strukturelle Anpassungen bei den Rente zur Sicherung eines stabilen und sozialen Rentensystems erforderlich. Ziel der Bundesregierung in der Rentenpolitik ist eine ausgewogene Lastenverteilung zwischen den Generationen. Die gesetzliche Rente soll durch eine kapitalgedeckte Altersvorsorge ergänzt werden.

Renten zu zahlen, ist nicht die einzige Aufgabe der Rentenversicherung. Sie dient darüber hinaus der Erhaltung, Besserung und

Wegen der demographischen Entwicklung wird der Beruf der Altenpflegerin immer wichtiger

Wiederherstellung der Erwerbsfähigkeit der Versicherten (Rehabilitation). So ermöglicht sie ihnen medizinische Leistungen zur
Rehabilitation und unterstützt sie, wenn sie aus gesundheitlichen Gründen einen neuen Beruf erlernen müssen.

Eine wertvolle Ergänzung zur Gesetzlichen Rentenversicherung bilden die Betriebsrenten, die viele Unternehmen ihren Mitarbeitern freiwillig als zusätzliche Altersversorgung zahlen.

Die Arbeitslosenversicherung. Grundsätzlich sind alle Arbeitnehmer (also Arbeiter, Angestellte, Heimarbeiter und Auszubildende) in der Arbeitslosenversicherung versichert. Die Beiträge zur Arbeitslosenversicherung tragen Arbeitnehmer und Arbeitgeber je zur Hälfte. Arbeitslosengeld in Höhe von 60 Prozent (mit mindestens einem Kind 67 Prozent) des pauschalierten Nettoarbeitsentgelts erhält ein Arbeitsloser in der Regel,
wenn er innerhalb der letzten drei Jahre vor der Entstehung
des Anspruchs mindestens zwölf Monate in einem Versicherungspflichtverhältnis gestanden hat. Die Zahlungsdauer von
Arbeitslosengeld ist vom Alter abhängig.

Die Pflegeversicherung. Die Pflegeversicherung, die zum 1.
Januar 1995 eingeführt wurde, ergänzt das Netz der sozialen Sicherung für den Fall der Pflegebedürftigkeit. Sie ist eine Pflicht-
versicherung: Grundsätzlich ist jeder bei seiner gesetzlichen
Krankenkasse auch pflegeversichert bzw. muss, wenn er privat
krankenversichert ist, eine private Pflegeversicherung abschlie-
ßen. Die Beiträge zur Pflegeversicherung tragen Arbeitnehmer
und Arbeitgeber je zur Hälfte; um die Beitragsbelastung für die
Wirtschaft auszugleichen, wurde unter anderem in den meisten Ländern der Buß- und Bettag als gesetzlicher Feiertag abgeschafft. Unterhaltsberechtigte Kinder und Ehegatten ohne oder
mit sehr geringem Einkommen sind im Rahmen der Familien-
versicherung – wie bei der gesetzlichen Krankenversicherung –
beitragsfrei mitversichert. Derzeit erhalten rund 1,86 Millionen
Pflegebedürftige Geld- und Sachleistungen aus der Pflegeversicherung.

Familienleistungen. Das Kindergeld für das erste und zweite
Kind beträgt derzeit jeweils 270 Mark. Für das dritte Kind werden 300 Mark und für jedes weitere 350 Mark gezahlt. Ein Be-
treuungsfreibetrag von DM 3024 für Kinder bis zum vollendeten 16. Lebensjahr wurde eingeführt. DM 2400 beträgt der Steu-
erfreibetrag für volljährige Kinder in der Ausbildung. Seit 1986
gibt es darüber hinaus ein Erziehungsgeld für Mütter und Vä-

ter, das je Kind monatlich 600 Mark beträgt und für 24 Monate gezahlt wird. Hierbei gelten jedoch Einkommensgrenzen. Außerdem können Mütter oder Väter, die ihr Kind selbst betreuen wollen, Erziehungsurlaub bis zu drei Jahren beanspruchen. Während dieser Zeit besteht Kündigungsschutz.

Die Eingliederung Behinderter. Die Bundesrepublik Deutschland ist – zusammen mit zahlreichen privaten und öffentlichen Organisationen, Vereinen, den Sozialdiensten der Kirchen und einer großen Zahl freiwilliger Helfer – darum bemüht, behinderten Menschen ein weitgehend normales Leben innerhalb der Gemeinschaft zu ermöglichen. Behinderte haben ein Recht auf Hilfe im Hinblick auf

— medizinische Leistungen
— berufsfördernde Leistungen
— Leistungen zur schulischen und allgemeinen sozialen Eingliederung
— finanzielle Leistungen.

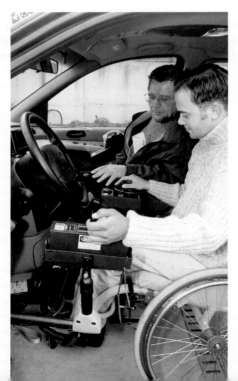

Spezialausstattungen ermöglichen Schwerbehinderten das Autofahren

Besonders bei berufsfördernden Maßnahmen stehen eine Vielzahl öffentlicher Einrichtungen zur Verfügung: Berufsbildungswerke, Berufsförderungswerke, berufliche Trainingszentren, Einrichtungen der medizinisch-beruflichen Rehabilitation und Werkstätten für Behinderte. Wenn der – in der Regel von den Versorgungsämtern festgestellte – Grad der Behinderung mehr als 50 Prozent beträgt, erhält der Behinderte einen Schwerbehindertenausweis, der unter anderem einen besonderen Schutz des Arbeitsplatzes garantiert. Alle öffentlichen und privaten Arbeitgeber mit mehr als 16 Beschäftigten sind verpflichtet, Schwerbehinderte zu beschäftigen; geschieht dies nicht, müssen sie – nach dem „Gesetz zur Bekämpfung der Arbeitslosigkeit Schwerbehinderter" – in bestimmter Quotierung Ausgleichsabgaben entrichten.

Kriegsopferversorgung und Soziale Entschädigung bei Gesundheitsschäden. Leistungen der Sozialen Entschädigung bei Gesundheitsschäden erhalten Kriegsopfer, Soldaten der Bundeswehr, Zivildienstleistende, Opfer von Gewalttaten, Opfer von SED-Unrecht, Impfgeschädigte und andere, für deren Versorgung die staatliche Gemeinschaft einzutreten hat. Sie haben u.a. einen gesetzlichen Anspruch auf Renten, deren Höhe sich an der Schwere der Gesundheitsschädigung orientiert und der jeweiligen Entwicklung der Erwerbseinkommen der Arbeitnehmer angepasst wird. Für die Jahre 2000 und 2001 steigen die Rentenleistungen nach dem sozialen Entschädigungsrecht wie die Renten aus der gesetzlichen Rentenversicherung ausnahmsweise entsprechend der Preissteigerungsrate. Außerdem werden Leistungen der medizinischen und beruflichen Rehabilitation gewährt. Stirbt jemand an den Folgen des Gesundheitsschadens, besteht ein Anspruch auf Hinterbliebenenversorgung.

Sozialhilfe. Sozialhilfe bekommen in der Bundesrepublik Personen, die sich nicht selbst helfen können und keine Hilfe von anderer Seite erhalten. Nach dem Sozialhilfegesetz hat jeder Einwohner der Bundesrepublik in derartigen Notlagen Anspruch auf Sozialhilfe. Diese umfasst Hilfe zum Lebensunterhalt oder Hilfe in besonderen Lebenslagen wie Behinderung, Krankheit oder Pflege. Sozialhilfe wird teilweise von den Kommunen, teilweise von den Ländern geleistet. 1999 betrugen die Ausgaben für Sozialhilfe 50 Milliarden DM.

Das Gesundheitswesen

Die Bundesrepublik Deutschland verfügt über ein breit gefächertes und sozial abgestütztes Gesundheitswesen. Sorge um die Gesundheit ist Sache jedes Einzelnen und auch eine Aufgabe von Staat und Gesellschaft. Alle Bürger sollen unabhängig von ihrer wirtschaftlichen und sozialen Lage die gleichen Chancen zur Erhaltung und Wiederherstellung ihrer Gesundheit haben. Das deutsche Gesundheitssystem ist dezentral gegliedert, es baut auf Pluralismus und Selbstverwaltung.

Ärzte und Krankenhäuser. In der Bundesrepublik gab es 1998 rund 287000 berufstätige Ärzte. Damit zählt die Bundesrepublik zu den medizinisch bestversorgten Ländern der Erde. Weniger als die Hälfte der Ärzte arbeiten in freier Praxis; die übrigen sind in Krankenhäusern, in der Verwaltung oder Forschung tätig. Neben den 2030 Allgemeinen Krankenhäusern (788 öffentlichen, 823 freigemeinnützigen und 419 privaten) mit insgesamt rund 534 000 Betten gibt es 233 sonstige Krankenhäuser (zum Beispiel reine Tages- oder Nachtkliniken). In 1395 Vorsorge- oder Rehabilitationseinrichtungen standen 1998 rund 191 000 Betten zur Verfügung.

Arzneimittelsicherheit. Die Qualität, Wirksamkeit und Unbedenklichkeit von Arzneimitteln werden in einem behördlichen Zulassungsverfahren geprüft, das im Arzneimittelgesetz geregelt ist. Dieses Gesetz regelt auch die Arzneimittelherstellung und die Verschreibungspflicht sowie die Erfassung und Bewertung von Risiken, die nach der Zulassung beobachtet werden. Rund 90 Prozent der mehr als 82,1 Millionen Bundesbürger genießen Versicherungsschutz in der gesetzlichen Krankenversicherung. Für Versicherte der gesetzlichen Krankenversicherung werden die Kosten der Versorgung mit Arzneimitteln weitgehend von den Krankenkassen getragen; die Versicherten haben in Abhängigkeit von der Packungsgröße eine Zuzahlung zu entrichten. Die Zuzahlung berücksichtigt die finanzielle Leistungsfähigkeit. Sozialklauseln sorgen dafür, dass niemand durch Zuzahlungen finanziell überfordert wird. Geringverdiener sowie Kinder und Jugendliche müssen grundsätzlich keine Zuzahlungen leisten.

In Deutschland sind mit rund 45 000 verkehrsfähigen Arzneimitteln so viele Medikamente erhältlich wie sonst nirgendwo in Europa. Das aus den pharmazeutischen Unternehmen, dem pharmazeutischen Großhandel und den Apotheken bestehende Vertriebssystem stellt eine flächendeckende Versorgung der Bevölkerung sicher. Der für Deutschland geltende einheitliche Apothekenabgabepreis sowie die Vorgaben der Arzneimittelpreisverordnung sorgen dafür, dass ein bestimmtes Arzneimittel in jeder öffentlichen Apotheke zum gleichen Preis erhältlich ist.

Sicherheit der Medizinprodukte. Seit dem 1. Januar 1995 ist in Deutschland das Medizinproduktegesetz (MPG) in Kraft. Das europäische und somit auch das deutsche Medizinprodukterecht dienen nicht nur dem freien Warenverkehr im Europäischen Wirtschaftsraum, sondern auch (vornehmlich) dem Schutz des Patienten, Anwenders und Dritten. Medizinprodukte sind zum Beispiel Verbandmittel, Kondome, ärztliche Instrumente, künstliche Gelenke, Operationsgeräte, Beatmungsgeräte, Bestrahlungsgeräte, Labordiagnostika und Rollstühle, aber auch Sterilisationsgeräte für Arztpraxen und Krankenhäuser. Die Zahl der verschiedenen Medizinprodukte wird auf etwa 400 000 geschätzt. Der Produktionswert beträgt insgesamt rund 35 Milliarden DM. Die deutsche Medizinprodukteindustrie ist die größte in der EU und gehört mit den USA und Japan zu den führenden der Welt.

Alle Medizinprodukte müssen – unabhängig von ihrem potenziellen Risiko (Klassifizierung) – die gesetzlich vorgeschriebenen „Grundlegenden Anforderungen" erfüllen. Sie betreffen technische, medizinische und Informations-Anforderungen. Die vom

Gesundheits-Check-up beim Arzt für Allgemeinmedizin

Hersteller angegebene Zweckbestimmung muss belegt werden. Für jedes Medizinprodukt müssen eine Risikoanalyse sowie eine klinische Bewertung, gegebenenfalls auch eine klinische Prüfung, durchgeführt werden. Der Nutzen muss die Risiken überwiegen. Die Risiken müssen minimiert werden. Somit müssen alle Medizinprodukte – unabhängig von der Klassenzugehörigkeit – ein gleich hohes Sicherheitsniveau erfüllen.

Gesundheitsvorsorge. Eine Vielzahl von Institutionen auf Bundes- und Länderebene und die freien gemeinnützigen Organisationen bieten vielfältige Informationen zur Gesundheitserziehung sowie Kurs- und Beratungsprogramme an. Vorsorge ist ein wichtiger Bestandteil des Gesundheitswesens. In der gesetzlichen Krankenversicherung geht es besonders um

— Vorsorgeuntersuchungen bei Schwangerschaft. Versicherte Frauen haben während der Schwangerschaft Anspruch auf vierwöchentliche Vorsorgeuntersuchungen zur Überwachung von Mutter und Kind.

— Früherkennung bei Kindern und Jugendlichen. Das Krankheitsfrüherkennungsprogramm umfasst 10 Untersuchungen in verschiedenen Lebensphasen.

— Gesundheits-Check-up. Vom 35. Lebensjahr an können sich alle Versicherten alle zwei Jahre einem „Gesundheits-Check-up" bei ihrem Arzt unterziehen, einer Untersuchung, die besonders die großen Zivilisationskrankheiten wie Herz-Kreislauf-Erkrankungen, Nierenerkrankungen oder Diabetes umfasst.

— Krebsvorsorge. Versicherte haben einmal jährlich Anspruch auf eine Untersuchung zur Früherkennung von Krebskrankheiten; Frauen von Beginn des 20., Männer von Beginn des 45. Lebensjahres an.

— Zahnvorsorge bei Kindern und Jugendlichen. Für Kinder bis zum 12. Lebensjahr führen die Krankenkassen gemeinsam mit

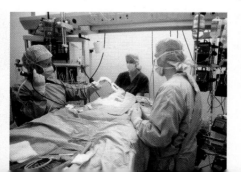

Endoskopische und videogestützte Operationen hinterlassen keine großen Narben

Kindergärten und Schulen Aktionen zur Verhütung von Zahnerkrankungen durch. Kinder und Jugendliche vom 6. bis zum 18. Lebensjahr können sich zusätzlich einmal halbjährlich einer individuellen zahnmedizinischen Vorsorgeuntersuchung unterziehen und erhalten bei Bedarf prophylaktische Behandlungen, die vor Zahnerkrankungen schützen.

Mehr Gesundheit für die Bürger ist das Ziel der Arbeit der Bundeszentrale für gesundheitliche Aufklärung (BzgA). Als Fachbehörde für Gesundheitsförderung entwickelt sie Strategien zur gesundheitlichen Aufklärung und Prävention und setzt sie in Kampagnen und Projekten um. Ein Schwerpunkt der BzgA ist die Gesundheit von Kindern und Jugendlichen. Mit ihrer Ausrichtung auf Information, Beratung und Betreuung ist die Bekämpfung der Immunschwächekrankheit AIDS ein gesundheitlicher Schwerpunkt. Präventionskampagnen haben entscheidend dazu beigetragen, HIV-Neuinfektionen auf ein vergleichsweise geringes Maß zu begrenzen. Für die AIDS-Bekämpfung wurden bislang mehr als 738 Millionen DM zur Verfügung gestellt.

Häufig benötigen kranke Menschen und ihre Angehörigen Hilfe, die über die medizinische Versorgung durch Arzt oder Krankenhaus hinausgeht. Im Vordergrund stehen dabei eine umfassende Beratung und der Erfahrungsaustausch mit Menschen, die unter derselben Krankheit leiden. Dies leisten zahlreiche Selbsthilfegruppen, die sich als freiwillige Zusammenschlüsse chronisch Kranker und Behinderter gebildet haben.

Internationale Aktivitäten. Deutschland ist Mitglied in allen wichtigen internationalen Organisationen. Die World Health Organization (WHO) ist die größte internationale Fachorganisation für Gesundheit im Verbund der Vereinten Nationen. Sie hat 192 Mitgliedsländer. Hauptziel der WHO ist es, dazu beizutragen, dass alle Menschen den höchstmöglichen Gesundheitszustand erlangen. Ziel des Europarates ist die Entwicklung einer wirklich europäischen Gesundheitspolitik durch die Annäherung der Gesundheitspolitiken der Mitgliedstaaten, ein hohes Maß an Vorbeugung und bessere Gesundheitserziehung und die Förderung des gleichberechtigten Zugangs zur Gesundheitsversorgung. Das Internationale Krebsforschungszentrum (IARC) führt zentrale Fachprogramme durch; es geht dabei besonders um die Koordinierung von Forschungsvorhaben. Die OECD befasst sich zunehmend mit dem Thema Gesundheit. Neben den

Gesundheitsstatistiken, die seit Jahren zu den wichtigsten Tätigkeiten gehören, wird besonders die wirtschaftliche Seite der Gesundheitspolitik in Untersuchungen und vergleichenden Länderstudien dargestellt.

Die Bundesrepublik Deutschland wirkt bei den Tagungen der Steuerungsgremien der genannten Organisationen sowie deren Hauptversammlungen durch die internationale Unterabteilung des Bundesministeriums für Gesundheit aktiv mit.

Bei der bilateralen Zusammenarbeit mit anderen Staaten ist die gesamte Bandbreite des Gesundheitswesens von der Humanmedizin bis zur Veterinärmedizin berücksichtigt. Unter Einbeziehung der Fachabteilungen anderer Bundesministerien, wissenschaftlicher Einrichtungen in den Bundesländern sowie von Nichtregierungsorganisationen werden bilaterale Absprachen getroffen, Konzepte für die Kooperation in bestimmten Sachgebieten entwickelt und entsprechende Projekte ins Leben gerufen. Mit einer Reihe von Staaten, die nicht der EU angehören, mit denen aber eine enge Zusammenarbeit im Gesundheitswesen stattfindet, wurden entsprechende Abkommen geschlossen. In diesen Abkommen, die durch Durchführungs- bzw. Arbeitsprogramme über die konkrete Zusammenarbeit ergänzt werden, sind die Rahmenbedingungen für die Förderung des wissenschaftlichen und praktischen Erfahrungsaustauschs (Hospitationen) zwischen deutschen und ausländischen Institutionen des Gesundheitswesens definiert.

Weitere Informationen:
— Bundesministerium für Gesundheit
  Am Propsthof 78a, 53121 Bonn
  Internet: http://www.bmgesundheit.de
  E-Mail: poststelle@bmg.bund.de

Der Verbraucherschutz

Das Angebot an Waren und Dienstleistungen wächst. Mehr als 1000 Produkte kommen allein in Deutschland alljährlich neu auf den Markt. Seit der Verwirklichung des gemeinsamen Binnenmarktes in Europa am 1. Januar 1993 ist das Angebot noch größer und unübersichtlicher geworden. Erzeugnisse aus heimischer Produktion konkurrieren mit Waren aus aller Welt. Innovative Techniken wie der elektronische Geschäftsverkehr oder die Neuen Medien bringen Chancen, aber auch Risiken für die Verbraucher. Der Verbraucher hat eine so große Auswahl wie nie zuvor, doch ist er immer öfter überfordert, bei allen Produkten Qualität und Preis, dazu möglicherweise auch deren Sicherheit oder gesundheitliche Risiken richtig einzuschätzen. Nicht selten ist der Käufer auch unlauteren Verkaufspraktiken ausgesetzt. Der Verbraucherpolitik gebührt daher ein fester Platz in der Wirtschafts- und Gesellschaftsordnung in Deutschland.

Ziel der Verbraucheraufklärung ist es, den Markt transparent zu machen und die Konsumenten in die Lage zu versetzen, ihre Kaufentscheidung rational auf der Basis objektiver Qualitätsbeurteilungen und Preisvergleiche zu treffen. Die Verbraucher benötigen zudem Informationen über Schadensersatzansprüche oder Widerrufsrechte bei Versicherungs- und Kreditverträgen, Geldanlagen, Pauschalreisen oder dem Kauf von Konsumgütern. Die Verbraucherorganisationen informieren auch über Ernährung oder Fragen der Umweltbelastungen, darüber hinaus in den Bereichen Bauen und Wohnen, Hobby und Freizeit sowie Energiesparen.

Schon 1964 hat die Bundesregierung gemeinsam mit der Arbeitsgemeinschaft der Verbraucherverbände die „Stiftung Warentest" mit Sitz in Berlin gegründet. Sie bewertet und prüft Gebrauchs- und Verbrauchsgüter jeder Art – vom Kugelschreiber bis zum PC – nach Qualität, Verhältnis zwischen Preis und Leistung sowie auf Umweltverträglichkeit. Auch Dienstleistungen werden getestet. Mittlerweile werden jedes Jahr rund 1700 Produkte in rund 100 vergleichenden Warentests geprüft. Die „Stiftung Warentest" arbeitet grundsätzlich nur mit sachkundigen, unabhängigen Prüfern und Prüfungsinstituten. Sie hat sich nicht nur bei den Verbrauchern, sondern auch bei den Herstellern einen guten Ruf als seriöse Institution erworben. Positive Urteile der „Stiftung Warentest" wie die Prädikate „gut" oder „sehr gut" für geprüfte Produkte werden von den betreffenden Firmen gerne für die Werbung verwendet.

Wichtigste Publikationen der „Stiftung Warentest" sind die monatlich in einer Auflage von rund 700 000 Exemplaren erscheinende Zeitschrift „test" sowie die Zeitschrift „FINANZ-test". Außerdem werden die Testergebnisse regelmäßig in rund 160 Zeitungen und Zeitschriften sowie in zahlreichen Sendungen des Hörfunks und Fernsehens bekannt gegeben.

Die 16 Verbraucherzentralen in den Ländern stehen mit ihren rund 350 Verbraucherberatungsstellen dem Bürger zusätzlich mit Rat und Tat zur Seite. Sie beantworten Fragen nach Warenqualität, Preisen und Dienstleistungen. Für ihre Arbeit erhalten die Verbände staatliche Hilfe. Bevor der Gesetzgeber neue Gesetze zum Verbraucherschutz beschließt, zieht er den Sachverstand der Verbraucherverbände zu Rate.

Die Arbeitsgemeinschaft der Verbraucherverbände (AgV) ist der Dachverband von Verbraucher- und sozialorientierten Mitgliederverbänden. Dazu gehören vor allem die Verbraucherzentralen der Länder. In ihrem Auftrag setzt sich die AgV für die Interessen der Verbraucher ein und unterstützt die Tätigkeit der verbraucherberatenden Mitgliederorganisationen. Die Rechte und Interessen der Verbraucher vertritt die AgV auf nationaler und internationaler Ebene in vielen Gremien der Politik und der Wirtschaft. Sie pflegt engen Kontakt zu den Parlamenten

Vergleichender Test von Anrufbeantwortern

und erarbeitet Vorschläge und Stellungnahmen zu Gesetzesinitiativen.

Der Schutz des Verbrauchers ist durch eine Reihe von Gesetzen erheblich verbessert worden. Das Gesetz über die Allgemeinen Geschäftsbedingungen schützt Kunden vor unseriösem Kleingedrucktem, das Verbraucherkreditgesetz ermöglicht Widerruf und verlangt Informationen vom Kreditgeber. Widerruf in bestimmten Fällen regelt auch das Haustürwiderrufsgesetz. Das Lebensmittelrecht schützt vor gesundheitsschädigenden Nahrungsmitteln, das Reisevertragsgesetz bindet Reiseveranstalter an ihre Zusagen, das Produkthaftungsgesetz regelt die Haftung der Hersteller für fehlerhafte Produkte. Das am 1. August 1997 in Kraft getretene Produktsicherheitsgesetz verpflichtet Hersteller und Händler, sichere Produkte in den Warenverkehr zu bringen und gibt den zuständigen Behörden Befugnisse zur Abwehr von Gefahren, die von mangelhaften Produkten ausgehen. Ob Lebensmittel kennzeichnungspflichtig sind, Arzneimittel strengen Auflagen unterliegen, Waschmittel umweltverträglich sind oder Waren in Schaufenstern mit Preisen ausgezeichnet sein müssen – überall dienen Gesetze dem Wohl des Endverbrauchers. Die Arbeitsgemeinschaft der Verbraucherverbände gibt gemeinsam mit den Verbraucherzentralen Broschüren, Ratgeber und Faltblätter zu allen verbraucherbezogenen Themenbereichen heraus.

Mit dem Zusammenwachsen der EU verlagert sich auch in der Verbraucherpolitik die Initiative mehr und mehr auf die europäische Ebene. Die EU verabschiedet Richtlinien, die in nationales Recht umgesetzt werden müssen. Bei der EU-Kommission gibt es einen „Beratenden Verbraucherausschuss" aus 20 Mitgliedern. Wichtigste Interessenvertretung der Verbraucherverbände auf europäischer Ebene ist das „Bureau Européen des Unions de Consommateurs (BEUC)", der Dachverband von 30 nationalen Verbraucherorganisationen.

Gesundheitlicher Verbraucherschutz. Ein wesentlicher Teil der Gesundheitspolitik ist der gesundheitliche Verbraucherschutz bei Lebensmitteln, Bedarfsgegenständen, Kosmetika und Tabakerzeugnissen. Die gesetzlichen Regelungen hierzu befinden sich im Lebensmittel- und Veterinärrecht, das heute weitgehend vom europäischen Gemeinschaftsrecht bestimmt wird.

Die Angleichung der nationalen Rechtsvorschriften der Mitgliedstaaten durch europäisches Gemeinschaftsrecht, die im Großen und Ganzen abgeschlossen ist, war Voraussetzung für das Funktionieren eines einheitlichen europäischen Binnenmarktes. Im Binnenmarkt kennen Lebensmittel- und Verbraucherschutz heute keine nationalen Grenzen mehr. Für den Verbraucher stehen vor allem die Sicherheit und gesundheitliche Unbedenklichkeit der Lebensmittel, woher sie auch kommen, im Mittelpunkt des Interesses.

Deutschland hat die europäischen Regelungen, wie die anderen Mitgliedstaaten der Europäischen Union auch, in das nationale Lebensmittelrecht übernommen. Zentrales Rahmengesetz ist das Lebensmittel- und Bedarfsgegenständegesetz, das zusammen mit dem Fleischhygienegesetz, dem Geflügelfleischhygienegesetz und anderen Gesetzen und Verordnungen eine solide Grundlage für den Verbraucherschutz bei Lebensmitteln, Tabakerzeugnissen, Kosmetika und Bedarfsgegenständen des täglichen Lebens darstellt. Für die Durchführung der Gesetze ist die Lebensmittelüberwachung der Länder zuständig.

Auch die Vorschriften über die amtliche Lebensmittelüberwachung sind in der Gemeinschaft harmonisiert worden, um die Voraussetzungen dafür zu schaffen, dass in allen Mitgliedsländern Lebensmittel in entsprechender Weise kontrolliert und für die Einhaltung der lebensmittelrechtlichen Anforderungen durch ein amtliches Überwachungsnetz vom landwirtschaftlichen Urprodukt bis zum verzehrfertigen Lebensmittel Sorge getragen wird.

Weitere Informationen:
— Arbeitsgemeinschaft der Verbraucherverbände (AgV)
  Heilsbachstr. 20, 53123 Bonn
  Internet: http://www.agv.de
  E-Mail: mail@agv.de
— Stiftung Warentest
  Lützowplatz 11-13, 10785 Berlin
  Internet: http://www.stiftung-warentest.de
  E-Mail: pressestelle@stiftung-warentest.de

Gesellschaftliches Leben

Frauen und Gesellschaft

„Männer und Frauen sind gleichberechtigt", sagt das Grundgesetz. Dieses Verfassungsgebot lässt an Klarheit nichts zu wünschen übrig; doch es beschreibt eher einen Auftrag als die gesellschaftliche Wirklichkeit. Deshalb wurden im Jahr 1994 die verfassungsrechtlichen Grundlagen zur Gleichberechtigung erweitert. In Artikel 3 Absatz 2 heißt es seitdem: „Der Staat fördert die tatsächliche Gleichberechtigung von Frauen und Männern und wirkt auf die Beseitigung bestehender Nachteile hin." Trotzdem haben Frauen in Gesellschaft, Politik und Beruf immer noch nicht die gleichen Chancen wie Männer. Dabei bilden sie die Mehrheit: In Deutschland leben rund zwei Millionen mehr Frauen als Männer.

Rechtliche Gleichstellung im Eherecht. Das Gebot der Gleichberechtigung wurde erst nach und nach in praktische Politik umgesetzt. 1958 wurde die Gleichberechtigung der Frau durch das Gleichberechtigungsgesetz in der Ehe auf der Basis einer Funktionsteilung (Hausfrauenehe) sowie die Gleichberechtigung im ehelichen Güterrecht (Zugewinngemeinschaft) eingeführt. 1977 erfolgte die Reform des Ehe- und Familienrechtes mit dem Ziel, den Ehegatten die Aufgabenverteilung in der Ehe im gegenseitigen Einvernehmen zu überlassen (Abschaffung des Regelmodells der Hausfrauenehe) und die Gleichberechtigung der Frauen bei der Schließung oder Auflösung

Die fünf Ministerinnen des Bundeskabinetts

einer Ehe zu gewährleisten. Das Schuldprinzip im Scheidungsrecht wurde zu Gunsten des Zerrüttungsprinzips abgeschafft. Ein Versorgungsausgleich sorgt seitdem dafür, dass geschiedene Ehepartner ihre Rentenanwartschaften im Alter teilen. Mit dem seit April 1994 geltenden Gesetz zur Neuordnung des Familiennamensrechts wird auch im Namensrecht die Gleichberechtigung von Frau und Mann gewährleistet. Eine einseitige Bevorzugung des Namens des Mannes gibt es nicht mehr. Seit Juli 1997 ist die Vergewaltigung in der Ehe unter Strafe gestellt.

Frauen im Beruf. Frauen stellen 42 Prozent der Erwerbstätigen. Sie erwirtschaften einen Großteil des Steueraufkommens und leisten Sozialversicherungsbeiträge in Milliardenhöhe. Ihre Arbeit in Wirtschaft und Verwaltung, im Gesundheitswesen und den Bildungseinrichtungen ist unentbehrlich geworden. Die Frauen selbst und auch der Staat investieren in hohem Maß in ihre Bildung und Ausbildung: Der Anteil der Schulabgängerinnen mit Hochschulreife aus allgemeinbildenden Schulen lag 1997 bei 54,9 Prozent. Im gleichen Jahr lag der Anteil der Universitätsabsolventinnen bei 46,6 Prozent. Hinzu kommt, dass die erreichten Noten der Frauen im Durchschnitt besser sind als die der Männer. Diese Zahlen finden im Berufsleben, besonders in den mittleren und oberen Führungsrängen, noch immer keine Entsprechung, sondern es gibt nach wie vor viele Benachteiligungen.

Frauen haben oft größere Schwierigkeiten, einen Ausbildungs- und Arbeitsplatz zu finden. In den ostdeutschen Ländern sind sie stärker als Männer von Arbeitslosigkeit betroffen. Frauen sind häufiger nicht entsprechend ihrer Qualifikation beschäftigt und haben zu neuen Technologien und zu zukunftsfähigen Berufsfeldern noch zu wenig Zugang. Obwohl der Grundsatz „Gleiches Entgelt für gleiche und gleichwertige Arbeit" gesetzlich festgeschrieben ist, verdienen Frauen im Schnitt immer noch weniger als Männer.

Mit „Frau und Beruf" hat die Bundesregierung ein umfassendes Gleichstellungsprogramm vorgelegt, um die Chancengleichheit von Frauen und Männern im Beruf und in der Familie mit Nachdruck voranzubringen. Mit dem Programm werden folgende Ziele angestrebt:

— Verbesserung der Ausbildungschancen junger Frauen, gerade auch in den zukunftsorientierten Berufen der Informationsgesellschaft
— Erweiterung der Arbeitsplatzchancen und beruflichen Aufstiegsmöglichkeiten für Frauen
— Abbau der Benachteiligungen für Existenzgründerinnen
— Förderung der Vereinbarkeit von Familien- und Erwerbsarbeit
— Abbau von Einkommens- und Lohndiskriminierung
— Erhöhung des Anteils von Frauen in Forschung und Lehre.

Frauen und Familie. Die große Mehrheit der Bevölkerung – knapp 80 Prozent – bestand 1996 aus Familien mit ledigen Kindern (57%) oder aus Ehepaaren, die keine Kinder (mehr) bei sich im Haushalt haben (23%). Einen Trend zur Ein-Kind-Familie gibt es bislang nicht: Heute entscheiden sich diejenigen, die eine Familie gründen, häufiger als früher für zwei oder mehr Kinder. Andererseits wird jedoch in steigendem Maß ganz auf Kinder verzichtet.

Die Familienförderung ist ein wichtiges gesellschaftspolitisches Ziel der Bundesregierung. Das unterstreicht ein Gesetz über Erziehungsgeld und Erziehungsurlaub. Das Erziehungsgeld wird für die ersten zwei Jahre nach Geburt eines Kindes in Höhe von 600 DM pro Monat je Kind für diejenigen Mütter oder Väter bezahlt, die ihr neugeborenes Kind selbst betreuen und erziehen, die keine oder keine volle Erwerbstätigkeit ausüben und deren Jahreseinkommen die maßgeblichen Einkommensgrenzen nicht überschreitet.

Am 1. Januar 2001 tritt das neue Bundeserziehungsgeldgesetz mit einem Rechtsanspruch auf Teilzeitarbeit für beide Elternteile in Kraft. Sie können Erziehungsurlaub zu gleicher Zeit antreten und bis zu je 30 Stunden in der Woche einer Erwerbstätigkeit nachgehen. Der traditionellen Aufgabenteilung zwischen den Geschlechtern mit Zuweisung der Kinderbetreuung an die Mutter und den daraus folgenden Benachteiligungen im Erwerbsleben wird so entgegengewirkt.

Während des Erziehungsurlaubs genießen die Eltern besonderen Kündigungsschutz. Zudem werden Zeiten der Kindererziehung

– drei Jahre für jedes Kind, das ab 1992 geboren wurde – in der Rentenversicherung angerechnet. Zeiten, in denen kranke Angehörige gepflegt werden, können seit 1992 für die Rente angerechnet werden. Das ist ein wichtiger Schritt zur gerechteren Bewertung der Familien- im Vergleich zur Erwerbsarbeit.

Frauen in der Politik. Seit 1919 haben Frauen in Deutschland das aktive und passive Wahlrecht. Die Zahl der politisch aktiven Frauen steigt zwar an, ist aber immer noch wesentlich geringer als die der Männer. In den meisten Parteien gibt es Bestimmungen, durch eine „Frauenquote" oder ein „Frauenquorum" die Zahl der weiblichen Mitglieder in den Führungsgremien zu erhöhen.

Der Anteil weiblicher Abgeordneter im Deutschen Bundestag ist von 8,4 Prozent im Jahr 1980 auf gegenwärtig 30,9 Prozent gestiegen. Seit 1961 gehörte jeder Bundesregierung mindestens eine Frau an. Heute sind von 14 Bundesministern fünf Frauen. In allen Länderregierungen amtieren Frauenministerinnen oder Frauenbeauftragte. In rund 1700 Gemeinden sind Gleichstellungsstellen oder Frauenbüros eingerichtet worden.

Parallel zur gesetzlichen Gleichstellung hat sich in Deutschland eine Frauenbewegung entwickelt, die auch feministisch geprägt ist. Sie wendet sich scharf gegen Diskriminierungen; nicht zuletzt dieser Frauenbewegung außerhalb der schon bestehenden Frauenorganisationen ist der Anstoß zur Errichtung von inzwischen rund 440 Frauenhäusern zu verdanken. Dort finden Frauen, die von ihrem Partner misshandelt wurden, Schutz und Unterkunft, auch für ihre Kinder. Mit dem 1999 verabschiedeten „Aktionsplan der Bundesregierung zur Bekämpfung von Gewalt gegen Frauen" hat die Bundesregierung ein umfassendes Gesamtkonzept für alle Ebenen der Gewaltbekämpfung vorgelegt.

Als „Lobby der Frauen" versteht sich der Deutsche Frauenrat, die Bundesvereinigung deutscher Frauenverbände und -gruppen. Er umfasst 52 Verbände mit rund elf Millionen Mitgliedern.

Weitere Informationen:
— Bundesministerium für Familie, Senioren, Frauen und Jugend
  Glinkastr. 18-24, 10117 Berlin
  Internet: http://www.bmfsfj.de
  E-Mail: poststelle@bmfsfj.bund.de
— Deutscher Frauenrat
  Simrockstraße 5, 53113 Bonn
  Internet: http://www.deutscher-frauenrat.de

Die Jugend

Fast jeder fünfte Einwohner der Bundesrepublik Deutschland ist jünger als 18 Jahre. Von den gut 15,9 Millionen Kindern und Jugendlichen in Deutschland hat etwa jede zehnte Person eine ausländische Staatsangehörigkeit. Knapp ein Drittel aller Einwohner, gut 25 Millionen, sind jünger als 27 Jahre. Für den weitaus größten Teil von ihnen haben sich im vergangenen Jahrzehnt die Lebenschancen und Zukunfterwartungen erheblich verbessert. Insbesondere in Westdeutschland verfügen die meisten Jugendlichen über gute materielle Lebensgrundlagen. Ihre finanziellen Möglichkeiten sind im europäischen Rahmen überdurchschnittlich, und ihre Ausstattung mit Konsumgütern ist gut. Die Jugendlichen sind leistungsbereit und blicken zum überwiegenden Teil mit kritischem Optimismus in die Zukunft.

In der Rangliste der zehn beliebtesten Freizeitaktivitäten der 14- bis 29-Jährigen stehen Fernsehen (89 %) und Telefonieren (69 %) ganz oben, gefolgt von Musikhören (67 %) und gemeinsamen Aktivitäten mit Freunden (64 %). Bücher lesen bevorzugen 38 Prozent, und mit dem Computer – an erster Stelle aller jugendlichen Wunschlisten steht ein eigener PC - beschäftigen sich 31 Prozent.

Suche nach Orientierung. Mit der in den letzten Jahren zu beobachtenden Abnahme der lebensprägenden Kräfte von Familie, Konfession, sozialem Milieu und Gemeinde wuchsen gleichzeitig die individuellen Freiheitsräume junger Menschen und ihre Chancen, über den eigenen Lebensentwurf selbst zu bestimmen.

In diese Richtung weisen die Verlängerung der Bildungszeiten, die Trennung der Generationen durch eine zunehmende Orientierung an den Normen der Gleichaltrigen, die wachsende Bedeutung des Freizeit- und Konsumsektors und die Wirkung der Massenmedien. Auch wenn damit der Druck zu selbstverantwortlicher Lebensgestaltung zunimmt, so bekennen doch 83 Prozent der westdeutschen und 89 Prozent der ostdeutschen

Befragten, dass sie im Falle persönlicher Probleme zunächst Hilfe bei ihren Eltern finden, die eher als Partner denn als Respektspersonen angesehen werden.

Freilich finden nicht alle jungen Menschen den gewünschten Zugang und das Verständnis für ihre Probleme in Elternhaus oder Schule; häufig sind auch die Bindungen zu anderen verantwortlichen Bezugspersonen oder gesellschaftlichen Gruppen geschwächt, und nicht selten werden sie von den isolierten Jugendlichen ganz in Frage gestellt. In solcher Lage werden die jungen Menschen leicht verführbar zu Verhaltensweisen, die ihnen selbst, aber auch ihren Mitmenschen zur Gefahr werden können. Hier liegen einige Gründe für die Bereitschaft zu gesellschaftlichem und politischem Radikalismus. Die kriminellen Angriffe von kleinen Gruppen Jugendlicher gegen Ausländer, vor allem in den ostdeutschen Ländern, resultieren offenbar nicht aus persönlichen Erfahrungen mit Ausländern, sondern aus der Furcht einer Zurücksetzung bei beruflicher Ausbildung und persönlichen Zukunftsperspektiven. Hinzu kommen eine unreflektierte Mischung diffuser rechtsextremer Ideologie, Rauflust nach Art der Hooligans und das Verlangen nach Anerkennung innerhalb eines engen Verständnishorizonts um jeden Preis.

Die Bundesregierung und die Regierungen der Länder haben ihre Entschlossenheit bewiesen, jugendliche Straftäter mit allen Mitteln des Rechtsstaates zu verfolgen und sie ihrer Strafe zuzuführen. Mindestens ebenso wichtig ist die Eindämmung politisch motivierter Gewalt durch erzieherische und aufklärende Maßnahmen, gerade angesichts des niedrigen Alters der Täter. Für die Bundesregierung gehört die politische Auseinandersetzung mit dem Rechtsextremismus und seine Bekämpfung zu einer der wichtigsten Aufgaben in dieser Legislaturperiode. Sie hat

Fans bei einem Konzert der „Puhdys" in der Berliner Waldbühne

daher zu einem „Bündnis für Demokratie und Toleranz – gegen Extremismus und Gewalt" aufgerufen, das die Werte und Garantien des sozialen demokratischen Rechtsstaates umsetzt und offensiv vertritt. Wichtigstes Ziel des Bündnisses ist das entschiedene Eintreten für den Schutz und die Achtung demokratischer Regeln, für den Respekt vor der Würde des Menschen, für Toleranz und Solidarität. Die ganz überwiegende Mehrheit junger Menschen in Deutschland hat kein Verständnis für fremdenfeindliche Ausschreitungen.

Jugendverbände und Jugendorganisationen. Es gibt in Deutschland etwa 90 überregionale Jugendorganisationen und Jugendverbände, in denen rund ein Viertel aller Jugendlichen organisiert ist. Viele bundesweit vertretene Jugendverbände haben sich im Bundesjugendring zusammengeschlossen, so zum Beispiel die Arbeitsgemeinschaft der Evangelischen Jugend, der Bund der Deutschen Katholischen Jugend, die Jugendverbände der Gewerkschaften, die Landjugendverbände und der Ring Deutscher Pfadfinder. Mitgliederstärkste Jugendorganisation ist die Deutsche Sportjugend. Jugendorganisationen gibt es auch im politischen Bereich. Den meisten der dem Deutschen Bundestag angehörenden Parteien haben sich parteinahe Jugendorganisationen angeschlossen: Sie gehören dem Ring Politischer Jugend an. Daneben sind besonders konfessionelle und gewerkschaftliche Jugendverbände, Volkshochschulen, Stiftungen und Bildungsstätten Träger der politischen Bildung, die jungen Menschen außerhalb der Schule Kenntnisse über Gesellschaft und Staat, europäische und weltweite Politik samt der sozial bedeutsamen Entwicklung in Kultur, Wirtschaft, Technik und Wissenschaft vermitteln wollen. Die politische Bildung soll das Urteilsvermögen über gesellschaftliche Vorgänge und Konflikte schulen, zur Wahrnehmung eigener Rechte und Interes-

sen ebenso wie der Pflichten und Verantwortlichkeiten gegenüber Mitmenschen, Gesellschaft und Umwelt befähigen und zur Mitwirkung an der Gestaltung einer freiheitlich-demokratischen Gesellschafts- und Staatsordnung anregen.

Kulturelle Bildung. Kulturelle Bildung ist zentraler Bestandteil der außerschulischen Jugendbildung und damit Grundlage einer umfassenden Persönlichkeitsbildung. In diesem Zusammenhang setzt sich die Bundesregierung dafür ein, dass eine aktive Auseinandersetzung mit Kunst und Kultur in möglichst frühen Lebensjahren stattfinden kann und dass Kinder und Jugendliche frühzeitig vielfältige kulturelle Erfahrungen sammeln.

Wie wertvoll der Kontakt mit Kunst und Kultur für die positive Entwicklung junger Menschen ist, zeigt sich in den Angeboten von Musikschulen, Jugendfilmklubs, Theatern, Tanzgruppen, Bibliotheken, Jugendkunstschulen, literarischen Arbeitsgemeinschaften, Museen und vielen anderen Institutionen. In zahlreichen Jugendkulturprojekten werden wichtige Themen wie Ökologie, Gewalt und Fremdenfeindlichkeit aufgegriffen: Die jungen Menschen erarbeiten sich selbstständig neue Einsichten in die gesellschaftlichen Verhältnisse im Hinblick auf ein friedliches und demokratisches Miteinander.

Die Bundesvereinigung Kulturelle Jugendbildung ist ein Zusammenschluss von 48 bundesweit agierenden Fachverbänden, an deren Aktivitäten mehr als 12 Millionen junge Menschen pro Jahr teilnehmen. Mit mehr als 100 000 Projekten, Wettbewerben, Werkstätten, Begegnungen, Seminaren und Tagungen initiieren, organisieren und begleiten die Fachorganisationen Kinder- und Jugendkulturarbeit auf internationaler, nationaler und regionaler Ebene.

Unverkennbar ist heute allerdings ein nachlassendes politisches Interesse der Jugendlichen, da viele der Ansicht sind, dass der von den Massenmedien verbreitete politische Betrieb ohne Bezug zu ihrem persönlichen Leben ist. Ihre Haltung gegenüber der deutschen Politik ist eher mit „kritischer Aufmerksamkeit" zu beschreiben. In Hinblick auf die Europäische Union sind die Kenntnisse mangelhaft.

Staat und Jugend. Die Erziehung von Kindern und Jugendlichen ist in erster Linie Recht und Pflicht von Eltern und Erziehungsberechtigten. Zu den staatlichen Aufgaben gehört jedoch auch, die persönliche und soziale Entfaltung von Kindern und Jugendlichen zu unterstützen. Diese sollen ihre Persönlichkeit entwickeln, ihr Leben eigenverantwortlich und in Verantwortung gegenüber den Mitmenschen gestalten und ihren Platz in Beruf und Gesellschaft finden können.

Die Ächtung von Gewalt in der Erziehung ist ein wichtiges Ziel der Bundesregierung, denn Gewalt gegen Kinder bleibt nicht ohne Folgen für ihre Entwicklung. Mangelndes Selbstwertgefühl, emotionale Gleichgültigkeit, Aggressivität, Kriminalität und Drogenmißbrauch sind häufige Folgen. Kinder, die in der Familie Gewalt erlitten haben, neigen später selbst zur Gewalttätigkeit. Das Recht auf gewaltfreie Erziehung wurde deswegen im Juli 2000 im Bürgerlichen Gesetzbuch verankert.

Die Entwicklung von Kindern und Jugendlichen wird darüber hinaus mit Jugendschutzmaßnahmen, mit sozialen Hilfen und mit Angeboten zur freiwilligen Mitwirkung unterstützt. Im Juli 1997 hat die Bundesregierung – anknüpfend an den 1. Weltkongress gegen die gewerbsmäßige sexuelle Ausbeutung von Kindern, der in Stockholm stattfand – ein Arbeitsprogramm ge-

Jugend forscht: Schüler mit selbstgebautem Sonnenkollektor

gen Kindesmissbrauch, Kinderpornografie und Sextourismus veröffentlicht. Das Arbeitsprogramm enthält ein breites Maßnahmenbündel zur Prävention und Aufklärung, zum rechtlichen Bereich, zur internationalen Strafverfolgung und zum Opferschutz. Durch Kooperation mit „terre des hommes" und der Europäischen Kommission fördert die Bundesregierung darüber hinaus die Sensibilisierung der Bevölkerung für die Rechte und den Schutz der Kinder.

In der Regel lässt der Staat in der Jugendarbeit aber Vereinen, Verbänden, Kirchen oder Stiftungen und anderen unabhängigen Einrichtungen, so genannten freien Trägern der Jugendhilfe, den Vortritt. Erst dadurch entsteht ein Angebot an Diensten, das Ausdruck unterschiedlicher gesellschaftlicher Grundrichtungen ist und damit den leistungsberechtigten Kindern, Jugendlichen und Eltern echte Wahlmöglichkeiten eröffnet. Das Kennzeichen der föderalen Ordnung der Bundesrepublik, die möglichst weitgehende Verlagerung der Aufgaben auf die bürgernahen Ebenen, auf Städte, Kreise und Gemeinden, zeigt sich auch im Bereich der Kinder- und Jugendhilfe: Der größte Teil der finanziellen Aufwendungen wird von Ländern und Gemeinden aufgebracht.

Das zentrale Förderungsinstrument der Bundesregierung für die Jugendpolitik und Jugendarbeit ist der Kinder- und Jugendplan des Bundes. Er umfasst zurzeit ein Volumen von 192 Millionen DM. Unterstützt werden damit neben den bundeszentralen Verbänden und Organisationen der Kinder- und Jugendhilfe zum Beispiel Projekte der außerschulischen Jugendbildung in den Lernfeldern politischer, sportlicher und kultureller Jugendbildung und im internationalen Jugendaustausch. Gefördert wird auch die soziale Bildung einschließlich des Freiwilligen Sozialen Jahres und des Freiwilligen Ökologischen Jahres.

Gemeinsames Musizieren beim Jugendfest des Deutsch-Polnischen Jugendwerks

Internationale Jugendkontakte sind eine Brücke der Verständigung und der Zusammenarbeit über Grenzen hinweg. Internationale Begegnungen bieten persönliche Bereicherung und helfen, komplexe Zusammenhänge und andere Kulturen zu verstehen. Im Rahmen des Kinder- und Jugendplanes des Bundes fördert die Bundesregierung über 3000 Maßnahmen der Internationalen Jugendzusammenarbeit. Ferner nehmen jährlich über 140 000 Deutsche und Franzosen an den rund 7000 Veranstaltungen des Deutsch-Französischen Jugendwerkes teil, das seit über 35 Jahren besteht. Anfang 1993 hat das Deutsch-Polnische Jugendwerk seine Aufgabe der Förderung bilateraler Jugendbewegungen aufgenommen. 1999 nahmen mehr als 124 000 deutsche und polnische Jugendliche an Programmen teil, die von der Organisation unterstützt werden. Über Fragen zum deutsch-tschechischen Jugendaustausch informiert die Koordinierungsstelle TANDEM in Regensburg.

Auch die Europäische Union fördert den Jugendaustausch mit dem Programm „Jugend in Europa" und ermöglicht ein intensives Kennenlernen anderer Länder und Kulturen im Rahmen des „Europäischen Freiwilligendienstes". Informationen dazu gibt es beim Büro „Jugend für Europa" des Internationalen Jugendaustauschs und Besucherdienstes der Bundesrepublik Deutschland e.V.

Weitere Informationen:
— Deutsch-Französisches Jugendwerk
  Molkenmarkt 1-3, 10179 Berlin
  Internet: http://www.dfjw.org
  E-Mail: info@dfjw.org
— Deutsch-Polnisches Jugendwerk
  Friedhofsgasse 2, 14473 Potsdam
  Internet: http://www.dpjw.org
  E-Mail: buero@dpjw.org
— TANDEM
  Gutenbergplatz 1a, 93047 Regensburg
— Deutscher Bundesjugendring
  Haager Weg 44, 53127 Bonn
  Internet: http://www.dbjr.de
  E-Mail: info@dbjr.de
— Deutsche Sportjugend
  Otto-Fleck-Schneise 12, 60528 Frankfurt
  Internet: http://www.dsj.de
  E-Mail: deutsche-sportjugend@t-online.de
— Bundesvereinigung Kulturelle Jugendbildung
  Küppelstein 34, 42857 Remscheid
  Internet: http://www.bkj.de
  E-Mail: info@bkj.de
— Arbeitsgemeinschaft für Jugendhilfe
  Haager Weg 44, 53127 Bonn

— Bundesarbeitsgemeinschaft Jugendsozialarbeit
  Kennedyallee 105-107, 53175 Bonn
  E-Mail: BAGJAW@t-online.de
— Arbeitsgemeinschaft der Jungsozialistinnen und Jungsozialisten in der SPD
  Wilhelmstr. 140, 10963 Berlin
  Internet: http://www.spd.de/jusos/
  E-Mail: jusos@spd.de
— Junge Union Deutschlands
  Inselstr. 1b, 10179 Berlin
  Internet: http://www.junge-union.de
  E-Mail: ju@junge-union.de
— Grüne Jugend
  Hessische Str. 10, 10115 Berlin
  Internet: http://www.gajb.de
  E-Mail: gajb-bgs@t-online.de
— Bundesverband der Jungen Liberalen
  Ackerstr. 3b, 10115 Berlin
— Internationaler Jugendaustausch und Besucherdienst der Bundesrepublik
  Deutschland e.V.
  Hochkreuzallee 20, 53175 Bonn
  Internet: http://www.ijab.de
  E-Mail: ijab-info@ijab.de
— Bundeskonferenz für Erziehungsberatung e.V.
  Herrnstr. 53, 90763 Fürth
  Internet: http://www.bke.de
  E-Mail: geschaeftsstelle@bke.de
— Arbeitsgemeinschaft für Erziehungshilfe e.V.
  Bundesvereinigung
  Gandhistr. 2, 30559 Hannover
  Internet: http://home.t-online.de/home/afet-/
  E-Mail: afet-@t-online.de

Der Sport

Sport ist in Deutschland eine sehr beliebte Freizeitbeschäftigung. Die Sportbegeisterung wird nicht nur passiv bei Fernsehübertragungen am Bildschirm ausgelebt, sondern vor allen Dingen aktiv in den mehr als 87 000 Vereinen, die sich im Verband des Deutschen Sportbundes zusammengeschlossen haben. Fast jeder vierte Bundesbürger ist Mitglied in zumindest einem Sportverein. Neben den rund 27 Millionen Mitgliedern treiben weitere zwölf Millionen Menschen Sport, ohne einem Verein anzugehören.

Der Deutsche Sportbund. Dachorganisation des Sports ist der Deutsche Sportbund (DSB), der aus 16 Landessportbünden und zahlreichen Fachverbänden besteht. Rund 2,6 Millionen Menschen sind in diesen Verbänden ehrenamtlich aktiv: als Übungsleiter, Trainer, Betreuer oder als Vorstandsmitglieder. Die westdeutschen Länder verfügen über ein beachtliches Netz von Einrichtungen für den Breiten- und den Spitzensport. So stehen den Sportbegeisterten rund 55 000 Sport- und Schulsportplätze zur Verfügung, dazu fast 35 000 Sport- und Gymnastikhallen und mehr als 7000 Hallen- und Freibäder. In den ostdeutschen Ländern besteht dagegen noch ein Nachholbedarf an Anlagen für den Breitensport und im Hinblick auf die Sanierung der bestehenden Anlagen. Dort wurde jahrzehntelang einseitig der Spitzensport gefördert.

Sydney 2000: Der deutsche Bahnvierer siegte mit neuem Weltrekord

Mit mehr als 6,3 Millionen Mitgliedern ist der Deutsche Fußball-Bund (DFB) der weitaus mitgliederstärkste Sportverband in Deutschland. Fußball wird in Tausenden von Amateurvereinen gespielt; er ist auch ein Zuschauermagnet bei den Spielen der Profi-Ligen, die während der Spielzeit jede Woche einige Hunderttausend in die Stadien locken. Drei Mal hat die deutsche Nationalmannschaft die Fußball-Weltmeisterschaft gewonnen. Sportarten wie Tennis, Golf, Eishockey, Basketball finden immer mehr Anhänger.

Sport im Dienst der Menschen. Die meisten Bürger treiben Sport nicht, weil sie nach Höchstleistungen streben. Die Freude an der Bewegung und die Betätigung in der Gemeinschaft sind für sie wichtiger. Sport dient der Gesundheit und gleicht die Bewegungsarmut in der technisierten Welt aus. Jahr für Jahr zieht der Sport deshalb mehr Menschen an.

Das Angebot der Vereine wird immer breiter. In einem üblichen Verein kann man heute Fußball, Handball, Volleyball, Basket-

Bei den Olympischen Spielen 2000 in Sydney gewann Thomas Schmidt die Goldmedaille im Wildwasserkajak

ball, Tennis und Tischtennis spielen, turnen und Leichtathletik treiben. Sehr beliebt sind auch die Wassersportvereine; dazu gibt es Angebote für Behinderte, Senioren oder Mütter mit Kindern.

Dem Breiten- und Freizeitsport dienen auch die vom DSB durchgeführten Aktionen „Im Verein ist Sport am schönsten", „Sportvereine. Für alle ein Gewinn" und „richtig fit" sowie die neue Kampagne „Danke den Ehrenamtlichen im Sport". Im Rahmen dieser Kampagne wurden auch die „richtig fit Tage des Sports" für verschiedene Sportarten angeboten. Millionen Sportbegeisterte nehmen alljährlich an diesen Wettbewerben teil. Begehrt ist das vom DSB in Gold, Silber und Bronze verliehene Sportabzeichen. Jährlich legen rund 750 000 Deutsche die Prüfungen für diese Sportabzeichen ab.

Der Spitzensport. Erfolge im modernen Hochleistungssport bedingen ein Höchstmaß an persönlichem und technischem Einsatz. Intensives Training, eine umfassende gesundheitliche und soziale Betreuung, aber auch finanzielle Absicherung sind hierfür grundlegende Voraussetzungen.

Olympiastützpunkte und Bundesleistungszentren gewähren Spitzenathletinnen und -athleten optimale Trainingsbedingungen sowie umfassende sportartübergreifende sportmedizinische, physiotherapeutische, trainingswissenschaftliche und soziale Betreuung.

Die 1967 gegründete „Stiftung Deutsche Sporthilfe", die sich als Sozialwerk des Sports versteht, trägt in erheblichem Maße zur finanziellen Absicherung der Sportlerinnen und Sportler bei.

Staatliche Sportförderung. Aufgrund der verfassungsrechtlichen Kompetenz des Bundes konzentriert sich die Bundesförderung auf den Hochleistungssport. Wo ein gesamtstaatliches Interesse besteht, können aber auch herausragende breitensportliche Aktivitäten gefördert werden. Ziel der Förderung des Hochleistungssports ist es, deutschen Spitzensportlerinnen und -sportlern im internationalen Wettkampf Chancen für ein erfolgreiches Abschneiden zu gewährleisten. Die Leistungen, die die öffentliche Hand auf den Ebenen der Kommunen, der Länder und des Bundes für den Sport aufwendet, sind beträchtlich. So werden die Leistungssportmaßnahmen der Bundessportfachverbände, die wesentliche Träger des Hochleistungssports sind, ebenso gefördert wie Olympiastützpunkte, Bundesleistungszentren und Bundesstützpunkte. Neben der Finanzierung von Trai-

nern fördert der Bund in erheblichem Maße den Sportstätten-
bau für den Hochleistungssport, die sportwissenschaftliche Forschung und die sportmedizinische Betreuung.

Wegen der herausragenden politischen Bedeutung des Leistungs-
sports der Behinderten hat der Bund im Rahmen seiner Zuständigkeit und seiner Möglichkeiten die Zuwendungen in den letzten Jahren kontinuierlich erhöht.

Als eine der führenden Nationen im Sport leistet Deutschland auch
international einen wichtigen Beitrag für die Entwicklung des
Sports innerhalb und außerhalb Europas. Mit dem Sonderför-
derprogramm „Goldener Plan Ost" beteiligt sich der Bund an
der Errichtung von Sportstätten für den Breitensport in den ostdeutschen Ländern und im ehemaligen Ostteil Berlins.

Die Förderung des Spitzensports durch den Bund setzt allerdings ei-
nen sauberen manipulationsfreien Sport voraus. Für die Anti-
Doping-Forschung und Dopinganalytik wurden zusätzliche
Bundesmittel bewilligt.

Weitere Informationen:
  — Deutscher Sportbund
    Otto-Fleck-Schneise 12, 60528 Frankfurt am Main
    Internet: http://www.dsb.de
    E-Mail: dsb@dsb.de

Freizeit und Urlaub

Freizeit. Freie Zeit ohne Verpflichtungen der Erwerbsarbeit oder des Haushalts ist das Ergebnis einer langen wirtschaftlichen, gesellschaftlichen und politischen Entwicklung in Deutschland. Der Jahresurlaub für den Berufstätigen ist eine Errungenschaft des 20. Jahrhunderts. Freizeit begründet ihre Tradition auf dem durch Arbeit erreichten Wohlstand. Sie ist ein gesellschaftlich eingeräumter Freiraum, der Freiheitsrechte einschließt (freie Verfügung über Zeit, Vereinigungs- und Reisefreiheit), und bietet eine Chance für selbstbestimmtes Handeln.

Der Umfang der Freizeit ist abhängig von der Lebenssituation des Einzelnen und steht in Konkurrenz zu Zeitanforderungen der Arbeit und der Alltagsverpflichtungen. Im Durchschnitt verfügt der Deutsche über drei bis vier Stunden Freizeit am Tag und 10 Stunden an den beiden Wochenendtagen und den neun Feiertagen. Der jährliche Urlaub beträgt bis zu sechs Wochen. Unterschiede zwischen West und Ost werden nach und nach ausgeglichen. Im Durchschnitt kommt der Erwachsene auf fast 2500 Stunden Freizeit pro Jahr. Seit langem geben die deutschen Haushalte zwischen 10 und 15 Prozent ihres verfügbaren Einkommens für Freizeit aus. Insgesamt beträgt der Umsatz für Freizeit in Deutschland jährlich etwa 450 Milliarden DM.

Angebot und persönliche Initiative. Für die Freizeitgestaltung steht eine große Vielfalt von Reise-, Ausflugs-, Kultur-, Sport- und Unterhaltungsmöglichkeiten von hoher Qualität bereit: Schwimmbäder und Sportanlagen für alle Disziplinen, Theater, Konzertsäle und Kinos, Bibliotheken und Museen, Gaststätten und Campingplätze . . .

Neben besonderen Einrichtungen für Freizeitaktivitäten gehören die Landschaft und in starkem Maß die Verkehrsinfrastruktur zum gerne wahrgenommenen Angebot während des „Nichtstuns". In Deutschland besteht eine bedeutende Freizeitwirtschaft mit Warenproduktion und Dienstleistungen. Träger der Freizeitinfrastruktur sind außerdem Vereine, Non-Profit-Unter-

Ballonfahren ist ein eindrucksvolles Sommervergnügen

nehmen und die öffentliche Verwaltung. Mehr als fünf Millionen Menschen leben – zumindest teilweise – von der Freizeit. Das Freizeitangebot ist Anreiz für Besucher, Nutzer, Gäste, Käufer, Einnahmequelle für zahlreiche Anbieter sowie unabdingbare Grundlage für den Tourismus. Voraussetzung für die meisten Freizeittätigkeiten ist eine angenehme und intakte Umwelt; daher steigen die Anforderungen an die entsprechenden Veranstalter ständig.

Jeder hat seine persönlichen Vorstellungen von Freizeitgestaltung. Viele Menschen gehen Tätigkeiten nach, die im privaten Umfeld beheimatet sind: sammeln, künstlerisches Arbeiten, musizieren. An vorderster Stelle stehen die Unterhaltung durch das Fernsehen, Musik hören und lesen. Die wichtigste Freizeitstätte ist und bleibt die Wohnung. Gleichwohl gehen die Deutschen auch gerne aus, fahren mit dem Auto, dem Motorrad oder dem Fahrrad. Zunehmender Beliebtheit erfreuen sich die „Autofreien Erlebnistage", bei denen viele Kilometer Autostraße nur für den Fahrradverkehr freigegeben sind, so im Rheintal zwischen Bingen und Koblenz oder die „Autofreie Weinstraße" in der Pfalz. Viele Menschen treiben Sport, wandern und arbeiten im Garten. Andere spenden Freizeit für Hilfsbedürftige bei privater und freiwilliger Leistung in Vereinen und Organisationen: Mindestens 12 Millionen Deutsche haben solche Aufgaben und Ämter übernommen.

Vereine. Besondere Bedeutung für die Freizeitgestaltung haben die Vereine, von denen es rund 345 000 mit 70 Millionen Mitgliedern gibt. Das deutsche Vereins- und Verbandsleben ist außerordentlich vielfältig. Fast jeder vierte Deutsche ist Mitglied eines Sportvereins, die Gesangvereine zählen über zwei Millionen Mitglieder. In Vereinen treffen sich Schützen und Briefmarkensammler, Hundezüchter und Heimatfreunde, Karnevalisten, Kleingärtner und Amateurfunker. Hier wird das gemeinsame Hobby gepflegt, aber auch die Geselligkeit. Jugend- und Frauengruppen runden das Spektrum ab. Manche Vereine können in der lokalen Politik eine gewisse Bedeutung erlangen. Im örtlichen Schützen- oder Heimatverein kommen Menschen mit unterschiedlichen Parteibindungen zusammen; hier werden informelle Kontakte geknüpft, die sich im Leben der Gemeinde auswirken können.

Als wichtiger Lebensbereich ist Freizeit auch Gegenstand der Forschung. Die Ergebnisse der wissenschaftlichen Bemühungen sammelt die Deutsche Gesellschaft für Freizeit (DGF) und stellt sie Interessenten zur Verfügung.

Reisen. Ein Viertel der Deutschen wählen für ihre Urlaubsreise ein inländisches Ziel. An Nord- und Ostsee mit ihren Küsten und Inseln schätzt man das ausgeglichene Seeklima. Gern besucht werden die Seenplatten in Holstein und Mecklenburg. Für Wanderer sind die Mittelgebirge und die Alpen lohnende Ziele. Zahlreiche Seen im ganzen Land laden zum Wassersport ein. Romantische Szenerien bieten die Flusstäler von Rhein, Main, Mosel, Neckar, Donau, Elbe und Saale. Fast 100 Touristikstraßen abseits der großen Verkehrsadern, wie die „Deutsche Märchenstraße", die „Straße der Romanik" oder die „Deutsche Weinstraße", erschließen die alten Kulturlandschaften und schaffen Nähe zu Natursehenswürdigkeiten, idyllischen alten Städten und Dörfern. Sie führen durch besonders schöne Teile des Landes und laden zum Anschauen, Verweilen und Einkehren ein. Die bekannteste Ferienstraße ist die „Romantische Straße", die vor allem in Rothenburg ob der Tauber, Dinkelsbühl und Nördlingen das Mittelalter lebendig werden lässt. Gute Gelegenheit zum Kontakt mit den Menschen bietet sich den Touristen bei den unzähligen regionalen oder lokalen Heimat- und Trachtenfesten, den Weinwochen oder anderen Volks- und Stadtfesten.

Küche und Unterkünfte haben in den letzten Jahrzehnten einen hohen Standard erreicht. Das Angebot reicht von der preiswerten Unterkunft auf dem Bauernhof und Privatquartieren über die gutbürgerliche Pension bis hin zu aufwändigen Ferienparks und internationalen Spitzenhotels. Es gibt für den Feinschmecker immer mehr Restaurants, die dem Vergleich mit renommierten internationalen Vorbildern standhalten. Daneben präsentiert sich die regionale deutsche Küche mit ihrer Vielfalt an typischen Speisen und Getränken. Die deutschen Weine haben

Skilaufen am Fellhorn bei Oberstdorf

in aller Welt hohes Ansehen, und dass die Deutschen auch heute noch die Tradition des Bierbrauens pflegen, braucht nicht groß erwähnt zu werden. Man schätzt indessen nicht nur die eigene Küche: Selbst in kleineren Städten finden sich Restaurants mit einem internationalen Angebot.

Das gut ausgebaute Verkehrsnetz erleichtert die Reise nach und durch Deutschland per Schiene, Straße oder auch zu Wasser. Nicht nur Wanderfreunde erreichen auf gut markierten kurzen Rundwegen oder langen Strecken in den Feriengebieten ihr Ziel. Auch per Fahrrad lässt sich das Land auf vielen eigens dazu angelegten Radwegen gut kennen lernen und erleben. In den ostdeutschen Ländern wird die touristische Infrastruktur zügig ausgebaut. In den gewässerreichen Regionen Brandenburgs und Mecklenburg-Vorpommerns sind attraktive Angebote für Wasserwanderer und Wassersportler entstanden.

Die Formalitäten für ausländische Besucher sind unkompliziert. Bürger vieler Staaten können heute ohne Visum zu einem Besuchsaufenthalt von bis zu drei Monaten nach Deutschland einreisen. Devisen dürfen in beliebiger Höhe ein- und ausgeführt werden.

Im Ausland sind Spanien, Italien und Österreich bevorzugte Ziele der Deutschen, gefolgt von Griechenland, Frankreich, der Niederlande und der Schweiz. Rund die Hälfte der deutschen Touristen bucht eine von einem Reiseanbieter organisierte Reise. 1999 gaben die Bundesbürger rund 89 Milliarden DM auf Reisen im Ausland aus.

Die Deutsche Zentrale für Tourismus (DZT) wirbt im Auftrag der Bundesregierung als nationale Marketingorganisation weltweit für die touristischen Angebote des Reiselands Deutschland. Die 27 DZT-Auslandsvertretungen und Vertriebsagenturen verstehen sich als professionelle Partner der Tourismuswirt-

Selbst ist der Mann: Heimwerker in seiner Werkstatt

Herbstliche Wanderung im Sauerland

schaft. Sie platzieren Deutschlandangebote in den Katalogen ausländischer Reiseveranstalter und stellen die Vielzahl lohnender Ziele in allen modernen Medien dar. Über einen Deutschlandstand ermöglicht die DZT kleinen und mittleren Unternehmen die Teilnahme an wichtigen Fach- und Publikumsmessen. Seit dem 1. Januar 1999 ist die DZT auch für das überregionale Inlandsmarketing verantwortlich. Die Aufgaben sind vielfältig, denn die deutschen Länder präsentieren sich in einzigartiger Weise als attraktive Ziele für Lang- und Kurzreisen in Europa.

Weitere Informationen:
- Deutsche Zentrale für Tourismus
  Beethovenstr. 69, 60325 Frankfurt am Main
  Internet: http://www.deutschland-tourismus.de
  E-Mail: info@d-z-t.com
- Deutscher Tourismusverband e.V.
  Bertha-von-Suttner-Platz 13, 53111 Bonn
  Internet: http://www.DeutscherTourismusverband.de
  E-Mail: DeutscherTourismusverband@t-online.de
- Deutsche Gesellschaft für Freizeit
  Bahnstraße 4, 40699 Erkrath
  E-Mail: DGFreizeit@t-online.de

Kirchen und Religionsgemeinschaften

Mehr als 55 Millionen Menschen bekennen sich in Deutschland zu einer christlichen Konfession. 27,4 Millionen sind evangelisch, 27,4 Millionen römisch-katholisch. Eine Minderheit gehört anderen christlichen Gemeinschaften an.

In Deutschland gibt es keine Staatskirche, d.h. keine Verbindung zwischen staatlicher und kirchlicher Verwaltung und damit keine Kontrolle der Kirchen durch den Staat. Die Kirchen und einige andere Religionsgemeinschaften haben den Status von selbstständigen öffentlich-rechtlichen Körperschaften. Das Verhältnis zwischen Staat und Kirche ist partnerschaftlich; Grundlage sind neben der Verfassung Konkordate und Verträge. Der Staat beteiligt sich an der Finanzierung bestimmter Einrichtungen in kirchlicher Trägerschaft wie Kindergärten und Schulen. Die Kirchen sind berechtigt, von ihren Mitgliedern Steuern zu erheben, die in der Regel gegen Kostenerstattung vom Staat eingezogen werden. Die angehenden Theologen werden größtenteils an öffentlichen Universitäten ausgebildet; bei der Besetzung der theologischen Lehrstühle haben die Kirchen ein verbrieftes Mitspracherecht.

Das soziale und karitative Engagement der Kirchen ist ein wesentlicher Bestandteil des öffentlichen Lebens. Ihre Tätigkeit ist unersetzbar in Krankenhäusern, Alten- und Pflegeheimen, bei Beratung und Betreuung in allen Lebenslagen, in Schulen und Ausbildungsstätten.

Die evangelische Kirche. Die Evangelische Kirche in Deutschland (EKD) ist eine Gemeinschaft von 24 weitgehend selbstständigen lutherischen, unierten und reformierten Gliedkirchen. Die Grenzen der Landeskirchen überschneiden sich mit denen der Länder. Oberstes Gesetzgebungsorgan ist die Synode, oberstes Leitungsorgan ist der Rat der EKD. Die Mitwirkung der Landeskirchen erfolgt in der Kirchenkonferenz. Das Kirchenamt in Hannover ist die zentrale Verwaltungsstelle der EKD. Die evangelische Kirche gehört dem Ökumenischen Rat der Kirchen

(Weltkirchenrat) an. Mit der römisch-katholischen Kirche besteht eine enge Zusammenarbeit.

Die katholische Kirche. Bis 1994 war die katholische Kirche in 23 Bistümern organisiert, von denen fünf Erzbistümer waren. Nach der Neuordnung im Gefolge der deutschen Wiedervereinigung gibt es heute 27 Bistümer (sieben Erzbistümer). Das Erzbistum Hamburg wurde neu errichtet. Das Bistum Berlin wurde zur Kirchenprovinz (Erzbistum) erhoben. Die Apostolische Administratur Görlitz und die Jurisdiktionsbezirke Magdeburg und Erfurt-Meiningen wurden Bistümer.

Die Erzbischöfe, Bischöfe und Weihbischöfe – insgesamt über 70 – treffen sich bei den jährlichen Frühjahrs- und Herbstvollversammlungen der Deutschen Bischofskonferenz. Das Sekretariat befindet sich in Bonn.

Die Impulse, die das II. Vatikanische Konzil für die Mitwirkung der katholischen Laien in der Kirche gegeben hat, werden von gewählten Vertretungen der Laien umgesetzt. Sie sind mit rund 140 Verbänden und Institutionen im Zentralkomitee der deutschen Katholiken zusammengeschlossen. Ein großes Echo hatten die Besuche von Papst Johannes Paul II. 1980, 1987 und 1996 in der Bundesrepublik. Sie gaben der ökumenischen Bewegung und dem Dialog zwischen Staat und Kirche bedeutende Anstöße.

Gemeinsames Handeln. Die beiden großen christlichen Kirchen haben durch ihr Engagement in Staat und Gesellschaft zum Wiederaufbau demokratischer Strukturen nach 1945 entscheidend beigetragen. An der Wende in der DDR hatten die Kirchen, insbesondere die evangelischer Kirche, ebenfalls einen wichtigen Anteil.

Die Kirchen in Deutschland wenden sich auf vielfältige Weise an die Öffentlichkeit. Dies geschieht durch Denkschriften und pu-

Schlußgottesdienst des Evangelischen Kirchentages 1999 in Stuttgart

blizistische Tätigkeit, so z.B. in dem gemeinsamen Wort der Kirchen von 1997: „Zur wirtschaftlichen und sozialen Lage in Deutschland", das einen breiten gesellschaftlichen Diskussionsprozess in Gang gesetzt hat. Große Aufmerksamkeit finden der Deutsche Katholikentag und der Deutsche Evangelische Kirchentag, die alle zwei Jahre im Wechsel stattfinden.

Die karitative Arbeit leisten auf katholischer Seite vor allem der Deutsche Caritasverband, auf evangelischer das Diakonische Werk. Beide Kirchen sind in der Entwicklungshilfe engagiert. Große kirchliche Hilfswerke werden aus freiwilligen Spenden der Gläubigen finanziert. So sammelten die evangelische Aktion „Brot für die Welt" und das katholische Werk „Misereor" Milliardenbeträge für die Dritte Welt. Damit wird in akuter Not geholfen; ein Großteil der Mittel kommt darüber hinaus der Förderung langfristiger Entwicklungsmaßnahmen zugute. Im Frühjahr 1993 wurde das katholische Hilfswerk „Renovabis" gegründet. Es versteht sich als „Aktion der partnerschaftlichen Solidarität" gegenüber Mittel-, Südost- und Osteuropa. Die evangelischen Kirchen haben 1994 die alljährliche Spendenaktion „Hoffnung für Osteuropa" mit dem umfassenden Ansatz der Hilfe zur Selbsthilfe eröffnet.

Andere Religionsgemeinschaften. Zu ihnen gehören vor allem die Orthodoxen Kirchen in Deutschland, die altkatholische Kirche und die evangelischen Freikirchen. Zu letzteren zählen der Bund Evangelisch-Freikirchlicher Gemeinden (Baptisten), der Bund Freier evangelischer Gemeinden in Deutschland, die Arbeitsgemeinschaft Mennonitischer Gemeinden, der Christliche Gemeinschaftsverband Mühlheim/Ruhr, die Evangelisch-methodistische Kirche, die Heilsarmee, die Kirche des Nazareners, der Bund Freikirchlicher Pfingstgemeinden, die Evangelische Brüder-Unität und die Gemeinschaft der Siebten-Tags-Ad-

Pontifikalamt zur 750-Jahr-Feier des Kölner Doms

ventisten. Die Vereinigung Evangelischer Freikirchen umfasst über 280 000 Mitglieder. Die Orthodoxen Kirchen in Deutschland weisen 1,15 Millionen Mitglieder auf. Nach dem Ersten Vatikanischen Konzil (1870) ist das Katholische Bistum der Alt-Katholiken in Deutschland entstanden. In ihm fanden sich bei der Gründung 1873 jene Gläubigen zusammen, die auf Grund ihrer Ablehnung der Dogmen der päpstlichen Unfehlbarkeit und der obersten Rechtsgewalt des Papstes über die Kirche exkommuniziert worden waren. Heute gibt es rund 30000 deutsche Alt-Katholiken in 58 Pfarreien.

Im Deutschen Reich wohnten 1933 etwa 530 000 Juden. Nach dem nationalsozialistischen Völkermord hielten sich nur noch wenige tausend Menschen jüdischer Herkunft in Deutschland auf. Heute leben annähernd 100 000 Juden als Mitglieder jüdischer Gemeinden in Deutschland. Viele von ihnen sind in den letzten Jahren aus den Ländern der ehemaligen Sowjetunion zugewandert. Die größte jüdische Gemeinde hat Berlin mit über 11 200 Mitgliedern; es folgen die Gemeinden in München mit 7200 und Frankfurt am Main mit 6600 Mitgliedern. Mit einem anhaltenden Mitgliederzuwachs ist zu rechnen. Traditionsreiche jüdische Gemeinden in Ostdeutschland wie die in Dresden und Leipzig können nach der deutschen Einigung wieder ein aktives Gemeindeleben entfalten. Dachorganisation der jüdischen Gemeinden ist der Zentralrat der Juden in Deutschland.

Durch die Anwesenheit zahlreicher Ausländer haben Religionsgemeinschaften, die früher in Deutschland kaum vertreten waren, stark an Bedeutung gewonnen. Das gilt besonders für den Islam. In Deutschland leben schätzungsweise rund drei Millionen Muslime aus 41 Nationen. Die größte Gruppe stellen die türkischen Muslime, gefolgt von Muslimen aus dem ehemaligen Jugoslawien, den arabischen Staaten und aus Süd/Südostasien.

Weitere Informationen:
— Kirchenamt der Evangelischen Kirche in Deutschland (EKD)
  Herrenhäuser Straße 12, 30419 Hannover
  Internet: http://www.ekd.de
  E-Mail: ekd@ekd.de
— Sekretariat der Deutschen Bischofskonferenz
  Kaiserstr. 163, 53113 Bonn
  Internet: http://www.dbk.de
  E-Mail: Pressestelle@dbk.de
— Zentralrat der Juden in Deutschland
  Tucholskystraße 9, 10117 Berlin

Massenmedien und öffentliche Meinung

Das Grundgesetz garantiert in Artikel 5 das Recht der freien Meinungsäußerung, die Pressefreiheit und das Recht, sich aus allgemein zugänglichen Quellen zu informieren. Eine Zensur gibt es nicht. Das Internationale Presse Institut in Wien, das sich kritisch mit der Pressefreiheit in der Welt beschäftigt, beschreibt die Bundesrepublik als eines der wenigen Länder, in denen der Staat die starke Position einer freiheitlichen Presse respektiert.

Vielfalt der Medien. Der Bürger hat die Auswahl unter einer Vielfalt von Medien, die miteinander konkurrieren. Allein die Tagespresse verkaufte Ende 1999 täglich rund 24,6 Millionen Exemplare. Insgesamt über 230 Hörfunkprogramme werden in Deutschland produziert; die Zahl der in Deutschland durchschnittlich pro Haushalt zu empfangenden Fernsehprogramme liegt bei über 30. Derzeit sind über 39 Millionen Fernseh- und rund 34 Millionen Radiogeräte angemeldet. Im Durchschnitt wenden die über 14-jährigen Deutschen täglich über 5,5 Stunden auf, um Zeitungen zu lesen (30 Minuten), Radio zu hören (2,5 Stunden) oder das Fernsehprogramm zu verfolgen (2,5 Stunden). Das Angebot wächst ständig. Nur rund ein Prozent der Menschen wird von keinem Medium erreicht. Die große Mehrheit unterrichtet sich jedoch regelmäßig durch mindestens zwei Medien.

Die Nachrichtenagenturen. Ihre Informationen erhalten die Massenmedien über Nachrichtenagenturen des In- und Auslandes, über eigene Korrespondenten und durch direkte Recherche. Die Hörfunk- und Fernsehanstalten sind mit Büros an allen wichtigen Plätzen der Welt vertreten. Dies gilt auch für die großen Zeitungen. Einen umfassenden Dienst mit deutschen Inlandsnachrichten bieten verschiedene Nachrichtenagenturen an. Marktführer ist die Deutsche Presse-Agentur (dpa). Daneben gibt es zum Beispiel den Deutschen Depeschendienst (ddp), die Associated Press (AP), Reuters (rtr) und Agence France Press

(AFP). dpa beliefert mit ihrem Basisdienst alle deutschen Tageszeitungen. AP, rtr und AFP können sich mit ihren deutschsprachigen Diensten auf das weltweite Netz der Muttergesellschaften in den USA, Großbritannien und Frankreich stützen.

Es gibt zahlreiche Spezial-Agenturen und Pressedienste. Darunter finden sich der Evangelische Pressedienst (epd), die Katholische Nachrichtenagentur (KNA) oder der Sport-Informationsdienst (sid). Eine Agentur wie die Vereinigten Wirtschaftsdienste (vwd) beliefert auch Unternehmen oder Verbände.

Neben den Agenturen sorgen Pressestellen von Verbänden, Behörden, Parteien, Unternehmen usw. für den Nachrichtenfluss zu den Massenmedien. Dies geschieht durch Pressekonferenzen, Pressemitteilungen, Korrespondenzen, Bilderdienste und Journalistengespräche. Außerdem gehört es zur Tagesroutine des Journalisten, eigene Recherchen zu selbstgewählten Themen anzustellen. Die Behörden sind in Deutschland im Rahmen der Gesetze zur Auskunft gegenüber Journalisten verpflichtet. In Berlin und Bonn sind nahezu 1200 akkreditierte Korrespondenten tätig, die in der Bundespressekonferenz bzw. im Verein der Auslandspresse zusammengeschlossen sind. Beide arbeiten völlig unabhängig von den Behörden.

Das Presse- und Informationsamt der Bundesregierung. Als Mittler zwischen Regierung und Öffentlichkeit versteht sich das Presse- und Informationsamt der Bundesregierung (BPA). Anders als in manchen Ländern ist der Regierungssprecher stets Gast der Bundespressekonferenz, wenn er die Journalisten über die Politik der Bundesregierung informiert. Der Regierungssprecher kommt zur Presse und nicht umgekehrt. Das gilt sogar für Pressekonferenzen, die der Bundeskanzler und die Bundesminister zusammen mit der Bundespressekonferenz abhalten. Das BPA hat außerdem die Aufgabe, den

Bundeskanzler Schröder und Außenminister Fischer im „Kreuzverhör"

Bundespräsidenten und die Bundesregierung sowie den Bundestag über die veröffentlichte Meinung des In- und Auslands zu unterrichten. Dabei wertet das Amt 21 Dienste von Nachrichtenagenturen, 59 Hörfunk- und 35 Fernsehprogramme aus dem In- und Ausland aus.

Meinungsforschung („Demoskopie") ist neben den Meinungen, die in den Medien veröffentlicht werden, und dem direkten Kontakt mit Bürgerinnen und Bürgern ein bedeutsames Instrument, um die grundsätzlichen Einstellungen, Erwartungen, Hoffnungen und Wünsche der Bevölkerung zu erhellen. Ihr Vorteil liegt in der Allgemeingültigkeit ihrer Erkenntnisse, sofern es sich um repräsentative Erhebungen mit genügend großer Fallzahl handelt. Ihre Grenzen liegen in der Augenblicksgebundenheit der Ergebnisse. Diese spiegeln aktuelle Stimmungen und Trends wider, die sich allerdings sehr rasch ändern können.

Meinungsforschung wird in Deutschland ausschließlich von privaten Instituten betrieben. Mit diesen arbeiten die Bundesregierung, die Landesregierungen sowie die politischen Parteien bei ihren Umfragen zusammen. Pluralität ist wichtig, um ein sachgerechtes Meinungsbild zu erhalten. Denn es hat sich gezeigt, dass die Untersuchungsergebnisse stark von der Frageformulierung und der Fragetechnik abhängen. Hier gehen die Institute unterschiedliche Wege.

In der politischen Meinungsforschung besonders aufschlussreich sind Fragestellungen, die mit gleichem Wortlaut in regelmäßigen Abständen wiederholt werden. Sie sind verlässliche Trendindikatoren, weil sie Stimmungsänderungen im Zeitverlauf zeigen und auf diese Weise eine relativ sichere Einordnung aktueller Daten erlauben. Solche Fragestellungen und Verfahren werden vor allem zur Einschätzung grundlegender Haltungen und Wertvorstellungen in der Bevölkerung genutzt.

Diese Zeitreihenforschung hat gezeigt, dass die Menschen im vereinten Deutschland für Frieden und Freiheit einstehen, die europäische Einigung voranbringen und die Zusammenarbeit gerade mit den osteuropäischen Nachbarstaaten vertiefen wollen. Dem Bündnis mit den Vereinigten Staaten wird weiter hohe Bedeutung beigemessen, und auch die Politik für einen gerechten Ausgleich zwischen den Industrienationen und den Entwicklungsländern findet in der deutschen Bevölkerung breite Zustimmung.

Die Presse

Die Zeitungslektüre erfreut sich in Deutschland großer Beliebtheit. In der Zeitungsdichte (Zahl der Zeitungen je 1000 Einwohner) liegt Deutschland hinter Norwegen, Finnland, Schweden, der Schweiz, Österreich und England in Europa an siebter Stelle. 78 Prozent der Bundesbürger lesen täglich Zeitung, durchschnittlich 30 Minuten lang. Trotz der mächtigen Konkurrenz von Hörfunk und Fernsehen behaupten sich die Zeitungen in der Gunst des Publikums und gehen mit der Zeit: Anfang 2000 waren 176 Zeitungen im Internet vertreten.

In der Zeitungslandschaft dominieren die lokale und die regionale Tagespresse. Werktäglich erscheinen in den westdeutschen und ostdeutschen Ländern 355 Zeitungen mit 1576 lokalen und regionalen Ausgaben, für die 135 eigenständige Redaktionen arbeiten. Die verkaufte Gesamtauflage liegt bei rund 24,6 Millionen Exemplaren. „Bild" ist mit 4,24 Millionen Exemplaren die auflagenstärkste deutsche Tageszeitung. Unter den Abonnementzeitungen halten die Ausgaben der „Westdeutschen Allgemeinen Zeitung" die Spitze (siehe Tabelle, S. 512).

Weniger Auflage, aber großen Einfluss auf die meinungsbildende Führungsschicht in Politik und Wirtschaft haben die großen überregionalen Tageszeitungen „Frankfurter Allgemeine Zeitung" und „Die Welt" sowie Zeitungen mit überregionaler publizistischer Geltung wie die „Süddeutsche Zeitung", die „Frank-

Viele hundert Zeitungen und Zeitschriften bietet der Pressekiosk an

furter Rundschau" und das „Handelsblatt". Weitere wichtige Meinungsträger sind die Wochenblätter „Die Zeit", „Die Woche" und der „Rheinische Merkur" sowie die Nachrichtenmagazine „Der Spiegel" und „Focus". Sie bieten Hintergrundinformationen, Analysen und Reportagen. Ergänzt wird das Angebot durch Sonntagszeitungen wie „Bild am Sonntag", „Welt am Sonntag", „Sonntag Aktuell" und „Frankfurter Allgemeine Sonntagszeitung". Vier Berliner Tageszeitungen erscheinen wöchentlich sieben Mal; dies ist auch bei einigen Tageszeitungen aus anderen Städten der Fall. Für die in Deutschland lebenden ausländischen Mitbürger liefern zahlreiche fremdsprachige Zeitungen besondere Deutschland-Ausgaben.

Die Zeitschriften. Der deutsche Zeitschriftenmarkt ist breit gefächert: Einschließlich aller Fachzeitschriften werden fast 10 000 Titel angeboten. Der Bereich der Fachzeitschriften ist bezogen auf die Titelzahl mit 3450 der stärkste, die Publikumszeitschriften (rund 1800 Titel) erzielen eine Gesamtauflage von 143 Millionen. Neben den Nachrichtenmagazinen zählen dazu vor allem die auflagenstarken Gattungen der Programmzeitschriften, der aktuellen Illustrierten wie „Stern" und „Bunte" sowie der Frauenzeitschriften. Immer mehr Leser gewinnen auch so genannte „Special-Interest-Titel", die sich an bestimmte Zielgruppen mit Einzelthemen, ob Tennis, Segeln, Aktienhandel, Computer oder Unterhaltungselektronik, wenden. Hinzu kommen konfessionelle Blätter, Kundenzeitschriften (mehr als 2300) und Anzeigenblätter. Ein Drittel des Zeitschriftenmarkts entfällt auf Publikationen der Organisationen und Verbände. Die „ADAC-Motorwelt" des Allgemeinen Deutschen Automobilclubs ist mit rund 13 Millionen Exemplaren das auflagenstärkste Blatt. An den Zeitungskiosken finden sich in den großen Städten auch ausländische Zeitungen und Zeitschriften.

In der Zentralredaktion der Deutschen Presse-Agentur in Hamburg

Die Pressekonzentration. Die Zahl der eigenständigen Zeitungen ist in Deutschland von Mitte der Fünfzigerjahre an stetig zurückgegangen. Wirtschaftlich und technisch führende Verlage konnten in verschiedenen regionalen Märkten ihre Konkurrenten verdrängen. Ein großer Teil der örtlichen Tageszeitungen bezieht den redaktionellen Inhalt („Mantel") außer der Lokalberichterstattung von einer auswärtigen Redaktion. Der äußere Strukturwandel wird von einem internen technischen Wandel begleitet, bedingt durch den Einsatz elektronischer Datenverarbeitung und modernster Drucktechnik. Dies führte zu kostengünstigerer Produktion. Dennoch sind die Zeitungen wirtschaftlich in erster Linie von Zahl und Größe der verkauften Anzeigen abhängig.

Die großen Verlage. Die wirtschaftliche Entwicklung auf dem Pressemarkt hat zur Bildung großer Verlagsunternehmen geführt. Im Sektor der Tagespresse ist vor allem die Axel Springer Verlag AG zu nennen, deren Anteil am Zeitungsmarkt von über einem Fünftel allerdings durch die hohe Auflage von „Bild" bestimmt ist. Im Markt der überregionalen Sonntagszeitungen ist die Axel Springer AG beinahe konkurrenzlos mit „Welt am Sonntag" und „Bild am Sonntag". Wirtschaftliche und publizistische Macht konzentriert sich auch bei der Verlagsgruppe der „Westdeutschen Allgemeinen Zeitung", der Gruppe Süddeutscher Verlag, dem Verlag M. DuMont Schauberg und der Verlagsgruppe der „Frankfurter Allgemeinen Zeitung" sowie der Holtzbrinck-Gruppe. Bedeutsam, was die wirtschaftliche Macht und die mögliche publizistische Wirksamkeit angeht, sind auch die Verlage auf dem Sektor der Zeitschriftenpresse, vor allem der Publikumszeitschriften. Hier stehen an der Spitze die Gruppe um den Bauer-Verlag, Gruner + Jahr und die Burda-Gruppe; auch in diesem Pressesektor ist die Verlagsgruppe Axel Springer tätig. Der umsatzstärkste deutsche Medienkonzern, zugleich das drittgrößte Medien-Unternehmen der Welt, ist die Bertelsmann AG, die weltweit tätig ist.

Das Recht der Presse. Das Presserecht wird durch Pressegesetze der Länder geregelt. Sie stimmen in den Kernpunkten überein: Dazu zählen die Impressumspflicht, die Sorgfaltspflicht und das Zeugnisverweigerungsrecht der Journalisten, die nicht gezwungen werden können, ihre Informanten zu nennen, sowie das Recht auf Gegendarstellung bei unzutreffenden Tatsachenbehauptungen.

Als Selbstkontrollorgan der Verleger und Journalisten versteht sich der „Deutsche Presserat", der sich mit Verstößen gegen die journalistische Sorgfaltspflicht und Ethik befasst. Seine Stellungnahmen sind zwar rechtlich unverbindlich; seine Sanktionsmöglichkeiten bis hin zu einer öffentlichen Rüge des betroffenen Presseorgans werden jedoch stark beachtet.

Weitere Informationen:
- Bundesverband Deutscher Zeitungsverleger (BDZV)
  Riemenschneiderstr. 10, 53175 Bonn
  Internet: http://www.bdzv.de
  E-Mail: bdzv@bdzv.de
- Verband Deutscher Zeitschriftenverleger (VDZ)
  Winterstraße 50, 53177 Bonn
  E-Mail: info@vdz.de
- Deutscher Journalisten-Verband (DJV)
  Bennauerstr. 60, 53115 Bonn
  Internet: http://www.djv.de
  E-Mail: djv@djv.de
- IG Medien
  Friedrichstr. 15, 70174 Stuttgart
  Internet: http://www.igmedien.de
  E-Mail: info@igmedien.de
- Deutscher Presserat
  Gerhard-von-Are-Straße 8, 53111 Bonn
  Internet: http://www.Presserat.de
  E-Mail: DeutscherPresserat@compuserve.com

Hörfunk und Fernsehen

Die öffentlich-rechtlichen Rundfunkanstalten. Im Jahr 2000 gibt es in der Bundesrepublik zehn Landesrundfunkanstalten, eine Anstalt des Bundesrechts, die Anstalt Zweites Deutsches Fernsehen (ZDF), die auf einen Staatsvertrag der Länder zurückgeht, sowie die Körperschaft des öffentlichen Rechts „DeutschlandRadio". Der größte Sender ist der Westdeutsche Rundfunk (Köln) mit rund 4400 Mitarbeitern, die kleinsten sind der Ostdeutsche Rundfunk Brandenburg (Potsdam) und Radio Bremen mit rund 640 bzw. 610 Beschäftigten.

Die weiteren Anstalten sind der Bayerische Rundfunk (München), der Hessische Rundfunk (Frankfurt am Main), der Norddeutsche Rundfunk (Hamburg), der Saarländische Rundfunk (Saarbrücken), der Sender Freies Berlin (Berlin), der Südwestrundfunk (Baden-Baden/Mainz/Stuttgart) und der Mitteldeutsche Rundfunk (Leipzig). Die Sender decken zum Teil die Länder ab, in denen sie ihren Standort haben, zum Teil sind es Mehr-Länder-Anstalten. Jeder Sender strahlt mehrere Hörfunkprogramme aus; außerdem wirken die Landesrundfunkanstalten in der Arbeitsgemeinschaft der öffentlich-rechtlichen Rundfunkanstalten Deutschlands (ARD) zusammen. Gemeinsam betreiben sie das „Erste Deutsche Fernsehen", dem sie anteilmäßig Programmteile zuliefern und das im gesamten Bundesgebiet empfangen werden kann. Daneben produzieren die Anstalten eigene „Dritte Programme" für das Fernsehen, die regional zu sehen sind oder zum Teil auch bundesweit über Satellit bzw. Kabel. Der Bayerische Rundfunk liefert zusätzlich das TV-Bildungsprogramm „Alpha". Das Zweite Deutsche Fernsehen (ZDF) mit Sitz in Mainz ist – ausgenommen die Beteiligung an DeutschlandRadio – eine reine Fernsehanstalt, die größte in Europa. Mit dem Ereignis- und Dokumentationskanal „Phoenix" und „Der Kinderkanal" sind 1997 zwei von ARD und ZDF gemeinsam veranstaltete, öffentlich-rechtliche Spartenkanäle hinzugekommen.

„DeutschlandRadio" entstand 1993 durch die Übertragung der Rechte und Pflichten von Deutschlandfunk und RIAS Berlin. Es wird von ARD und ZDF gemeinsam getragen und hat seinen Sitz in Köln und Berlin. Seit dem 1. Januar 1994 strahlt „DeutschlandRadio" zwei werbefreie Hörfunkprogramme mit Schwerpunkt in den Bereichen Information und Kultur aus. Die „Deutsche Welle" (DW) ist die einzige Rundfunkanstalt des Bundes. Sie wird überwiegend aus Bundesmitteln finanziert und hat die gesetzliche Aufgabe, Sendungen für das Ausland zu veranstalten, den Rundfunkteilnehmern im Ausland ein umfassendes Bild des politischen, kulturellen und wirtschaftlichen Lebens in Deutschland zu vermitteln und die deutschen Auffassungen zu wichtigen Fragen darzustellen und zu erläutern.

Selbstverwaltung und Rundfunkfreiheit. Aufsicht und Leitung der öffentlich-rechtlichen Rundfunkanstalten liegen im Allgemeinen in der Hand von drei Organen: des Rundfunk- bzw. Fernsehrates, des Verwaltungsrates und des Intendanten.

Die Mitglieder des Rundfunkrates vertreten als Repräsentanten der gesellschaftlichen Gruppen die Interessen der Allgemeinheit und üben die Kontrolle des öffentlich-rechtlichen Rundfunks durch die Allgemeinheit aus. Sie werden von den Länderparlamenten gewählt oder direkt von den politischen Parteien, den Religionsgemeinschaften und den Organisationen aus Wirtschaft und Kultur benannt. Der Rundfunkrat berät den Intendanten bei der Programmgestaltung und achtet auf die Einhaltung der Programmgrundsätze. Der Verwaltungsrat stellt den Haushaltsplan fest und überwacht die Geschäftsführung der Anstalt. Seine Mitglieder werden überwiegend vom Rundfunkrat gewählt. Der Rundfunkrat wählt den Intendanten. Dieser leitet die Rundfunkanstalt entsprechend den Beschlüssen von Rundfunk- und Verwaltungsrat. Er ist für das Programm verantwortlich. Er vertritt die Anstalt nach außen.

Die öffentlich-rechtlichen Anstalten sind verpflichtet, im Programm keine politische Richtung zu bevorzugen und inhaltliche Ausgewogenheit zu wahren. Von dieser der öffentlichen Meinungsbildung dienenden Rundfunkfreiheit wird das Recht des einzelnen Redakteurs zur profilierten Meinungsäußerung nicht berührt. Die Anstalten müssen jedoch die verschiedenen Auffassungen ausgewogen und angemessen berücksichtigen.

Die Programme. Jede Landesrundfunkanstalt produziert mehrere zielgruppenorientierte Hörfunkprogramme. Insgesamt umfasst das Angebot der ARD-Anstalten derzeit mehr als 50 deutschsprachige Hörfunkprogramme. Hinzu kommen zwei bundesweite Programme von DeutschlandRadio. Die Programme bringen eine Vielfalt von Sendungen in Bereichen wie Nachrichten, Politik, regionale Berichterstattung, Unterhaltung, Bildung, Musik, Sport, Hörspiel usw. Die meisten Sender veranstalten auch wissenschaftliche und literarische Sendereihen. Ihre Orchester und Chöre bereichern das kulturelle Leben. Spezielle Sendungen für ausländische Arbeitnehmer werden in den jeweiligen Sprachen ausgestrahlt.

Im Fernsehen von ARD und ZDF nehmen vor allem die tagesaktuellen Informationen, die politische Berichterstattung, die Inlands- und Auslandsdokumentation sowie Fernsehspiele, Filme und Unterhaltungssendungen einen großen Raum ein. Für die Auslandsberichterstattung verfügen ARD und ZDF über große Korrespondentennetze und in vielen Ländern über eigene Studios.

ARD und ZDF nehmen auch am internationalen Programmaustausch über die Eurovision teil. Der Schwerpunkt liegt dabei auf Sportübertragungen. In den Nachrichtenpool der Union der Europäischen Rundfunkanstalten bringen ARD und ZDF fortlaufend Beiträge ein. Über die Europäische Produktionsgemeinschaft produzieren das ZDF und sechs weitere europäische Rundfunkanstalten Filme, die der Sparte Unterhaltung zuzuordnen sind.

Die Dritten Programme des Fernsehens werden von den ARD-Anstalten regional und ergänzend über Satellit und Kabel ausgestrahlt und stellen entsprechend regionale Themen in den Vordergrund. Das reicht von der Landespolitik bis zur Kultur. Eine besondere Bedeutung haben diese Programme für Bildung und Erziehung: Die meisten ARD-Anstalten strahlen ein regelmäßiges Schulfernsehen aus. Dazu gibt es Aufbaukurse für verschiedene Bildungswege. Zudem veranstalten ARD und ZDF ge-

Politikforum
„3 zwei eins"
des Hessischen
Rundfunks,
Frankfurt/
Main

meinsam mit weiteren europäischen Partnern den Kulturkanal ARTE und das Satellitenprogramm 3Sat.

Die Finanzierung. Die Ausgaben der öffentlich-rechtlichen Rundfunkanstalten werden in erster Linie aus den Gebühren der Hörer und Zuschauer gedeckt. ARD wie ZDF sind außerdem auf die Erträge aus der Werbung angewiesen. Die Werbezeiten der öffentlich-rechtlichen Rundfunkanstalten sind jedoch im Gegensatz zu denen des privaten Rundfunks stark eingeschränkt. Fernseh-Übertragungsrechte, vor allem für Sportveranstaltungen wie Fußball oder Tennis, werden sehr teuer gehandelt. Heute bezieht indessen jede Sportsendung – und auch Sendungen anderer Programmsektoren – Sponsorengelder finanzkräftiger Firmen, deren Logo somit auch in „werbefreien" Zeiten auf dem Bildschirm erscheinen darf. Die Rundfunkanstalten sind verpflichtet, ihren Finanzbedarf bei der unabhängigen „Kommission zur Überprüfung und Ermittlung des Finanzbedarfs der Rundfunkanstalten" (KEF) anzumelden; diese ermittelt nach Prüfung auf Notwendigkeit, Wirtschaftlichkeit und Sparsamkeit die Höhe der erforderlichen Finanzmittel. Die darüber abschließend entscheidenden Landesparlamente haben aufgrund der Staatsferne des Rundfunks nur ein eingeschränktes Prüfungsrecht.

Privates Fernsehen – privater Hörfunk. Konkurrenz bekamen die öffentlich-rechtlichen Anstalten ab 1984, als SAT.1 aus Mainz als erster deutscher privatwirtschaftlich finanzierter TV-Sender startete. 1984 begann auch RTL plus Deutschland (jetzt RTL, Köln) seine Sendungen auszustrahlen (damals noch von Luxemburg aus). Weitere „private" Sender sind u.a. PRO Sieben, Deutsches Sportfernsehen (DSF), n-tv, VOX, RTL2, Super RTL, TM3, Kabel1, Premiere und VIVA. RTL und SAT.1 setzen vorrangig auf Sport, Unterhaltung und Spielfilme, bieten aber auch

„Wetten dass..?" mit Thomas Gottschalk ist die beliebteste deutsche Unterhaltungssendung

anspruchsvolle politische Magazine. PRO Sieben erreicht sein Publikum vor allem durch Spielfilme, DSF ist ein Spartenprogramm, das sich auf nationale Sportsendungen spezialisiert hat; n-tv und N24 sind Nachrichtenkanäle, VIVA bringt nur Musik. Super RTL war das erste Fernsehprogramm, das sich hauptsächlich an Kinder wandte. Premiere World ist das erste deutsche Bezahl-Fernsehen; es ist nur mit einem speziellen Decoder zu empfangen.

Die Sendungen des „privaten" Rundfunks werden über Kabel und Satellit verbreitet und können auch über terrestrische Frequenzen empfangen werden. Über Satellit und Kabel ist auch eine Reihe ausländischer Fernsehprogramme zu empfangen.

Die privatwirtschaftlich finanzierten Fernsehsender werden von Firmenkonsortien betrieben, an denen vor allem Medienkonzerne beteiligt sind. PRO Sieben wurde 1997 in eine Aktiengesellschaft umgewandelt und ist der erste deutsche TV-Veranstalter, der an der Börse gehandelt wird. Im Gegensatz zu den öffentlich-rechtlichen Rundfunkanstalten finanzieren sich die „privaten" Hörfunk- und Fernsehveranstalter weitgehend über Werbeeinnahmen. 1999 erzielten sie einen Netto-Werbeumsatz von rund 9,9 Milliarden DM und beschäftigten rund 10 500 fest angestellte sowie knapp 7500 freie Mitarbeiter.

Im Bereich des Hörfunks gab es 1991 bereits 100 private Sender, von denen aber nur wenige ein Vollprogramm für ein gesamtes Bundesland anbieten; 1999 ist die Zahl auf rund 180 angewachsen. Nach dem Willen der Gesetzgeber sollen die lokalen Hörfunksender zweierlei sichern: die Vielfalt und die Bürgernähe. Der „private" Hörfunk darf laut Bundesverfassungsgericht ebenso wenig wie die öffentlich-rechtlichen Anstalten einseitig auf die öffentliche Meinungsbildung Einfluss nehmen. Im Programm muss ein „Grundstandard an Meinungsvielfalt" gewährleistet sein. Die privaten Rundfunkanbieter unterstehen der Rechtsaufsicht der Landesmedienanstalten, zu deren Aufgaben unter anderem die Lizenzierung privater Rundfunkprogramme, die Überwachung der Programmgestaltung und die Sicherung der Meinungsvielfalt gehören. Zur Sicherstellung des Jugendschutzes haben die privaten Fernsehveranstalter 1993 den Verein „Freiwillige Selbstkontrolle Fernsehen" (FSF) gegründet.

Rundfunk total. Die neuen Empfangsmöglichkeiten haben die deutsche Rundfunklandschaft erheblich verändert. An das Breitbandkabelnetz der Deutschen Telekom AG, das seit 1982 verlegt wird, waren 1999 rund 18 Millionen Haushalte in Deutschland angeschlossen. Darüber hinaus haben etwa drei Millionen Haushalte über unabhängige Netzbetreiber Zugang zum Kabel. Zudem gibt es die Möglichkeit, die Programme unmittelbar per Satellit über eine Parabolantenne zu empfangen, die rund 12 Millionen Haushalte in Deutschland installiert haben (1999). 1999 konnten rund 200 Fernseh- und Hörfunkprogramme über geostationäre Satelliten empfangen werden. Durch die technische Entwicklung – besonders die Digitalisierung der Übertragungstechnik – ist ein Prozess in Gang gesetzt worden, der auf das Zusammenwachsen von Telekommunikations-, Informations- und Rundfunktechniken abzielt und in seinen Ausmaßen derzeit noch nicht abzusehen ist. Stichwörter, die diesen Prozess charakterisieren, sind Spartenfernsehen, Pay TV, Video on demand, Teleshopping und so weiter.

Die öffentlich-rechtlichen Anstalten und die privaten Fernsehunternehmen bieten „Videotext" an, einen Dienst, der mit dem normalen Fernsehsignal ausgestrahlt wird. 26 deutschsprachige Video-Teletext-Angebote mit rund 10 000 Seiten sind heute im Programm. Videotext zeigt Nachrichten, Wetterberichte, Verbrauchertipps und vieles mehr.

Weitere Informationen:
— Arbeitsgemeinschaft der öffentlich-rechtlichen Rundfunkanstalten der Bundesrepublik Deutschland (ARD)
  Bertramstraße 8, 60320 Frankfurt/Main
  Internet: http://www.ard.de
  E-Mail: info@ard.de
— Zweites Deutsches Fernsehen (ZDF)
  Postfach 4040, 55100 Mainz
  Internet: http://www.zdf.de
  E-Mail: onlineredaktion@zdf.de
— RTL
  Aachener Str. 1036, 50858 Köln
  Internet: http://www.rtl.de
  E-Mail: webmaster@rtl.de
— SAT.1
  Oberwallstraße 6-7, 10117 Berlin
  Internet: http://www.sat1.de
  E-Mail: Yasmin.Harow@sat1.de
— Deutsche Welle
  Postfach, 50588 Köln
  Internet: http://www.dwelle.de
  E-Mail: info@dwelle.de
— Verband Privater Rundfunk und Telekommunikation (VPRT)
  Burgstraße 69, 53177 Bonn
  Internet: http://www.vprt.de
  E-Mail: vprt@vprt.de
— Freiwillige Selbstkontrolle Fernsehen e.V.
  Rauchstraße 18, 10787 Berlin

Bildung und Ausbildung

Die Schulen

In Deutschland wurden 1998 an rund 52 000 Schulen 12,7 Millionen Schüler von rund 720 800 hauptberuflichen Lehrern unterrichtet. Das Grundgesetz gibt jedermann das Recht, seine Persönlichkeit frei zu entfalten und Schule, Ausbildungsstätte wie Beruf nach den jeweiligen Neigungen und Fähigkeiten frei zu wählen. Die Bildungspolitik verfolgt dabei das Ziel, jedem Einzelnen eine optimale Förderung und eine qualifizierte, seinen Interessen und Fähigkeiten entsprechende Ausbildung zu ermöglichen. Jedem soll sein Leben lang die Chance offen gehalten werden, sich persönlich, beruflich oder politisch zu bilden. Zu den Leitlinien der Bildungspolitik gehört die Erziehung der jungen Menschen zu mündigen Bürgern, die zur Mitverantwortung in der Demokratie bereit sind. Als rohstoffarme Industrienation ist die Bundesrepublik auf gut ausgebildete Fachkräfte angewiesen. Daher werden in Deutschland hohe Geldsummen in die Bildung investiert. Im gesamten Bundesgebiet wurden 1997 allein von den öffentlichen Haushalten rund 163,9 Milliarden DM für Schulen und Hochschulen einschließlich der Förderungsmaßnahmen für Schüler und Studenten aufgewendet.

Gesetzliche Grundlagen. Nach Artikel 7 GG steht das gesamte Schulwesen unter der Aufsicht des Staates. Auf Grund des föderativen Aufbaus der Bundesrepublik Deutschland sind die Zuständigkeiten im Bildungswesen zwischen Bund und Ländern

aufgeteilt. Für die Gesetzgebung und Verwaltung im Bildungswesen liegt der überwiegende Teil der Kompetenzen bei den
Ländern. Dies gilt besonders für das Schulwesen, den Hochschulbereich und den Bereich der Erwachsenenbildung und
Weiterbildung. Eine gemeinsame und vergleichbare Grund-
struktur des Schulwesens wird durch das „Abkommen zwischen
den Ländern der Bundesrepublik Deutschland zur Vereinheitlichung auf dem Gebiet des Schulwesens" (Hamburger Abkommen vom 14. Oktober 1971) sichergestellt. Mit diesem Abkommen haben die Länder verbindliche Regelungen über Schulpflicht, Organisationsformen, Anerkennung von Prüfungen und
Ähnliches getroffen.

Die Ständige Konferenz der Kultusminister der Länder in der
Bundesrepublik Deutschland (KMK) hat durch ergänzende Beschlüsse weitere grundlegende Gemeinsamkeiten für das Schulwesen und zur Anerkennung der Abschlüsse allgemein bilden-
der und beruflicher Schulen in allen Ländern vereinbart. Die
Zusammenarbeit der Länder in der KMK hat in weiten Bereichen zu einheitlichen und vergleichbaren Entwicklungen im
Schulwesen geführt. Zentrale Aufgabe der KMK ist die Sicherung der Mobilität innerhalb Deutschlands. Gleichzeitig wollen
die Länder ihre Vereinbarungen künftig für mehr Vielfalt im
Bildungswesen öffnen.

Die Schulpflicht. Die Schulpflicht besteht vom vollendeten
sechsten bis zum 18. Lebensjahr, also für 12 Jahre. Zur Erfüllung
der allgemeinen Schulpflicht müssen neun (in einigen Ländern
zehn) Jahre lang eine Vollzeitschule und danach zur Erfüllung
der Berufsschulpflicht die Berufsschule in Teilzeitform besucht
werden, sofern die Jugendlichen nicht in einer weiterführenden
allgemein bildenden oder beruflichen Vollzeitschule ihren Bildungsgang fortsetzen. Der Besuch aller öffentlichen Schulen ist

Weihnacht-
liches Basteln
im Kinder-
garten

kostenlos. Die Lernmittel werden den Schülern zum Teil ebenfalls kostenlos überlassen, teils ausgeliehen. Bei der Übereignung der Lernmittel wird zum Teil eine vom Einkommen der Eltern abhängige Selbstbeteiligung verlangt.

Das Grundgesetz gewährleistet das Recht, Schulen in freier Trägerschaft einzurichten und zu betreiben. Soweit diese privaten Schulen öffentliche Schulen ersetzen, bedürfen sie der staatlichen Genehmigung. Die Befugnis, nach den für öffentliche Schulen geltenden Vorschriften Prüfungen abzuhalten und Zeugnisse zu erteilen, erhalten die Ersatzschulen jedoch erst mit der staatlichen Anerkennung durch die Schulbehörden der Länder. Die Schulen in freier Trägerschaft bereichern das öffentliche Bildungsangebot und werden von den Ländern finanziell unterstützt. Immer mehr Schüler in Deutschland besuchen diese Privatschulen, im Schuljahr 1998/99 rund 685 000 in 3793 allgemein bildenden und beruflichen Schulen. 43,2 Prozent der Privatschüler an allgemein bildenden Schulen besuchen ein Gymnasium, 12,7 Prozent eine Freie Waldorfschule und 10,5 Prozent private Sonderschulen.

Vorschulische Erziehung. Sie ist in Deutschland mit der Einrichtung des Kindergartens nicht Bestandteil des öffentlichen Schulsystems, sondern dem Bereich der Kinder- und Jugendhilfe zugeordnet. Träger der Kindergärten sind weit überwiegend Kirchen, Wohlfahrtsverbände und Gemeinden, manchmal auch Betriebe und Vereine. Im Mittelpunkt der erzieherischen Arbeit steht das soziale Lernen mit dem Ziel einer eigenverantwortlichen und gemeinschaftsfähigen Persönlichkeit. Der Kindergarten soll die Erziehung in der Familie unterstützen und ergänzen sowie Entwicklungsmängel ausgleichen. Die Kinder lernen vor allem spielerisch. In der Regel besuchen die Kinder den Kindergarten nur vormittags. Nur ein Teil der Einrichtungen bietet eine Ganztagsbetreuung an.

Seit Januar 1996 besteht ein Rechtsanspruch auf einen Platz im Kindergarten, der seit Januar 1999 uneingeschränkt gilt. Jedoch bleibt der Besuch des Kindergartens freiwillig. Für den Besuch des Kindergartens werden Elternbeiträge erhoben, deren Höhe nach dem Einkommen der Eltern gestaffelt ist. 1998 besuchten rund 78 Prozent aller Kinder zwischen drei und sieben Jahren einen Kindergarten oder eine Kinderkrippe

Das Schulsystem. Mit sechs Jahren kommen die Kinder in die Grundschule. Sie umfasst im Allgemeinen vier Jahre, in Berlin

Grundstruktur des Bildungswesens in der Bundesrepublik Deutschland

WEITERBILDUNG

(allgemeine und berufsbezogene Weiterbildung in vielfältigen Formen)

Weiterbildung

Promotion
Berufsqualifizierender Studienabschluss
(Diplom, Magister, Staatsexamen;
Bachelor, Master)

HOCHSCHULBEREICH

- Universität
- Technische Universität
- Technische Hochschule
- Universität-Gesamthochschule
- Pädagogische Hochschule
- Kunsthochschule
- Musikhochschule
- Fachhochschule
- Verwaltungsfachhochschule

Berufsakademie | Diplom

Abschluss zur beruflichen Weiterbildung	Allgemeine Hochschulreife
FACHSCHULE	**ABENDGYMNA-SIUM/KOLLEG**

Tertiärer Bereich

Berufsqualifizieren-der Abschluss	Fachhochschul-reife	Fachge-bundene Hochschul-reife	Allgemeine Hochschulreife	19
			GYMNASIALE OBERSTUFE	
			in verschiedenen Schularten: (Gymnasium, Berufliches Gymnasium/ Fachgymnasium, Gesamtschule)	18
Berufsausbildung in **BERUFSSCHULE** und **BETRIEB** (Duales System)	**BERUFS-FACH-SCHULE**	**FACHO-BER-SCHULE**	**BERUFS-OBER-SCHULE**	17
				16
Berufsgrundbil-dungsjahr, schulisch oder kooperativ				15

13 / 12 / 11 / 10

Sekundarbereich II

Mittlerer Schulabschluss (Realschulabschluss) nach 10 Jahren, Erster allgemeinbildender Schulabschluss (Hauptschulabschluss) nach 9 Jahren

10. Schuljahr		**REAL-SCHULE**		**GYMNASIUM**	16
SONDER-SCHULE	**HAUPT-SCHULE**		**GESAMT-SCHULE**		15
					14
					13
					12
	(schulartabhängige oder schulartunabhängige Orientierungsstufe)				11
					10

10 / 9 / 8 / 7 / 6 / 5

Sekundarbereich I

SONDER-SCHULE	**GRUNDSCHULE**	9
		8
		7
		6

4 / 3 / 2 / 1

Primarbereich

SONDER-KINDER-GARTEN	**KINDERGARTEN** (freiwillig)	5
		4
		3

Jahrgangsstufe

Elementar-bereich

Alter

und Brandenburg sechs Jahre. In den meisten Ländern erhalten die Kinder in den beiden ersten Schuljahren noch keine Zensuren, sondern eine Leistungsbewertung in Form eines Berichts, mit dessen Hilfe die individuellen Fortschritte und Schwächen in einzelnen Lernbereichen beschrieben werden können. Nach den gemeinsamen Jahren in der Grundschule wechseln die Schüler in eine andere allgemein bildende Schule im Sekundarbereich I. Die Klassen fünf und sechs bilden unabhängig von ihrer organisatorischen Zuordnung eine Phase besonderer Förderung, Beobachtung und Orientierung über den weiteren Bildungsgang mit seinen fachlichen Schwerpunkten. Diese Orientierungsphase ist in der Mehrheit der Länder im Rahmen der verschiedenen Schularten, in einzelnen Ländern auch als eine von den Schularten unabhängige Schulstufe eingerichtet.

Rund ein Fünftel (1998/99) der Kinder besucht im Anschluss an die Grundschule die Hauptschule. Die Hauptschule vermittelt ihren Schülern eine grundlegende allgemeine Bildung. Jeder Hauptschüler erhält Unterricht vor allem in Deutsch, Mathematik, Naturwissenschaften, Gesellschaftswissenschaften, einer Fremdsprache (meist Englisch) und in Arbeitslehre, um ihm den Weg in die Berufsausbildung zu erleichtern.

Der erfolgreiche Abschluss der Hauptschule wird meist zur Aufnahme einer dualen Berufsausbildung genutzt und öffnet den Weg zu vielen Ausbildungsberufen in Handwerk und Industrie. Wer die Hauptschule nach fünf oder sechs Jahren verlässt, nimmt eine betriebliche Ausbildung auf und besucht daneben mindestens bis zum 18. Lebensjahr eine Berufsschule.

Die Realschule steht zwischen Hauptschule und Gymnasium und vermittelt ihren Schülern eine erweiterte allgemeine Bildung. Sie umfasst in der Regel sechs Jahre von der fünften bis zur zehnten Klasse und führt zu einem Mittleren Schulabschluss, der zum Eintritt in weiterführende schulische Bildungsgänge berechtigt, zum Beispiel in spezielle Berufsfachschulen oder in die Fachoberschule. Rund 40 Prozent aller Schulabgänger haben 1999 den Mittleren Schulabschluss erreicht.

Das in der Regel neunjährige Gymnasium vermittelt seinen Schülern eine vertiefte allgemeine Bildung. Die frühere Gliederung in altsprachliches, neusprachliches und mathematisch-naturwissenschaftliches Gymnasium gibt es heute kaum noch. Die gymnasiale Oberstufe umfasst die Jahrgangsstufen 11-13 (in zwei Ländern die Jahrgangsstufen 10-12 bzw. 11-12); hier ersetzt ein

Kurssystem die Klassenverbände. Innerhalb bestimmter Verpflichtungen für einzelne Fächer bzw. Fächergruppen hat der Schüler in der Oberstufe umfangreiche Möglichkeiten der individuellen Schwerpunktbildung auf Grund eines erweiterten Fächerangebots.

Die Schulfächer sind jeweils einem Aufgabenfeld zugeordnet; es gibt das sprachlich – literarisch – künstlerische, das gesellschaftswissenschaftliche und das mathematisch – naturwissenschaftlich – technische Aufgabenfeld. Jedes der drei Aufgabenfelder muss durchgängig bis zum Abschluss der Oberstufe einschließlich der Abiturprüfung in der Schullaufbahn des Schülers vertreten sein. Der Pflichtbereich umfasst außer den drei Aufgabenfeldern Religionslehre und Sport. Den Abschluss der gymnasialen Oberstufe bildet die Abiturprüfung, die in vier Fächern stattfindet. Mit der schriftliche und mündliche Abiturprüfung wird das „Zeugnis der Allgemeinen Hochschulreife" in der Regel nach 13 Schuljahren erworben. Es berechtigt zum Studium aller Fachrichtungen an den Hochschulen.

Für den Zugang zum Studium an den Hochschulen ist grundsätzlich ein Zeugnis der Hochschulreife bzw. der Fachhochschulreife erforderlich. Wegen der hohen Bewerberzahlen und der nicht ausreichenden Zahl von Studienplätzen gibt es jedoch für einige Studiengänge bundesweite oder örtliche Zulassungsbeschränkungen. Auswahlkriterien sowohl für das zentrale als auch für das örtliche Auswahlverfahren sind vor allem die Durchschnittsnote im Abiturzeugnis und die Wartezeit zwischen Abitur und Bewerbung an der Hochschule.

Eine weitere Schulart im Sekundarbereich I ist die Gesamtschule. In dieser Schulart werden die Kinder in der Regel von der fünften bis zur zehnten Klasse unterrichtet. Einige Gesamtschulen haben eine eigene Oberstufe, die wie die gymnasiale Oberstufe

Ein neues Unterrichtsfach: Informationstechnologie und Neue Medien

**Kunstunter-
richt im
Leistungskurs**

gestaltet ist. Die Gesamtschule in kooperativer Form und das Schulzentrum (Bremen) fassen die Hauptschule, die Realschule und das Gymnasium pädagogisch und organisatorisch zusammen, während sie in der Gesamtschule in integrierter Form eine pädagogische und organisatorische Einheit bilden. An der integrierten Gesamtschule wird der Unterricht in einem Teil der Fächer (Mathematik, erste Fremdsprache, Deutsch, Chemie/Physik) ab Klasse sieben nach Fächern unterschiedlich auf mindestens zwei Anspruchsebenen in Kursen erteilt. Das Niveau der Kurse richtet sich nach dem Abschluss, der am Ende der 9. oder 10. Klasse (Hauptschulabschluss, Mittlerer Schulabschluss, Berechtigung zum Übergang in die gymnasiale Oberstufe) erlangt wird.

In einzelnen Ländern gibt es weitere Schularten mit mehreren Bildungsgängen. Zu diesen Schularten zählen die „Regelschule" (Thüringen), die „Mittelschule" (Sachsen), die „Sekundarschule" (Sachsen-Anhalt), die „Integrierte Haupt- und Realschule" (Hamburg), die „Verbundene Haupt- und Realschule" (Hessen, Mecklenburg-Vorpommern), die „Regionale Schule" (Rheinland-Pfalz) sowie im Saarland die „Erweiterte Realschule". Dabei sind die Bildungsgänge der Haupt- und Realschule zusammengefasst, ab Klasse sieben wird in abschlussbezogenen Klassen/Kursen unterrichtet. Die Abschlüsse nach Klasse neun und zehn werden an diesen Schulen zu den gleichen Bedingungen wie an den anderen Schularten im Sekundarbereich I erworben und entsprechend einer Vereinbarung der Kultusministerkonferenz von 1993 (in der Fassung von 1996) von allen Ländern gegenseitig anerkannt.

Kinder und Jugendliche, die wegen einer Behinderung in den allgemeinen Schulen nicht ausreichend gefördert werden können, werden an Sonderschulen unterrichtet. Es gibt Schulen für die verschiedenen Behinderungsarten. Teilweise werden behinderte Kinder und Jugendliche an Regelschulen in integrierten Klassen unterrichtet. Die Schulpflicht gilt uneingeschränkt auch für sie.

Der Zweite Bildungsweg bietet die Möglichkeit, schulische Abschlüsse nachzuholen. So bieten zum Beispiel die Abendgymnasien und -realschulen befähigten Erwachsenen die Möglichkeit, sich neben ihrer Berufstätigkeit auf den Mittleren Schulabschluss bzw. die Abiturprüfung vorzubereiten. Nicht berufstätige Erwachsene können sich an Kollegs auf die Abiturprüfung vorbereiten.

Die Lehrer. Für jede Schulart bzw. Schulstufe gibt es in der Bundesrepublik besonders ausgebildete Lehrer. Für alle ist ein Hochschulstudium Voraussetzung, doch sind die Studiengänge unterschiedlich. Der künftige Grund- und Hauptschullehrer studiert im Allgemeinen sieben Semester lang. Ein längeres Studium von in der Regel neun Semestern wird zum Beispiel für Lehrer an Realschulen, Sonderschulen, Gymnasien und beruflichen Schulen verlangt. Alle Lehramtskandidaten müssen nach dem Studium das Erste Staatsexamen ablegen; es folgt eine pädagogisch-praktische Ausbildung in Form eines Vorbereitungsdienstes (in der Regel 24 Monate) an schulpraktischen Seminaren und Ausbildungsschulen, der mit der Zweiten Staatsprüfung abschließt. Die Lehrer an öffentlichen Schulen sind in der Regel Beamte im Dienst der Länder. Die Lehrer in den ostdeutschen Ländern sind zum überwiegenden Teil im Angestelltenverhältnis tätig.

Berufliche Bildung

Die meisten Jugendlichen in Deutschland (rund 70 Prozent eines Altersjahrgangs) erlernen nach Beendigung der Schule einen staatlich anerkannten Ausbildungsberuf im dualen System. Dies sind vor allem Jugendliche mit Hauptschul- und Realschulabschluss; aber auch viele Abiturienten entscheiden sich für eine solche Qualifizierung.

Duales System der Ausbildung. Die Ausbildungsberufe im dualen System werden nach dem Bedarf der Arbeitswelt in enger Zusammenarbeit von Bund, Ländern und den Sozialpartnern festgelegt. Je nach Beruf dauert die Ausbildung zwischen zwei und dreieinhalb Jahre. Die Inhalte richten sich nach den Anforderungen, die der Beruf später an den Ausgebildeten stellt. Die Auszubildenden erhalten eine Vergütung. Zur Finanzierung des dualen Systems werden erhebliche Mittel von den Betrieben und vom Staat aufgewandt.

Das duale System unterscheidet sich von der rein schulischen Ausbildung, wie sie in vielen Staaten für die berufliche Ausbildung üblich ist, durch zwei charakteristische Merkmale:

— Lernen findet zum größten Teil nicht in der Schule, sondern in den Produktionsstätten oder Dienstleistungsbetrieben der Wirtschaft, in einem Betrieb, einer Praxis der Freien Berufe oder im öffentlichen Dienst statt. Der Auszubildende wird zeitweise für den Besuch einer Berufsschule freigestellt, ist also auch gleichzeitig Berufsschüler. Die Jugendlichen werden an drei bis vier Wochentagen im Betrieb und an ein bis zwei in der Berufsschule ausgebildet.

— Die Ausbildung ist auf zwei Ausbildungsträger verteilt: Betrieb und Berufsschule. Diese unterstehen in Deutschland verschiedenen Zuständigkeiten. Für die Ausbildung im Betrieb gilt Bundesrecht; der schulische Bereich ist Ländersache.

Die Berufsausbildung im Betrieb findet unter Bedingungen und an Maschinen und Einrichtungen statt, die dem zeitgemäßen Stand der eingesetzten Technik entsprechen. Sie erfolgt in größeren Unternehmungen in eigenen Lehrwerkstätten und am Arbeitsplatz. Die Auszubildenden in kleineren Betrieben werden direkt am Arbeitsplatz ausgebildet. Sind die Betriebe zu sehr spezialisiert, um alle notwendigen Kenntnisse vermitteln zu können, werden sie von überbetrieblichen Berufsbildungsstätten unterstützt. Außerdem können Ausbildungsabschnitte von anderen Betrieben übernommen werden.

Aufgabe des Berufsschulunterrichtes ist es, die betriebliche Ausbildung fachtheoretisch zu fördern und zu ergänzen (Fachunterricht) und die Allgemeinbildung der Jugendlichen zu erweitern. Der Schwerpunkt der schulischen Ausbildung liegt mit rund zwei Dritteln beim Fachunterricht, etwa ein Drittel nimmt der allgemein bildende Unterricht ein. Die Verpflichtung der Auszubildenden zum Besuch der Berufsschule ergibt sich aus den Schulgesetzen der Länder.

Knapp 500 000 Betriebe aus allen Wirtschaftszweigen sowie die Praxen der Freien Berufe und der öffentliche Dienst bilden Lehrlinge aus. Zurzeit befinden sich rund 1,65 Millionen junge Menschen in einer Ausbildung zu einem der 356 anerkannten Ausbildungsberufe. Diese Berufe werden allerdings innerhalb des Beschäftigungssystems ganz unterschiedlich in Anspruch genommen. In zehn bevorzugten Berufen konzentrieren sich fast 37 Prozent der männlichen Auszubildenden, bei den weiblichen sind es rund 53 Prozent. Die Jungen entscheiden sich am häufigsten für die Ausbildung zum Kraftfahrzeugmechaniker, Maler und Lackierer, Tischler oder Elektroinstallateur, während von den Mädchen Berufe wie Bürokauffrau, Kauffrau im Einzelhandel, Friseurin oder Arzthelferin bevorzugt werden.

Ausbildung für alle. Alle schulentlassenen Jugendlichen in Deutschland sollen eine möglichst qualifizierte Berufsausbildung erhalten. Deshalb ist es notwendig, dass das Angebot an

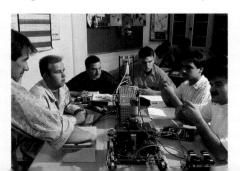

Auszubildende im Fach Maschinenbau in der Berufsschule

Lehrwerkstatt für Industriemechaniker

Ausbildungsplätzen ausreichend und vielseitig ist. Der Zugang zur beruflichen Bildung ist für alle offen, er ist im dualen System nicht an bestimmte Schulabschlüsse gebunden. Damit jeder junge Mensch ausgebildet werden kann, wurde das Sofortprogramm gegen Jugendarbeitslosigkeit mit einem Volumen von jeweils zwei Milliarden DM in den Jahren 1999 und 2000 gestartet. Auch 2001 wird das Programm fortgeführt. Das duale System hat sich für die Qualifizierung des Fachkräftenachwuchses bewährt und wird weiterentwickelt. Dazu gehören besonders die Entwicklung neuer Ausbildungsberufe in neuen Beschäftigungsfeldern und die Modernisierung der Ausbildungsordnungen für bereits bestehende Berufe. Im Rahmen einer Initiative des „Bündnisses für Arbeit" gegen den Fachkräftemangel in der Informationstechnologie-Branche wird von der Wirtschaft in den neuen IT- und Medienberufen das Ausbildungsvolumen erheblich erhöht.

Berufliche Weiterbildung. Lernen kann heute noch weniger als je zuvor mit der Berufsausbildung abgeschlossen sein. Deshalb wächst die Bedeutung der beruflichen Weiterbildung. Ihren vielfältigen Inhalten, Funktionen und Zielen wird in Deutschland durch ein differenziertes Weiterbildungssystem mit unterschiedlichen Trägerschaften und Finanzierungsformen entsprochen. Der Staat steht in einer sozialen und beschäftigungspolitischen Verantwortung für die Förderung der Weiterbildung solcher Personengruppen, die aus eigener Kraft in einem marktwirtschaftlichen System nicht bestehen können. Hier hat der Staat subsidiäre Verpflichtungen. Eine besondere Bedeutung hat die berufliche Weiterbildung im Betrieb. Mehr als die Hälfte aller Maßnahmen der beruflichen Weiterbildung werden bereits von den Betrieben getragen und finanziert. Neben Formen der Integration des Lernens in den Arbeitsprozess treten auch die neuen Möglichkeiten des selbstorganisierten Lernens mit Hilfe der Informations- und Kommunikationstechnologien. Ergänzt und unterstützt wird die betriebliche Weiter-

Kaufmännische Ausbildung in einem Betrieb

bildung durch ein reichhaltiges Angebot über- und außerbe-
trieblicher Träger.

Andere berufliche Bildungswege. Neben der Berufsausbildung im dualen System gibt es die berufliche Ausbildung in be-
rufsbildenden Vollzeitschulen. Dies sind besonders die Berufsfachschulen, die von jungen Menschen zur Berufsvorbereitung
oder zur vollen Berufsausbildung besucht werden. Der Besuch
dauert mindestens ein Jahr. Hierzu zählen kaufmännische, sozi-
alpflegerische und hauswirtschaftliche Berufsfachschulen,
außerdem zum Beispiel die Schulen des Gesundheitswesens. Ein
Beispiel für die Weiterbildung sind Fachschulen. Sie werden
nach einer bereits erworbenen Berufsausbildung besucht und
vermitteln eine weiter gehende fachliche Fortbildung (zum Beispiel Technikerschulen).

Die Hochschulen

Die älteste deutsche Hochschule, die Universität Heidelberg, wurde 1386 gegründet. Mehrere andere Universitäten haben bereits ihre Fünfhundertjahrfeier hinter sich, darunter die traditionsreichen Universitäten von Leipzig (gegründet 1409) und Rostock (gegründet 1419). Im 19. und in der ersten Hälfte des 20. Jahrhunderts war für die Universitäten das Bildungsideal bestimmend, das Wilhelm von Humboldt in der 1810 gegründeten Universität Berlin zu verwirklichen suchte. Die Hochschule Humboldtscher Prägung war für eine kleine Zahl von Studenten gedacht. Sie sollte vor allem eine Stätte reiner Wissenschaft, zweckfreier Forschung und Lehre sein. Dieses Ideal entsprach zunehmend jedoch nicht mehr den Erfordernissen der Industriegesellschaft. Daher wurden Technische Universitäten, Pädagogische Hochschulen, Kunst- und Musikhochschulen und seit Anfang der Siebzigerjahre Fachhochschulen gegründet. Die Hochschulen nehmen ein weit gefächertes Aufgabenspektrum in Forschung, Lehre und Förderung des wissenschaftlichen Nachwuchses wahr.

Inzwischen gibt es in Deutschland rund 350 Hochschulen, darunter mehr als 90 Universitäten und 180 Fachhochschulen.

Seit 1960 stieg der Anteil der Studienanfänger am Durchschnittsjahrgang von acht auf über 30 Prozent. Die Zahl der Studienanfänger betrug im Wintersemester 1999/2000 rund 291 200, die der Studierenden im Wintersemester 1999/2000 1,778 Millionen. Neben den Aufgaben in der Lehre haben die Hochschulen besonders in der Grundlagenforschung ständig steigende Anforderungen zu erfüllen.

Der Ausbau und Neubau der Hochschulen liegt nach der Verfassung in der gemeinsamen Verantwortung von Bund und Ländern. Hierdurch soll erreicht werden, dass die Hochschulen nach Aufgabestellung, Fachrichtung, Zahl, Größe und Standort ein zusammenhängendes System bilden, durch das ein ausreichendes und ausgeglichenes Angebot an Ausbildungs- und Forschungsplätzen gewährleistet ist. Nachdem die Phase der Erweiterung der Studienplatz- und Forschungskapazitäten in den westdeutschen Ländern heute weitgehend abgeschlossen ist – der Aufbau einer neuen Hochschulstruktur in den ostdeutschen Ländern bedarf noch weiterer besonderer Anstrengungen –, liegt der Schwerpunkt der Gemeinschaftsaufgabe Hochschulbau heute auf der Modernisierung sowie der Erhaltung und Stärkung der internationalen Wettbewerbsfähigkeit der deutschen Hochschulen. Der Bund hat deshalb seit 1999 seinen finanziellen Beitrag zu den notwendigen Investitionen in die Modernisierung der Hochschulen deutlich erhöht (für 2000 auf zwei Milliarden DM).

Hochschulreform. 1998 wurde mit der vierten Novelle des Hochschulrahmengesetzes eine grundlegende Reform des Hochschulwesens mit dem Ziel eingeleitet, durch Deregulierung, Leistungsorientierung und Schaffung von Leistungsanreizen Wettbewerb und Differenzierung zu ermöglichen und die internationale Wettbewerbsfähigkeit der deutschen Hochschulen für das 21. Jahrhundert zu sichern. Wesentliche Bestandteile dieser Reform bilden unter anderem die Einführung einer leistungsorientierten Hochschulfinanzierung, einer Beurteilung von Forschung und Lehre, eines Leistungspunktsystems zur Sammlung und zum Transfer von Studien- und Prüfungsleistungen sowie die Verstärkung der Studienberatungspflicht der Hochschulen.

Mit der 4. Novelle des Hochschulrahmengesetzes soll auch die Reform des Studiums weiter vorangetrieben werden. Damit werden auch wichtige Voraussetzungen für eine stärkere internationale Profilierung der deutschen Hochschulen geschaffen. Neue international kompatible Studiengänge und Abschlüsse, Bachelor und Master, können nun eingeführt werden. Sie tra-

Dozent und Studenten der Wirtschaftswissenschaften im Hörsaal

gen nicht nur zur Mobilität, sondern auch zur Studienzeitverkürzung bei. Diesem Ziel dient auch der Aufbau modularisierter Studiengänge mit einem studienbegleitenden Leistungspunktesystem (Credit Point System).

Die deutschen Hochschulen bieten heute mehr und mehr Zeugnisse und akademische Grade an, die international üblichen Studienstrukturen angepasst und weltweit anerkannt sind. Viele deutsche Hochschulen nutzen die neuen Abschlüsse bei der Entwicklung neuer internationaler Studienangebote. Ein vom Bund initiiertes Demonstrationsprogramm mit derzeit 42 international ausgerichteten Studiengängen wendet sich an ausländische und deutsche Bewerber. Insgesamt gibt es gegenwärtig mehr als 450 BA- und MA-Studienangebote neuer Art. Als Unterrichtssprache ist auch eine Fremdsprache, meist Englisch, vorgesehen.

Organisation der Hochschulen. Die Hochschulen sind (mit Ausnahme einiger privater und kirchlicher Hochschulen sowie der Universitäten der Bundeswehr und der Verwaltungsfachhochschule des Bundes) Einrichtungen der Länder.

Die Hochschule hat das Recht der Selbstverwaltung. Sie gibt sich im Rahmen der Gesetze eine eigene Verfassung. Geleitet wird die Hochschule in der Regel von einem hauptamtlichen Rektor oder Präsidenten, der auf mehrere Jahre gewählt wird. In der Selbstverwaltung gilt das Prinzip einer funktionsgerecht abgestuften Mitwirkung aller Hochschulmitglieder nach dem Modell der „Gruppenuniversität". Für die Beteiligung an der Willensbildung der Hochschule bilden entsprechend ihrer Qualifikation, Funktion, Verantwortung und Betroffenheit die Professoren, die Studierenden, das weitere wissenschaftliche und künstlerische Personal sowie die sonstigen Mitarbeiter grundsätzlich je eine Gruppe. In den meisten Ländern verwaltet die Studentenschaft ihre Angelegenheiten selbst.

Hochschularten. Die immer noch größte Säule des Hochschulwesens sind die Universitäten und ihnen gleichgestellte Hochschulen. Das Studium an diesen Hochschulen wird mit einer Diplom-, Magister- oder Staatsprüfung abgeschlossen; seit 1998 werden verstärkt auch Bachelor- und Masterabschlüsse angeboten. Anschließend ist eine weitere Qualifizierung bis zur Doktorprüfung (Promotion) oder bis zum Abschluss eines Graduiertenstudiums möglich. Einige Studiengänge haben nur die Magister- oder Doktorprüfung als Abschluss. Die bisher in zahlreichen Fachrichtungen übliche Habilitation soll im Rahmen der weiteren Hochschulreform als Nachweis der Eignung für eine Professur abgeschafft und durch international üblichere Verfahren der Qualifikationsfeststellung ersetzt werden.

Die Fachhochschulen als zweite Säule des deutschen Hochschulsystems vermitteln vor allem in den Bereichen Ingenieurwesen, Informatik, Wirtschaft, Sozialwesen, Design und Gesundheit eine praxisbezogene Ausbildung, die mit einer Diplomprüfung abschließt; seit 1998 können auch Bachelor- und Master-Studiengänge eingerichtet werden. Fast jeder dritte Studienanfänger wählt heute diesen Hochschultyp, der sich auch durch eine kürzere Studiendauer und eine stärkere Strukturierung des Studiums auszeichnet.

1974 wurde die Fernuniversität Hagen als einzige Fernuniversität im deutschsprachigen Raum gegründet. Sie hatte im Wintersemester 1999/2000 rund 46 800 Studierende, die in regionalen Studienzentren – einige davon auch im deutschsprachigen Ausland sowie in den mittel- und osteuropäischen Staaten – betreut werden. Neben der Fernuniversität Hagen bieten private Fern-Fachhochschulen bundesweit Angebote im Fernstudium an. Auch die Präsenzhochschulen engagieren sich zunehmend im Fernstudium. Rechnervernetzung und Multimedia eröffnen dem Fernstudium heute vielfältige neue Möglichkeiten zur Gestaltung moderner und bedarfsgerechter Studienangebote. Diese werden zunehmend auch zur Verknüpfung einzelner Fernstudienmodule oder multimedialer Module wie virtuelle Labors oder Simulationen mit Angeboten der Präsenzlehre an den Hochschulen genutzt. In diesem Zusammenhang sind in mehreren Ländern Verbünde entstanden, die virtuelle Studienmöglichkeiten anbieten. Allein am virtuellem Angebot der Fernuniversität Hagen nehmen derzeit 14 000 Studierende teil.

Studium und Studierende. Die Bildungspolitik hat die Hochschule weiten Bevölkerungsschichten geöffnet. Im Wintersemester 1952/53 kamen zum Beispiel vier Prozent aller Studienanfänger aus Arbeiterfamilien, heute sind es rund 14 Prozent. 1952 waren ein Fünftel aller Studierenden Frauen. Heute sind es über 45 Prozent. Bund und Länder sind sehr daran interessiert, dass Ausländer an deutschen Hochschulen studieren. Rund 174 000 waren es im Wintersemester 1999/2000.

Für fast alle Studiengänge gibt es bundeseinheitliche Rahmenordnungen, auf deren Grundlage die örtlichen Studien- und Prü-

fungsordnungen erarbeitet und erlassen werden. Die Diplom-
und Magisterstudiengänge verlangen in der Regel Zwischenprü-
fungen. Die Studierenden können bei vielen Studienfächern
selbst entscheiden, welche Schwerpunkte und Lehrveranstaltun-
gen sie wählen. Die Studierenden zahlen an den staatlichen
Hochschulen grundsätzlich keine Studiengebühren. Einzelne
Länder erheben Gebühren für ein Zweitstudium oder ein Lang-
zeitstudium.

Studierende haben Rechtsanspruch auf staatliche Ausbildungsförderung nach dem Bundesausbildungsförderungsgesetz (BAföG),
wenn ihnen die für den Lebensunterhalt und die Ausbildung
notwendigen Mittel anderweitig, das heißt vorrangig aus dem
Einkommen der Eltern, nicht zur Verfügung stehen. Während
der Regelstudiendauer wird die Hälfte des Förderungsbetrages
als Zuschuss gewährt, die andere Hälfte als zinsloses Darlehen,
das in der Regel fünf Jahre nach Ende der Förderungshöchst-
dauer zurückzuzahlen ist.

1999 sind 12,9 Prozent aller Studierenden nach dem BAföG gefördert worden. Dies ist ein erheblicher Rückgang: 1991 zum Beispiel wurden noch über 24 Prozent der Studierenden gefördert.
Der Vollzug des Bundesausbildungsförderungsgesetzes erfolgt
durch die 62 Studentenwerke, die in der Regel Landesanstalten
des öffentlichen Rechts sind. Sie sind für die wirtschaftliche, soziale, gesundheitliche und kulturelle Förderung der Studierenden an den Hochschulen zuständig. Die örtlichen Studentenwerke sind überregional im Deutschen Studentenwerk (DSW)
zusammengeschlossen. Als neue Leistung für ausländische Stu-
dienbewerber stellen die Studentenwerke bisher an 64 Hochschulen Servicepakete zur Verfügung, die zu einem attraktiven
Gesamtpreis Wohnung, Verpflegung sowie soziale und Betreu-
ungs-Angebote umfassen.

Freier Zugang und Numerus Clausus. Der gewaltige An-
drang zu den Hochschulen hat trotz aller Ausbaumaßnahmen
dazu geführt, dass für einen Teil der Fächer bundesweite Zulassungsbeschränkungen (Numerus Clausus) eingeführt werden
mussten, da die Studienplatzkapazität nicht ausreicht. In der
Regel entscheiden die Durchschnittsnoten des Abiturzeugnisses
und die Wartezeit über die Zulassung. Ein Teil der Studienplät-
ze in den bundesweit zulassungsbeschränkten Studiengängen
wird in Auswahlverfahren der Hochschulen vergeben. Danach
sind für die Zulassung neben der Durchschnittsnote des Abitur-

zeugnisses und der Wartezeit unter anderem Auswahlgespräche maßgeblich.

Heute noch verbringt ein Student an der Universität bis zum berufsqualifizierenden Abschluss durchschnittlich rund 12 Semester, also sechs Jahre, an der Fachhochschule knapp 10 Semester. Das ist im internationalen Vergleich zu lang. Zudem werden die Studienanfänger immer älter. Manche haben zum Beispiel vor dem Studium eine mehrjährige Lehre oder Wehr- bzw. Zivildienst absolviert. Der dadurch insgesamt bedingte späte Beginn der Erwerbstätigkeit erscheint als gravierender Nachteil im Vergleich zu Bewerbern aus anderen Staaten – besonders auch im Hinblick auf die ständig wachsende internationale Mobilität wie zum Beispiel innerhalb des Europäischen Binnenmarktes.

Die Situation in den ostdeutschen Ländern. Die Erneuerung der Hochschulen in den ostdeutschen Ländern, die unter anderem im Rahmen des Erneuerungsprogramms für Hochschule und Forschung in den ostdeutschen Ländern (HEP) in der Zeit von 1991 – 1996 mit 2,4 Milliarden DM gefördert wurde, hat ein regional und fachlich sowie institutionell differenziertes Angebot an Hochschuleinrichtungen entstehen lassen. 19 Universitäten, zwei Technische Hochschulen, 14 Kunst- und Musikhochschulen sowie 29 allgemeine Fachhochschulen und acht Fachhochschulen für öffentliche Verwaltung bestehen heute in den ostdeutschen Ländern und Ost-Berlin. Dort sind derzeit rund 337 600 (einschließlich Berlin) Studierende eingeschrieben. Die Maßnahmen des HEP haben entscheidend dazu beigetragen, dass die Neuorientierung in Lehre und Forschung an den ostdeutschen Hochschulen und außeruniversitären Forschungseinrichtungen eingeleitet werden konnte und der Anschluss an internationale Standards inzwischen hergestellt wurde.

Die Hochschulrektorenkonferenz (HRK) ist ein freiwilliger Zusammenschluss staatlicher und staatlich anerkannter Hochschulen in Deutschland (derzeit 257 Mitglieder). In der HRK wirken die Mitgliedshochschulen, vertreten durch ihre Rektorinnen und Rektoren oder Präsidentinnen und Präsidenten in allen Fragen zusammen, welche die Erfüllung ihrer Aufgaben in der Forschung, in Lehre und Studium, bei der wissenschaftlichen Weiterbildung, beim Technologie- und Wissenstransfer und in der internationalen Kooperation betreffen. Die Arbeit der HRK umfasst:

— Förderung der Zusammenarbeit zwischen den Hochschulen
— Information der Mitgliedshochschulen über hochschulpolitische Entwicklungen und Problemstellungen
— Erarbeitung von Positionen und Stellungnahmen zu hochschul- und wissenschaftspolitischen Fragen
— Vertretung der Interessen der Mitgliedshochschulen in der Öffentlichkeit
— Pflege der internationalen Beziehungen.

Der Deutsche Akademische Austauschdienst (DAAD).
Der 1925 gegründete DAAD als eine gemeinsame Einrichtung der deutschen Hochschulen hat die Aufgabe, die Hochschulbeziehungen mit dem Ausland vor allem durch den Austausch von Studierenden, Graduierten und Wissenschaftlern zu fördern. Seine Programme sind offen für alle Länder und alle Fachrichtungen und kommen Ausländern wie Deutschen gleichermaßen zugute. 1999 wurden weltweit über 60 000 Personen gefördert. Daneben unterstützt der DAAD durch eine Reihe von Dienstleistungen – wie Informations- und Publikationsprogramme, Beratungs- und Betreuungshilfen – die ausländer- und auslandsbezogenen Aktivitäten der Hochschulen und wirkt auf Grund seiner Kompetenz an der Gestaltung der auswärtigen Kulturpolitik mit. Seine ordentlichen Mitglieder sind – auf Antrag – die Hochschulen, die in der Hochschulrektorenkonferenz vertreten sind, sowie die Studentenschaften dieser Hochschulen. Zum Jahresende 1999 gehörten dem DAAD insgesamt 233 Hochschulen und 128 Studentenschaften an.

Die Aufgaben:
— Vergabe von Stipendien an ausländische und deutsche Studierende, Praktikanten, jüngere Wissenschaftler und Hochschullehrer zur Förderung sowohl der Aus- und Fortbildung im Hochschulbereich als auch von Forschungsarbeiten

Das Hauptgebäude der traditionsreichen Humboldt-Universität in Berlin

- Vermittlung und Förderung deutscher wissenschaftlicher Lehrkräfte aller Fachrichtungen zu Lang- und Kurzzeitdozenturen an ausländischen Hochschulen (einschließlich Lektoren für deutsche Sprache, Literatur und Landeskunde)
- Information über Studien- und Forschungsmöglichkeiten im In- und Ausland durch Publikationen, mündliche und schriftliche Auskünfte sowie durch die Organisation und Förderung von Informationsaufenthalten ausländischer und deutscher Wissenschaftler und Studentengruppen
- Internationales Hochschulmarketing
- Betreuung der ehemaligen Stipendiaten, vor allem im Ausland, durch Wiedereinladung, durch Nachkontakt-Veranstaltungen und Publikationen, z.B. den „DAAD Letter – Hochschule und Ausland".

Weitere Informationen:
  - Hochschulrektorenkonferenz
    Ahrstr. 39, 53175 Bonn
    Internet: http://www.hrk.de
    E-Mail: sekr@hrk.de
  - Deutscher Akademischer Austauschdienst (DAAD)
    Kennedyallee 50, 53175 Bonn
    Internet: http://www.daad.de
    E-Mail: postmaster@daad.de

Die Erwachsenenbildung

Weiterbildung im Sinne lebenslangen Lernens gewinnt immer größere Bedeutung. Diese Entwicklung gilt sowohl für die allgemeine als auch für die berufliche Weiterbildung. In der Regel werden die politische und die kulturelle der allgemeinen Weiterbildung zugerechnet. Je schneller Wissen veraltet, desto notwendiger wird lebenslanges Lernen, um berufliche Kompetenz zu erhalten. Dies ist auch ein Hauptthema der Konzertierten Aktion Weiterbildung (KAW), die sich seit 1987 als Gesprächsplattform zum Thema Weiterbildung bewährt und die Kooperation aller an der Weiterbildung Beteiligten fördert.

Die Teilnahme an Lehrgängen, Kursen und Seminaren ist in Deutschland in den letzten Jahren deutlich gestiegen und erreichte 1997 den höchsten Stand seit Beginn der Erhebungen im Rahmen des „Berichtssystems Weiterbildung" (BSW). Fast jeder zweite Erwachsene hat in diesem Jahr Angebote zur Weiterbildung genutzt.

Die Träger der Weiterbildung. In Deutschland gibt es eine Vielzahl verschiedener Weiterbildungsträger und -organisationen.

Die Volkshochschulen sind Tages-Bildungsstätten. Sie konzentrieren sich ausschließlich auf die Weiterbildung und bieten flächendeckend ein umfassendes Grundangebot vor allem für die allgemeine, aber zunehmend auch für die berufsbezogene Weiterbildung aller interessierten Bürgerinnen und Bürger an. Die Volkshochschulen sind in der Regel die Weiterbildungszentren der Gemeinden (Städte und Landkreise); es gibt über 1000 Volkshochschulen mit zahlreichen Außenstellen.

Die Betriebe sind die wichtigsten Träger der beruflichen Weiterbildung; sie erfüllen ihre Aufgabe in eigenen betrieblichen Bildungseinrichtungen oder zusammen mit überbetrieblichen Weiterbildungseinrichtungen und anderen Trägern.

Die privaten Institute bzw. kommerziellen Weiterbildungseinrichtungen sind besonders aktiv in den Bereichen berufliche Umschulung, Erwerb bzw. Erweiterung beruflicher Qualifikationen, EDV-Schulung, Erlernen von Fremdsprachen und Nachholen von Bildungsabschlüssen.

Die Kirchen setzen ihre Schwerpunkte bei der personalen Bildung, Erziehungs- und Schulfragen, Familie, Gesellschaft, Literatur, Bildungshilfe zu Lebensfragen, Gesundheit, Partnerschaft und so weiter.

Die Hochschulen, Akademien und wissenschaftlichen Gesellschaften bemühen sich (oft in Zusammenarbeit mit entsprechenden Berufsverbänden) vor allem um die wissenschaftliche und fachspezifische Weiterbildung.

Die Kammern (zum Beispiel Industrie- und Handelskammern, Handwerkskammern und Landwirtschaftskammern) sowie die Verbände und Bildungswerke der Wirtschaft bieten überbetriebliche Möglichkeiten der beruflichen Anpassungs- und Aufstiegsfortbildung an und nehmen Prüfungen für anerkannte Abschlüsse ab.

Die Gewerkschaften konzentrieren sich vor allem auf die Befähigung zu aktiver politischer Mitwirkung und die betriebliche Interessenvertretung der Arbeitnehmer. Sie tragen in Kooperation mit den Volkshochschulen (Bundesvereinigung „Arbeit und Leben") eine breitere politische und berufliche Weiterbildungsarbeit mit.

Die Wohlfahrtsverbände vermitteln in besonderem Maße soziale, gesundheitliche und entwicklungspolitische Kenntnisse und Kompetenzen.

Von 215 privaten Fernlehrinstituten wurden Mitte 1999 in rund 1600 Fernlehrgängen zeit- und ortsunabhängige Weiterbildungsmöglichkeiten sowohl im allgemeinen wie im beruflichen Bereich (besonders Wirtschaft und kaufmännische Praxis) angeboten. Sie beziehen dabei über die klassischen „Lehrbriefe" zum

Lebenslanges Lernen: Im „Computertreff für Senioren" in Berlin

angeleiteten Selbststudium hinaus auch zunehmend neue Medien mit ein.

Die Bundeszentrale und die Landeszentralen für politische Bildung sowie die parteinahen Stiftungen: Konrad-Adenauer-Stiftung (CDU), Friedrich-Ebert-Stiftung (SPD), Friedrich-Naumann-Stiftung (FDP), Hanns-Seidel-Stiftung (CSU), Heinrich-Böll-Stiftung (Bündnis 90/Die Grünen) und Rosa-Luxemburg-Stiftung (PDS) bieten vielseitige Weiterbildungsveranstaltungen besonders zu aktuellen politischen Fragen und Grundproblemen des demokratischen Gemeinwesens an. Die Schulen des Zweiten Bildungsweges ermöglichen Erwachsenen den nachträglichen Erwerb von Schulabschlüssen.

Bibliotheken, Museen, soziokulturelle Zentren, selbst organisierte Gruppen, Bürgerinitiativen, Buchhandlungen und weitere Einrichtungen versuchen außerhalb etablierter Weiterbildungsorganisationen spezifische Lernbedürfnisse zu befriedigen.

Die öffentlich-rechtlichen Rundfunkanstalten tragen mit ihren Sendungen in Hörfunk und Fernsehen zur Förderung von Information, Bildung und Kultur bei. In engem Verbund mit den Volkshochschulen arbeitet das Telekolleg. Telekolleg bedeutet Lernen im Medienverbund, das heißt individuelles Lernen mit Hilfe von TV-Sendungen, schriftlichem Begleitmaterial und Direktunterricht.

Weitere Einrichtungen. Von besonderer Bedeutung für die Erwachsenenbildung sind weiterhin:

Das Deutsche Institut für Erwachsenenbildung e.V. ist eine Einrichtung der Wissenschaftsgemeinschaft Gottfried Wilhelm Leibniz. Als wissenschaftliches Serviceinstitut vermittelt es zwischen Forschung und Praxis der Erwachsenenbildung, liefert Grundlagen für eine praxisnahe Forschung und leistet wissenschaftlich fundierte Entwicklungsarbeit. Dienstleistung, Entwicklungsforschung, Vernetzung und internationale Aktivitäten sind die Eckpfeiler der Institutsarbeit.

Das Bundesinstitut für Berufsbildung (BIBB) betreibt Forschung und Entwicklung auf dem Gebiet der beruflichen Aus- und Weiterbildung und nimmt Dienstleistungs- und Beratungsfunktionen gegenüber der Bundesregierung und der Berufsbildungspraxis wahr. Es entwickelt in Kooperation mit den Sozialpartnern und Fachverbänden Ausbildungsordnungen für neue Ausbildungsberufe und modernisiert überholte Ausbildungsordnungen, auch für die berufliche Fortbildung.

Bund und Länder wirken in der „Bund-Länder-Kommission für Bildungsplanung und Forschungsförderung" zusammen. Die Länder stimmen sich im Rahmen der Ständigen Konferenz der Kultusminister der Länder untereinander ab.

Weitere Informationen:
- Deutsches Institut für Erwachsenenbildung
  Hansaallee 150, 60320 Frankfurt/Main
  Internet: http://www.die-frankfurt.de
  E-Mail: info@die-frankfurt.de
- Bundesinstitut für Berufsbildung (BIBB)
  Hermann-Ehlers-Weg 10, 53113 Bonn
  Internet: http://www.bibb.de
  E-Mail: zentrale@bibb.de
- Bundesministerium für Bildung und Forschung
  Heinemannstr. 2, 53175 Bonn
  Internet: http://www.bmbf.de
  E-Mail: information@bmbf.bund.de
- Sekretariat der Ständigen Konferenz der Kultusminister der Länder in der
  Bundesrepublik Deutschland (KMK)
  Postfach 2240, 53012 Bonn
  Internet: http://www.kmk.org
  E-Mail: eurydice@kmk.org
- Deutscher Volkshochschul-Verband e.V.
  Obere Wilhelmstraße 32, 53225 Bonn
  Internet: http://www.dvv-vhs.de
  E-Mail: buero@dvv-vhs.de
- Bundeszentrale für politische Bildung
  Berliner Freiheit 7, 53111 Bonn
  Internet: http://www.bpb.de
  E-Mail: reichert@bpb.de

Kulturelles Leben

Kulturelle Vielfalt

Der Kulturföderalismus. Nirgendwo ist die föderale Struktur der Bundesrepublik deutlicher ausgeprägt als auf dem Gebiet des kulturellen Lebens. Es gab in Deutschland nie eine zentrale Kulturmetropole vergleichbar mit Paris für Frankreich oder London für England. Das kulturelle Eigenleben der Länder hat kleine und große Kulturzentren unterschiedlichen Profils entstehen lassen. Kulturelles und wissenschaftliches Leben entfaltet sich selbst in kleinen Städten und Gemeinden.

Diese Vielfalt lässt sich schon an der regionalen Verteilung der verschiedenen kulturellen Institutionen und Aktivitäten in Deutschland darstellen. Die Deutsche Bibliothek, eine Einrichtung des Bundes, hat Standorte in Frankfurt am Main, Leipzig und Berlin. Das Bundesarchiv, mit der Hauptdienststelle in Koblenz, verfügt über Außenstellen u.a. in Berlin, Potsdam, Freiburg im Breisgau und Bayreuth. Die größte Konzentration von Medien hat Hamburg aufzuweisen, Köln, Düsseldorf und Kassel sind nur drei der Zentren des modernen Kunstlebens. Die meisten Bühnen bietet Berlin. Die bedeutendsten Museen verteilen sich auf Berlin, Dresden, Hildesheim, Frankfurt/Main, Köln, München, Nürnberg und Stuttgart. Die beiden wichtigsten Literaturarchive liegen in Marbach und Weimar.

Die meisten kulturellen Einrichtungen der Bundesrepublik werden von den Bundesländern, von den Städten und Gemeinden unterhalten. Die Gesetzgebung in kulturellen Angelegenheiten ist – von wenigen Ausnahmen abgesehen – Sache der Länder. Jedes Land gestaltet auch das Bildungswesen größtenteils selbstständig. Eine Plattform der Zusammenarbeit ist die Ständige Konferenz der Kultusminister der Länder, die wichtige Koordinierungsaufgaben zwischen den Ländern wahrnimmt.

Ein Ministerium für Kultur auf Bundesebene hat es in der Bundesrepublik Deutschland aus den genannten Gründen noch nie gegeben. Indessen hat die Bundesregierung einen Beauftragten für die Angelegenheiten der Kultur und der Medien ernannt, der im Range eines Staatsministers beim Bundeskanzler tätig ist. Er koordiniert unter Wahrung der Zuständigkeiten der Länder die kulturpolitischen Kompetenzen des Bundes, die bisher auf verschiedene Bundesministerien verteilt waren. Der Staatsminister und Beauftragte der Bundesregierung für Angelegenheiten der Kultur und Medien versteht sich als Ansprechpartner und Impulsgeber für die Kulturpolitik des Bundes sowie als Interessenvertreter für die deutsche Kultur auf internationaler, zumal auf europäischer Ebene. Sein besonderes Augenmerk gilt der kulturellen Förderung der Hauptstadt Berlin und der ostdeutschen Länder.

Der Deutsche Kulturrat. Der Deutsche Kulturrat wurde 1982 als politisch unabhängige Arbeitsgemeinschaft kultur- und medienpolitischer Organisationen und Institutionen von bundesweiter Bedeutung gegründet. Seit September 1995 ist er ein eingetragener Verein. Der Deutsche Kulturrat ist der Spitzenverband der Bundeskulturverbände. Er ist der Ansprechpartner der Politik und Verwaltung des Bundes, der Europäischen Union sowie der Länder und Kommunen in allen übergreifenden kulturpolitischen Angelegenheiten. Aufgabe des Deutschen Kulturrates ist es, bundesweit spartenübergreifende Fragen in die kul-

Das Buddenbrook-Haus in Lübeck dokumentiert das Werk von Heinrich und Thomas Mann

turpolitische Diskussion auf allen Ebenen einzubringen. Acht Sektionen gehören dem Deutschen Kulturrat als Mitglieder an, die ihrerseits mehr als 190 selbstständige Verbände und Einrichtungen zusammenfassen: der Deutsche Musikrat, der Rat für Darstellende Künste, die Arbeitsgemeinschaft Literatur, der Kunstrat, der Rat für Baukultur, die Sektion Design, die Sektion Film/Audiovision und der Rat für Soziokultur.

Kulturelle Mittlerorganisationen. Die kulturelle Zusammenarbeit mit dem Ausland und der internationale Kulturaustausch im Rahmen von Kulturabkommen werden weitgehend von rechtlich selbstständigen Mittlerorganisationen in eigener Verantwortung durchgeführt. Sie werden als Teil der Auswärtigen Kulturpolitik aus dem Haushalt des Auswärtigen Amtes finanziert. Die wichtigsten sind das Goethe-Institut, der Deutsche Akademische Austauschdienst, die Alexander von Humboldt-Stiftung, das Institut für Auslandsbeziehungen und INTER NATIONES (vergleiche hierzu auch das Kapitel „Grundzüge deutscher Außenpolitik").

Weitere Informationen:
- Deutscher Kulturrat e.V.
  Weberstr. 59a, 53113 Bonn
  Internet: http://www.kulturrat.de
  E-Mail: post@kulturrat.de
- Alexander von Humboldt-Stiftung
  Jean-Paul-Str. 12, 53173 Bonn
  Internet: http://www.avh.de
  E-Mail: post@avh.de
- Deutscher Akademischer Austauschdienst (DAAD)
  Kennedyallee 50, 53175 Bonn
  Internet: http://www.daad.de
  E-Mail: postmaster@daad.de
- Institut für Auslandsbeziehungen
  Charlottenplatz 17, 70173 Stuttgart
  Internet: http://www.ifa.de
  E-Mail: info@ifa.de
- INTER NATIONES e.V.
  Kennedyallee 91-103, 53175 Bonn
  Internet: http://www.inter-nationes.de
  E-Mail: in-press@inter-nationes.de
- Goethe-Institut e.V.
  Helene-Weber-Allee 1, 80637 München
  Internet: http://www.goethe.de
  E-Mail: zv@goethe.de

Die Literatur

Der Neubeginn nach 1945. Nach dem Zweiten Weltkrieg versuchte die deutsche Literatur einen Neubeginn – eine „Stunde Null" hat es gleichwohl nicht gegeben, schon aus Gründen der biografischen und schriftstellerischen Kontinuität vieler Autoren, zu denen Thomas Mann, Gottfried Benn und Bertolt Brecht als die bedeutendsten der ersten Jahrhunderthälfte gehören. Neubeginn, das war für viele Schriftsteller der Versuch, die schockhafte, die im eigentlichen Sinn nihilistische Erfahrung von Krieg und Verwüstung beschreibbar zu machen – oft im Rückgriff auf ausländische Vorbilder oder mit Hilfe von Denkweisen des Existenzialismus oder der christlichen Tradition. Wolfgang Borcherts Drama „Draußen vor der Tür" (1947), Erzählungen von Heinrich Böll („Der Zug war pünktlich", 1949) und Arno Schmidt („Leviathan", 1949), Lyrik von Paul Celan („Mohn und Gedächtnis", 1952), Günter Eich und Peter Huchel stehen beispielhaft für diese Tendenz, Politisches nicht direkt und realistisch zu thematisieren, sondern die deutsche Schuld und die deutsche Niederlage durch religiöse oder weltanschauliche Bilder zu reflektieren; dabei knüpften die Autoren häufig an die zwölf Jahre lang verfemte literarische Moderne an.

Zwischen Sozialkritik und Konkreter Poesie. In der Literatur der Fünfziger- und Sechzigerjahre bildet sich zusehends eine Richtung heraus, welche die Art und Weise der Auseinandersetzung mit der jüngsten Vergangenheit selbst zum Thema der Literatur machte. In vielen Werken jener Jahre verbindet sich Kritik am „Wirtschaftswunder" der Nachkriegszeit mit dem Bestreben nach Aufarbeitung der Vergangenheit. Die Fixierung auf den raschen Aufbau eines neuen materiellen Wohlstands wird häufig als Flucht vor der Verantwortung für das Geschehen in der Nazi-Zeit interpretiert. Beispielhaft dafür stehen die Theaterstücke und Prosawerke der Schweizer Friedrich Dürrenmatt (etwa „Der Besuch der alten Dame", 1956, „Die Physiker", 1961) und Max Frisch („Stiller", 1954, „Homo Faber", 1957,

„Biedermann und die Brandstifter", 1958, „Andorra", 1961). Die wichtigsten Werke deutscher Autoren stammen von Wolfgang Koeppen („Das Treibhaus", 1953), Heinrich Böll („Und sagte kein einziges Wort", 1953, „Das Brot der frühen Jahre", 1955, „Billard um halbzehn", 1959), Siegfried Lenz („Deutschstunde", 1968) und Günter Grass („Die Blechtrommel", 1959, „Katz und Maus", 1961, „Hundejahre", 1963). Eine zentrale Rolle spielte die „Gruppe 47", eine von Hans Werner Richter ins Leben gerufene lose Verbindung deutschsprachiger Schriftsteller, deren jährliche Treffen (bis 1967) sowohl ein literarisches wie auch ein zunehmend politisches Ereignis waren. Manche ihrer Mitglieder, zu denen viele der damals bekannten Autoren zählten, verstanden sich als moralische Instanz. Ihr wohl prominentester Vertreter, Heinrich Böll, erhielt 1972 den Nobelpreis. Neben diesen Autoren gibt es eine Reihe anderer, die die gesellschaftliche Wirklichkeit weniger interpretieren als sie vielmehr (scheinbar) emotionslos darstellen wollen. Zu ihnen zählen vor allem Jürgen Becker („Felder", 1964; „Ränder", 1968), Rolf Dieter Brinkmann („Keiner weiß mehr", 1968), Alexander Kluge („Lebensläufe", 1962) und Dieter Wellershoff („Ein schöner Tag", 1966). Quer zu diesen Richtungen steht die Konkrete Poesie (Max Bense, Eugen Gomringer, Helmut Heißenbüttel, Franz Mon), die versucht, von aller Inhaltlichkeit abzusehen: Hier wird die Sprache selbst zur Literatur.

Die 68er Jahre. In der Mitte der Sechzigerjahre beginnt ein tief greifender Umbruch in der Gesellschaft, nicht nur in der Bundesrepublik Deutschland, sondern in allen Ländern des Westens. Mit der „Studentenrevolte" von 1968 vollzieht sich eine deutliche Radikalisierung der Kritik am „Schweigen der Väter" zu den Verbrechen des Nationalsozialismus. Ästhetisierende Tendenzen der Literatur werden als Verschleierung sozialer

Die Verleihung des Literatur-Nobelpreises 1999 an Günter Grass

Walter
Kempowski

und wirtschaftlicher Ursachen für die als ungerecht empfundene Wirtschaftsstruktur gebrandmarkt. Viele Autoren suchen das soziale und politische Engagement – bei gleichzeitiger Weigerung, sich politisch vereinnahmen zu lassen. Symptomatisch ist das Eintreten zahlreicher Literaten gegen den Vietnam-Krieg und für die neue Ost-Politik, die zu einer Überwindung der Ost-West-Konfrontation führen sollte. Kennzeichnend ist aber ebenso die Suche nach einer neuen Rolle und neuen Formen der Literatur. Die These vom „Tod der Literatur" (Hans Magnus Enzensberger) oder Peter Weiss' „Ästhetik des Widerstandes" sind radikaler Ausdruck dieser Neubesinnung.

Zu dieser politischen Literatur gehört auch das dokumentarische Theater (Rolf Hochhuth: „Der Stellvertreter", 1963; Heinar Kipphardt: „In der Sache J. Robert Oppenheimer", 1964), das inhaltlich und in der Absicht mit dem Genre der parteiischen Reportage (Günter Wallraff: „Ihr da oben – wir da unten", 1973) und der Literatur der Arbeitswelt verbunden ist.

Der Künstler als tragische Existenz? Neben diesen Tendenzen behaupten sich einige Einzelgänger als zentrale Schriftsteller ihrer Zeit. Die wichtigsten Werke von Arno Schmidt sind: „Aus dem Leben eines Fauns", 1953; „Das Steinerne Herz", 1956; „Kühe in Halbtrauer", 1964; „Zettels Traum", 1970; „Abend mit Goldrand", 1975. Aus dem Werk des Österreichers Thomas Bernhard ragen heraus: „Frost", 1963; „Verstörung", 1967; „Das Kalkwerk", 1970; „Die Ursache", 1975; „Alte Meister", 1985; „Auslöschung. Ein Zerfall", 1986. Das Werk dieser beiden Schriftsteller ist eine ebenso ernsthafte wie ironisch-gebrochene Darstellung der Existenz des Künstlers, des „Geistesmenschen" in einer Welt der Gleichgültigkeit und Geistlosigkeit. Ihre an Schopenhauer geschulte Skepsis schärft den Blick für das Komische und Tragische jeder menschlichen Existenz.

Der Ende der Sechzigerjahre viel beachtete Österreicher Peter Handke gehört im ersten Jahrzehnt seiner Produktivität zu den wirkungsvollsten Dichtern („Publikumsbeschimpfung", 1966;

„Kaspar", 1968; „Die Angst des Tormanns beim Elfmeter", 1970; „Die Stunde der wahren Empfindung", 1975). Sein literarischer Weg führt ihn von den Siebzigerjahren an zunehmend auf solipsistische Pfade („Langsame Heimkehr, 1979; „Die Abwesenheit", 1987; „Mein Jahr in der Niemandsbucht", 1994).

Der Literaturbetrieb. Waren die Sechzigerjahre noch voller Anfänge, Anstöße und Aufbrüche, so scheinen die sich anschließenden Jahre zunehmend gekennzeichnet von einer Erschöpfung der künstlerischen Mittel und Möglichkeiten. Die Erfolgsautoren der frühen Fünfziger- und Sechzigerjahre (Heinrich Böll, Günter Grass, der Schweizer Max Frisch und Martin Walser, um nur einige zu nennen) lassen in ihren Romanen und Erzählungen vielfach die Originalität und Zuspitzung ihrer Gedanken vermissen, während die Generation der „Achtundsechziger" sehr bald verstummt oder sich in anderen künstlerischen Medien ausdrückt (Performances, Musik, Film).

Bekannt und umstritten war und ist der „Literaturpapst" genannte Kritiker Marcel Reich-Ranicki, der durch seine Rezensionen und Fernsehdiskussionen zur positiven oder negativen Rezeption vieler Gegenwartsautoren beiträgt. Seine Autobiografie „Mein Leben" stand monatelang in der Spitze der deutschen Bestsellerlisten. Großes Leserinteresse fanden auch die Tagebücher von Victor Klemperer (1995). Der Romanist von Weltrang notierte darin Tag für Tag sein Leben als Jude während der Zeit des Nationalsozialismus.

Die Literatur in der DDR. Ähnlich wie 1945 markierten die Jahre 1989/1990 – das Ende des real existierenden Sozialismus, der DDR und der Sowjetunion (1991) – einen tief greifenden Einschnitt nicht nur innerhalb der politischen Geschichte, sondern auch der Kultur. Dies berührte insbesondere die Autoren, die in der DDR lebten und sich zu diesem Staat als dem – trotz

Christa Wolf

aller Mängel – ihrer Ansicht nach besseren auf deutschem Boden bekannten. Von Anfang an hat die Literatur in der DDR eine andere Entwicklung genommen als die westliche. Es gab keine Informations- und Meinungsfreiheit, und die Möglichkeit eines freien Austauschs von Ideen, Texten und Personen war weitgehend eingeschränkt. Ein ganzes Land wurde auf die sowjetische Literaturidee des „Sozialistischen Realismus" eingeschworen; wer sich diesem Zwang nicht unterwerfen wollte, hatte bis 1961 (Bau der Berliner Mauer) nur die Möglichkeit der Flucht, die nicht immer so genannt wurde oder so heißen durfte (darunter Uwe Johnson: „Mutmaßungen über Jakob", 1959; „Das dritte Buch über Achim", 1961; „Zwei Ansichten", 1965; „Jahrestage 1-4", 1970-1983).

So entstand in den Fünfziger- und Sechzigerjahren eine weitgehend konformistische Literatur des Aufbaus und des platten geschichtsphilosophischen Optimismus ohne formale Neuerungen oder Auseinandersetzungen mit der Avantgarde des 20. Jahrhunderts, die weitgehend verboten war (Franz Kafka, James Joyce, Samuel Beckett, Vladimir Nabokov und viele andere mehr). Da zudem beinahe alle zeitgenössischen philosophischen Strömungen, ja selbst Friedrich Nietzsche, in der DDR nicht rezipiert werden durften, entstand ein Klima geistiger Mediokrität und ideologischer Gleichförmigkeit, aus dem in der Literatur nur die Werke von Heiner Müller („Die Lohndrücker", 1956; „Philoktet", 1958/64; „Germania Tod in Berlin", 1956/71; „Hamletmaschine", 1977; „Der Auftrag", 1979; „Quartett", 1980) und Christa Wolf („Der geteilte Himmel", 1963; „Nachdenken über Christa T.", 1968; „Kassandra", 1983) herausragen. Selbst in der letzten Phase der DDR blieb die literarische Kritik, etwa von Christoph Hein, Volker Braun, Ulrich Plenzdorf oder Stefan Heym, punktuell und verhalten. Im Unterschied zu fast allen anderen Ländern des sowjetisch dominierten Ost-Europa war die Literatur in der DDR überwiegend affirmativ. Die bemerkenswertesten Prosawerke und Theaterstücke von Christa Wolf und Heiner Müller sind zwar, zumindest von der Mitte der Siebzigerjahre an, weit entfernt von Parteigläubigkeit und Vertrauen auf den Sozialismus, aber ihre Modelle einer anderen Gesellschaft bleiben doch im Kern der Idee des Sozialismus verhaftet.

Neue Tendenzen. Zu den herausragenden Autoren der letzten zwanzig Jahre gehört Botho Strauß, dessen Erzählungen und Romane („Marlenes Schwester", 1975; „Der junge Mann", 1984),

Theaterstücke („Die Hypochonder", 1972; „Bekannte Gesichter, gemischte Gefühle", 1974; „Kalldewey, Farce", 1981; „Der Park", 1983) und Essays („Paare, Passanten", 1981; „Wohnen Dämmern Lügen", 1994) den ernsthaften Versuch unternehmen, die Gegenwart im Augenblick ihrer Bodenlosigkeit durch Anleihen bei mystischen Bildern in Sprache und szenische Abläufe zu fassen.

Das Ende der politischen und ideologischen Teilung Europas und Deutschlands liegt noch zu nahe, um eine auch nur vorläufige Antwort zu gestatten, in welcher Weise es die deutsche Literatur beeinflusst oder verändert hat. Die Diskussion über den Roman von Günter Grass, „Ein weites Feld" (1995), der diesen Umbruch bilanziert, ging ebenso schnell zu Ende, wie sie aufgeflammt war. Am Beispiel der ostthüringischen Kleinstadt Altenburg zeichnete Ingo Schulze in seinen „Simplen Storys" (Untertitel: „Ein Roman aus der ostdeutschen Provinz", 1998) unpathetisch ein Kaleidoskop der oft tragikomischen Situation der Men-

Ingo Schulze

Siegfried Lenz wurde 1999 mit dem Goethepreis der Stadt Frankfurt/ Main ausgezeichnet

schen nach dem Fall der Berliner Mauer. In seinem kurzen Roman „Trug" (2000) erzählte Klaus Schlesinger eine perfekte, suggestive Doppelgängergeschichte um zwei Männer im geteilten Deutschland. Das Buch zeigt einmal mehr, dass sich bedeutende historische Gegebenheiten erst mit gehörigem Abstand literarisch verarbeiten lassen.

Literaturpreise. Günter Grass erhielt 1999 den Nobelpreis für Literatur, „weil er in munterschwarzen Farben das vergessene Gesicht der Geschichte gezeichnet hat", wie die Schwedische Akademie erklärte. Im gleichen Jahr veröffentlichte Grass seine Kurzprosasammlung „Mein Jahrhundert": Jedem Jahr ist eine mit Aquarellen des Künstlers versehene Kurzgeschichte zugeordnet.

Siegfried Lenz erhielt 1999 den Goethepreis der Stadt Frankfurt am Main; die Laudatio hielt Marcel Reich-Ranicki. Der Friedrich-Hölderlin-Preis der Stadt Bad Homburg wurde 1999 Reiner Kunze zugesprochen; Arnold Stadler wurde mit dem von der Deutschen Akademie für Sprache und Dichtung verliehenen Georg-Büchner-Preis ausgezeichnet. Diesen Preis hatte 1995 der 1962 in Dresden geborene Lyriker Durs Grünbein erhalten, der 1999 in die Berlin-Brandenburgische Akademie der Künste gewählt wurde und sich durch seine Wortmächtigkeit einen Platz in der ersten Reihe der modernen Lyrik gesichert hat.

Philosophische Literatur. Nicht weniger als die belletristische Literatur war auch die Philosophie im Nachkriegs-Deutschland von einem tiefen Bruch und einer nachhaltigen Verunsicherung gekennzeichnet. Einer der einflussreichsten deutschen Philosophen dieses Jahrhunderts, Martin Heidegger (1889-1976), der 1927 mit „Sein und Zeit" das grundlegende Werk des Existenzialismus vorgelegt hatte, war durch seine zeitweise demonstrative Nähe zum nationalsozialistischen Führer-Staat zu einem der umstrittensten Gelehrten der Nachkriegszeit geworden. Heideggers existenzialistischer Ansatz blieb jedoch auch nach dem Krieg für eine breite Bewegung in der Philosophie und allen

Geisteswissenschaften maßgebend. Philosophen wie Karl Jaspers, Hans-Georg Gadamer, Karl Löwith oder Jean-Paul Sartre in Frankreich entwickelten ihre Theorien in Fortführung der Existenzialphilosophie.

Eine andere, an den Positivismus anknüpfende philosophische Strömung, für die – bei aller Divergenz – die Namen Ludwig Wittgenstein, Rudolf Carnap oder auch Karl Popper stehen, entwickelte sich vor allem in den angelsächsischen Ländern fort. Die dort zur beherrschenden Tradition gewordene Sprachphilosophie und „analytische Philosophie" verdankt ihnen maßgebliche Impulse. Wolfgang Stegmüller war der einflussreichste Vertreter dieser Strömungen in Deutschland.

Seit Beginn der Sechzigerjahre wuchs in Deutschland der Einfluss der „Frankfurter Schule". Ihre Hauptvertreter in der Bundesrepublik, Theodor W. Adorno und Max Horkheimer, hatten als jüdische und in der marxistischen Tradition stehende Philosophen während des Nationalsozialismus Deutschland verlassen, ebenso Walter Benjamin, Herbert Marcuse und Ernst Bloch. Ihre Theorien prägten maßgeblich die Studentenbewegung Ende der Sechzigerjahre. Die „Kritische Theorie" wandte sich sowohl gegen die konservativ-unpolitische Tradition im Gefolge des Existenzialismus als auch gegen die Tendenz des Positivismus, die bestehenden Verhältnisse als naturgegeben anzuerkennen.

Seit den Siebzigerjahren öffnete sich die deutsche Philosophie zunehmend der angelsächsischen Tradition – umgekehrt nahm diese vermehrt Impulse aus dem kontinentaleuropäischen Denken auf. Die Philosophie von Jürgen Habermas, der lange Zeit in den USA lehrte, ist ein deutlicher Ausdruck dieser Entwicklung. Sie repräsentiert den Versuch, bedeutende Elemente der kontinentalen abendländischen Philosophie mit solchen der angelsächsischen zu verbinden – das Festhalten an allgemein-verbindlichen Wertvorstellungen und die enge Anbindung an die Faktizität. In Abgrenzung zu Habermas betonte der Soziologe Niklas Luhmann den autonomen Entwicklungssinn von Systemen wie Gesellschaft, Wirtschaft oder Politik. Insbesondere ethische Fragestellungen bestimmen heute die philosophische Diskussion in Deutschland.

Buchhandel und Bibliotheken

Die Buchproduktion der Bundesrepublik nimmt international nach
Großbritannien und China den dritten Platz ein. 1998 sind in
Deutschland fast 80 000 Titel (Erst- und Neuauflagen) erschie-
nen. Über 800 000 Titel waren lieferbar. Mehrere Städte weisen
ein bedeutendes Verlagswesen auf: München, Berlin, Frankfurt
am Main, Stuttgart, Köln und Hamburg.

Verlage und Buchhändler. Von den über 3000 Verlagen haben 30 einen Umsatz von über 100 Millionen DM. Kein Verlag
ist marktbeherrschend. Neben den großen Unternehmen sichern viele Kleinverlage die Vielfalt des literarischen Lebens.
Auf den Gedanken der Volksbildung zurückgehend, haben in
der Nachkriegszeit die Buchgemeinschaften neue Leserschich-
ten erschlossen. So ist die Büchergilde Gutenberg beispielsweise
eine Gründung der Gewerkschaften.

1998 machte der Gesamtumsatz an Büchern und Fachzeitschriften
rund 17,8 Milliarden DM aus. Das entspricht einer Umsatzsteige-
rung von 1,6 Prozent im Vergleich zum Vorjahr. Etwa 60 Prozent davon entfallen auf den Sortimentsbuchhandel mit seinen
über 5000 Buchläden. Viele Buchhandlungen haben in den
letzten Jahren ihr Sortiment über die reinen Druckwerke hinaus
erweitert, sodass man dort Computersoftware, Tonträger und
Geschenkartikel kaufen kann. Die größten der Branche verfügen über Cafeteria und Internetzugang für ihre Kunden. Immer
größere Bedeutung erlangt gegenwärtig die Buchbestellung
über das Internet.

Der Buchhandel ist neben den Apotheken der einzige deutsche
Wirtschaftszweig, dem vom Gesetzgeber die Festlegung von
„gebundenen Ladenpreisen" ermöglicht wird. Diese garantie-
ren, dass nahezu alle Bücher zu einem einheitlichen Preis erhältlich sind und damit die flächendeckende Versorgung der
Bevölkerung mit dem Kulturgut „Buch" sichergestellt ist.

Börsenverein und Buchmesse. Die Berufs- und Standesorga-
nisation des Buchhandels ist der Börsenverein des Deutschen

Buchhandels in Frankfurt am Main, der vor 175 Jahren in Leipzig gegründet wurde. Der Börsenverein vereint alle Bereiche eines Wirtschaftszweiges unter einem Dach, den Verlagsbuchhandel, den Zwischenbuchhandel und den Sortimentsbuchhandel. Auf seine Initiative wurde 1964 die Ausstellungs- und Messe-GmbH gegründet, deren Hauptaufgabe bis heute die Durchführung der jedes Jahr im Oktober stattfindenden Frankfurter Buchmesse ist. Diese Messe ist das herausragende internationale Jahresereignis der Buchbranche. Hier wird ein großer Prozentsatz des weltweiten Lizenz- und Rechtegeschäftes abgewickelt.

Mit „Lateinamerika" wurden im Jahr 1976 die Schwerpunktthemen eingeführt. 1994 war Brasilien, 1995 Österreich, 1996 Irland, 1997 Portugal, 1998 die Schweiz und 1999 Ungarn Schwerpunktthema (2000 Polen). Auf der Buchmesse 1999 stellten mehr als 6600 Verlage aus 113 Ländern aus. Große Bedeutung hat heute in diesem Zusammenhang die Entwicklung neuer elektronischer Medien: 1993 wurde deshalb die Sachgruppe „Elektronisches Publizieren" auf der Frankfurter Buchmesse eingeführt. Höhepunkt der Buchmesse ist die Verleihung des Friedenspreises des Deutschen Buchhandels. Zu den Preisträgern gehörten bisher Yehudi Menuhin, Teddy Kollek, Václav Havel, György Konrád, Jorge Semprún, Yaşar Kemal und Martin Walser. 1999 wurde der Preis an den 1926 in Breslau geborenen amerikanischen Historiker Fritz Stern verliehen. Die zweite bedeutende Buchmesse findet jeweils im Frühjahr in Leipzig statt. Sie dient ganz besonders als Mittlerin zu den Ländern im Osten Europas.

Bibliotheken. Deutschland besitzt im Gegensatz zu anderen Ländern keine große, jahrhundertealte Nationalbibliothek. Erst ab 1913 sammelte die neugegründete Deutsche Bücherei in

Trotz der Neuen Medien floriert der deutsche Buchhandel

Leipzig das gesamte deutschsprachige Schrifttum. Die Teilung Deutschlands führte 1947 zur Gründung der Deutschen Bibliothek in Frankfurt am Main, die für den Westen die Aufgabe der Leipziger Bibliothek übernahm. Sie wurde wie die Leipziger Bibliothek vom Buchhandel gegründet und ist seit 1969 eine Bundesanstalt.

Mit dem Einigungsvertrag vom August 1990 wurden die beiden Bibliotheken unter dem Namen „Die Deutsche Bibliothek" vereinigt. Die Deutsche Bibliothek ist Gesamtarchiv des deutschsprachigen Schrifttums und nationalbibliografisches Informationszentrum der Bundesrepublik Deutschland. Ihr Gesamtbestand beträgt zurzeit rund 14 Millionen Bände. 1970 wurde in Berlin das Deutsche Musikarchiv als Abteilung des Frankfurter Hauses gegründet. In Frankfurt ist außerdem das Deutsche Exilarchiv 1933-1945 angesiedelt. Zu den Leipziger Spezialabteilungen gehören unter anderem das Zentrum für Bucherhaltung und das Deutsche Buch- und Schriftmuseum.

Zu den wichtigsten wissenschaftlichen Bibliotheken zählen die Bayerische Staatsbibliothek in München mit über sechs Millionen Bänden und die „Staatsbibliothek zu Berlin – Preußischer Kulturbesitz" in Berlin mit rund vier Millionen Bänden. Auch die Staats-, Landes- und Universitätsbibliotheken beherbergen große Bestände. Neben diesen allgemeinen wissenschaftlichen Bibliotheken gibt es Spezialbibliotheken, wie z.B. die Medizinische Zentralbibliothek in Köln. Ein Juwel unter den deutschen Bibliotheken ist die „Herzog-August-Bibliothek" in Wolfenbüttel, die im Besitz von über 660 000 Bänden ist, darunter 12 000 wertvollen mittelalterlichen Handschriften.

Den Lesern stehen in der Bundesrepublik rund 13 500 öffentliche Bibliotheken mit über 129 Millionen Bänden zur Verfügung. Diese Bibliotheken werden hauptsächlich von den Gemeinden

Die Oberlausitzische Bibliothek der Wissenschaften in Görlitz

und den Kirchen unterhalten. Viele Bibliotheken sind durch Autorenlesungen, Veranstaltungen und Ausstellungen zu aktiven kulturellen Zentren geworden, in vielen kleineren Orten sind sie sogar die einzigen. Man erhält hier nicht nur Literatur und Informationen; durch Sonderabteilungen für Kinder und Jugendliche, Musikbibliotheken und Artotheken berücksichtigen sie besondere Interessen. Viele Städte und Gemeinden setzen mobile Bibliotheken ein, um auch in Vororten und Dörfern Bücher zur Ausleihe anbieten zu können.

Weitere Informationen:
- Börsenverein des Deutschen Buchhandels
  Großer Hirschgraben 17-21, 60311 Frankfurt am Main
  Internet: http://www.buchhandel.de
  E-Mail: 101513.1345@compuserve.de
- Deutscher Bibliotheksverband e.V.
  Alt-Moabit 101A, 10559 Berlin
  Internet: http://www.bdbibl.de/dbv
  E-Mail: dbv@dbi-berlin.de

Die bildenden Künste

Entwicklungen seit 1945. Der Aufbruch in künstlerisches Neuland nach der vom nationalsozialistischen Regime erzwungenen Isolation ging schnell vonstatten. Die damals junge Generation von Malern und Bildhauern, die zum Teil als Soldaten im Fronteinsatz gewesen waren, nahm begierig auf, was ihr durch die Hitler-Diktatur und den Krieg verwehrt worden war. Wassily Kandinsky, Oskar Kokoschka, Max Beckmann, Emil Nolde, die Expressionisten Erich Heckel, Karl Schmidt-Rottluff, Ernst Ludwig Kirchner, Max Pechstein gehörten zu den herausragenden Vorbildern der sich neu bildenden Kunstszene. Für die meisten jüngeren Künstler war Pablo Picasso mit seinem vielschichtigen Werk die große Herausforderung. Wichtig war die Begegnung mit dem Surrealismus (Max Ernst, Salvador Dalí) und mit dem amerikanischen „abstrakten Expressionismus", hier vor allem mit dem „all over" von Jackson Pollock. Aber auch Künstler wie Roberto Sebastian Matta, Jean Dubuffet, Georges Mathieu, Jean Fautrier und Wols (eigentlich Wolfgang Schulze) zählten zu den Anregern der frühen bundesdeutschen Kunstszene.

Eine wesentliche Rolle im Prozess der Fortentwicklung dieser Szene spielten veschiedene Gruppen. Dazu zählten die um 1940 gegründete „Ecole de Paris", u.a. mit Jean Bazaine, Roger Bissière, Maurice Estève, Charles Lapicque, Alfred Manessier, Gustave Singier, Pierre Soulages, Maria Elena Vieira da Silva, Serge Poliakoff, Nicolas de Staël und Hans Hartung; „COBRA" (COpenhagen, BRuxelles, Amsterdam; gegründet 1948) mit dem Dänen Asger Jorn, den Belgiern Christian Dotremond und Joseph Noiret, den Holländern Karel Appel, Constant (eigentlich Anton Nieuvenhuys) und Corneille (ursprünglich Cornelis Guillaume van Beverloo); „junger westen" mit Gustav Deppe, Thomas Grochowiak, Ernst Hermanns, Emil Schumacher, Heinrich Siepmann, Hans Werdehausen (gegründet 1948 in Recklinghausen); „Zen 49" u.a. mit Willi Baumeister, Fritz Winter, Ruprecht Geiger, Gerhard Fietz, Brigitte Meier-Denninghoff, Rolf Cavael (gegründet 1949 in München), etwas später schlossen sich auch die Rheinländer Joseph Fassbender, Hann Trier und Hubert Berke an, Theodor und Woty Werner sowie die Bildhauer Karl Hartung und Hans Uhlmann aus Berlin; schließlich „Quadriga" mit K.O. Götz, Otto Greis, Heinz Kreutz und Bernard Schultze (gegründet 1953 in Frankfurt am Main).

Das Informel, Beuys und Zero. Parallel zum französischen Tachismus entwickelte sich in der Bundesrepublik Deutschland unter dem Einfluss des Surrealismus, der „Ecole de Paris" und des „Abstract painting" in Amerika unmittelbar nach dem Zweiten Weltkrieg ein Kunststil, der – meilenweit entfernt von figürlicher Malerei oder gar Abstraktion – als übergreifendes Merkmal die gegenstandslose, gestische, halbautomatische Malweise bevorzugte, die niemals völlig unkontrolliert ist und dem Prinzip des gelenkten Zufalls folgt. Die Vielfalt des Informel ist durch Künstler belegt, deren Werk längst international bekannt ist: Karl Otto Götz, Bernard Schultze, Fred Thieler, Gerhard Hoehme, Karl Friedrich Dahmen, Emil Schumacher, Peter Brüning, K.R.H. Sonderborg.

Nahezu alle Künstler der informellen Gruppierungen suchten Anfang der Fünfzigerjahre die Befreiung von den Dogmen des gegenständlichen Tafelbildes. Die Hinwendung zum Informel bzw. zur Abstraktion bedeutete damals eine Explosion kreativer Kräfte. So entwickelten sich andere Richtungen, die das künstlerische Spektrum der Nachkriegszeit in der Bundesrepublik Deutschland bereicherten. Dazu zählt die Farbfeldmalerei als Malerei über das konkrete, emotionsfreie Medium Farbe, wie dies im Mittelpunkt der Arbeit von Georg Karl Pfahler (geb. 1926) wie auch von Günter Fruhtrunk (1923-1982) und Lothar Quinte (1923-2000) steht. Dazu gehören auch die umweltbezo-

Jörg Immendorf vor dem Modell seiner „Rieseneiche"

gene Aktionskunst des „Machers" HA Schult (geb. 1939) und Bewegungen wie das von Wolf Vostell (1932-1998) initiierte Happening und die von ihm maßgeblich beeinflussten Fluxus-Aktivitäten. Bei beiden handelt es sich um Ereignisse, bei denen das Publikum eine wichtige Rolle spielt, besonders beim Happening. Fluxus ist mehr Theater, Aufführung, Selbstdarstellung der Künstler-Akteure.

Hier hat Joseph Beuys (1921-1986) die alles überragenden Maßstäbe gesetzt. Schon seine frühen Zeichnungen aus den Vierzigerjahren und auch seine Objekte, Plastiken, Aktionen lassen erkennen, dass er einen ungewohnten Kunstbegriff auslebt, der Kunst neue Dimensionen, neue Bedeutungsfelder erschließt. Seine oft missverstandenen Formeln: „Kunst ist Leben, Leben ist Kunst", und: „Jeder Mensch ist ein Künstler", seine „Aktionen" mit Fett und Filz, seine in der Anthroposophie von Rudolf Steiner wurzelnden Ideen, die Rigorosität, mit der er eine ständig wachsende Zahl von Düsseldorfer Akademiestudenten an sich band – dies sind nur einige markante Punkte im Leben von Joseph Beuys. Mit seinem „erweiterten Kunstbegriff" hat er sich ein Instrument geschaffen, das ihm erlaubte, die „Soziale Plastik" als Vollendung seiner Kunstphilosophie zu propagieren.

Auch Zero hat mit happeningartigen Aktionen früh die Öffentlichkeit elektrisiert. Die Hauptdarsteller Heinz Mack (geb. 1931), Otto Piene (geb. 1928) und Günther Uecker (geb. 1930) repräsentierten einen Künstlertyp, der nach dem Holocaust der Nazis nicht mehr daran interessiert war, Ideologien nachzulaufen, sondern konkrete Bilder zu entwerfen. Inzwischen weltberühmt, hat Piene mit seinen Feuer- und Rauchbildern und auf besonders spektakuläre Weise mit seinen Sky-events überall Aufsehen erregt. Mack hat mit seinen Lichtstelen, Lichtdynamos und seinem Sahara-Projekt internationale Reputation er-

Bernard Schultze ist einer der bedeutendsten Vertreter des Tachismus

Rebecca Horn
und ihr Werk
„The Turtle
Sighing Tree"

worben. Ueckers Nagelobjekte wie auch seine Sandmühlen und expressiven Terror-Instrumente haben Menschen in vielen Ländern zu denken gegeben.

Sozialistischer Realismus. Während die Künstler in der Bundesrepublik Deutschland an bestehende Traditionen anknüpfen und sich alle neuen Strömungen der westeuropäischen und amerikanischen Kunst nutzbar machen konnten, wurde ihren Kollegen in der DDR bald als einzig anerkannte Darstellungsweise der „Sozialistische Realismus" verordnet. Die Künstler hatten ein positives Bild der sozialistischen Gesellschaft und des von ihr propagierten Menschentyps zu vermitteln. Neue Tendenzen in dieser Art der Malerei gingen vor allem von der Leipziger Kunsthochschule aus. Zu ihren bekanntesten Vertretern gehören Werner Tübke (geb. 1929) und Bernhard Heisig (geb. 1925). Zwar sind auch sie in ihren Monumentalwerken historischer oder gesellschaftlich engagierter Thematik verhaftet geblieben, aber den sterilen Stil der Fünfziger- und Sechzigerjahre haben sie verdrängt.

A. R. Penck (geb. 1939), der 1980 die DDR verließ und im Westen Deutschlands zu Ruhm gelangte, knüpfte an steinzeitliche Idole an. Er will mit Zeichen wie Kreuz und Quadrat sowie mit seinen anarchischen Figuren eine Universalsprache schaffen, die jeder Mensch unmittelbar verstehen kann. Seit Ende der Siebzigerjahre waren die Werke Pencks und seiner ostdeutschen Kollegen auch in westlichen Galerien begehrte Objekte.

Die Künstler von heute. Kennzeichnend für das Werk von Ulrich Rückriem (geb. 1938) sind gewaltige Dolomitklötze, mit denen er zum Beispiel das Heinrich-Heine-Denkmal in Bonn gestaltet hat. Jörg Immendorf (geb. 1945) ist eine Art moderner Historienmaler. Auf seinem Bild „Café Deutschland" fegt der Sturm der Geschichte die Berliner Mauer hinweg. Immendorf erhielt im März 1997 den mexikanischen „Marco Prize", den höchstdotierten Kunstpreis der Welt (250 000 Dollar) für sein Werk „Accumulation 2". Anselm Kiefer (geb. 1945) formt in sei-

nen Fabrikhallen-Ateliers riesige Kunstwerke aus verschiedenen
Materialien wie Staub, Blütenblättern, Asche oder Wurzeln.
„Zweistromland" heißt seine 32 Tonnen schwere Skulptur, bei
der 200 Bücher aus Blei in acht Meter langen Regalen stehen.
Seine oft mythisch inspirierten Bilder nennt er „Bildkörper",
weil er mit seinen meist unbearbeiteten Materialien die Zweidi-
mensionalität der traditionellen Malerei zur Plastizität erweitert.

Rebecca Horn (geb. 1944) stellt Skulpturen als „Performances" dar
und setzt sie auch in eigenen Filmen ein. Gerhard Richter (geb.
1932) ist als Grenzgänger zwischen gegenständlicher und un-
gegenständlicher Kunst ein Meister der Mehrdeutigkeit und
wechselt souverän zwischen altmeisterlicher Gegenständlichkeit
und äußerster Abstraktion. Georg Baselitz (geb. 1938), international geschätzt und vielfach preisgekrönt, drückt in seinen auf
den Kopf gestellten Bildern das Elend der menschlichen Krea-
tur aus. Nicht das Dargestellte, sondern das Tun und die künst-

Katharina
Fritsch: „Tisch-
gesellschaft"
(1988),
32 Figuren
aus Polyester,
Baumwolle,
Holz, Stoff
(140 x 1600 x
175 cm),
Museum für
Moderne
Kunst, Frank-
furt/Main

lerische Freiheit stehen für ihn im Vordergrund. Markus Lüpertz (geb. 1941), derzeit Direktor der Düsseldorfer Kunstakade-
mie, entwirft mit seiner „dithyrambischen Malerei" ein „trunke-
nes, begeistertes" Lebensgefühl. Lüpertz gehört zu den „Vätern"
der neuen („wilden") gegenständlichen Malerei in Westdeutschland, wobei er sich jedoch von wilder Gestik und Farbrausch
stets fern hielt. Sigmar Polke (geb. 1941) spielt, oft ironisch, mit
dem Wechsel verschiedener Ebenen in seinen Bildern. Häufig
gebraucht er bedruckte Stoffe als Malgrund, denen er durch kli-
scheehafte Zeichen eine eigene Bedeutsamkeit verleiht.

Kunstförderung und Neue Medien. Vom Verkauf ihrer Gemälde und Skulpturen allein können heute die wenigsten Maler
und Bildhauer leben. Ihnen wird durch staatliche Unterstützung, Stipendien und kunstsinnige Unternehmer geholfen. Der
1980 gegründete Kunstfonds e.V. hilft anerkannten Künstlern
bei der Finanzierung großer Projekte.

„Künstleroasen" sind die Künstlerkolonie Worpswede bei Bremen,
die Villa Massimo und die Villa Romana in Italien. Hier können
Stipendiaten ungestört und völlig frei von finanziellen Zwän-
gen arbeiten. Auch die Wirtschaft fördert die Kunst. Seit über
40 Jahren unterstützt beispielsweise der Kulturkreis im Bundesverband der Deutschen Industrie Maler und Bildhauer mit Preisen.

Auch die neuen Medien Video, Computer und Telekommunikation
werden für künstlerische Zwecke eingesetzt. Das 1992 eröffnete
Karlsruher „Zentrum für Kunst und Medientechnologie" sowie
das Frankfurter „Institut für Neue Medien e.V." und die Kunsthochschule für Medien in Köln begreifen die elektronischen
Medien als Ausdrucksmittel, die traditionelle Formen der Malerei und Skulptur ergänzen. Videokunst und Interaktion zwischen Computer und Betrachter bestimmen heute diese junge
Kunstszene.

Architektur und Design

Rückblick. Deutsche Architektur war in den ersten 30 Jahren des 20. Jahrhunderts richtungweisend. Die stärksten Impulse gingen von Weimar und Dessau aus, wo in den Zwanzigerjahren das Bauhaus begründet und der nach ihm benannte Stil entwickelt wurde. Mit Walter Gropius (1883-1969) und Ludwig Mies van der Rohe (1886-1969) als führenden Köpfen fand er weltweite Verbreitung. Meisterwerke ihrer Synthese von Baukunst, Technik und Funktionalität sind heute in allen Erdteilen zu finden.

Die deutsche Gegenwartsarchitektur hat lange unter ihrer schwierigen Ausgangssituation nach 1945 gelitten. Die zerstörten Städte mussten schnell wieder aufgebaut werden. Millionen Menschen benötigten preiswerten Wohnraum. Auf architektonische Qualität wurde oft weniger Wert gelegt; im Vordergrund stand ein primär ökonomisch orientierter Bauwirtschafts-Funktionalismus, der an der Gestaltung der Wohn- und Arbeitswelt nur geringes Interesse hatte und dessen Folgen heute noch vielerorts sichtbar sind.

Im Westen des geteilten Deutschland häuften sich schon in den Sechzigerjahren die Klagen über monotone Trabantenstädte und gesichtslose Industrie- und Gewerbegebiete an der Peripherie der Städte wie auch über das achtlose Verbauen der Innenstädte. Von „Unwirtlichkeit" (Alexander Mitscherlich) der Innenstädte war die Rede, ehe Mitte der Siebzigerjahre eine substanzwahrende städtebauliche Entwicklung politische und gesellschaftliche Priorität erhielt.

Mindestens gleichgroße architektonische und städtebauliche Sünden wurden in dieser Zeit in der früheren DDR begangen. Wertvolle alte Bausubstanz, die überwiegend in den Innenstädten noch vorhanden war, wurde zerstört. Die knappen Mittel des Wohnungsbaus flossen in Großsiedlungen an den Rändern der Städte, die in monotoner Plattenbauweise errichtet wurden. Von wenigen Ausnahmen (Rekonstruktionen wie zum Beispiel der Semper-Oper in Dresden) oder Neubauten abgesehen, hatten die Architekten zu wenig Möglichkeiten, eine zeitgemäße Architektur durchzusetzen. Neben den erforderlichen Materialien fehlte es häufig an qualifizierten Fachleuten.

Stilbildende Architekten der Gegenwart. Heute gibt es in Deutschland immer mehr Beispiele einer modernen, experimentierfreudigen und gleichwohl menschengerechten Architektur. Manches gelungene Bauwerk verdankt seine Entstehung noch immer Stil und Denken des Bauhauses. Aber auch neuere Trends der Architektur haben bemerkenswerte Bauten entstehen lassen, zum Beispiel Hightech-Gebäude, bei denen wichtige Funktionselemente wie Fahrstühle, Rolltreppen und Versorgungsleitungen mit oft unterschiedlicher Farbgebung nach außen verlegt wurden und damit zugleich als Baudekoration dienen. Auch anderer Schmuck, zum Beispiel Kapitelle, Gesimse, Ornamente im Stil des Art déco, durchbricht heute in großer Variationsbreite als Blickfang im Sinne der Architektur als Kunst das Postulat nach bloßer Funktionserfüllung. Diese postmoderne Architektur findet nach jahrelanger Diskussion, die sich u.a. an der Neuen Staatsgalerie in Stuttgart (James Stirling, Michael Wilford, 1984) entzündet hatte, heute weltweite Anerkennung.

Zur Spitzengruppe deutscher Architekten zählen unter anderen:
— Gottfried Böhm, der 1986 als erster Deutscher den „Pritzker Architecture Prize" erhalten hat
— Günter Behnisch, nach dessen Entwürfen nicht nur die Bauten und Anlagen der Olympischen Spiele in München, sondern 1993 auch der neue Plenarsaal des Deutschen Bundestages in Bonn errichtet wurde
— Frei Otto, der auf dem Gebiet flexibler Hängedachkonstruktionen und auf dem des ökologischen Bauens hervortrat
— Oswald Mathias Ungers, dessen Bauten eine streng geometrische Formgebung aufweisen
— Josef Paul Kleihues und Hardt-Waltherr Hämer, die als Planungsdirektoren der Internationalen Bauausstellung in Berlin sowohl die Diskussion über neue Architektur (Kleihues) als auch über den Umgang mit Altbauquartieren (Hämer) maßgeblich beeinflusst haben
— Volker Staab, der mit der Münchner Pinakothek der Moderne und dem Museum Georg Schäfer in Schweinfurt dem heutigen Museumsbau wertvolle Impulse vermittelt hat

— Axel Schultes, der 1993 den Berliner „Internationalen städtebaulichen Ideenwettbewerb Spreebogen" gewann und für den Neubau des Bundeskanzleramtes verantwortlich zeichnet (zusammen mit Charlotte Frank).

Bedeutende Bauwerke. Repräsentativbauten sind in Deutschland mit herausragenden Beispielen vertreten. Vor allem die öffentlichen Bauherren schreiben meist Architekturwettbewerbe aus, bevor sie sich für die Ausführung eines bestimmten Entwurfes entscheiden. Diese Ideen- und Realisierungswettbewerbe sind maßgebliche Instrumente zur Förderung der Baukultur in Deutschland.

Schon vor rund 40 Jahren entstanden unter diesen Voraussetzungen herausragende Bauwerke wie das Dreischeiben-Hochhaus (Thyssenhaus) in Düsseldorf (Helmut Hentrich und Hubert Petschnigg, 1960). Ein Beispiel unkonventionellen, dynamischen Bauens ist die Hauptverwaltung der Autofirma BMW in München mit ihrer auffälligen Zylinderform (Karl Schwanzer, 1972). Dies gilt auch für das Bahlsen-Gebäude in Hannover mit seiner kubischen Verschachtelung (Dieter Bahlo, Jörn Köhnke, Klaus Stosberg, 1974).

Weltbekannt sind die Anlagen für die Olympischen Spiele 1972 in München mit ihrer Zeltdachkonstruktion (Günter Behnisch, Fritz Auer, Wolfgang Büxel, Erhard Tränkner, Carlo Weber). Die Anlagen sind in einen Park eingebettet, der auch nach den Spielen seinen Wert als Freizeitanlage behielt.

In der Philharmonie in Berlin (Hans Scharoun, 1963) sind die Zuhörerterrassen weinbergartig auf das zentrale Orchester ausgerichtet. Beim Stadttheater in Münster (Harald Deilmann, Max von Hausen, Ortwin Rave, Werner Ruhnau, 1955) wurde eine klassizistische Ruine in den Baukörper integriert. Der Neubau der Münsterschen Stadtbibliothek in Form eines Doppelgebäu-

Das neue jüdische Museum in Berlin ist ein Werk des Amerikaners Daniel Libeskind

Das Bürohaus C3 von Arata Isozaki am Potsdamer Platz in Berlin

des – ein Bauteil erinnert an ein Schiff – fand Anfang der Neunzigerjahre in der Fachwelt besondere Aufmerksamkeit (Julia Bolles-Wilson und Peter Wilson, 1993).

Hervoragende Museumsbauten schufen Hans Döllgast (Wiederaufbau der Alten Pinakothek in München, 1957), Alexander Freiherr von Branca (Neue Pinakothek in München, 1981), Hans Hollein (Museum Abteiberg in Mönchengladbach, 1982), Peter Busman und Godfrid Haberer (Wallraf-Richartz-Museum/Museum Ludwig in Köln, 1986).

Die Stadt Frankfurt am Main errichtete in den Achtzigerjahren eine „Museumslandschaft" am Mainufer: Deutsches Architektur-Museum (Oswald Mathias Ungers, 1984), Filmmuseum (Helge Bofinger, 1984), Museum für Kunsthandwerk (Richard Meier, 1984), Museum für Vor- und Frühgeschichte (Josef Paul Kleihues, 1989), Jüdisches Museum (Ante Josip von Kostelac, 1986), Deutsches Postmuseum (Behnisch und Partner, 1990). Das Kulturzentrum „Schirn" (Dietrich Bangert, Bernd Jansen, Stefan Scholz und Axel Schultes, 1985) ist eine Attraktion im Stadtzentrum von Frankfurt.

Die große Epoche des Museumsbaus fand ihre Fortsetzung mit der Fertigstellung von drei Bauwerken in der Bundesstadt Bonn: der Bundeskunsthalle (Gustav Peichl, 1993), dem Kunstmuseum (Axel Schultes, 1993), dem Haus der Geschichte (Ingeborg und Hartmut Rüdiger, 1994) sowie mit der neuen Hamburger Kunsthalle (Oswald Mathias Ungers, 1997).

Der Vollendung entgegen gehen gegenwärtig das Leipziger Museum der bildenden Künste (Hufnagel/Pütz/Rafaelian), das Deutsche Historische Museum in Berlin (Ieoh Ming Pei), das Kölner Diözesanmuseum (Peter Zumthor) und das Neue Wallraf-Richartz-Museum in Köln (Ungers). Für den Entwurf des Jüdischen Museums in Berlin erhielt Daniel Libeskind 1999 den Deutschen Architekturpreis.

Als gelungenes Beispiel für ein organisch in die Landschaft gebautes Krankenhaus kann die Filderklinik in Filderstadt bei Stuttgart gelten (Bockmüller, Weller und Partner, 1975). Das Klinikum Aachen (Weber, Brand & Partner, 1988) und die Universitätsklinik in Nürnberg (Joedicke u.a., 1993) sind Musterbeispiele moderner Hightech-Architektur.

Seit 1945 sind in Deutschland zahlreiche Kirchen errichtet worden. Aus der Fülle der Bauten ragt die Kaiser-Wilhelm-Gedächtniskirche in Berlin hervor, die im Zweiten Weltkrieg zerstört worden war. Egon Eiermann schuf hier eine Montage aus Ruine und einer neuen Stahlkontruktion mit großen Glasflächen (1963). Bemerkenswert sind auch die wuchtige Wallfahrtskirche in Neviges von Gottfried Böhm (1967), St. Bonifatius in Dortmund (Emil Steffann, 1954), St. Michael in Frankfurt am Main (Rudolf Schwarz, 1954), St. Pius in Köln (Joachim Schürmann, 1961), die Christuskirche in Bochum (Dieter Oesterlen mit Werner Schumann, 1959) und die Versöhnungskirche in Dachau (Helmut Striffler, 1969).

Mit dem Anwachsen staatlicher und kommunaler Aufgaben nahmen auch der Raumbedarf und die technische Ausstattung der Landesparlamente und der Rathäuser zu. Der Landtag in Düsseldorf (Eller, Meier, Walter, 1992), das Rathaus in Bensberg (Gottfried Böhm, 1964), die Stadthalle in Germering bei München (Auer & Weber, 1993) und die Musik- und Kongresshalle in Lübeck (von Gerkan, Marg und Partner, 1994) sind als herausragende Beispiele selbstbewusst auftretender staatlicher und kommunaler Organe zu nennen.

Die Architektur von heute zeigt sich vielfach in großräumiger, lichtdurchfluteter Eleganz. Dies gilt nicht nur für die beeindruckenden Neubauten am Potsdamer Platz in Berlin (das Daimler-Chrysler-Areal, das unter der Leitung von Renzo Piano entstand, oder das Sony-Center, das von Helmut Jahn entworfen wurde), sondern für viele Zweckbauten jüngster Zeit, zum Beispiel für

Das renovierte Kandinsky-Klee-Meisterhaus in Dessau, das nach Plänen von Walter Gropius entstand

das Photonikzentrum in Berlin-Adlershof (Sauerbruch/Hutton), das „Stadttor" in Düsseldorf (Petzinka, Pink und Partner), die Kunsthalle in Halle (Braun/Köhler/Schlockermann), die Schwimmhalle in Leipzig-Grünau (Behnisch und Partner), das RWE-Hochhaus in Essen (Ingenhoven) und das Bundesarbeitsgericht in Erfurt (Weinmiller/Großmann). Als eine besonders gut gelungene Sanierung alter Bausubstanz gelten die Hackeschen Höfe in Berlin (Faust/Weiß).

Trotz großer Vielfalt und des erheblichen Umfangs der Bauaufgaben von öffentlicher Hand und privater Wirtschaft bleibt der Wohnungsbau mit mehr als 50 Prozent des Bauvolumens die wichtigste Herausforderung der Zukunft.

Design. In Deutschland hat das Design eine lange Tradition. Anfang des 20. Jahrhunderts gestaltete Peter Behrens (1868-1940) Produkte, Plakate und Gebäude für die AEG. 1907 wurde der Deutsche Werkbund mit dem Ziel gegründet, „die Veredelung der gewerblichen Arbeit im Zusammenwirken von Kunst, Industrie und Handwerk" zu fördern. Das 1919 von Walter Gropius (1883-1969) ins Leben gerufene Bauhaus, das von 1919 bis 1933 bestand, erlangte weltweite Bedeutung. Das gilt auch für die Ulmer Hochschule für Gestaltung, die 1953 von Inge Aicher-Scholl (1917-1998), Otl Aicher (1922-1991) und Max Bill (1908-1994) gegründet wurde. Zunächst auf den Spuren des Bauhauses, verfolgte sie bald eigene Konzepte und setzte in den 15 Jahren ihres Bestehens weltweite Maßstäbe für das Design. Sie hatte großen Einfluss auf viele bedeutende Designer. Otl Aicher entwickelte zum Beispiel das Design der Lufthansa, des Zweiten Deutschen Fernsehens und der Olympischen Spiele von 1972 in München. Alexander Neumeister gestaltete den Inter City Express (ICE); Hans Gugelot (1920-1965) entwarf die Hamburger Hochbahn (zusammen mit Herbert Lindinger) sowie Phonogeräte und Elektrorasierer für die Firma Braun.

Der Name Braun war viele Jahre – vor allem im Ausland – eng verknüpft mit dem Begriff „Deutsches Design", der Funktionalität mit Komplexität und Technologie verbindet. Das Braun-Design wurde maßgeblich von Dieter Rams geprägt. Auch andere deutsche Firmen waren und sind durch ihre Produkte stilbildend: die Möbelhersteller Wilkhahn in Bad Münder und Vitra in Weil am Rhein, Lamy für Schreibgeräte und Erco für Leuchten. Bekannte Namen der deutschen Designer-Szene sind außerdem Hartmut Esslinger, Erik Spiekermann und Kurt Weidemann.

Im Zeichen der Informationsgesellschaft kommt dem Design auch
bei der Gestaltung der Neuen Medien eine immer größere Bedeutung zu. Neben der ästhetischen Dimension bei der Ent-
schlüsselung komplexer Informationen spielt das Design in einer vermittelnden Funktion zwischen dem informationstechni-
schen Fortschritt und der kulturell-gesellschaftlichen Entwicklung eine wichtige Rolle.

Der „Rat für Formgebung" berät und informiert Industrie und Handel, kulturelle Institutionen sowie die Öffentlichkeit in Sachen
Design. Ein Schwerpunkt seiner Tätigkeit ist die Präsentation
deutschen Designs im Ausland. Im Auftrag des Bundesministers
für Wirtschaft richtet er im jährlichen Wechsel den „Bundespreis Produktdesign" und den „Bundespreis für Förderer des Design" aus.

Neben dem Rat für Formgebung gibt es in den Bundesländern eine
Reihe weiterer Design-Institutionen. Zu den bedeutendsten zählen das Internationale Design Zentrum (IDZ) in Berlin, das „de-
signcenter" in Stuttgart und das Design Zentrum Nordrhein-
Westfalen in Essen. Auch in der Neuen Sammlung in München,
dem Neuen Museum für Kunst und Design in Nürnberg, dem
Bauhaus-Archiv in Berlin, dem Vitra Design Museum in Weil
am Rhein sowie dem Museum für Kunst und Gewerbe in Hamburg befinden sich Ausstellungen mit historischen und zeitgenössischen Design-Exponaten.

Die Interessen der Designer gegenüber Politik und Öffentlichkeit
vertritt der Deutsche Designertag, der im Deutschen Kulturrat,
dem Spitzenverband der Bundeskulturverbände, auch die Sektion Design bildet.

Weitere Informationen:
— Bund Deutscher Architekten
  Köpenicker Str. 48-49, 10179 Berlin
  Internet: http://www.bda.baunetz.de
  E-mail: bda.@baunetz.de
— Deutscher Designertag e.V.
  Postfach 13 03 33, 20103 Hamburg
  Internet: http://www.designertag.de
— Rat für Formgebung
  Ludwig-Erhard-Anlage 1, 60327 Frankfurt/Main
  Internet: http://www.euro-design-guide.de
  E-mail: german-design-council@ipf.de

Museen, Sammlungen und Ausstellungen

Die Vielzahl der Museen mit unterschiedlichen Sammelgebieten hat ihren Ursprung in der gesellschaftlichen und kulturellen Entwicklung Deutschlands. Es gibt über 3000 Landes-, Stadt-, Vereins-, Heimat- und Privatmuseen, dazu Schatzkammern, Diözesan-, Dom-, Residenz-, Burg-, Schloss- und Freilichtmuseen. Im Lauf der Jahrhunderte sind die Museen aus fürstlichen, kirchlichen und später bürgerlichen Sammlungen entstanden.

Zur Bildung und Unterhaltung der Allgemeinheit waren die Sammlungen der Fürsten allerdings nicht gedacht. Vielmehr sollten sie durch ihre Fülle an Kostbarkeiten und Schätzen den Reichtum der Herrscher vor Augen führen. München beispielsweise war in diesem Sinne schon im 16. Jahrhundert ein internationales Kunstzentrum. Die bayerischen Herzöge sammelten nicht nur Kunstwerke, sondern auch technische Gerätschaften ihrer Zeit, Handwerkszeug, Musikinstrumente, Mineralien und Exotika. Das „Grüne Gewölbe" der Sachsenherrscher in Dresden war im 17. Jahrhundert die wohl größte Schatzkammer Europas. Aus ihr gingen eine Gemäldegalerie und ein mathematisch-physikalisches Kabinett sowie ein Museum für Mineralogie und eine Münzensammlung hervor.

Auch manche wohlhabenden Bürger legten sich – der Mode der Zeit entsprechend – eine eigene Sammlung zu. Auf Grund dieser Sammelleidenschaft kam es in Deutschland zu einer fast lückenlosen Musealisierung aller Kunst- und Tätigkeitsbereiche. Vor allem größere Museen bemühen sich heute, eine möglichst breite Palette ihrer Objekte zu präsentieren. Gleichwohl verwahren fast alle Museen aus Platzgründen eine Vielzahl von Objekten in ihren Magazinen; sie können nur bei Sonderausstellungen dem Publikum präsentiert werden.

Von Rembrandt und Picasso bis zu Tapeten (Kassel), von Geräten zur Weinherstellung (Koblenz) bis zu Meteoriten (Marburg), von Mumien aus dem Moor (Schleswig) bis zu optischen Geräten (Oberkochen) oder dem ältesten aus Originalteilen rekonstruierten Wasserfahrzeug der Welt (Bremerhaven) – die Vielfalt der Ausstellungen scheint unbegrenzt.

Kunstliebhaber und Kunstförderer. Traditionelle ebenso wie moderne Museen in Deutschland versuchen heute, Menschen aller Bildungsschichten zu erreichen. Die Deutschen gehen heute so zwanglos ins Museum wie früher ins Kino; bei Einzelausstellungen großer Maler der klassischen Moderne gibt es lange Warteschlangen vor den Museumskassen. Weit über 100 Millionen Menschen zieht es Jahr für Jahr in die Museen, die sich in manchen Großstädten zu ganzen Ensembles formiert haben. Zum Beispiel am Mainufer in Frankfurt, auf der Museumsmeile in Bonn oder in Berlin, wo die 1951 gegründete Stiftung Preußischer Kulturbesitz mit ihren Sammlungen mehrere Museen füllt.

Wie früher wirken auch heute wohlhabende Bürger als Mäzene am Museumsboom mit. Der 1994 verstorbene Peter Ludwig war einer der bekanntesten. Er stiftete viele moderne Kunstwerke für meist neuerbaute Museen. Im „Ludwig-Forum" in Aachen, einer ehemaligen Schirmfabrik, bildet unter anderem Kunst aus der früheren DDR einen Schwerpunkt; im ehemaligen Deutschherrenhaus in Koblenz ist seine Sammlung zeitgenössischer französischer Kunst ausgestellt.

In Bonn ziehen die „Kunst- und Ausstellungshalle der Bundesrepublik Deutschland" (1992) und das „Haus der Geschichte der Bundesrepublik Deutschland" (1994) Tausende von Besuchern an. In Berlin zeigt das „Deutsche Historische Museum" die gesamte deutsche Geschichte bis zur Gegenwart.

Unter den Museen haben die kulturhistorischen und völkerkundlichen Institute wegen der Breite ihres Angebots eine besondere Bedeutung. So zeigt das weltweit einzigartige Deutsche Museum in München anhand von Originalen und Modellen unter

Kunstunterricht in der Stuttgarter Staatsgalerie

In der Galerie „Alte Meister" im Dresdner Zwinger

anderem die weltweite Entwicklung der Technik und Naturwissenschaft. Das im Jahr 2000 nach Renovierung wieder eröffnete Museum für Kommunikation in Berlin präsentiert eine umfassende Sammlung des deutschen Post- und Telefonwesens über die Jahrhunderte. Das Germanische Nationalmuseum in Nürnberg beherbergt die größte Sammlung zur Geschichte deutscher Kunst und Kultur von der Vorzeit bis ins 20. Jahrhundert. Erwähnenswert ist auch die Vielzahl bedeutender Völkerkundemuseen. Sie erklärt sich aus der Tatsache, dass es viele deutsche Entdecker und Erforscher fremder Kulturen gegeben hat. Neben den Berliner Museen verdienen hier das Stuttgarter Linden-Museum und das Hildesheimer Roemer-Pelizaeus-Museum besondere Beachtung.

Sonderausstellungen setzen thematische Schwerpunkte. Historische Ausstellungen wie „Kunst und Kultur der Karolingerzeit", Paderborn 1999, oder „Kaiser Karl V. (1500-1558) − Macht und Ohnmacht Europas", Bonn 2000, erwiesen sich als Publikumsmagneten. So auch die Ausstellung „Krönungen. Könige in Aachen − Geschichte und Mythos", die im Sommer 2000 mit bedeutenden Exponaten aus vielen europäischen Museen faszinierende Einblicke in die Tradition der mittelalterlichen deutschen Königskrönungen gewährte. Einen Meilenstein für eine anspruchsvolle und zugleich volksnahe Präsentation der Entwicklung deutscher Demokratie setzte im Sommer 1998 die Ausstellung „1848 − Aufbruch zur Freiheit" in der Schirn Kunsthalle in Frankfurt/Main.

Einen umfassenden Überblick über die Kunst zur Zeit der europäischen Aufklärung (um 1770) bot die Frankfurter Ausstellung „Mehr Licht", während die Stuttgarter Staatsgalerie eine Gesamtschau des Werkes des Frühimpressionisten Camille Pissarro präsentierte.

Die Millenniums-Ausstellung „Sieben Hügel − Bilder und Zeichen des 21. Jahrhunderts" im Martin Gropius-Bau in Berlin bot 2000 ein futuristisches Multimediabild des kommenden Jahrtausends, verbunden mit einer Retrospektive auf unvergängliche historische Schätze.

Das weltweit größte Festival der modernen Kunst ist die „documenta" in Kassel, die alle fünf Jahre stattfindet und 1997 über 631 000 Besucher zählte.

Die Vielfalt der Museen. Die breite regionale Streuung der deutschen Museen eröffnet großen Teilen der Bevölkerung den Zugang. Eine zentrale „Museumspolitik" gibt es nicht, doch arbeiten die Museen auf einer Reihe von Feldern zusammen – etwa bei der Restaurierung und Museumssicherung, der zentralen Dokumentation, der Forschung. Dieser gemeinsamen Arbeit dient der 1917 gegründete Deutsche Museumsbund, in dem die Museen der Bundesrepublik zusammengeschlossen sind. Ähnliche Aufgaben hat auch das Institut für Museumskunde bei den Staatlichen Museen Preußischer Kulturbesitz in Berlin. Vielgestaltig sind auch die Museumsbauten, von den Museumstempeln des 19. Jahrhunderts bis zu den Neubauten unserer Zeit, die oft architektonische Glanzlichter setzen, wie etwa das Neue Museum in Nürnberg, das am 15. April 2000 eröffnet wurde, die Münchner Pinakothek der Moderne oder die beiden Bauten von Daniel Libeskind, das Felix-Nussbaum-Haus in Osnabrück und das Jüdische Museum in Berlin-Mitte.

Weitere Informationen:
  – Deutscher Museumsbund
    Lingnerplatz 1, 01069 Dresden
    Internet: http://www.museumsbund.de
    E-Mail: Office@museumsbund.de

Theater und Musik

Die Bühnen. Das Bild der Theaterlandschaft in Deutschland wird
vor allem durch die rund 180 öffentlichen Theater bestimmt, also durch Stadttheater, Staatstheater, Kulturorchester- und Landesbühnen. Hinzu kommen rund 190 Privattheater und mehr
als 30 Festspieltheater. Darüber hinaus gibt es eine unüber-
schaubare Anzahl freier Gruppen und Amateurtheater. Diese
Vielzahl ist charakteristisch für das deutsche Theaterleben. An
die Stelle eines einzigen Theaterzentrums, das alle Talente und
alle Aufmerksamkeit an sich zieht – wie beispielsweise Paris für
Frankreich –, tritt in Deutschland eine Fülle von Häusern, die
sich in ihrer Qualität häufig in nichts nachstehen. Die Vielfalt
hat Tradition: Im 17. und 18. Jahrhundert legte fast jeder Lan-
desfürst Wert auf sein eigenes Hoftheater, das zumeist reich
ausgestattet wurde. Im 19. Jahrhundert machten die zunehmend vom Bürgertum geprägten Städte das Theater zur öffentlichen Einrichtung.

Die Mehrspartentheater bieten unter einem Dach ein breites künstlerisches Angebot von Schauspiel, Tanz und Musiktheater (Oper,
Operette, Musical). Diese Häuser spielen im Repertoirebetrieb
20 bis 30 Werke in einer Spielzeit. Jährlich werden etwa zehn
Stücke neuinszeniert. So erhält der Zuschauer die Möglichkeit,
viele Werke der dramatischen Literatur und des Musiktheaters
in seiner Stadt kennen zu lernen. Hinzu kommen noch das Pup-
pen- sowie das Kinder- und Jugendtheater, sei es als weitere
Sparte oder als ausschließlicher Betrieb.

Im Gegensatz dazu zeigen die Musical-Häuser im so genannten En-
suite-Betrieb täglich über Monate und Jahre ein und dasselbe
Stück. Ähnlich verfahren vor allem die kleineren Privattheater,
die meist für einige Wochen dasselbe Stück präsentieren und
danach eine weitere Neuinszenierung vorstellen.

Das künstlerische Profil eines Hauses wird im Wesentlichen durch
sein Ensemble geprägt. Gerade deshalb sind dessen Aufbau und
Erhalt für die Theater besonders wichtig. Vor allem die Stadt-

und Staatstheater sowie die Landesbühnen verfügen über einen festen Stamm von Schauspielerinnen und Schauspielern, Sängerinnen und Sängern sowie Tänzerinnen und Tänzern.

Die deutschen Theater leisten ihren Beitrag zu internationaler Kulturkommunikation und europäischer Integration. Einen wesentlichen Anteil daran haben Festivals wie „Theater der Welt" oder die „Bonner Biennale". Bei „Horizonte", dem Festival der Weltkulturen in Berlin, begegnen sich europäische und außereuropäische Kulturen. Hinzu kommen der Austausch einzelner Inszenierungen mit Theatern anderer Länder und die Zusammenarbeit mit ausländischen Schauspielern, Sängern, Tänzern, Intendanten, Dirigenten, Regisseuren, Ausstattern und anderen Mitarbeitern. Auf diesem Gebiet engagiert sich mit großem Erfolg zum Beispiel das Mülheimer „Theater an der Ruhr".

Der Spielplan. Die Werkstatistik des Deutschen Bühnenvereins registrierte für die Spielzeit 1997/98 5393 Inszenierungen von 2683 Werken (Schauspiel, Musiktheater, Tanz, Puppenspiel). Diese wurden von 387 Theatern mehr als 92 000-mal gespielt. 338 Stücke erfuhren dabei ihre Ur- oder deutschsprachige Erstaufführung. Die beliebtesten Stücke dieser Spielzeit waren:

- in der Oper: „Die Zauberflöte" (Mozart), „Hänsel und Gretel" (Humperdinck) und „La Bohème" (Puccini)
- in der Operette: „Die Fledermaus" (Strauß), „Die lustige Witwe" (Lehár) und „Im weißen Rössl" (Benatzky)
- im Schauspiel: „Die Dreigroschenoper" (Brecht), „Jim Knopf" (Ende) und „Faust" (Goethe)
- im Tanz: „Romeo und Julia" (Prokofjew), „Der Nussknacker" (Tschaikowski) und „Giselle" (Adam).

Neben die etablierten Regisseure – zum Beispiel Jürgen Flimm, Peter Zadek, Claus Peymann und Peter Stein – tritt heute eine junge Generation, die mit neuen Ideen und wegweisenden Insze-

Für die Expo 2000 inszenierte Peter Stein Goethes „Faust" erstmals in voller Länge

nierungen auf sich aufmerksam macht, zum Beispiel Martin Kušej, Sasha Waltz, Thomas Ostermeier oder Thirza Bruncken.

Die Festspiele. Auf dem Festspielkalender für Theaterfreunde stehen unter anderem: das Berliner Theatertreffen, bei dem im Mai die besten deutschsprachigen Inszenierungen vorgestellt werden; die Ruhrfestspiele in Recklinghausen, ebenfalls im Mai, die sich mit klassischen und modernen Stücken an ein breites Publikum wenden, und die Euro-scene in Leipzig; sodann zahlreiche Festspielorte, deren historischer Rahmen mit Burgen, Schlössern und Kirchen eine reizvolle Kulisse für die Aufführung vor allem klassischer Autoren bietet: Bad Hersfeld, Ludwigsburg, Schwäbisch Hall, Jagsthausen, der Haidplatz in Regensburg, die Wartburg bei Eisenach und viele andere. Großen Publikumszuspruches erfreuen sich ferner der Kissinger Sommer, die Calderón-Festspiele in Bamberg und das „Hornberger Schießen".

Die ältesten Festspiele sind die Oberammergauer Passionsspiele, die auf Grund eines Gelübdes im Pestjahr 1634 alle zehn Jahre stattfinden, zuletzt im Jahre 2000.

Der Musik sind über 100 Festspiele gewidmet. Bonn feiert alle drei Jahre im September sein Internationales Beethovenfest, für Augsburg ist im August und September Mozartsommer mit Konzertveranstaltungen im Rokoko-Flair. Die Festspiele in Eutin gelten dem Opernkomponisten Carl Maria von Weber, der dort geboren wurde; in Halle und Göttingen wird Georg Friedrich Händel gefeiert und in München und Garmisch-Partenkirchen Richard Strauss. Die Richard-Wagner-Festspiele in Bayreuth werden seit 1876 veranstaltet. Zum 250. Todestag von Johann Sebastian Bach (28. Juli) wurden im Jahr 2000 mehr als 500 Veranstaltungen in Deutschland gezählt, so das Leipziger Bachfest und die Thüringer Bachwochen.

Kaum eine Großstadt fehlt im musikalischen Festspiel-Reigen: München hat Opernfestspiele (Juli), Frankfurt am Main die Frankfurt Feste (September), Stuttgart das Europäische Musikfest (August und September) und Berlin das Jazz-Fest (November). Hinzu kommen zum Beispiel Dresden und Potsdam-Sanssouci mit Musikfestspielen, Erfurt mit den Sommerkonzerten im Brühler Garten und das Weimarer Kunstfest; der mdr-Musiksommer des Mitteldeutschen Rundfunks, das Festival Rügen mit Rossini-Opern und die Mosel-Festwochen. Heidelberg inszeniert in jedem August seine romantischen Schlossfestspiele. Das 1986 von

Ein Orchester
von Weltrang:
Die
Bamberger
Symphoniker

dem Pianisten und Dirigenten Justus Frantz gegründete Schleswig-Holstein Musik Festival führt alljährlich Musiker von internationalem Rang in das nördlichste Land und hat ein überwältigendes Echo beim Publikum gefunden – ein Musikereignis mitten in der Provinz. Als vergleichbares Ereignis sind in jüngster Zeit die Festspiele Mecklenburg-Vorpommern hinzugekommen. Das Rheingau Musik Festival vereint im Sommer erstrangige Solisten und Ensembles zur Pflege alter und neuer Musik. Der Choriner Musiksommer in den Mauern des ehemaligen Zisterzienserklosters lockt Zuhörer von fern und nah zu Konzerten mit klassischer Musik.

Orchester und Solisten. Die 141 deutschen Berufsorchester haben zum Teil eine lange Tradition. Führend sind die Berliner und die Münchner Philharmoniker. Aber auch die Bamberger Symphoniker, das Gewandhausorchester Leipzig, die Staatskapelle Dresden sowie einige Rundfunk-Sinfonieorchester sind international geschätzte Ensembles. Die Berliner Philharmoniker werden von dem Italiener Claudio Abbado dirigiert; Kurt Masur leitet die New Yorker Philharmonie und Christoph von Dohnányi als Chefdirigent das Cleveland Orchestra. Deutsche Solisten wie die Geigenvirtuosin Anne-Sophie Mutter, die Bratschistin Tabea Zimmermann, der Trompeter Ludwig Güttler, Sänger und Sängerinnen wie Hildegard Behrens, Waltraud Meier, Gabriele Schnaut, Kurt Moll, Peter Hofmann und René Kollo gehören weltweit zu den Besten ihres Fachs.

Die Klassiker der Moderne und die Avantgarde. Im Konzertangebot haben auch die Klassiker der Moderne einen festen Platz, z.B. Paul Hindemith, Igor Strawinsky, Arnold Schönberg und Béla Bartók. Dazu zählen auch Boris Blacher, Wolfgang Fortner, Werner Egk und Carl Orff. Bernd Alois Zimmermann hat sich sehr früh mit seiner Oper „Die Soldaten" einen Platz in der Musikgeschichte gesichert.

Mit dem großen Musiktheater und ungewöhnlichsten Effekten versuchen Komponisten von heute, das Publikum für die Musik jenseits der altvertrauten Harmonien zu gewinnen: Hans Werner Henze, Aribert Reimann, Karlheinz Stockhausen, der in Köln lebende Argentinier Mauricio Kagel und Wolfgang Rihm. Im Trend sind „Kammeropern" mit kleinen Besetzungen. Dass heute jedermann an der Diskussion der zeitgenössischen Musik teilnehmen kann, ist vor allem den Rundfunkanstalten zu verdanken, die Konzertreihen mit moderner Musik ausstrahlen und Kompositionsaufträge vergeben. Auch Begegnungen mit Werkstattcharakter tragen dazu bei. Die bekanntesten sind die „Donaueschinger Musiktage" und die „Internationalen Ferienkurse für Neue Musik" in Darmstadt. Der Deutsche Musikrat fördert die Aufführungen zeitgenössischer Werke durch das „Konzert des Deutschen Musikrates".

Die Finanzierung. Die föderale Struktur der Bundesrepublik Deutschland weist die kulturellen Angelegenheiten den Ländern als Aufgabe zu. Die Theater- und Orchesterfinanzierung wird daher im Wesentlichen von den Ländern und Kommunen getragen. Der Bund beteiligt sich nur in geringem Umfang. Insgesamt zahlt die öffentliche Hand jährlich 4,5 Milliarden Mark zur Unterstützung von Theatern und Orchestern. Dieser Betrag entspricht rund 0,2 Prozent aller Ausgaben von Bund, Ländern und Gemeinden. Die deutschen Theater beschäftigen rund 45 000 Menschen und sichern die Arbeitsplätze vieler Betriebe, die im Auftrag der Theater tätig sind.

Mehr und mehr wird heute gefordert, das Theater und seine Darbietungen den Regeln der Marktwirtschaft zu unterwerfen. Dabei verkennt man jedoch, dass im Theater nur die öffentliche Finanzierung die Freiheit der Kunst sichert. Die Theater der Bundesrepublik haben sich heute betriebswirtschaftlichen Erfordernissen der Zeit angepasst und durch den Einsatz von professionellem Management ihre Betriebe stetig modernisiert. Private Förderer tragen nur fünf Prozent zu den Kulturausgaben bei; gefördert werden fast ausschließlich prestigeträchtige Projekte.

Die Zuschauer. Rund 38 Millionen Zuschauer aller Altersgruppen besuchen Jahr für Jahr die rund 114 000 Theateraufführungen und Konzerte. Diese Zahlen belegen das ungebrochene Interesse an Theater und Musik und sind Ausdruck davon, dass

Uraufführung des Tanzdramas „Schulamit" von Wilfried Hiller im Stadttheater Hildesheim

das Theater ein unverzichtbarer Bestandteil urbaner Lebensqualität ist. Ein Abonnementsystem ermöglicht es, im Voraus für eine Spielzeit eine Serie von Vorstellungen zu buchen. Für viele ist der Besuch einer Theateraufführung wichtigster Anlass zur Planung einer Reise; zahlreiche Reiseveranstalter bieten spezielle Fahrten und Arrangements (besonders bei Musical-Aufführungen) an.

Popmusik. Seit rund 10 Jahren erlebt die deutsche populäre Musik einen enormen Aufschwung. Bis dahin bestimmten anglo-amerikanische Sänger und Gruppen fast ausschließlich die Hitparaden. Der einst sehr erfolgreiche deutsche Schlager führte ein Nischendasein; einheimische Popstars wie Udo Lindenberg waren die Ausnahme. Abseits des großen Erfolgs wurden jedoch Bands wie „Tangerine Dream", „Can" und „Kraftwerk" zu Pionieren der elektronischen Musik, und der Hardrock der „Scorpions" war sogar in den Vereinigten Staaten erfolgreich. Die deutsche Jazzszene erwarb sich mit dem Posaunisten Albert Mangelsdorff, der Organistin Barbara Dennerlein und Klaus Doldingers Band „Passport" internationale Reputation.

Die „Neue Deutsche Welle" zu Beginn der Achtzigerjahre zeigte dann, dass deutsche Musiker auch mit Texten in ihrer Muttersprache Erfolg haben konnten. Marius Müller-Westernhagen, Peter Maffay, Herbert Grönemeyer und die Kölner Gruppe „BAP" etablierten sich danach als die führenden Rockmusiker des Landes. Nach wie vor füllen ihre Fans – wie auch bei den Punkrockern „Die toten Hosen" und „Die Ärzte" – Stadien und Säle.

Seit Beginn der Neunzigerjahre wird die deutsche Pop-Landschaft immer vielfältiger. Jede Strömung im internationalen Musikgeschäft spiegelt sich hier wider: „Selig" greifen den Grunge auf, die „H-Blockx" spielen mit dem Crossover zwischen Rock und

Während der Expo 2000 traten die „Scorpions" gemeinsam mit den Berliner Philharmonikern auf

HipHop und die „Jazzkantine" fusioniert traditionellen Jazz mit deutschem Rap. „Fury in the Slaughterhouse" und „M. Walking on the Water" knüpfen an den englischsprachigen Folkrock an, während die „Fantastischen Vier", Sabrina Setlur, Xavier Naidoo und „Fettes Brot" mit deutsch getextetem HipHop Erfolg haben. Dem fröhlichen Pop von „Pur", den „Prinzen" und Stefan Raab stehen Bands mit anspruchsvollen Texten wie die „Sterne" oder „Element of Crime" gegenüber.

Musik für alle. Mehr als 300 000 Menschen verdienen ihren Lebensunterhalt als Komponisten, Interpreten, Pädagogen, als Fachpersonal in wissenschaftlichen oder staatlichen Institutionen, in den Medien und in der Musikwirtschaft. Die Ausbildung geschieht in spezialisierten Lehrinstituten: 23 Musikhochschulen, etwa 65 Universitäten, elf Konservatorien und Fachakademien, neun Kirchenmusikschulen und vier -hochschulen, 50 Spezialausbildungsstätten und 40 Fortbildungsakademien. Zur Förderung von Nachwuchstalenten gibt es eine Reihe von Wettbewerben. „Jugend musiziert" ist der bekannteste. 1998 gab es in Deutschland über 1000 öffentliche Musikschulen sowie zahlreiche privat tätige Musikerzieher, dazu rund 40 000 Chöre, 25 000 Laien- bzw. halbprofessionelle Orchester und zahlreiche weitere Ensembles. An der allgemein bildenden Schule ist Musik Pflichtfach; auch hier wird das Ensemblemusizieren gepflegt. Der Instrumentenbau ist in Deutschland ein Handwerk mit langer Tradition: Musikinstrumente aus dem Vogtland und besonders Geigen aus Mittenwald sind weltberühmt. Etwa jeder vierte deutsche Jugendliche spielt ein Musikinstrument oder singt im Chor, an erster Stelle stehen bei den Musikschulen Klavier, Flöte und Gitarre. Die Musikbranche floriert: Jährlich werden in Deutschland rund 240 Millionen Compactdiscs, Cassetten und Schallplatten aus nationaler und internationaler Produktion verkauft.

Weitere Informationen:
— Deutscher Bühnenverein
St.-Apern-Str. 17-21, 50667 Köln
Internet: http://www.buehnenverein.de
E-Mail: debue@buehnenverein.de
— Deutscher Musikrat e.V.
Weberstr. 59, 53113 Bonn
Internet: http://www.Deutscher-Musikrat.de
E-Mail: deutscher-musikrat.bonn@t-online.de

Der Film

Der junge deutsche Film. Nach dem Zweiten Weltkrieg setzten sich Filme in Ost- wie in Westdeutschland mit der nationalen Katastrophe auseinander („Die Mörder sind unter uns",
1946, von Wolfgang Staudte, „Ehe im Schatten", 1947, von Kurt
Maetzig, „Zwischen gestern und morgen", 1947, von Harald
Braun). Doch sehr bald gingen sie, entsprechend der gegensätz-
lichen politischen Entwicklung in den beiden Teilen Deutschlands, getrennte Wege.

Den erfolgreichen Wiederaufbau im Westen begleiteten dann überwiegend konventionelle Filme, die sich der politischen Debatte
entzogen (Heimatfilme), sie mitunter aber auch kabarettistisch
kommentierten („Wir Wunderkinder", 1958, von Kurt Hoffmann).

Eine künstlerische Blüte erlebte der Film der Bundesrepublik erst in
den Sechziger- und Siebzigerjahren. Auf der Grundlage des
„Oberhausener Manifestes", in dem junge Filmer, ausgehend
vom „Zusammenbruch des konventionellen deutschen Films",
1962 eine neue, von Konventionen und kommerziellen Zwän-
gen freie Filmkunst gefordert hatten, präsentierte sich Mitte der
Sechzigerjahre erstmals der „Junge deutsche Film", der einen
Generationenwechsel einschloss und einen ästhetischen Neuan-
satz brachte. Experimentelle Haltungen, formale Ambitionen
und gesellschaftskritisches Engagement bestimmten die „Auto-
renfilme" von Alexander Kluge („Abschied von gestern", 1966),
Jean-Marie Straub („Chronik der Anna Magdalena Bach", 1968),
Volker Schlöndorff, Werner Herzog, Reinhard Hauff, Rudolf
Thome, Hans Jürgen Syberberg, Theodor Kotulla, Peter Fleisch-
mann und Christian Ziewer.

Der produktivste und kreativste Künstler unter den Filmkünstlern
war Rainer Werner Fassbinder, der (1982 verstorben) in vielfältigen Formen und Geschichten das bedrängte Individuum und
die Widersprüche der deutschen Geschichte focussierte und –
in Anlehnung an das Melodram – zur großen Kinoerzählung

vordrang („Die Ehe der Maria Braun", 1978, „Berlin Alexander-
platz", 1980, „Lola", 1981). Für „Die Sehnsucht der Veronika
Voss" erhielt er im Jahr 1982 den Großen Preis der Berliner
Filmfestspiele.

Internationale Erfolge konnten die Vertreter des Jungen deutschen
Films zunehmend in den Achtzigerjahren erringen. 1979 war
Volker Schlöndorff für die Verfilmung des Romans „Die Blechtrommel" von Günter Grass in Cannes mit der Goldenen Palme
und 1980 in Hollywood mit einem „Oscar" ausgezeichnet worden. Wim Wenders wurde 1984 in Cannes für „Paris Texas" mit
der Goldenen Palme geehrt, und er überraschte die Filmwelt
1987 mit dem phantastischen „Himmel über Berlin". Den Regie-
preis von Cannes erhielt 1982 Werner Herzog für seinen aufse-
henerregenden Film „Fitzcarraldo", der im exotischen Milieu
das Drama eines manischen Individualismus vorführt. Den Verhältnissen im Lande kritisch zugewandt, machte sich Margare-
the von Trotta vor allem mit eindrucksvollen Frauenporträts einen Namen, mit „Die bleierne Zeit" (1981) vor allem und mit
„Rosa Luxemburg" (1986).

Doch trotz solcher Erfolge hatte die aus dem Jungen deutschen
Film hervorgegangene Entwicklung keinen Bestand. Mit dem
Ausklingen der gesellschaftskritischen 68er-Bewegung hatte der
diskursive Film seinen politischen Hintergrund verloren, und
insgesamt vermochte der Autorenfilm keine ökonomisch stabile
Basis aufzubauen, die dem Ansturm des wieder erstarkenden
amerikanischen Kommerzfilms hätte standhalten können.

Das Kino in der DDR. Produziert vom Monopolunternehmen
DEFA, war der staatlich subventionierte und kontrollierte Film
der DDR den politischen Zielen der herrschenden Partei unterworfen. Propagandistische Filme entstanden in allen Gattungen. Andererseits versuchten Künstler, den Dogmen der Partei

**Szenenfoto
aus „Die
Stille nach
dem Schuss"
von Volker
Schlöndorff**

zu entgehen. Im Wechsel von Aufbrüchen und Niederlagen gibt so der DEFA-Film eine widerspruchsvolle Reflexion der Zeit, die dabei konkrete Lebensbilder, künstlerische Subjektivität und auch herausragende filmische Qualitäten hervorbrachte.

Dieses Auf und Ab galt zunächst für das Babelsberger Spielfilmstudio, dessen Frühphase künstlerisch vor allem Wolfgang Staudte bestimmte. Er drehte 1951 nach Heinrich Manns Roman „Der Untertan" eine berühmte Satire, kehrte dann aber im Konflikt mit dem geforderten „Sozialistischen Realismus" dem DDR-Film den Rücken. Ende der Fünfzigerjahre verbot die Partei Annäherungen an den Alltag (die „Berlin-Filme" von Gerhard Klein und Wolfgang Kohlhaase). 1965 wurde fast die gesamte Jahresproduktion verboten beziehungsweise gestoppt, die kritisch mit den Gegebenheiten des „real existierenden Sozialismus" debattiert hatte, und im Jahr darauf wurde Frank Beyers furios in die Gegenwart eingreifender Film „Spur der Steine" kurz nach der Premiere aus den Kinos verbannt.

Die „antifaschistischen" DEFA-Filme, die sich mit deutscher Schuld auseinandersetzten, waren auch eine Möglichkeit, dem geforderten Gegenwartsbild auszuweichen. Sie führten zu eindrucksvollen Werken, zum Beispiel „Ich war neunzehn" (1967, von Konrad Wolf). In den Siebzigerjahren konnten einige kantige, auch experimentierende Gegenwartsfilme entstehen (Egon Günther: „Die Schlüssel", 1974), von denen Heiner Carows „Die Legende von Paul und Paula" (1973) großen Erfolg hatte.

Ein illusionsloses Bild der DDR gab 1980 „Solo Sunny" von Konrad Wolf, dem bedeutendsten (1982 verstorbenen) DEFA-Regisseur. Es folgten noch einige kritische, filmisch bedeutsame Werke („Märkische Forschungen", 1982, von Roland Gräf), doch bald wurde das Spielfilmstudio durch Maßnahmen der Partei weitgehend zur Untätigkeit gezwungen. Beim Dokumentarfilm hatte sich hingegen eine gleichzeitig realistische und poetische Richtung aufbauen können („Rangierer", 1984, von Jürgen Böttcher, „Leben in Wittstock", 1984, von Volker Koepp, „Winter Adé", 1988, von Helke Misselwitz).

Nach der Vereinigung Deutschlands 1990 wurde die Produktion des Staatsbetriebes DEFA eingestellt. Das traditionsreiche (vormals der Ufa gehörende) Studio in Babelsberg bei Berlin hat gleichwohl den Sprung in die Zukunft geschafft: Es wurde zu einem hochmodernen Medienstandort ausgebaut, an dem sich zahlreiche Firmen und Institutionen angesiedelt haben.

Gegenwärtige Tendenzen. Die Neunzigerjahre wurden einerseits von der schwierigen Integration des ostdeutschen Filmschaffens bestimmt; sie gelang überwiegend jungen Künstlern und Produzenten und vor allem im Bereich des Fernsehens. Andererseits wurde die Gesamtlage durch den immer stärker dominierenden Hollywood-Film geprägt, der nicht nur den deutschen, sondern den europäischen Film zurückdrängte.

Nur einzelne deutsche Filme konnten sich im Kino durchsetzen, Filme von Joseph Vilsmaier („Schlafes Bruder", 1995, „Commedian Harmonists", 1997) oder von Helmut Dietl, der mit seiner bissigen Gesellschaftssatire „Schtonk" (1991) die angebliche Entdeckung der Hitler-Tagebücher durch die Illustrierte „Stern" aufs Korn nahm und mit „Rossini" (1996) der Film-Schickeria selbst den Spiegel vorhielt.

Zu einem Gruppenbild formierten sich die Beziehungskomödien, die – mit leichter Hand gemacht – dem deutschen Film ein heimisches Publikum sicherten („Keiner liebt mich", 1995, von Doris Dörrie, „Der bewegte Mann", 1994, von Sönke Wortmann). Sie konnten mit ihrem eigenwilligen Humor nicht über die Grenzen hinauswirken, leiteten jedoch einen Aufschwung im deutschen Kinofilm ein. Wenngleich einige der neuen Werke auch im Ausland Aufmerksamkeit erregten, wie Romuald Karmakers Debüt „Der Totmacher" (1995), in dem Götz George einen Massenmörder verkörpert, konnte der aktuelle deutsche Film bisher nicht das internationale Renommee des einstigen „Jungen deutschen Films" erreichen.

Hoffnungsvolle Zeichen setzten die Jahre 1998-2000: „Lola rennt" von Tom Tykwer war ein existentielles Drama, das auch international zum Publikumserfolg wurde. Unerwartet erfolgreich war auch der Debütfilm „Sonnenallee", in dem sich der ostdeutsche Theaterregisseur Leander Haußmann in grotesker Weise

Szenenfoto aus „Sonnenallee" von Leander Haußmann

Szenenfoto aus „Buena Vista Social Club" von Wim Wenders

an seine Jugendzeit in der DDR erinnerte. Aufsehen erregte der Film „Die Unberührbare" von Oskar Roehler, der ideologische Kontroversen in Deutschland reflektierte. Auch die „Altmeister" ließen sich wieder sehen: Volker Schlöndorff mit „Die Stille nach dem Schuss", Wim Wenders mit seinem faszinierenden Dokumentarfilm „Buena Vista Social Club", der eine Gruppe alter Musiker aus Havanna porträtierte, und Werner Herzog, der sich in „Mein liebster Feind" an seinen wichtigsten Schauspieler Klaus Kinski erinnerte.

Der Aufbruch, der sich heute in der deutschen Kinofilmbranche abzeichnet, drückt sich auch darin aus, dass deutsche Firmen an die Börse gehen, dass verstärkt internationale Koproduktionen unternommen und Großproduktionen mitgetragen werden. Die deutsche Beteiligung am internationalen Filmmarkt ist durch Produzenten wie Bernd Eichinger ebenso gegeben wie durch die Regisseure Wolfgang Petersen und Roland Emmerich, die sich in Hollywood etablieren konnten.

Kinos, Festivals und Filmförderung. 1999 hatten die rund 1180 Kinos mit rund 4650 Leinwänden in Deutschland über 149 Millionen Besucher. Diesen Bestand mit wachsender Tendenz sichert auch der Aufschwung des deutschen Films ab. Das deutsche Kino erlebt dabei Investitionen wie nie zuvor: Der Bau großer Multiplex-Theater, an denen sich seit Beginn der Neunzigerjahre verstärkt Medienkonzerne und internationale Unternehmen beteiligen, führt zu einer grundlegenden Veränderung der Kinolandschaft. In vielen Städten lösen diese modernen, vor allem vom jugendlichen Publikum angenommenen Multi-Spielstätten das traditionelle Kino ab.

Für die kulturelle Ausstrahlung des Films in Deutschland wie für sein Ansehen im Ausland sind die zahlreichen, gut organisierten und weithin wirkenden Filmfestivals von großem Wert. Wichtigstes Forum sind die Internationalen Filmfestspiele Berlin, die „Berlinale", die − 1951 gegründet − mit Cannes und Venedig zu den bedeutendsten Filmfestivals Europas und damit zu den maßgeblichen Begegnungsstätten der Filmkultur und der Filmwirtschaft gehören. Internationalen Status haben weiterhin die Festivals von Mannheim, Oberhausen und Leipzig, aber auch die speziell orientierten Festivals und Filmfeste von Hof, München, Lübeck, Hamburg und anderen Städten stellen den nationalen Film in einen internationalen Kontext und tragen zur weiteren Entwicklung der Filmkunst und ihrer wirtschaftlichen Stabilisierung bei.

Doch trotz der Erfolge, die der deutsche Film wieder verzeichnen kann, werden die Spielpläne der Filmtheater weiterhin von den aufwendig produzierten und vertriebenen Hollywood-Filmen dominiert, für die Deutschland der wichtigste Markt in Europa ist. Daneben muß sich das Kino in einem immer härteren Wettbewerb gegen das Fernsehen und die andern Medien behaupten, besonders gegen das ständig wachsende Unterhaltungsangebot von Privatsendern, Kabel- und Satellitenfernsehen, Pay TV und Video. Andererseits werden Kinofilme heute vielfach in Zusammenarbeit mit Fernsehsendern produziert.

Diese Realität erfordert einen fairen Ausgleich mit der Kinobranche. Die unabhängigen Filmproduzenten in ihren Rechten zu stärken, ist eine Voraussetzung für die Förderung des nationalen Films, die sich die Bundesregierung im Rahmen einer modernen Kultur- und Wirtschaftspolitik zur Aufgabe gemacht hat. 1999 hat sie ein „Bündnis für den Film" ins Leben gerufen, um mit allen verantwortlich Beteiligten eine strukturelle, rechtliche und finanzielle Verbesserung der Lage des deutschen Films zu erreichen. Die Stärkung des nationalen Films und seiner internationalen Wirkung bedeutet dabei zugleich den Ausbau seiner europäischen Dimensionen und des europäischen Films überhaupt, worauf auch die im Jahr 2000 gegründete deutsch-französische Filmakademie abzielt.

Um das Kulturgut Film gegen die übermächtige Konkurrenz abzusichern und seine Entwicklung zu forcieren, wird es von der öffentlichen Hand unterstützt. Auf rund 350 Millionen DM belief sich die Gesamtsumme der Fördergelder, die dem deutschen Film 1999 zur Verfügung stand. Darin sind die wirtschaftliche und die kulturelle Förderung der Bundesländer wie des Bundes sowie die rund 100 Millionen der Filmförderungsanstalt (FFA) enthalten. Begründet durch das Filmförderungsgesetz des Bundes, erhält die FFA ihre Mittel durch eine Abgabe der Filmtheater, der Fernsehanstalten und der Videowirtschaft. Damit wer-

den nicht nur die Produktion von Filmen, sondern auch Filmtheater gefördert. Die einzelnen Förderungen der Länder und
des Bundes verteilen sich vor allem auf die Drehbuchentwick-
lung, die Produktion, den Verleih und das Abspielen.

Kernstück der kulturellen Filmförderung des Bundes ist der Deutsche Filmpreis, der seit 1951 für Spitzenleistungen der nationalen Filmproduktion verliehen wird. Er hebt Einzelleistungen
hervor und zeichnet hervorragende Filme mit hohen Preissum-
men aus (bei Gold bis zu einer Million DM), die für die Produktion neuer Filme bestimmt sind. In den letzten Jahren hat sich
die Vergabe des Deutschen Filmpreises zu einem glanzvollen
Fest entwickelt, das zur Popularisierung des deutschen Films
beiträgt.

Weitere Informationen:
— Spitzenorganisation der Filmwirtschaft e.V. (SPIO)
  Kreuzberger Ring 56, 65205 Wiesbaden
  Internet: http://www.spio.de
  E-Mail: statistik@spio-sfk.de

Deutschland in Zahlen

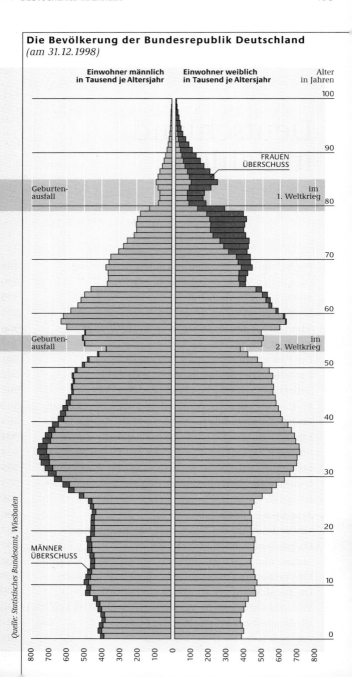

Die Bevölkerung der Bundesrepublik Deutschland
(am 31.12.1998)

Einwohner männlich
in Tausend je Altersjahr

Einwohner weiblich
in Tausend je Altersjahr

Alter
in Jahren

FRAUEN
ÜBERSCHUSS

Geburten-
ausfall

im
1. Weltkrieg

Geburten-
ausfall

im
2. Weltkrieg

MÄNNER
ÜBERSCHUSS

Quelle: Statistisches Bundesamt, Wiesbaden

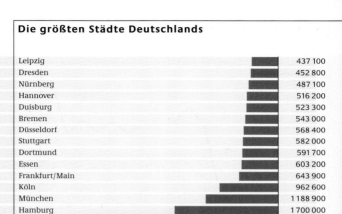

Die größten Städte Deutschlands

Leipzig	437 100
Dresden	452 800
Nürnberg	487 100
Hannover	516 200
Duisburg	523 300
Bremen	543 000
Düsseldorf	568 400
Stuttgart	582 000
Dortmund	591 700
Essen	603 200
Frankfurt/Main	643 900
Köln	962 600
München	1 188 900
Hamburg	1 700 000
Berlin	3 398 800

Quelle: Deutscher Städtetag / Stand: 1. Januar 1999

Ausländer in Deutschland *(in Auswahl)*

Herkunftsland

Brasilien	22 400
Ghana	22 600
Tunesien	24 300
Indien	34 300
Pakistan	38 300
China	43 000
Ungarn	53 200
Libanon	54 100
Sri Lanka	55 100
Afghanistan	72 000
Marokko	81 500
Vietnam	85 400
Rumänien	87 500
Frankreich	107 200
Niederlande	110 500
Großbritannien	110 800
USA	112 000
Islamische Republik Iran	116 400
Spanien	129 400
Portugal	132 600
Bosnien/Herzegowina	167 600
Österreich	186 100
Kroatien	214 000
Polen	291 700
Ehemalige Sowjetunion	325 600
Griechenland	364 000
Italien	615 900
Heutiges Jugoslawien (Serbien/Montenegro)	737 200
Türkei	2 054 000

Quelle: Bundesministerium des Innern

Die Sitzverteilung im Deutschen Bundestag*

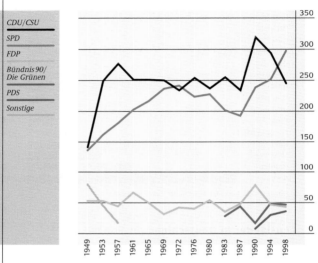

CDU/CSU
SPD
FDP
Bündnis 90/
Die Grünen
PDS
Sonstige

* jeweils zu Beginn der Legislaturperiode; bis 1987 einschließlich der Abgeordneten
von Berlin (West)

Stimmen bei den Bundestagswahlen 1949–1998

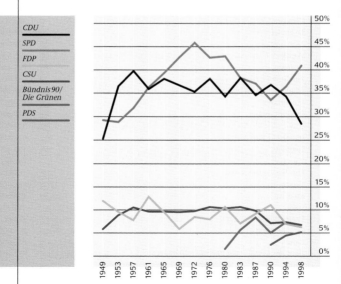

CDU
SPD
FDP
CSU
Bündnis 90/
Die Grünen
PDS

Bundeshaushalt 2001
(Einzelplanübersicht/Ausgaben in Mio. DM)

	Soll 2000	Entwurf 2001
Bundespräsident und Bundespräsidialamt	35,9	36,0
Deutscher Bundestag	1 100,2	1 087,4
Bundesrat	46,7	35,6
Bundeskanzler und Bundeskanzleramt	2 816,7	2 771,7
Auswärtiges Amt	3 468,7	3 706,3
Bundesministerium des Innern	7 062,3	6 889,8
Bundesministerium der Justiz	693,6	664,0
Bundesministerium der Finanzen	7 391,8	6 965,9
Bundesministerium für Wirtschaft und Technologie	14 928,5	13 888,1
Bundesministerium für Ernährung, Landwirtschaft und Forsten	11 015,6	10 933,0
Bundesministerium für Arbeit und Sozialordnung	170 457,5	169 543,1
Bundesministerium für Verkehr, Bau- und Wohnungswesen	49 724,1	44 871,7
Bundesministerium der Verteidigung	45 333,0	46 802,4
Bundesministerium für Gesundheit	1 837,0	1 751,6
Bundesministerium für Umwelt, Naturschutz und Reaktorsicherheit	1 088,2	1 118,0
Bundesministerium für Familie, Senioren, Frauen und Jugend	10 966,3	10 721,0
Bundesverfassungsgericht	27,3	28,8
Bundesrechnungshof	167,5	160,9
Bundesministerium für wirtschaftliche Zusammenarbeit und Entwicklung	7 102,5	7 223,7
Bundesministerium für Bildung und Forschung	14 592,2	15 372,2
Bundesschuld	83 768,4	86 809,0
Versorgung	17 006,7	17 396,4
Allgemeine Finanzverwaltung	28 169,2	29 923,2
Insgesamt *)	**478 800,0**	**478 700,0**

*) Differenzen durch Rundung möglich.

Der Finanzplan des Bundes 2000–2004
(Gesamtübersicht in Mrd. DM)

	Soll	Entwurf	Finanzplan		
	2000	2001	2002	2003	2004
I. Ausgaben	478,8	478,7	487,7	495,2	502,5
Veränderungen gegenüber Vorjahr (v. H.)		0,0	+1,9	+1,5	+1,5
II. Einnahmen					
1. Steuereinnahmen	387,5	383,1	405,8	423,9	446,6
2. Sonstige Einnahmen	41,8	49,6	40,7	40,9	35,9
darunter					
Bundesbank-/EZB-Gewinn	7,0	7,0	7,0	6,0	5,0
Privatisierung	9,2	17,1	8,5	9,0	9,5
Münzeinnahmen	0,1	0,2	1,6	0,7	0,7
3. Nettokreditaufnahme	49,5	46,1	41,2	30,4	20,0

Quelle: Bundesministerium der Finanzen

Entstehung des Bruttoinlandsprodukts 1999
(3 877,1 Mrd. DM)* = 100%

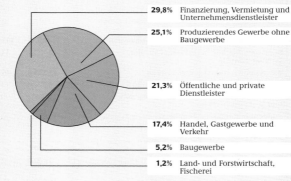

29,8% Finanzierung, Vermietung und Unternehmensdienstleister

25,1% Produzierendes Gewerbe ohne Baugewerbe

21,3% Öffentliche und private Dienstleister

17,4% Handel, Gastgewerbe und Verkehr

5,2% Baugewerbe

1,2% Land- und Forstwirtschaft, Fischerei

* in jeweiligen Preisen – vorläufiges Ergebnis
Quelle: Statistisches Bundesamt, Wiesbaden

Verwendung des Bruttoinlandsprodukts 1999
(3 877,1 Mrd. DM)* = 100%

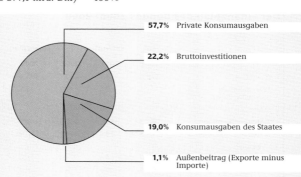

57,7% Private Konsumausgaben

22,2% Bruttoinvestitionen

19,0% Konsumausgaben des Staates

1,1% Außenbeitrag (Exporte minus Importe)

* in jeweiligen Preisen – vorläufiges Ergebnis
Quelle: Statistisches Bundesamt, Wiesbaden

Bruttoinlandsprodukt der Bundesrepublik Deutschland
in jeweiligen Preisen und in Preisen von 1995 (Mrd. DM)

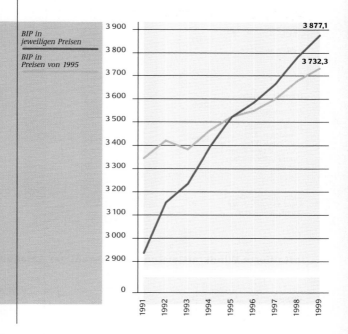

BIP in
jeweiligen Preisen

BIP in
Preisen von 1995

3 877,1

3 732,3

Bruttoinlandsprodukt wichtiger Industriestaaten 1998
(in jeweiligen Preisen)

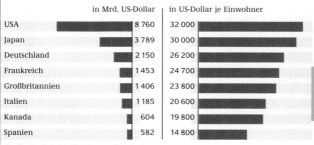

	in Mrd. US-Dollar	in US-Dollar je Einwohner
USA	8 760	32 000
Japan	3 789	30 000
Deutschland	2 150	26 200
Frankreich	1 453	24 700
Großbritannien	1 406	23 800
Italien	1 185	20 600
Kanada	604	19 800
Spanien	582	14 800

Quelle: Statistisches Bundesamt, Wiesbaden

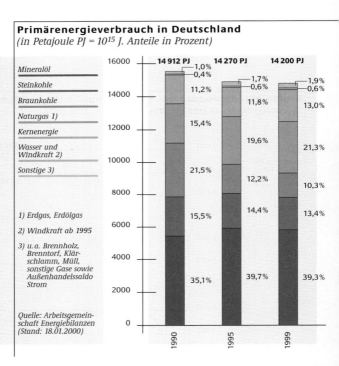

Primärenergieverbrauch in Deutschland
(in Petajoule PJ = 10^{15} J. Anteile in Prozent)

Mineralöl

Steinkohle

Braunkohle

Naturgas 1)

Kernenergie

Wasser und
Windkraft 2)

Sonstige 3)

1) Erdgas, Erdölgas

2) Windkraft ab 1995

3) u.a. Brennholz,
Brenntorf, Klär-
schlamm, Müll,
sonstige Gase sowie
Außenhandelssaldo
Strom

Quelle: Arbeitsgemein-
schaft Energiebilanzen
(Stand: 18.01.2000)

1990 — 14 912 PJ: 1,0%, 0,4%, 11,2%, 15,4%, 21,5%, 15,5%, 35,1%

1995 — 14 270 PJ: 1,7%, 0,6%, 11,8%, 19,6%, 12,2%, 14,4%, 39,7%

1999 — 14 200 PJ: 1,9%, 0,6%, 13,0%, 21,3%, 10,3%, 13,4%, 39,3%

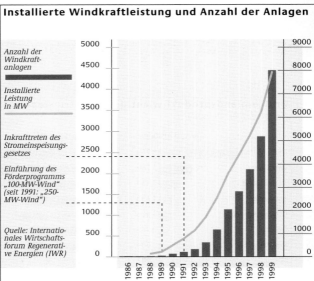

Installierte Windkraftleistung und Anzahl der Anlagen

Anzahl der
Windkraft-
anlagen

Installierte
Leistung
in MW

Inkrafttreten des
Stromeinspeisungs-
gesetzes

Einführung des
Förderprogramms
„100-MW-Wind"
(seit 1991: „250-
MW-Wind")

Quelle: Internatio-
nales Wirtschafts-
forum Regenerati-
ve Energien (IWR)

Bruttoinlandsausgaben für Forschung und Entwicklung
(nach duchführenden Sektoren in Mrd. DM)

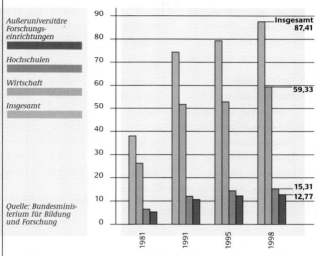

Außeruniversitäre Forschungseinrichtungen

Hochschulen

Wirtschaft

Insgesamt

Insgesamt 87,41

59,33

15,31
12,77

Quelle: Bundesministerium für Bildung und Forschung

1981 · 1991 · 1995 · 1998

1981 früheres Bundesgebiet, ab 1991 Deutschland

Industriebranchen mit Umsatz und Beschäftigten 1999

Branche	Umsatz (Mrd. DM)	Beschäftigte
Automobilbau	337,0	727 700
Tourismus	275,0	2 800 000
Elektrotechnik und Elektronik	273,0	856 000
Maschinen- und Anlagenbau	258,0	926 000
Metallerzeugung und -bearbeitung	235,0	855 000
Ernährungsindustrie	228,0	550 000
Chemische Industrie	190,0	478 000
Textil- und Bekleidung	60,0	224 000
Feinmechanik und Optik	58,0	223 000
Luft- und Raumfahrt	25,5	67 500
Bergbau incl. Steine und Erden	23,0	129 000

Quelle: Statistisches Bundesamt Wiesbaden

Die größten Industriefirmen 1999

Firma, Sitz	Wirtschaftszweig	Umsatz (Mill. DM)	Beschäftigte
Daimler-Chrysler AG, Stuttgart	Auto, Luftfahrt u.a.	257 744	441 500
Volkswagen AG, Wolfsburg	Auto	134 243	297 900
Siemens AG, München	Elektronik, Elektro	117 696	416 000
VEBA AG, Düsseldorf *)	Energie, Chemie	76 365	116 800
Bayerische Motoren Werke AG, München	Auto	63 134	119 900
RWE AG, Essen	Energie, Bau	61 384	145 500
Bayer AG, Leverkusen	Chemie, Pharma	54 884	145 100
BASF-Gruppe, Ludwigshafen	Chemie, Pharma	54 065	105 900
Robert Bosch GmbH, Stuttgart	Elektro	50 333	189 500
Viag AG, München *)	Holding	49 121	85 700
Hoechst, Frankfurt **)	Chemie, Pharma	43 704	97 000
Thyssen AG, Duisburg	Stahl, Maschinen	43 537	122 400

*) Im Juni 2000 fusioniert zu E.ON AG, Düsseldorf.
**) Im Dezember 1999 mit Rhône-Poulenc zu Aventis fusioniert.
Quelle: Frankfurter Allgemeine Zeitung

Arbeitgeber Multimedia
(Zahl der Erwerbstätigen in der Informationswirtschaft 1999 in der Bundesrepublik Deutschland in 1 000)

Hardware, Software, Service

Software und Dienstleistungen	297
Fernmeldedienste	237
Fachhandel und Distribution	149
Büromaschinen und EDV-Geräte	136
Nachrichtentechnik (Herstellung)	101
Elektronische Bauelemente	82
Unterhaltungselektronik	35

Medien

Druckgewerbe	284
Verlagsgewerbe	219
Hörfunk, TV, Programmherstellung	65
Buch-, Zeitschriften-, Musikhandel	52
Korrespondenz-, Nachrichtenbüros, freie Journalisten	46
Filmtheater, Film, Video (Herstellung, Verleih, Vertrieb)	33

Quelle: Statistisches Bundesamt, Wiesbaden

Ein- und Ausfuhr der Bundesrepublik Deutschland
(tatsächliche Werte in Mrd. DM)

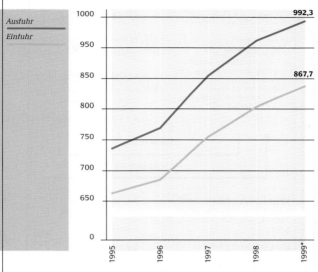

*Quelle: Statistisches Bundesamt, Wiesbaden / * vorläufige Ergebnisse*

Die größten Handelspartner 1999

Ursprungsländer Einfuhr aus:	(in Mio. DM)	Bestimmungsländer Ausfuhr nach:	(in Mio. DM)
Frankreich	89 689	Frankreich	112 936
Vereinigte Staaten	71 170	Vereinigte Staaten	100 837
Niederlande	68 908	Vereinigtes Königreich	83 275
Italien	63 342	Italien	73 341
Vereinigtes Königreich	59 431	Niederlande	64 464
Belgien	42 497	Österreich	52 693
Japan	41 985	Belgien	51 217
Österreich	34 550	Schweiz	44 679
Schweiz	33 412	Spanien	43 359
Spanien	27 783	Polen	24 157
China	26 750	Schweden	22 301
Tschechische Republik	19 856	Japan	20 457
Polen	18 009	Tschechische Republik	19 636
Ungarn	17 503	Ungarn	16 597
Russland	16 342	Dänemark	16 543

Quelle: Statistisches Bundesamt, Wiesbaden (vorläufige Ergebnisse)

Aufbau und Funktionsweise der Europäischen Union

Kommission

Exekutive
20 Kommissare:

je 2 aus D, E, F, GB, I;
je 1 aus den übrigen Ländern
– schlägt Rechtsvorhaben vor
(Initiativrecht)
und führt sie durch
– wacht über die Anwendung
des EU-Rechts

Europäischer Rat

15 Staats- und Regierungschefs

– fällt Grundsatzentscheidungen

Ministerrat

Entscheidungs- und Rechtssetzungs-
organ (Gesetzgebung)
15 Mitglieder
je 1 Mitglied pro Mitgliedsland

VORSCHLÄGE

ENTSCHEIDUNGEN

Wirtschafts- und Sozialausschuss

Beratung

Ausschuss der Regionen

Beratung

Europäischer Gerichtshof

Wächter über die Verträge
15 unabhängige Richter
9 Generalanwälte

– sichert die Wahrung des EU-Rechts
bei Auslegung und Anwendung
der Verträge
– ahndet Verstöße der Mitgliedstaaten gegen EU-Recht
– trägt maßgeblich zur Auslegung
und Weiterentwicklung des
EU-Rechts bei

Europäischer Rechnungshof

Aufgabenkontrolle
15 Mitglieder

– Prüfung aller Ausgaben und
Einnahmen der EU, ggf. einzelner Organe
– Vorlage eines Jahresberichts nach
jedem Haushaltsjahr
– erstellt Sonderberichte zu
speziellen Fragen

Europäisches Parlament

626 direkt gewählte Abgeordnete

– Vetorecht bei der Ernennung
der Kommission, Misstrauensvotum gegenüber der Kom-
mission
– Entscheidet zusammen mit
dem Ministerrat über den
Haushalt der EU
– weitgehende Mitent-
scheidung bei der
Gesetzgebung

ANFRAGEN, KONTROLLE, VERTRAUENS- UND MISSTRAUENSVOTUM

HAUSHALTSBESCHLÜSSE, ANHÖRUNG, MITENTSCHEIDUNG

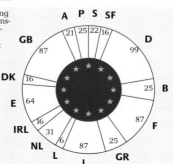

A   P   S   SF
21   25   22   16
GB   87
D   99
DK   16
B   25
E   64
F   87
IRL   16
GR   25
NL   31
I   87
L   6

Internetnutzung in der Bundesrepublik Deutschland

	Nutzer insgesamt	= % der Bevölkerung
Dezember 1999	10,3 Mio.	16,2
März 2000	13,4 Mio.	21,1

nach Alter

14 – 19	1,8 Mio.	34,8
20 – 29	3,4 Mio.	39,2
30 – 39	3,9 Mio.	29,0
40 – 49	2,4 Mio.	22,3
50 und älter	2,0 Mio.	7,7

Nutzungshäufigkeit

täglich	4,7 Mio.	7,4
wöchentlich mehrmals	4,8 Mio.	7,6
wöchentlich einmal	3,2 Mio.	3,2
seltener	1,9 Mio.	3,0

Durchschnittliche Nutzungsdauer pro Monat: 4,9 Stunden

Quelle: Frankfurter Allgemeine Zeitung

Die Entwicklung des Mobilfunks in Deutschland

	Teilnehmer
1992	1,0 Mio.
1995	3,8 Mio.
1996	5,6 Mio.
1997	8,3 Mio.
1998	13,9 Mio.
1999	31,0 Mio.
2000	48,0 Mio. *)

) Schätzung / Quelle: Frankfurter Allgemeine Zeitung

Wichtige internationale Messen in Deutschland im Jahr 2001

Messe	Ort	Datum
Heimtextil	Frankfurt/Main	10.–12. Januar
Internationale Möbelmesse	Köln	15.–21. Januar
Internationale Grüne Woche	Berlin	19.–28. Januar
boot–Düsseldorf	Düsseldorf	20.–28. Januar
Spielwarenmesse	Nürnberg	01.–06. Februar
ispo, Sportartikel und Sportmode (Winter)	München	04.–07. Februar
Mode Messe Leipzig (Frühjahr)	Leipzig	10.–12. Februar
Ambiente, Konsumgüter	Frankfurt/Main	16.–20. Februar
Internationale Lederwarenmesse (Frühjahr)	Offenbach	17.–19. Februar
Internationale Tourismus-Börse (ITB)	Berlin	03.–07. März
I.H.M., Internationale Handwerksmesse	München	08.–14. März
TerraTec, Umwelttechnik, Energie	Leipzig	13.–16. März
CeBIT, Informationstechnologie	Hannover	22.–28. März
Leipziger Buchmesse	Leipzig	29. März – 1. April
bauma, Baumaschinen	München	02.–08. April
Hannover Messe, Industrie	Hannover	23.–28. April
AERO, allgemeine Luftfahrt	Friedrichshafen	26.–29. April
HOGA, Hotellerie, Gastronomie	Nürnberg	06.–09. Mai
LIGNAplus, Holz- und Forstwirtschaft	Hannover	21.–25. Mai
Mode Messe Leipzig (Herbst)	Leipzig	11.–13. August
Tendence, Konsumgüter	Frankfurt/Main	24.–28. August
Internationale Funkausstellung	Berlin	25. August – 2. Sept.
CARAVAN SALON	Düsseldorf	25. August – 2. Sept.
Internationale Lederwarenmesse (Herbst)	Offenbach	25.–27. August
Schweißen und Schneiden	Essen	12.–18. September
EMO, Metallbearbeitung	Hannover	12.–19. September
IAA, PKW und Motorräder	Frankfurt	13.–23. September
photokina	Köln	24.–28. September
INTERKAMA, Produktionstechnik	Düsseldorf	24.–28. September
GOLF EUROPE	München	07.–09. Oktober
Frankfurter Buchmesse	Frankfurt/Main	10.–15. Oktober
Anuga, Genuss und Gaststätten	Köln	13.–17. Oktober
SYSTEMS, Informationstechnologie	München	15.–19. Oktober
AGRITECHNICA	Hannover	11.–17. November

Quelle: AUMA, Köln

Die Mitgliedsgewerkschaften des DGB
(Stand 31.12.1999)

Industriegewerkschaften bzw. Gewerkschaften	Mitglieder insgesamt	Anteil in v. H.
IG Metall	2 701 996	33,6
Gew. Öffentliche Dienste, Transport und Verkehr	1 526 891	19,0
IG Bergbau, Chemie, Energie	922 783	11,5
IG Bauen–Agrar–Umwelt	585 359	7,3
Gew. Handel, Banken und Versicherungen	457 720	5,7
Deutsche Postgewerkschaft	457 168	5,7
Gew. der Eisenbahner Deutschlands	338 106	4,2
Gew. Erziehung und Wissenschaft	273 787	3,4
Gew. Nahrung–Genuss–Gaststätten	270 016	3,3
Gew. der Polizei	190 617	2,4
IG Medien	179 072	2,2
Gew. Holz und Kunststoff	132 867	1,7
DGB–Gesamt	**8 036 382**	**100**

Quelle: Deutscher Gewerkschaftsbund, Düsseldorf

Leistungen der Sozialen Sicherung
(in Auswahl, 1998)

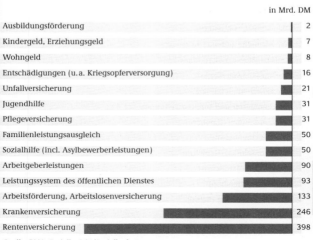

	in Mrd. DM
Ausbildungsförderung	2
Kindergeld, Erziehungsgeld	7
Wohngeld	8
Entschädigungen (u.a. Kriegsopferversorgung)	16
Unfallversicherung	21
Jugendhilfe	31
Pflegeversicherung	31
Familienleistungsausgleich	50
Sozialhilfe (incl. Asylbewerberleistungen)	50
Arbeitgeberleistungen	90
Leistungssystem des öffentlichen Dienstes	93
Arbeitsförderung, Arbeitslosenversicherung	133
Krankenversicherung	246
Rentenversicherung	398

Quelle: BMA, Sozialbericht/Sozialbudget

Verkaufsauflagen wichtiger Presseorgane
(31.März 2000)

Tageszeitungen (zum Teil mit Anschlusszeitungen)

Bild (Hamburg)	4 248 000
Westdeutsche Allgemeine Zeitung (Essen)	1 124 000
Hannoversche Allgemeine Zeitung (Hannover)	559 900
ZTG Thüringen (Erfurt)	480 000
Sächsische Zeitung/Morgenpost (Dresden)	474 700
Süddeutsche Zeitung (München)	427 300
Freie Presse (Chemnitz)	425 700
Kölner Stadtanzeiger/Kölnische Rundschau (Köln)	423 900
Rheinische Post (Düsseldorf)	419 900
Frankfurter Allgemeine Zeitung (Frankfurt/Main)	407 100
Augsburger Allgemeine (Augsburg)	368 900
Südwest-Presse (Ulm)	345 400
Ruhr-Nachrichten (Dortmund)	275 000
B.Z. (Berlin)	266 600
Hessische/Niedersächsische Allgemeine (Kassel)	262 900
Die Rheinpfalz (Ludwigshafen)	249 500
Die Welt (Hamburg)	242 600
Berliner Zeitung (Berlin)	203 800
Märkische Allgemeine (Potsdam)	203 400
Braunschweiger Zeitung (Braunschweig)	195 200
Ostsee-Zeitung (Rostock)	195 000
Frankfurter Rundschau (Frankfurt/Main)	190 400
Berliner Morgenpost (Berlin)	174 200
Handelsblatt (Düsseldorf)	167 400
Westdeutsche Zeitung (Düsseldorf)	165 600
Lausitzer Rundschau (Cottbus)	159 200
Der Tagesspiegel (Berlin)	146 000
Die Tageszeitung (Berlin)	58 900

Wochenblätter und Sonntagszeitungen

Bild am Sonntag (Hamburg)	2 436 800
Die Zeit (Hamburg)	446 900
Welt am Sonntag (Hamburg)	434 300
Bayernkurier (München)	145 700
Die Woche (Hamburg)	130 300
Rheinischer Merkur (Bonn)	110 400

Nachrichtenmagazine

Der Spiegel	1 051 600
Focus	810 900

Register